Música Serva D'Alma

Coleção Estudos
Dirigida por J. Guinsburg

Ilustrações – Página de abertura: Bernardo Strozzi, *Claudio Monteverdi em Veneza*, c. 1640; Página XXIV: Retrato de Claudio Monteverdi ainda jovem, de autor desconhecido.

Equipe de realização – Edição de Texto: Marcio Honorio de Godoy; Revisão: Jonathan Busato; Sobrecapa: Sergio Kon; Produção: Ricardo W. Neves, Sergio Kon e Raquel Fernandes Abranches.

Ibaney Chasin

MÚSICA SERVA D'ALMA
CLAUDIO MONTEVERDI
AD VOCE UMANISSIMA

Dados Internacionais de Catalogação na Publicação (CIP)
(Câmara Brasileira do Livro, SP, Brasil)

Chasin, Ibaney
  Música Serva d'Alma: Claudio Monteverdi : ad voce
umanissima / Ibaney Chasin. – São Paulo: Perspectiva; João
Pessoa: Universidade Federal da Paraíba, 2009.

  Bibliografia.
  ISBN 978-85-273-0856-4

  1. Compositores italianos – Crítica e interpretação
2. Monteverdi, Claudio, 1567-1643 I. Título.

09-03900   CDD-780.9

Índices para catálogo sistemático:
1. Compositores italianos : Apreciação crítica   780.9

Direitos reservados à
EDITORA PERSPECTIVA S.A.

Av. Brigadeiro Luís Antônio, 3025
01401-000 São Paulo SP Brasil
Telefax: (011) 3885-8388
www.editoraperspectiva.com.br

2009

Sumário

Agradecimentos XV

Prefácio – *J. Guinsburg e Marcio Honorio de Godoy* XVII

Nota Breve XXI

INTRODUÇÃO 1

PARTE UM
MONTEVERDI MIMÉTICO 15

1. MÚSICA E *MÍMESIS* 19
    Da Letra Monteverdiana: Um Prefácio 19
    Voz e Mimese 33
        Aristóteles 33
        Girolamo Mei 38
        Dos Registros da Voz, e dos Afetos 42
    De uma Carta Monteverdiana 50
        Um Poema que Impropria o Canto –
        Le Nozze di Titede 51
    Da Mimese do Canto Monteverdiano 55
        De que Mimese se Trata? 55
        Da Orgânica e Lógica de uma Mimese do Dizer 60
        Fala (Voz) e Mimese do Dizer, ou melhor, Della Voce 64

Da Tipificação da Voz – A Arte do Canto 90
Canto: Vox.. 91
Da Imitatione del Parlare: *De seu Substrato*
Mimético-Compositivo.. 97
Monteverdi, Declamador 104
De Outras Duas Cartas... 124
Monteverdi, Imitador... 125
De um Manifesto 132
Canto e Poesia... 148
Considerações Aproximativas 148
Das Relações entre Poesia e Canto
e da Especificidade de Cada Arte.. 160
Num Dizer a Machadadas, que Substancia e Conclui............. 183

PARTE DOIS
CANTO EM CORPO E ALMA
Hor ch'el ciel e la terra e *Lamento di Arianna*

INTRODUÇÃO... 187
1. *HOR CH'EL CIEL E LA TERRA* 197
   A Primeira Estrofe.. 197
   A Segunda Estrofe 211
      Disposições Preliminares.. 211
      Os Versos Um e Dois – Primeira Seção 217
      Os Versos Um e Dois – Segunda Seção............................. 238
      Os Versos Três e Quatro 247
      Um Passo Harmônico na Dissonância 259
      O Final.. 274
   Os Dois Tercetos... 279
      O Primeiro Terceto 279
      O Segundo Terceto – Versos Um e Dois............................ 289
      O Fim: Verso Três 304
2. *LAMENTO DI ARIANNA* 311
   Arianna, Dramática Alma Ativa 313
3. CONCLUSÃO:
   ALGUMAS CONSIDERAÇÕES CATEGORIAIS 331
   Afetos: Além de Si Mesmos 331
      Afeto e Dever-Ser.. 334
   Ad mímesis 338

PARTE TRÊS
O HOMEM DA RENASCENÇA:
INDIVÍDUO QUE SE INFINITIZA

CONSIDERAÇÕES INICIAIS.. 357
1. VIDA E SUBJETIVIDADE... 361
   Vida: Construção Ativa 361

Subjetividade: A Expansão da Vida Interior............................386
  Uma Digressão Shakespeariana: a Subjetividade
  de Hamlet..406
O Pulso Afetivo do Homem: Sentimentos e Sensibilidade......419

2. MONTEVERDI: SONS DE UMA ALMA *IN DRAMA*....................437
  De uma Melodia Expandida..437

ANEXO:
UMA APROXIMAÇÃO INTERPRETATIVA: ALGUMAS
CONSIDERAÇÕES...477

Bibliografia..495

À memória de J. Chasin, meu pai,

Ele era um homem, e, pelo seu todo,
não mais verei ninguém igual a ele.

HAMLET

e de Hanna, minha mãe,

para quem não tive, em sua dor ingente,
palavra e alma sensíveis.

Dedicado a Helô, a Mil e a Adrian.

Agradecimentos

Que as pessoas a quem me dirijo leiam estas palavras imaginando-as por mim ditas, pois aí está, na voz, o sentimento que nelas pulsa, ora oculto...

...meu agradecimento, então,

a Arnaldo Daraya Contier, homem da cultura, da música e da história, que em 2000 acolheu meu projeto de doutorado, criando, assim, a condição institucional à elaboração de um estudo sobre a música de Monteverdi, que agora, reordenado, se publica. Esse acolhimento, entalhado em respeitabilidade, nunca deixará de ser reconhecido e externado;

a Paulo Kühl, que com sua generosidade característica cedeu--me material fac-similar fundamental, obras e tratados que, de difícil acesso, por ele recolhidos em sua temporada italiana de estudos, foram-me de grande valia intelectual;

a Ester, pelos ouvidos eternos, sugestões, críticas, reflexões; e, sobretudo, pela amizade!

a Rago, homem de talhe humanista, que me apoiou não apenas intelectualmente, mas humanamente. Como um irmão mais velho, assim o quero e o tenho;

a Helô, pelo suporte integral! Mas também pelas leituras e releituras do texto, na intenção amiga e cuidadosa de evitar ou polir os escolhos de uma redação sempre imperfeita;

a Rômulo Polari e Yara Mattos, reitor e vice-reitora da Universidade Federal da Paraíba, que, abraçando de pronto a ideia de uma parceria com a editora Perspectiva, tornearam as condições objetivas à existência deste livro, dirigentes que inaugurando, quiçá, o caminho para outras parcerias e possibilidades institucionais, revelaram sensibilidade cultural que se deve sublinhar;

à professora Elizabeth Pimenta, figura chave do complexo e trabalhoso desnovelar do processo burocrático de constituição desta parceria; pessoa sensível e ativa que atuou decisivamente e com bom senso para a superação dos nem tão naturais obstáculos que na universidade nascem à consubstanciação de uma vida acadêmica mais autêntica;

ao professor Fabrício Possebon, pela correção de meu latim inexistente;

ao professor Carlos Anísio de Oliveira e Silva, que, como chefe do departamento de Música da UFPb, interessou-se sempre pelos andamentos desta publicação;

a José Luiz, responsável pela editora da UFPb, profissional que atuou de forma efetiva na elaboraçao desta parceria, realizando, com empenho pessoal, todos os passos necessários, não poucos;

enfim, a Jacó e a Gita, pela aposta e apoio em um texto sem apelo comercial: Monteverdi, no Brasil!? A eles, pela persistência vigorosa e vital, meu reconhecimento.

Prefácio

Em *Música Serva d'Alma*, Ibaney Chasin examina a singularidade poética de Claudio Monteverdi. Com este alvo, que brota fundamentalmente do anseio de expressão anímica do ser humano, o autor começa por uma investigação que traz à luz os principais aspectos do processo criativo deste extrordinário representante da musicalidade renascentista. Aí, desenham-se, para o leitor, as feições marcantes de um projeto artístico que pretende dar vazão musical à alma humana nas suas sensações corpóreas, nos seus impulsos, nos seus desejos e nos tormentos de seu coração e de seu espírito, convertendo-os nos arabescos, nas volutas e nas sinuosidades da partitura, da voz, do canto e da própria *anima* criadora. Materializa-se, assim, na efervescência intelectual, emocional e vocal, a sublimação dramática de uma obra que se propõe a ser o canto da alma na potência da comunicação estética.

Para dar conta destes movimentos instauradores do estro criativo monteverdiano, Chasin não parte apenas das técnicas e do vocabulário especializado ou dos signos próprios à linguagem musical, nem preferencialmente das relações contextuais e ambientais que marcam a vida do músico em sua existência histórica. Abrindo o acesso de seu auditório, convida a todos que se sentem atraídos por esta arte ou a cultivam, inclusive aos ouvintes pouco afeitos ao virtuosismo da peça camerística ou ao brilho sonoro e espetacular da ópera – convida todos eles a participar das ousadas pesquisas poéticas e invenções musicais que gestaram e deram forma ao enlevante concerto de sons e de vozes consignado e articulado na escritura do compositor italiano. Vê-se, pois, que o autor deste estudo sobre Monteverdi não pretende, com sua exegese, encerrar o sentido e o alcance da poli-fonia monteverdiana em uma comunidade ou grupo de peritos ou "musicolatras" que pretendem falar a si mesmos, numa língua acessível somente a eles próprios, em um repertório destinado a poucos eleitos. Chasin, na verdade, tem em mente e quer instigar o interesse de quem esteja pronto para uma entrega e para um diálogo com a proposta passional e humanista de uma ampla democracia da subjetividade e objetividade da recepção.

Busca comum do pensamento renascentista, desde as suas mais características elocubrações e elaborações filosóficas, passando pela indagação científica voltada novamente, na esteira da herança greco-latina, para a compreensão e representação do homem e da natureza como essência e fenômeno, até a inquietação criativa de artistas a lavrar ardentemente suas obras nos diferentes campos de manifestação e de atuação –, uma espécie de "mímesis da vida afetiva" e da dinâmica da interioridade projeta-se na riquíssima produção intelectual e artística da época. Giordano Bruno, Galileu Galilei, Ficino, Pico della Mirandola, Vicenzo Galilei, Da Vinci, Girolamo Mei, bem como Michelangelo, Rafael, Maquiavel, Shakespeare, Cervantes desenvolvem seus processos investigativos e criativos tendo, como norte de suas obras, não somente reprojetar a realidade externa em aproximações reprodutivas, mas também cavar, picar, provocar o signo banhado na vinculação das inquietações, dos tormentos e das vicissitudes íntimas do sujeito que vivencia a si mesmo, seu objeto e seu mundo como operação criativa, numa estafante e tortuosa trilha de abordagem do imaginário para a plasmação concreta da obra em que circula o seu entusiasmo e que, com ele, se anima estesicamente.

Isto, no entanto, não polariza monocordicamente o trabalho do homem da Renascença: na vida posta e reposta cotidianamente, ele individualiza sua visão e seu sentimento de mundo, assim como a fragilidade e os perigos da existência humana, mas infunde-lhes, não menos, a sensação de que sua realização está condenada a um eterno inacabamento, pois defronta-se com o fato de que a finitude de seu ser e fazer contrapõe-se à infinitude de sua vontade criadora: o homem, em seu estar-aí, infinitiza-se no seu anelo de continuar sendo, em um vir-a-ser eterno – um processo que deseja dominar em tudo e que lhe foge sempre.

J. Guinsburg e Marcio Honorio de Godoy

Nota Breve

1.

Este estudo deita raízes em *Monteverdi – Humana Melodia*[1]. Sua orgânica, lógica exegética e proposições teóricas desta tese dimanam, de modo que *Música Serva D'alma* deve seu espírito àquela, que é sua progênie.

Origem, porém, não significa identidade incomplexa. *Música Serva D'alma* remodela, afina e redefine argumentação e reconhecimentos urdidos na elaboração doutoral, bem como insere um novo – e modesto – espaço analítico, o Anexo, onde dispõe-se sobre problemas da interpretação musical. A elaboração teórica é dinâmica, infinitamente escavadora. Seja como for, creio que a *thésis* deste texto não balance por qualquer vento reflexivo que a defronte; ao menos não se poderá dizer que não busquei radicá-la em solo altor.

---

1 Tese de doutorado defendida no programa de Pós-Graduação em História, sob orientação do Prof. Dr. Arnaldo Daraya Contier, Universidade de São Paulo, 2003.

2.

Pensar Monteverdi... Tal propósito pode parecer estranho, e mesmo descabido – no mínimo, musicalmente avaliado como infecunda ação inecessária. E se aqui provoca estranheza e desinteresse – dado, ademais, um Brasil que se abrasileira volitivamente, e onde, ainda, as reflexões quantitativas para um lattes semostradeiro são conscienciosamente valentes –, tal indiferentismo não provém de causas menores. De um lado, do ventre da Revolução Francesa mediatamente dimanaria, como um filho mais ou menos legítimo e ilegítimo, uma clivagem cultural, um hiato com o passado: referir que este momento parture o conservatório musical talvez avoque, ao menos genericamente, a situação que se desenhava. De outro, o século XX, induvidosamente no campo da cultura, saboreou arcana imodéstia por tudo aquilo que não foi sua própria alma, conquanto – pense-se em Schöenberg e Webern, por exemplo – dissesse e buscasse provar o oposto. Perda *de universalidade* que, imediata perda do homem, consubstanciou-se como guia ingeneroso de uma razão e sensibilidade estéticas então transtornadas e segadoras. Assim, parece-me incontornável fazer esta alusão: criar historicamente o novo artístico fazendo girar a roda da vida é uma coisa; criar o novo *in negatio* é outra, cujas resultantes devem ser tomadas criticamente, como tudo na vida, ademais. Na arte inexiste progressividade, ela não se consubstancia enquanto um evolver: não se realiza como mera evolução gradual de si mesma no fluxo da história, como um autoaperfeiçoamento contínuo; literatura, música, arquitetura, plásticas etc. não se atualizam enquanto um caminho – abstrato – do simples para o complexo, do ínfero para o superior, e isto se deve destacar. O que não significa dizer, assinale-se igualmente, que a arte não conquiste, posto o curso infinito da incompossível autoconstituição da humanidade, espaços humanos antes ausentes, que necessariamente a transfundem, expandindo-a em ser e possibilidades. Mas isto não resulta de sua (abstrata) atação a uma esfera cronológica (abstrata), como se – por um imperativo desígnio metafísico – o passar dos tempos, *in limine* e *de per si*, implicasse imediata e incomplexamente em conquista artística, em conquistas humanas, em individuação. Há momentos em que a história arroja o indivíduo às suas próprias carnes; há outros tantos em que seu avanço desindividua – apouca ser, espírito e dever-ser do homem. Dramático vir a ser humano!

3.

Posto isto, sublinhe-se em desejada polêmica: à música, à arte, é imanente, ao menos desde os gregos, a imperecibilidade de determinadas categorias, e sua busca e reconhecimento teóricos é ação inadiável, ou deveria ser. Nos termos balzaquianos, oportunos: "O tempo passado contém ensinamentos que devem levar os seus frutos para o futuro. A eloquência dos fatos estaria perdida para nós?"[2]. Em *Música Serva d'Alma* esta acronia pode ser coligida, porque no canto monteverdiano podemos tocá-la, determiná-la e compreendê-la. Determinação e compreensibilidade categorial esta que é movimento teórico precípuo, porquanto ele põe e permite universalidade, então a analogia, assim, o forjamento de referenciais artísticos. Referenciais, por sua vez, que significam singularidade estética examinada *in generi*. Lógica monteverdiana que aqui se substantifica pela e na escavação de sua orgânica, específica; e, se específica, radicada no humano, que nutrindo-a da vida do gênero constitui a possibilidade do singular, que carrega em si toda a humanidade.

4.

Num último dizer, *in affectu*: o que sinto em relação ao texto publicado? Prazer efetivo – pela plasmação da verdade categorial que entendi propor – no desalento ainda mais efetivo que sabe que o saber categorial é quase impotente, tanto face à força de um positivismo e *gnosiologismo* dominantes, quanto em relação a um universo artístico onde o homem perdeu espaço e humanidade.

Mas, este sentimento pode se converter em vida e sentir dramáticos! Então, se faz dever-ser, e isto é o que humanamente importa.

---

2 H. de Balzac, Fisiologia do Casamento, em *A Comédia Humana*, v. XVII, p. 331.

Introdução

1.

Quando Monteverdi (1567-1643), numa carta de 1616, dizia a Striggio[1] que sua música se realizava enquanto *"imitatione propria del parlare"*, assim manifestava o substrato de sua arte, ainda que com a luz retraída de uma formulação sintética e não desdobrada. Tomando como inspiração este procedimento, e então cunhando uma proposição não menos genérica e evocativa quanto a monteverdiana, consubstancia-se, como passo inicial da Introdução, a finalidade deste estudo: o intento é esboçar, sensificar, a *alma* deste canto que entendia falar. Em termos mais determinados, esta investigação examina e busca reconhecer a lógica compositiva monteverdiana. Movimento que se constitui pela escavação das categorias estruturais que fundam, nutrem e possibilitam a música daquele que se positivou enquanto figura singular na mutável e densa cena artística tardo-renascentista italiana, também tomada e designada por protobarroca, ou mesmo barroca, e ainda maneirista etc.

---

1 Alessandro Striggio, Mântua, 1573 – Veneza, 1630, aproximadamente. Diplomata, é o autor do libreto do drama musical *L'Orfeo*, composto por Monteverdi em 1607.

2 MÚSICA SERVA D'ALMA

Multíplices mediações designativas que *de per si* avocam, atine-se, a complexidade humana e artística da quadra que assiste ao nascimento da poética monteverdiana. Quadra, musicalmente, que se caracterizaria pela maturescência, ou síntese, de transubstanciações estruturais. De fato, o último quartel do século XVI é um ponto de chegada histórico, um desaguadouro categorial, vale a expressão, bem como um período de inflexões, de mutações de fundo. As categorias sociais que o século XV afirmara os anos quinhentos expandiram, medrando-as no ato mesmo de as negar, contradição que, socialmente *fundante*, eivaria, por todos os poros, a vida quinhentista, pública e privada.

Monteverdi é testemunha e idealizador decisivo de ventos sonoros revoluteantes, que em seu canto se moldariam de forma particularmente intensa, vital. Ventos sonorosos que transfazem? A que se remete e alude? O esboço de uma resposta a esta problemática musical cêntrica, e intrincada, não pode deixar de pontuar, *in limine*, que tais ventos foram os de uma *sonoridade dramática*, a qual já se silhuetava no madrigalismo tardio do flamengo Cipriano de Rore[2], ou mesmo antes.

A Camerata Bardi é indício, e mesmo espelha a irrupção deste novo momento artístico. Mas, firme-se de pronto, e com igual propriedade: o agrupamento bardiano – como, aliás, qualquer outro cenáculo ou academia análogos – simplesmente não poderia conceber e parir a partir das próprias entranhas o universal novo nascente. Não obstante, e isto se deve distinguir, sua existência foi marcada por obras e homens que se objetivaram enquanto produtos e produtores do novo[3]. Seja como for, ainda

2 Cipriano de Rore, 1515/16-1565. Na Itália, foi *maestro di capella* da corte de Ferrara e também da basílica de San Marco, cargo, porém, que ocupou por brevíssimo período, já no fim da vida. A expressividade de sua polifonia, especialmente aquela alcançada em sua velhice, reverberou notadamente na formação do estilo de Monteverdi. No atinente à relação Cipriano de Rore-Monteverdi podem ser mencionadas, dentre outras, as seguintes referências bibliográficas: D. De'Paoli, *Monteverdi*, p. 25-27, 40-41, 43-44, 111, 520; N. Pirrotta, *Scelte poetiche di musicisti*, p. 13 e 97; P. Fabbri, *Monteverdi*, p. 39; S. La Via, Origini del "Recitativo Corale" monteverdiano: gli ultimi madrigali di Cipriano de Rore, em *Atti dei Convegni Lincei*, p. 23-58. Com um tratamento mais abrangente sobre o problema das influências monteverdianas cf. D. Arnold, *Monteverdi and his teachers*, em D. Arnold, N. Fortune (org.), *The New Monteverdi Companion*, p. 91-106. Sobre Cipriano de Rore, mais especificamente, cf. A. Einstein, *The Italian Madrigal*.
3 Tome-se, nesse sentido, os nomes de Vincenzo Galilei e G. Caccini, e, respectivamente, o *Dialogo della musica antica et della moderna* e *Le Nuove Musiche*.

INTRODUÇÃO

que tal assembleia não tenha sido o ventre generante do novo canto e *modus faciendi* musical nascediços – o ajuizamento teorético que a reconhece enquanto tal desmede sua real função e importância no quadro em que figurava, mitificando-a[4] –, ela ressoaria, ou até, de um ou de outro modo, rascunharia, teórica e praticamente, as veias estético-musicais que se consumariam entre finais do século XVI e inícios do XVII. Consumação que se consubstanciou, artisticamente, enquanto a engendração de uma *música dramática*; exatamente por isso, canto vital, conscientemente orientado à expressão, à intensidade anímica. Intensidade alcançada, primariamente, posta sua melodia ampla, veemente, *ativa*, que, *in* monodia ou *in* polifonia, por sua expressividade se singularizaria historicamente.

Ao facear a forma como Monteverdi opera em seu *Primeiro Livro* de madrigais, publicado em 1587, com a adotada por compositores coetâneos de geração anterior, Fabbri aponta não só à dimensão especificamente expressiva deste artista, mas o estuar intensamente expressivo que o madrigalismo como um todo assumia. Assunção – sentido estilístico, perspectiva compositiva – que se positivava assim enquanto tendência artística dominante, e não poderia ser diverso, como a seu tempo se atinará. Nestes termos considera, com pertinência:

4 Aluda-se, oportunamente: Caccini, ao fazer menção à *Camerata* no *prefácio da Nuove Musiche*, de 1602, dispõe uma argumentação que, de forma mais ou menos imediata, sem dúvida carreou elementos à superestimação da influência histórica deste agrupamento. Logo ao início, em assertiva pouco rigorosa referia: "Nos tempos que florescia em Florença a virtuosíssima Camerata do Ilustríssimo Senhor Giovanni Bardi, Conde de Vernio, onde se reunia não apenas grande parte da nobreza, mas também os primeiros musicistas, eruditos e filósofos da cidade, tendo-a eu mesmo frequentado, posso então dizer ter aprendido mais com sua sábia convivência do que em mais de trinta anos de contraponto". Na sequência, mas agora de modo procedente, conquanto epidérmico, testemunha sobre as tendências estético-musicais que inspiravam as reuniões: "Estes doutíssimos gentis-homens sempre me encorajaram. E com razões muito claras convenceram-me a não estimar aquela espécie de música que, não permitindo a clara compreensão das palavras, desfazem os conceitos e os versos, ora alongando, ora encurtando as sílabas para que estas se acomodem ao contraponto – laceração da poesia; mas, sim, a me ater à maneira tão louvada por Platão e outros filósofos, os quais afirmaram que a música outra coisa não é do que a palavra, o ritmo e por último o som, e não o contrário; e [convenceram-me por fim] a querer que a música pudesse penetrar o espírito de outrem e provocar os maravilhosos efeitos que aqueles filósofos admiravam e que não podíamos realizar através da música moderna em razão do contraponto". G. Caccini, *Le Nuove Musiche*; *A I Lettori*.

Um confronto com outros compositores experimentados em alguns dos mesmos textos usados por Monteverdi no seu primeiro livro, mostra o compositor interessado decididamente, e quase de modo faccioso, pelos passos da mais declarada tensão, aos quais reserva espaço e abundância de figurações expressivas, radicalizando uma lição aprendida certamente com Ingegneri[5]. Conquanto não totalmente sob esta marca, estes exordiais madrigalescos de Monteverdi se atam – ainda que não sem rigidez e ingenuidade – aos *desenvolvimentos patéticos que o madrigal ia assumindo neste fim de século*[6].

Ao sintetizar o pulso estético-musical do *Terceiro Livro*, 1592, ratifica este reconhecimento. Roboração da qual se escava que uma expressividade de porte notável, de jaez específico, compositivamente orientadora, está fundando o canto madrigalesco desta quadra da história:

Mesmo sem os tons de decoro e de moralismo não estranhos ao Tasso[7] da *Cavaletta* ou a Marenzio[8], é no mundo da 'reservada' *busca expressiva* que Monteverdi se insere decisivamente com este seu *Terceiro Livro, olhando para os músicos que em tal direção já se tinham encaminhado*; e para Wert[9], em particular[10].

---

5 Marc'Antonio Ingegneri, 1547-1592, professor de Monteverdi em Cremona, onde foi *maestro di capella*. Foi um importante e destro polifonista.

6 P. Fabbri, op. cit, p. 25 (Grifo nosso).

7 Torquato Tasso, 1544, Sorrento – 1595, Roma. Literato cujas poesias atraíram fortemente o interesse dos madrigalistas coevos, e inúmeras foram musicadas. Dentre as obras de ressonância universal se pode aqui citar *Gerusalemme Liberata*. Como teórico da poesia escreveu *La Cavaletta o vero de la poesia toscana*. Sobre a importância teórica da obra para a música, a palavra de Carapezza: "Os textos teóricos fundamentais para o madrigal polifônico – mais do que os tratados de técnica compositiva, como *Le istitutioni harmoniche* (1558) de Zarlino e a *Prattica di musica* (1592) de Zacconi – são dois diálogos de arte poética: o segundo livro da *Prose della volgar língua* (1525), de Bembo e *La Cavaletta o vero de la poesia* (1587), de Tasso". Cf. P. E. Carapezza, Tasso e la Seconda Pratica. *Quaderni della Rivista Italiana di Musicologia* – *Tasso, la musica, i musici*.

8 Luca Marenzio, compositor italiano, 1533-34/1599. Um dos nomes mais significativos do madrigalismo do século XVI. Publicou mais de quatrocentos madrigais e vilanelas.

9 Giaches de Wert, compositor flamengo, 1535-1596. De 1565 a 1592, aproximadamente, foi *maestro di capella* em Mântua, onde Monteverdi se radicara nos inícios da década de noventa, trabalhando para a corte dos Gonzaga, como antes dele o fizera Wert. Suas obras tardias, de talhe declamatório e expressivo, exerceriam real influxo sobre o então jovem Monteverdi.

10 P. Fabbri, op. cit., p. 43 (Grifo nosso).

INTRODUÇÃO 5

Quando Alfred Einstein reporta à origem do madrigal quinhentista, é exatamente sobre sua intrínseca natureza expressiva que o autor repousa a distinção deste gênero frente a anteriores, avizinhados, pontualizando assim que o madrigalismo é geneticamente expressivo. Atributo, então, que os finais do século xvi não inventam, mas exacerbam, não criam, mas expandem, numa palavra, transfundem em dramaticidade aberta, pungente, estruturalmente recitativa, dramaticidade que, categoricamente dominante em Monteverdi, urde e ordena todo o seu tecido sonoro. Em frase lacônica, mas terminante, que funda e confirma Fabbri: "o estilo madrigal originou-se da desintegração da frótola, ou mais exatamente, de uma desintegração *motivada pela expressão*"[11].

Sublinhe-se, não se trata de que o madrigal, parido inexpressivo, torna-se expressivo ao final do século. O que ocorreu foi que sua carga emotiva se veementizou, ou mesmo se transfundiu; a expressão se intensificou porque se fez dramática, acerba[12]. Vale dizer, a alma se dramatizou, então seu canto: porque o homem está consciente da dramaticidade vivida, que o toma pelas entranhas ao final do século xvi, uma melodia em "gravidade mesta" nasceu e se fez "via apreciada". Em palavra análoga, porque se reconhece nesta anímica, a haure, aprecia, ao tomá-la nas mãos por um canto que a sensifica. Ao caracterizar a lógica da polêmica Artusi[13]-Monteverdi, Fubini indica, rigorosamente, que a música deste final de século se fizera expressividade visceral, dimensão que, singularizando-a, reordenara cabalmente formas e gêneros, práticas e *modus faciendi* compositivos. Considera o filósofo: efetivamente, a

11 A. Einstein, *The Italian Madrigal*, p. 119. (Grifo nosso).
12 Denotativa, nesse sentido, a pena de Marenzio na dedicatória de seus madrigais de 1588 ao conde Bevilacqua, de Verona. Escreve: "surgiu-me, pela ocasião de minha passagem por Verona, apresentar-lhe estes meus últimos madrigais. Por mim compostos de maneira muito diferente da passada, tendo atendido, tanto para a imitação das palavras como para a propriedade do estilo, a uma mesta gravidade, direi assim. Que aos entendedores, pares seus, e ao seu virtuosíssimo salão, será talvez a via mais apreciada". Luca Marenzio, apud P. Fabbri, op. cit., p. 43.
13 Giovanni Maria Artusi, 1540-1613; cônego, foi teórico musical e compôs alguma música. Escreveu duas importantes obras: *Seconda parte dell'arte del contraponto*, de 1589, e *L'Artusi, overo Delle imperfettioni della moderna musica*, de 1600. Cf. Parte Um, nota 103.

polêmica de Artusi [contra Monteverdi] não é apenas dirigida contra as inovações técnicas de uma nova harmonia, mas tem um objetivo muito mais vasto: na realidade, Artusi não polemiza contra o uso de inovações, em cujos confrontos não seria nem contrário *in limine*. O real objetivo polêmico de Artusi é a *expressão*: o musicista moderno antepõe a expressão à beleza, e em nome desta expressão não hesita em ofender o ouvido e se contrapor às regras e à razão. Monteverdi, que personifica a nova música, escolheu a expressão, sacrificando aquilo que para Artusi são os verdadeiros valores da arte, ou aquilo que a corporifica – a beleza e a razão ou tradição. As novidades técnicas – Artusi alude sobretudo para o uso das dissonâncias de sétima – tornam-se o instrumento principal para realizar o fim primeiro do musicista: a *expressão*[14]; [uma expressão expandida, concrete-se.]

Em determinação arrematante, determinação, em última instância, que consubstancia aquilo que este estudo buscará elucidar: Monteverdi, *expressão dramática porque canto de uma alma ativa*.

2.

Três são as *Partes*, distintas e conexas, pelas quais este estudo arma o pretendido reconhecimento do canto monteverdiano. Por uma pena teorética que delineia suas categorias sustentantes, suposto e *télos* – Parte Um; realiza uma análise musical concreta – Parte Dois; e, por fim, radica a *Seconda Pratica* na história, isto é, no *de-onde-para-onde* do homem do Renascimento – Parte Três, entende-se positivar a lógica de uma arte que se tomava e dizia nascida da poesia.

O canto monteverdiano é mimético, dimensão claramente consciente a seu artesão, marque-se desde já. Monteverdi sabia que a melodia que forjava era a manifestação de sentimentos. Se expressivo, patético, dramático, um *mélos* imitativo, imanentemente imitativo – porquanto enraizado na alma humana – tomava forma. Então, se de uma *mímesis do sentir* se trata, o entendimento da história, do homem em seu ser e

---

14 E. Fubini, *L'Estetica Musicale dall'Antichità al Settecento*, p. 135.

INTRODUÇÃO 7

ir-sendo concretos, é passo analítico fundante. Passo que ao atar o fazer artístico a seu solo nutriz, permite o agarramento de suas razões ônticas, que são as que, estruturalmente, tenha ou não o artista consciência disto, fundam e mobilizam suas opções e perspectivas compositivas.

Em verdade, o reconhecimento do vínculo canto-vida, isto é, canto-afeto, está genericamente presente na teoria e prática musicais do século XVI. Compositores e teóricos, de forma unissonante, estavam cientes desta relação musicalmente fundante, observando-a claramente. De modo que a arte dos sons, longe de ter sido efetivada e pensada a partir de si mesma, num autocentramento que a reduziria às suas próprias carnes fenomênicas, fora positivada e entendida, porquanto assim reconhecida, enquanto esfera mimética – enquanto mimese da vida afetiva. Real e ativa conexidade que conduz a investigação, rediga-se, à história, ao exame da orgânica humano-social na qual a arte aflora, sociabilidade que, mediatamente, a engendra, ou o *modus faciendi* do artista. Vale dizer, gêneros, formas ou estilos sonoros dimanam, por movimento mediato, do solo humano que os radica, pelo qual tomam seu autonômico fôlego vital. De sorte que, generalize-se, o reconhecimento de um fenômeno artístico se move e entranha pelas veias humanas, históricas, porque, estaque-se, a grande obra de arte se objetiva enquanto *ação mimética*. Nesse sentido, se Monteverdi substantifica uma mimese dos afetos, hiatizar-lhe no ato de sua tomadia teórica o homem, a sociabilidade – que a gesta e encerra porque o afeto humano é realidade humana, ou gerado do ventre da vida concretamente vivida –, é amantá--la com o véu da irreconhecibilidade. Posto de chofre: o *porquê* último de um estilo, estrutura ou procedimento artísticos é transpirado pelos poros humanos da vida sensível: o tecido musical monteverdiano assume esta ou aquela característica, Monteverdi cria este ou aquele movimento melódico, tal ou qual dissonância, sonoridade, esta ou aquela estrutura, relação, procedimento, postas as necessidades e demandas que o *sentir in drama* implica. Na arte, na mimese estética, a realidade é ponto de partida, sua *reconstrução*, artística, ato de um *desentranhamento*, existente, pois, num laço de jaez ontológico. E se assim o é, escavar o substrato daquilo que a arte

8 MÚSICA SERVA D'ALMA

toma *in mímesis* é escavar e perscrutar os motivos artísticos fundantes de uma obra.

Em síntese: a determinação dos específicos vigamentos categoriais do canto monteverdiano; ao que se ata a análise da partitura, que substancia, concreta, estes vigamentos; e, movimento final, a contextualização humana desta orgânica artística, que então é enraizada na história, é o caminho posto e trilhado por este estudo, que anela o imo de um canto imo.

3.

Por sua tese central, este estudo se faz reconhecimento solitário, ou que deita raízes num solo teórico que se distingue *in limine*. Isto é, a pena que cunha este texto sustenta que o canto monteverdiano se consubstancia enquanto uma *mímesis della voce*, ou, se quisermos, como uma *mimese do dizer*. Significa, como bem se verá, atinar e propor – num contraponto desintencional com as linhas e tendências reflexivas dominantes, porque contraponto parido de um reconhecimento, não de uma banal intenção polemista – que sua arte enforma a interioridade humana. Nos termos de uma negação, e que se deve sublinhar: Monteverdi *não elabora uma imitação da poesia*. Algo que o pensamento teórico, imemorialmente e na unissonância rebatida de suas vozes, propugna e estaca, a saber, Monteverdi e o madrigalismo como um todo são o que são porque tomam a poesia em mimese, dispondo-a em som. Uma assertiva de Fabbri, não original, e que certamente lhe sobreviverá, sintetiza esta perspectiva que enlaça *em imediatidade* música e poesia:

> Monteverdi se mantém essencialmente fiel à sua formação de contrapontista atento a *exprimir em música o mundo poético dos 'afetos'*: foi em torno deste núcleo que progressivamente se dispuseram todas as novas técnicas por ele assimiladas e elaboradas para este fim no curso de sua carreira[15].

Efetivamente, e este é o ponto vital, à música não é próprio e natural, e nem poderia ser, como do fluxo investigativo

---

15 P. Fabbri, op. cit., p. 2 (Grifo nosso).

INTRODUÇÃO 9

se coligirá, a modelagem ou a descrição da realidade. A tradução de imagens ou de palavras é movimento que lhe impropria, descarna, nega. Igualmente, não pode se consubstanciar como uma espécie de *corpo sonoro* dos afetos, de corporatura ou corporificação dos sentimentos inerentes a um texto, à poesia. De fato, se de música se trata, não se trata da afiguração ou corporificação das paixões – mais ou menos abstratas – que do poético o músico poderia colher, ou mesmo da simples plasmação compositiva dos pulsos afetivos que dela emanam. A música, por aquilo que é, não se realiza assim! De sorte que se o canto monteverdiano toma impulso no poético, nele se enraíza e dele necessariamente se alenta, isto não significa que se positive enquanto *poesia sob forma sonora*, conquanto, itere-se, seja esta a percepção que, dominante, qualificou-se enquanto determinação teórica difusa, aceita e incontrastável. A música de Monteverdi, ao revés, é subjetividade, é substantificação da vida interior, é alma que sente. Mais rigorosamente, é *pulso anímico sensificado*. Seu canto, que não é sentimento poético transfundido em som, faz, pois, emergir o mundo afetivo do homem, tornando audível – *sensível* – o sentir concreto de um indivíduo concreto de um tempo humano concreto. Contornando, apenas abstratamente, os fundamentos deste reconhecimento, que o fluxo da exposição exegética, assim se entende, torna determinação concreta.

À música impende, por sua mais própria e natural forma de ser, positivar a dinâmica anímica da subjetividade. A música substantifica, quando *mímesis*, quando consubstanciada a partir e no interior de sua natureza, os espaços da interioridade, sentimentos *sentidos*, não sentimentos em si, o que, aliás, é artisticamente irrealizável. Não é a prática tardo-renascentista, portanto, que faz da arte sonora sentir da subjetividade – este é seu *modus categorial* concreto, e se o é, o canto monteverdiano, incontornavelmente, é subjetividade que sente. De sorte que apenas a partir deste reconhecimento ele pode ser efetivamente escavado, compreendido, e *executado*. Escavação teórico-musical que floresce em efetividade determinativa – aluda-se ao suposto metodológico da investigação – quando realiza a atualização desta universal categoria de fundo, isto é, quando concreta o *o que* e *como* da subjetividade musicalmente implicada na obra ou gênero que se analisa. Mutável no fluxo da história, a subjetividade – suas mutações – é o próprio fundamento e motor da história da música, de seus gêneros e formas, que surgem, desaparecem e/ou se reconfiguram porque o homem se transfaz no fluxo de sua autoconstrução social. A arte de Monteverdi, na distinção que a descola do passado e do futuro, especificando-a, é *ativo sentir colidente*, particular objetivação histórica da subjetividade *in affectu* que, mediatamente, determina o ser e motivos deste canto, funda as razões primárias, ônticas, dos procedimentos e objetivações compositivos, que então apenas por esta via – ontológica – se esclarecem radicalmente. Avoque-se o desenlace de um longo percurso teórico que se inicia: porque o homem, ora dinâmico, ativo, torneador de sua própria vida e destino, *expandiu-se in drama*, o canto dramatizou-se. Numa palavra, à qual se retornará à exaustão, *Seconda Pratica*, canto dramático porque subjetividade dramática, melodia historicamente expressiva porque tempos de individuação.

Consubstanciando fundamento e espírito da investigação: ao se firmar a natureza mimética da música monteverdiana se reconhece na *subjetividade que sente* o centro desta arte, arte que remodela procedimentos compositivos pregressos porquanto o homem que Monteverdi tem à sua frente não cabe mais no interior das melodias e contrapontos que Artusi defende. A alma medrou, e levou consigo o canto, que para acompanhá-la não poderia restar incontaminado, e nesta reordenação fez-se *mélos ativo*, porque *mélos* de um homem dramático, como Hamlet, como Quixote. Num remonte sintetizador, consentâneo: no deslocamento analítico que transita da *teoria* à *história*, e a meio caminho se debruça sobre a partitura – o documento concreto e probante daquilo que a história da música foi –, descava-se o coração das notas monteverdianas, sons de uma alma conflitada, sons de uma *mímesis*. Pela letra de Schrade, arrematante, que se de algum modo nos pode soar antiquada, marca uma verdade artística sobre a qual nunca é demais insistir:

> Assim que um gênio produz uma obra que está em harmonia com a arte da vida, disto resulta uma verdade irredutível e uma abundância de sabedoria. Claudio Monteverdi foi um desses gênios, prodigioso na arte, e prodigiosamente homem. Ele construiu sua obra sobre a verdade da arte e da forma, sobre a honestidade

INTRODUÇÃO 11

da profissão e do estilo, sobre a autoridade da lei e da norma. Mas sua arte integrou também a verdade das paixões humanas, a experiência e a tragédia da existência humana[16];

"a verdade das paixões humanas"!

4.

Uma última consideração. Tomar Monteverdi é se deparar com categorias musicais fundantes, universais. Não desdobro aqui o problema nem mesmo como pontuação, pois não é o momento ou lugar. Entanto, talvez deva aqui chamar a atenção do leitor para o fato de que, no canto monteverdiano, *a voz opera e se atualiza em sua orgânica mais própria, em seu melhor, e mais humano.* Significa, sublinhe-se, que o trato com a *mímesis della voce* nos permite, *in limine*, o reconhecimento e intelecção das categorias e atributos da voz e do canto; como também, e consequentemente, a agnição de que a cunhagem de uma obra não é mero ato volitivo, realizado na predominância de uma subjetividade criadora abstratamente ativa. O ato musical não se ata fenomenicamente ao universo humano. Em verdade, e distintamente, subentende posse da objetividade, posse da vida, e profundo interesse por ela, por seu *de-onde-para-onde.* Subentende conhecimento do homem, e relação mimética com ele! Como ser artista se os sons se fazem abstrações sonoras e estas me encantam e domam? Se sons musicais, então sons radicados na vida: sons que em mimese a tomam em *dever-ser.*

No legado monteverdiano há um *dever-ser*, humano e estético; que cada um dele se aposse como quiser, na forma e extensão que puder. Então, se algo se pretende com este estudo é que ele mova, de alguma forma, em alguma instância, a alma, o sentir, a sensibilidade, pois a melodia monteverdiana é *voz sensível*, sensibilíssima, podendo nos fazer, quiçá, sensíveis à vida, algo humanamente vital. Estudo, enfim, cujo *télos* foi o de iluminar o campo investigado apenas como fazem as luzes

16 L. Schrade, *Monteverdi*, p. 15.

de um facho na escuridão, que mesmo sem ensejar a distinção da totalidade extensiva, ao incidir sobre pontos, elementos, partes, concede aos olhos o reconhecimento da natureza do ser, da matéria de que é feito, assim, dos nexos que o arrimam e urdem. Mas, interrompa-se de súbito: que cessem as aterragens de um caminho musical de escolhos! Adentremos, sem mais, pelo terreno monteverdiano, cujo canto fez-se alma em imo compromisso com a vida. Compromisso com a vida.

Parte Um

Monteverdi Mimético

eu, em meus pensamentos, palavras e gestos não sei, não tenho, não pretendo mais do que sinceridade, simplicidade e verdade.

GIORDANO BRUNO,
Spaccio de la Bestia Trionfante

A Parte Um, que ora principia, tem por cerne e alma a categoria da *mímesis*. Advirta-se: não se trata de elaborar uma análise histórico-filosófica do problema mimético no interior das obras de arte, como Auerbach, por exemplo, realiza com e pela literatura. Muito menos, por outro lado, do exame da *mímesis* no intento de se substantificar sua determinação conceitual, isto é, filosófico-categorial. Tal projeto – *ad mímesis* – implicaria tarefa de uma vida, ainda que o exame constituído se circunscrevesse a uma única quadra histórica. A finalidade que sustenta e impulsa esta Parte é infinitamente menor, a saber, atualizar o lugar central ocupado por essa categoria no espaço compositivo monteverdiano. Assim, e este é o escopo concreto, tornar nitentes suposto, lógica e dinâmica de um canto entretecido com os fios sonoros de uma imitação *ad hominem*.

Cravar, no complexo categorial da mimese, coração e norte teoréticos, marque-se desde já, não é opção nascida de um *a priori* epistêmico. Efetiva e inversamente, é ação ideal parida de uma demanda objetiva, logo, ação que se consubstancia como natural – e incontornável – ferramenta investigativa. Em termos concretos, que se radicam no argumento anterior: a música monteverdiana, por operar e ser *in mímesis*, transparenta-se, em corpo e espírito reais, somente pela teoria que se arma e arrima na categoria da mimese. Nesse sentido, a pena verbal de Monteverdi, reveladora de material substantivo e de positiva valência reflexiva, porquanto *sustentada* e *urdida* nesta categoria, constitui-se em bússola sonora e analítica àquele que volta a razão examinante, ou mesmo "ouvidos despreocupados", à sua ·música. Embora esporádicas, adstritas – pois amiúde improgressivas –, suas argumentações e assertivas manifestam com vigor e rigor a lógica de sua arte: sem dúvida, parturem sua trama e substrato. Significa, concretamente, que dentre as cartas que compõem seu epistolário, bem como no prefácio do *Oitavo Livro*, tomam forma proposições estético-compositivas que não se pode teoricamente desatender, e muito menos ignorar. Se assim o é, seu simples desconhecimento e exame superficial são, respectivamente, condição e postura investigativas irrazoáveis, na exata medida em que delas se escavam categorias musicais, concretamente firmadas. De sorte que, postos e considerados a dimensão e dinâmica universais de sua arte, que sintetizou as transubstanciações musicais que timbraram o período; e reconhecido, *lato sensu*, o pulso historicamente referencial de sua atividade, a tomadia e análise das reflexões do artista é passo teorético não só produtivo, mas necessário. Germina, ao menos *in potentia*, nesta condição de universalidade – que protagonistas da vida, como Monteverdi, produzem e na qual estão imersos – uma mutuação fecunda entre a práxis artística e o juízo crítico concernente, potencialidade que em seara monteverdiana se fez realidade concreta.

A tomadia da letra do compositor não funda, porém, isoladamente, o exame da categoria da mimese. A proficuidade das disposições de Monteverdi não plasma, *de per si*, figuralidade, concretude determinativa: a dinâmica mimética de sua arte é referida e reiterada, mas em conformação de talhe aforístico. E se deve ainda marcar: o ideário monteverdiano não deve ser percorrido com olhos acríticos, pois ele se arma e esgota no campo do singular, condição que apouca seu alcance e perspectiva, limitando-o teoricamente. Ao tecido argumentativo do artista, assim, imbrica-se o pensamento de Girolamo Mei e Giovanni Batista Doni. Ambos portados a esta cena porque personagens centrais da reflexão musical do Renascimento tardio italiano: do ideário que elaboram assoma uma teoria de proposições substantivas, consubstanciadas na engendração de categorias musicais fundantes. Categorias que, por tangerem o imo da sonoridade dramática dos anos quinhentos, não se consubstanciam como letra teórica abstrata, pela qual não se toca o coração do tecido estudado. A termo que, porquanto superem esta abstratividade, paralisante, atualizando-se em concreto pensado, transfundem-se ainda em ferramenta analítico-musical, isto é, em mediação para o manuseio e inteligibilidade da partitura em si, de sua orgânica, como se atinará claramente na Parte Dois.

Não obstante, por força das necessidades ingênitas dos reconhecimentos estéticos que se pretende delinear e propor, desta investigação categorial outros nomes e proposituras tomarão parte, com o que se entende substanciar, de um lado, e firmar, de outro, as disposições determinativas configuradas. Desta feita, enforma-se um quadro referencial mais amplo, claro, que ao roborar o pulso mimético da *Seconda Pratica* afirmado e reafirmado pela pena monteverdiana, ato contínuo intensifica sua verossimilitude teórica, movimento que entende modelar em figuração bem contornada a natureza musical de um tempo, deixando transluzir o compromisso, autêntico, da arte com sua matéria – a vida dos homens. Com este espírito e intenções, ora toma fôlego o caminho teorético que arroja as notas monteverdianas para além dos espaços da pura sonoridade, que quando simplesmente assim tomadas se abstraem de si mesmas, e então emagrecidas em seu ser e possibilidades pouco revelam e refletem de sua real constituição e expressividade imanente. Que a saga monteverdiana o testemunhe, transpirando em humor humano que a música pode mais do que simplesmente canorizar a vida. Então, por terras humanas, materiais e espirituais, porque de canto se trata, esta pena exegética embrenha-se, em longo percurso.

1. Música e Mímesis

DA LETRA MONTEVERDIANA: UM PREFÁCIO

O *Oitavo Livro* de madrigais (1638), publicação de um Monteverdi septuagenário, encerra seu longo percurso madrigalesco, notável. Concluimento, por sua vez, que marca o fim do madrigal enquanto gênero composicional ativo. Em verdade, e a isto se deve atentar, a morte de compositor, em 1643, sela, *lato sensu*, o final de um ciclo compositivo onde a expressividade, *de per si*, consubstanciava-se como suposto e *télos* musicais. O madrigal, gênero forjado no interior deste solo e perspectiva, necessariamente desapareceria num contexto onde a expressão, musicalmente ordenadora, perdesse espaço. Posto o incremento e expansão, paulatino mas indelével, de uma arte sonora fundada na "beleza" autonomizada dos sons da melodia, nas abstratas necessidades da sonoridade, regrantes – arte que assumiria domínio artístico porque domínio social, portanto prerrogativa teleológica –, ao madrigal pouco oxigênio, humano e artístico, restaria. De fato, essa contextura era a positivação de um deslocamento histórico do eixo da arte musical, positivação seiscentista que empurraria o madrigalismo para os bastidores da história, de onde jamais sairia.

Monteverdi é o último dos madrigalistas, estética e historicamente anacrônico, se poderia afirmar, em torno dos seus cinquenta e poucos anos de idade. Tempos estes, sem dúvida, mais propícios a certo pulso amaneirado, a uma cacciniana monodia cortesã[1]; como, também, antes inclinado à música das sensações, cunhe-se a expressão, do que a um canto dos afetos[2]. Não obstante, e isto se deve indicar desde já, os *Madrigais Guerreiros e Amorosos* (e não apenas essa coleção monteverdiana, pontue-se) sintetizam, em entrado século XVII, procedimentos estéticos, artísticos e compositivos radicados em solo humano e artístico anterior. Síntese que faz da coletânea como um todo, e de suas obras, singularmente, espelho privilegiado do suposto e lógica da *nova* mimese musical nascediça no curso do século XVI. Suposto e lógica que nas mãos de Monteverdi irromperiam na inteira plenitude de suas potencialidades ingênitas. Vale dizer, a arte plasmada por esse homem magro e contido, que tinha na simples *chiacchiera* um de seus grandes prazeres, expandiu à exaustão as categorias e atributos do madrigal, onde *autonômicas vozes recitativas* urdiriam sua textura, universalizada. Universalização que individuaria histórica e artisticamente sua música e práxis. Práxis esta, é oportuno aqui aludir, que imbricou categorialmente polifonia e monodia, madrigalismo e teatro cantado, porque a expressão se fez, conscientemente, *télos* compositivo. *Télos* que mutuaria carnalmente gêneros distintos, e não poderia ser diverso, como se verá. Mutuação que significou a existência de um mesmo conteúdo: fosse o canto plasmado em intrincada polifonia, fosse parido de uma monódica voz solitária, a fibra humana, então a compositiva, seriam de mesmo jaez. De sorte que a universalização madrigalesca implicou a universalização

---

1 Cf. Heloísa Muller, *Le Nuove Musiche, história e estilo no canto de Giulio Caccini*, capítulo III. Tese de doutorado defendida no programa de Pós-Graduação em música da Universidade de São Paulo, sob orientação de Amilcar Zanni Neto, 2006. O estudo inclui a tradução, a partir do original, do *Le Nuove Musiche*, já citado anteriormente.

2 Na palavra mediatamente corroborante: "Uma causa precípua do refluxo editorial [musical europeu no curso do século XVII] é de natureza intrínseca: o consumo de música vai se identificando progressivamente mais com a audição e menos com a execução [...] Um único setor do mercado está bem na Itália: o de música instrumental, solística e de conjunto, destinada (como no seu tempo o madrigal) ao consumo privado". L. Bianconi, Il Seicento, p. 86-87.

da monodia, e desta, a do madrigal. Cantos estes, enfim, que se as figuras *michelangescas* falassem certamente lhes escorreria das vozes, dramáticas.

E se uma síntese musical e estilística, de ressonância histórica, é atualizada no *Oitavo Livro*, uma teórica igualmente configura-se. Firme-se, sem mais, e em traço calcado: na página solitária que constitui o prefácio, numa reflexão não desdobrada, para não dizer estíptica, Monteverdi assinala, entanto, os *fundamentos sustentantes* de sua música. E o faz nas formas da inequivocidade. Assim, o incurso na letra do artista partirá daqui, de um testemunho de implicações estruturais, ou da escavação da palavra categorialmente nítida de um homem já experiente, musicalmente habilitado. De fato, e para além disso, de um homem pleno em relação à sua arte, que da morte se avizinhava. Em termos distintos, deste fragmento prefacial, terreno de fecundez efetiva, que contém e manifesta expressamente supostos e finalidades composicionais, que aponta à lógica de seu *modus faciendi* artístico, à natureza de sua práxis musical, a exegese mimética toma fôlego e se arma. Significa, pois, que o caminho investigativo se estrutura por uma substrução, isto é, matriza-se a partir e no interior de um problema categorial fundante. Caminho, assim, que entende deitar raízes em solo teórico generoso, na exata medida em que a plasmação conceitual é aqui a consubstanciação do reconhecimento de uma orgânica concreta, a objetivação ideal de um ser e ir-sendo reais. Vejamos, então.

Monteverdi enceta seu prefácio, breviloquente, dispondo uma reflexão estrutural que, sutílima, pulsa sob o fluxo de um depoimento simplíssimo. Modicidade de fundo que talvez explique o fato de que destas palavras não se tenha extraído, concretamente, seja do ponto de vista teórico, seja no que tange à execução, as decisivas implicações artísticas e teóricas que encerram. A pena exordial assim principia:

> Três são as principais paixões ou afeições da alma. Assim considerei, bem como os melhores filósofos. São elas a ira, a temperança e a humildade ou súplica, como mostra, aliás, a própria natureza da nossa voz, que se faz alta, baixa e mediana; na música, claramente referidas por concitado, mole e temperado. Não pude, porém, encontrar nas composições do passado exemplos

do gênero concitado[3], apenas do mole e temperado, mesmo que o gênero concitado tivesse sido mencionado por Platão no terceiro livro de *Retórica*[4] [...]; e sabendo ainda que o que move efetivamente nossa alma são os contrários, e que a finalidade da boa música é mover (como afirma Boécio, ao dizer: "*Musicam nobis esse coniunnctam mores vel honestare vel evertere*")[5], me dispus com não pouco esforço e estudo a realizá-lo[6].

Atine-se, a letra monteverdiana é categorial. E o é não somente enquanto substantificação de princípios e procedimentos compositivos gerais; as carnes de sua práxis artística se corporificam, ainda que sob luzes mais frestadas do que convergentes. Tomemo-la, em desdobramento.

A escavação do significado e lógica daquilo que Monteverdi arma, sustenta e aflora nessa asserção incoativa deve dispor, *in limine*, que o artista, ao relatar como engenhara uma singular mediação compositiva, sentida como faltante, torneia, enforma o princípio ordenador da sua música, por ele reconhecida, rigorosamente, como *mímesis dos afetos*. Imitação das paixões humanas efetivada, pois, como *finalidade* artística, logo, como

---

3 Dado o *télos* teorético, é pouco relevante discutir sobre a preexistência, ou não, deste gênero musical. Que o *concitato* monteverdiano é histórica criação monteverdiana não há dúvida; se historicamente inexistente, entanto, algo que se poderia investigar. Seja como for, e este é o fator determinante, para o madrigalismo, portanto para Monteverdi, algo desconhecido, mesmo porque a música escrita não deixara rastro de uma existência concreta possível. Não é demais lembrar, dada a argumentação, que, quanto aos gregos, "vários indícios induzem a pensar que até o século IV a.C. não estava posta a exigência de se escrever a música: o caráter substancialmente repetitivo da melodia, que mesmo nas possíveis variações se adequava a figuras melódicas tradicionais, e o ensino 'aural' do canto e da prática instrumental [...] Um outro argumento *ex silentio* pode confirmar a hipótese de que a música grega arcaica e clássica nunca tenha sido escrita: a tradição manuscrita dos poetas gregos, que remonta em grande parte às edições dos gramáticos alexandrinos, não conservou nenhum texto com notação musical. Se na época helenística os editores tivessem tido a possibilidade de transcrever, ao lado dos textos literários, também as relativas linhas melódicas, certamente não teriam transcurado este elemento essencial da poesia." (G. Comotti, *La musica nella cultura greca e romana*, p. 9.).

4 Pontue-se, Platão não escreveu uma *Retórica*. A que obra platônica Monteverdi aludiria por esta designação é saber não apenas especulativo como analiticamente não influente.

5 "A música composta nos serve para enaltecer ou destruir os costumes".

6 C. Monteverdi, Prefácio do Livro VIII, em G. F. Malipiero (org.), *Tutte le opere di Claudio Monteverdi*, Livro VIII.

alicerce da criação. Vasculhemos esse "depoimento categorial" em seus atributos, que o nitidizam.

No *Livro Oito*, Monteverdi publica o *Combattimento di Tancredi e Clorinda*, composição realizada a partir das oitavas tassianas que narram, na *Gerusalemme Libertata*, a luta de morte entre os dois protagonistas. É nessa peça, escrita para um nobre veneziano que lhe encomendara uma peça para o carnaval de 1624, que se configura pela primeira vez no cenário musical – sustenta Monteverdi no prefácio – uma sonoridade que nos defronta com a reiteração insistente de uma mesma nota – instrumental e/ou vocal – em batimentos rápidos, obsedantes, com o que se produzia uma textura agitada, veemente, conflagrada, concitada. Não é casual, portanto, que a palavra prefacial fizesse menção e apresentasse ao leitor apenas o *Combattimento* (que se publicava, ademais, no interior de uma coleção de obras escritas posteriormente): esta peça inaugurava o gênero *concitato* então criado. *Concitato* entendido pelo compositor – este é o ponto artística e esteticamente relevante – *enquanto ferramenta compositivamente estrutural porquanto ferramenta afetivamente estrutural.* Ferramenta, assinale-se, operante em outras obras do *Livro*. Nesse sentido, ao nominar tão somente essa partitura *concitata*, bem como ao fazer do *concitato* o elemento catalisador da argumentação prefacial, a letra monteverdiana assevera e sobreleva, de pronto, a *imanente* e fundante *expressividade* desses madrigais, com o que distinguia e firmava o norte e núcleo compositivos que regiam a coletânea. *Concitato*, por exemplo, que adquire este contorno e dinâmica na colisão tassiano-monteverdiana:

Combattimento di Tancredi e Clorinda[7]:

[7] C. Monteverdi, *Combattimento di Tancredi e Clorinda*, em G. F. Malipiero (org.), *Tutti le opere di Claudio Monteverdi*, Livro VIII, p. 141-142.

Ou este[8]:

8 Idem, p. 150-151.

Ora, a busca e constituição do *concitato* é a cunhagem dos meios sonoros pelos quais substantificar um pulso afetivo determinado; é engendrar, modelar, pelos sons musicais, um específico estuar anímico. O *concitato* é *expressão concitata*, ou, mais rigorosamente e como melhor se atinará no fluxo da construção deste texto, alma em concitação, natureza afetiva necessária a Monteverdi porque atributo anímico real. Atributo que não individuado artisticamente, indistinguível até então, alude o compositor, se corporifica agora no interior de uma música urdida, pois, *pelo e no entrelace dos afetos* – de *todos* os afetos concretamente pulsantes num espaço e tempo determinados. Ou ainda, e a partir das palavras monteverdianas: se "três são as principais paixões ou afeições da alma", à pena compositiva cabe fazê-las pulsar, expressá-las em sons artísticos. Pelo que se vislumbra e atina que a substância nutriz de uma partitura assim criada é a *vida humano-afetiva*, os sentimentos *sentidos*, que se descolam da cotidianidade e se exteriorizam esteticamente pela mediação dos sons da voz transubstanciados em arte, em música, em canto. Canto, pois, que se consubstancia enquanto mimese, *mimese dos afetos*. Em palavra que sintetiza, se uma dimensão conflitada prorrompe e se configura na esfera da vida anímica, marcando-a, esta se faz matéria musical, para a qual se tem de forjar as vias de expressão, de objetivação – o *concitato*. Contextura claramente indicante, sem dúvida, de que sua música se arma como plasmação sonora da esfera dos sentimentos, da vida afetiva concreta. De tal modo que esse ato cantado é um ato mimético, ou radicado na "ira", na "temperança" e na "súplica", na desesperação, na tranquilidade e languidez, nas paixões e sensibilidades que irrompem na vida subjetiva, então na arte dos sons monteverdianos, sons *in mímesis*.

Este passo prefacial, assim, expressa em letra nitente e substantiva, conquanto ingenerosa, a matéria-prima pela qual Monteverdi entece seu canto. Passo, por sua vez, que torna a avocar o ponto – humano – de partida e o substrato artístico da criação: imediatamente presentes no testemunho sobre a paternidade de uma categoria afetivo-musical faltante, irrompem, ora mediatamente, quando a pena prefaciadora assevera que a relação entre contrários – aquela que incita, sensibiliza a alma[9] –, deve fundar o espaço musical, porque a este cumpre, firma o artista,

---

9 Cf. I. Chasin, *O Canto dos Afetos*, p. 125, onde se desdobra argumentação concernente.

MONTEVERDI MIMÉTICO: MÚSICA E *MÍMESIS*   29

primariamente *mover*. Ora, ao modelar esta assertiva, de nítida
descendência grega, o compositor, implicitamente, reconhece a
lógica ôntica de que a música – não obstante, advirta-se, sua conatural autonomia, seu livre movimento autoinstituído, sua dinâmica conduzida no pleno fluxo e desdobramento de sua própria
materialidade, ordenadora – ata-se em liga fundante com matéria que lhe é exterior. Exterioridade esta que lhe arrima e nutre,
fundando o ato compositivo. Ato, portanto, que não se positiva
como dação de forma a sons na autoconsumação de si mesmos,
como projetação indeterminada de uma sonoridade enquanto
pura sonoridade, mais ou menos concreta, mais ou menos expressiva. De fato, e inversamente, ato que se substantifica a partir e no interior de uma exterioridade haurida, que é a matéria
deste fazer, sua própria natureza, a condição de real objetivação
estética da música. Exterioridade, assim, que se consubstancia
na condição e via da real objetivação autonômica, autocentra-
da, da arte dos sons. Exterioridade e autonomia em Monteverdi
que significam a configuração, pois, de uma relação colidente
entre afetos, então, aluda-se aqui ao que será elucidado na Parte
Dois, a engendração de uma textura de talhe dramático. Em
termos análogos, o *actus* composicional monteverdiano radica-se
no campo das paixões, *actus* que as plasma numa orgânica de
abrupções, de justaposições anímicas, as quais, nessa relação
extremada, podem efetivamente, avalia o artista, *mover* o espírito, isto é, comovê-lo. De sorte que a esfera musical é humanamente movente, considera Monteverdi, e é isto que importa
pontualizar neste contexto argumentativo, quando *ato imitativo*, porquanto a música move pela avizinhação de contrários,
contrários que, na composição monteverdiana não são simples
sonoridades abstratas reciprocamente diferenciadas em função
de características puramente melódicas, rítmicas; mas, sim, *pulsos afetivos distintos*, que os sons torneiam e objetivam, dando-
-lhes, *in mímesis*, artística vigência sensível[10]. Em tal contextura,
se não cabe dizer que nos defrontamos com o terror e piedade

---

10 Em palavra breve: conquanto Monteverdi generalize a proposição de que a
    alma é movida por contrários, do que lhe decorre que a "boa música", cujo fim
    é mover, deve tender a esta dinâmica, tal abstração determinativa não impro-
    pria o que de sua letra legitimamente se escava, a saber, a condição e suposto
    miméticos da música, logo, de sua arte, condição e suposto que se afiguram
    com nitidez e sustentação teórica reais.

trágico-catárticos, é próprio assentar que se está musicalmente diante da aposição entre a ira e a temperança, entre um tormento lacerante e um languir plangente. Afetividades que, se fortemente contrapostas no tecido musical, para além disso, e este é o elemento mais notável, se interpenetram e fundem intrinsecamente, amalgamando-se. Do que nasce, como a tempo próprio se notará, uma humana melodia, que, humaníssimo sentir renascentista, deste Monteverdi fez canto.

O testemunho que deseja assinalar a paternidade do *concitato* guarda em suas linhas, como um de seus momentos, um outro espaço determinativo-categorial. Porém, por sua fugacidade, quiçá pela ausência de um desdobro argumentativo mínimo, é lido no descuido e inobservância do significado decisivo que lhe é intrínseco, tomado, em última instância, como um dizer que, se inexistisse, pouco ou nada alteraria a letra exordial. Não obstante, esse espaço remete ao coração do coração da problemática em exame – a intrínseca dimensão mimética da *Seconda Pratica* monteverdiana. Consubstancia-se, efetivamente, na coluna teórica de todo o prefácio: é o elo centralmente probante de que o canto monteverdiano opera uma mimese, de sorte que sua tomadia encerra importância teorética redobrada.

O que se tem então de colher e dissecar em termos categoriais é a seguinte observação, que se positiva, mediatamente, num reconhecimento artístico primordial, a saber, *a voz humana* – afirma Monteverdi – *manifesta disposições de alma, estados de espírito.* Ao referir que "três são as principais afeições da alma", tripartição com a qual atina dada a "própria natureza da nossa voz" – "que se faz alta, baixa e mediana", do artista provém a determinação de que a voz humana, posto um específico tom assumido (agudo, médio ou grave), isto é, em função do registro em que se projeta, expressa determinados sentimentos, afetos – pulsos anímicos que se diferenciam reciprocamente: *alta-ira*; *mediana-temperença*; *baixa-humildade/súplica.* E por tal agnição, imediata e ineludivelmente a palavra monteverdiana substantifica a dinâmica e estatuto da arte vocal: *canto é expressão dos afetos.* O é na rigorosa medida em que a voz humana, por sua *natureza, atributos,* por seu *modus faciendi,* sensifica a interioridade anímico-afetiva, seja isto no corrente falar cotidiano, seja de forma mais substancial, concreta, quando se faz canto.

Disposto em necessária argumentação escandida. Desta proposição monteverdiana promana a razão-de-ser fundante da dimensão mimética da música, que o prefácio afirma e reitera em diferentes momentos e sob argumentos mais ou menos explícitos: se, de um lado, a voz é manifestação, exteriorização do interno humano, e, de outro, é das entranhas da voz que nasce o canto, cantar implica e significa, em clara primordialidade e predomínio, afeto, afetividade. De modo que a voz cantada – quando concebida e efetivada a partir do ser e condição próprios da voz, quando realizada no interior de sua natureza, pela mediação nascida de seus atributos –, é uma objetivação mimética, *mímesis* da esfera dos sentimentos, expressão, pelo som, vocal, do sentir humano. Tecendo a questão em termos categoriais. Da voz dimanam sentimentos sentidos – a sonoridade vocal os traduz, substantifica-os, em projetação sonora. Sonoridade, pois, que *não é* a interioridade que sente, que *não é* o sentir em si, a sensação em si, mas sim, a *manifestação sensível* do sentir, uma *exteriorização possível*, isto é, sua *expressão*. Avocando palavras citadas, que substancializam a determinação: as paixões fundamentais d'alma são "a ira, a temperança ou a súplica, como *mostra* [isto é, *expressa*], aliás, a própria natureza da nossa voz, que se faz alta, baixa e mediana; na música, claramente referidas por concitado, mole e temperado". Assim, porquanto *mediação*, encarnação, expressão, *sensificação* – sonora – do universo da sensibilidade, *a voz procede e se efetiva imitativamente*, de sorte que o canto, seja ele qual for, quando engenhado em orgânica autêntica – urdido no interior das categorias da voz –, positiva-se como imitação, *por ser voz humana*, voz que, incontornavelmente, se atualiza *in mímesis*. A pena monteverdiana, então, embebe-se no tinteiro teórico que reconhece e determina o canto como mimética arte dos afetos. Dos afetos, do sentir, *porque canto é voz, voz que se consubstancia enquanto mimética anímica*. Em palavra análoga que compendia, posto o ser-precisamente-assim da *vocalidade*, um conatural e fundante pulso imitativo é imanente à melodia: atributo que, primigênio, ordena sua natureza, que se positiva em expressividade porque voz: melodia, alma *in affectu*.

De tal contexto, relações e argumentos, sobreleva-se, em prevalência iniludível, a categoria da imitação. Predominação que na pena teórica monteverdiana não poderia inexistir, dada sua consciência sobre a natureza da arte que engendra. Música que, *atualizada in voce*, é de fato e necessariamente mimética, reverberando a interioridade, traduzindo seu sentir, afigurando-o à escuta. Sobrelevação que significa arte cunhada a partir e no interior da vida afetiva, que embebe com o sangue do anímico as veias das notas e procedimentos compositivos. Na ponderação de Schrade, consentânea porque reflexão entecida com as fibras da alma da arte monteverdiana, arte plasmada na imbricação visceral entre *música e vida, som e mimese, arte e mundo humano*, arte consubstanciada *in mímesis*:

o prefácio de Monteverdi [no *Oitavo Livro*] confere à obra um relevo particular, pois descreve a doutrina de sua composição musical enquanto uma estética da imitação: toda obra de arte é alcançada por imitação, sendo entendido que não se trata de uma técnica especial, mas de um princípio gerador da arte. Ao longo de toda a vida criadora de Monteverdi este princípio foi o engendrador das riquezas de seu estilo. Na carta de 22 de outubro de 1633 (endereçada a um romano desconhecido, talvez [Giovanni Batista] Doni), ele declara que a obra de sua vida constitui a ilustração de sua concepção de imitação. E acrescenta que a natureza da música deve justificar toda forma de imitação, e que a imitação de um sentimento dado é algo tão humano quanto estético; o sentimento humano é a matéria de toda a música, e a imitação da natureza deve se conformar à imitação das paixões humanas. O oitavo livro constitui, assim, o cumprimento, a resposta final à pesquisa permanente que deu sentido à sua vida criativa. Ao escolher os textos de suas últimas obras, ele não leva mais em conta nem o autor, nem sua personalidade, nem as formas poéticas empregadas. Ele não escolhe poemas de Rinuccini, Guarini, Marino porque os prefira, ou porque seus contemporâneos os preferissem, mas pelas paixões humanas que veiculam. O oitavo livro resume a arte de Monteverdi seja enquanto apresentação das paixões humanas seja como humanização da música[11].

Assinalada, no interior e a partir da letra monteverdiana, a natureza mimética da voz – voz que não é somente elemento da representação conceitual do mundo, isto é, mediação da língua, mas, na primariedade de seu ser, *pulsar afetivo, interioridade*

---

11 L. Schrade, *Monteverdi*, p. 316-317.

MONTEVERDI MIMÉTICO: MÚSICA E *MÍMESIS* 33

expressa –, sua relevância e centralidade – ou de suas categorias – para a esfera do canto pôde ser mais do que apenas pressentida. Em termos concretos, como o canto é *voz tornada mélos*, orgânica então parida do imo das possibilidades vocais – portanto, as categorias da voz fundam o canto –, canto e voz se atam em laço imo. E se assim o é, tal contextura imbricativa postula um movimento analítico que se tem necessariamente de constituir: medrar o exame iniciado da dinâmica e lógica da voz humana, com o que se substancia e nitidiza a pena conceitual de Monteverdi. Medrança que especifica, este é o ponto vital, a fibra sonora pela qual se entece e engendra o canto, logo, num inicial momento aproximativo, a música da *Seconda Pratica*. Por este caminho, artístico porque vocal, embrenha-se a pena exegética.

VOZ E MIMESE

Aristóteles

Não é tino do pensamento quinhentista a compreensibilidade da natureza – *expressiva* – da voz humana. Aristóteles delineia a questão em contorno nítido, reconhecendo e afigurando esta sua primária condição ingênita. Na *Retórica*, no espaço argumentativo voltado dominantemente à forma do discurso, a problemas estilísticos, pulsa, logo ao início [III, 1, 1403 b], a seguinte reflexão, manifestante do jaez do ato vocal, do em-si onto-imanente da voz:

O argumento sequente a ser discutido é o estilo: [no campo da retórica] não basta possuir os argumentos que devem ser expostos, mas é necessário também os expor de modo apropriado, o que contribui amplamente para que surja um determinado tipo de discurso. De início, foi naturalmente examinado aquilo que por natureza tem precedência – de quais elementos os argumentos extraem sua persuasão; em segundo lugar, sua eficácia em função do estilo; o terceiro elemento é um fator que tem uma grandíssima eficácia, mas que não foi ainda cuidado – o tratamento da recitação. Tanto na tragédia quanto na rapsódia isto também chegou tarde, pois no início eram os próprios poetas que recitavam suas tragédias. É evidente que na retórica ocorre algo similar àquilo que ocorre na poética, e desta se ocupou, entre outros, Glauco de Teo[12]. A recitação concerne *à voz* e ao modo pelo qual esta deve ser usada para *exprimir cada uma das emoções* – quando, por exemplo, deve ser *forte*, quando *fraca*, quando *média*, e ao modo pelo qual *a voz deve se servir dos tons – agudo, grave e médio, e quais ritmos devem ser usados em cada caso*[13].

Ora, a palavra aristotélica sintetiza em letra muito clara a conectividade entre voz humana e afeto. Conectividade, de fato, que na assertiva não se põe enquanto tal, isto é, a dimensão afetiva da voz emerge não como uma de suas possibilidades dentre outras, como uma relação, e sim como a própria consubstanciação da voz, como seu *modus faciendi* típico, ou o que a individua enquanto voz. A recitação, esboça o filósofo – e recitaçao, como bem se verá, é voz objetivada na atualização mais concreta de seus atributos próprios, de suas categorias, de sua orgânica, porque voz, rigorosamente, é sonoridade, ou melhor, registros sonoros –, é voz "usada", substantificada, para exprimir emoções. Voz, portanto, que nessa ação recitativa – ação de expressividade – se positiva como tal. De modo que a letra filosófica reconhece e individua sua conatural e fundante dinâmica expressiva; voz, aristotelicamente, que se faz e existe enquanto maneira e via das paixões. Ou ainda, a exteriorização do interno humano, do sentimento sentido, encontra meio e lugar nos e pelos movimentos vocais no dizer, ou referido com maior rigor, nas modulações da voz que modelam o dito, as palavras. Em proposição mais concreta, que de pronto ecoa a letra monteverdiana a partir e no seio da aristotélica: as inflexões, na fala, que trazem a voz do agudo para o grave, empurram-na do grave para o agudo, a deslocam do medial para o agudo ou grave, ou ainda, a reiteração vocal de um mesmo registro sonoro, sensificam pulsos afetivos, porque a voz ao se fazer voz – modular, inflectir, o dito – imediatamente os atualiza, expõe, expressa. A voz humana, formula Aristóteles, exprime "cada uma das emoções", determinação indicante de sua natureza – de seu jaez imitativo, logo, da especificidade e dinâmica dos sons pelos quais se conforma e emite:

---

12 Figura não identificada, que na *Poética* é também citada.
13 Aristotele, *Retorica*, p. 295-7 (grifo nosso).

MONTEVERDI MIMÉTICO: MÚSICA E *MÍMESIS*　35

sons – inarticulados – que modelam a vida anímica. Orgânica intrinsecamente mimética que em palavra imediata, conquanto improgressiva, Aristóteles pontua em outro passo, amplificante daquilo que aqui se entece teoricamente. Considera [III,1,1404a]:

> Os poetas, como é natural, foram os que inicialmente deram impulso ao estudo do estilo; as palavras, de fato, são imitações, e *a voz, que de todas as nossas partes é a mais apta à imitação*, imediatamente estava à disposição. Consequentemente, foram criadas as técnicas: a rapsódia, a recitação e outras[14].

E primordialmente, itere-se, imitação dos afetos, porquanto a voz, *produto* e *mediação* do interno, é, em sua dinâmica primária, *interioridade sensível, exteriorizada*. Ou como referia Hegel, com transparência: o som humano, a voz, são os "oh! e os ah! da alma"[15]. Algo que, atine-se desde logo, dimana e se toma da vivência cotidiana imediata, que transluz a existência de um imo laço imbricativo – em verdade, de uma reciprocação, de uma identidade – entre voz e interioridade, entre modulação vocal e (manifestação de um) estado de alma. Ainda na letra do filósofo, que ao dispor sobre a voz humana desde uma angulação quase fisiológica, em traçado mediato entremostra seu estatuto [*Problèmes*, tome I, x, 39, 894 b]:

> O discurso é não o referir com a voz, mas pelas *afecções da voz*, e não só para dizer que se sente dor ou alegria. As letras são moduladas pela voz. E, de uma maneira semelhante os bebês e os animais revelam suas afecções, pois os bebês não sonorizam as letras[16].

A voz, escave-se da pena aristotélica uma vez mais, é pulso expressivo, expressividade, vida afetiva: o dizer, o "discurso", a recitação, quando postos *pela* voz manifestam "*afecções*". Sutílima a palavra de Aristóteles: "*com* a voz": isto é, ela é apenas a mediação sonora da palavra, o meio pelo qual a palavra alcança fazer seus fonemas soarem; "*pela* voz" – voz que se realizou, isto é, *se fez afecção*. Em outros termos, a voz está para além

---

14　Idem, p. 297-99 (grifo nosso).
15　Cf. nota 149.
16　Aristote, *Problèmes*, p. 168 (grifo nosso).

do dizer – acopla-lhe uma dimensão anímica: por determinação negativa, a fala *não* se positiva somente para que *se diga* o que se prova e sente. Está para além, mas é aí, no dizer, que toma forma e se realiza, colige-se ainda da lucidez aristotélica. Não obstante, o ato – vocal – que externa um sentimento, firma outrossim Aristóteles, não subentende incontornavelmente a fala, pois esta exteriorização é atualizada por quem, de algum modo ou por alguma razão, não pode ou não sabe se expressar verbalmente. De sorte que a reflexão filosófica não firma apenas que à voz é conato, e fundante, um estuar afetivo, como, ato contínuo, pontua que a condição deste estuar não implica, ineludivelmente, a língua, vale dizer, voz e língua são vasos comunicantes – consubstanciam-se em conexidade, mas são distintos. Ou ainda, e mais rigorosamente, a manifestação das paixões envolve imediatamente a voz e mediatamente a fala. De fato, e como se atinará pela argumentação a ser entecida e que apenas incoa, a voz positiva sua natureza, substantifica-se naquilo que efetivamente é, atualiza-se concretamente, ao *acompanhar* a fala: em sua condição fundante, a voz são seus sons *inarticulados*, que pulsando "por trás" das palavras as contorna, modula, envolve. Modulação que é a objetivação efetiva da voz, porque assim se realiza como sonoridade pura, isto é, como voz, como anímica. Nesse sentido, a vocalidade humana se ordena e ressoa essencialmente no interior do dizer, voz, porém, que enquanto voz é sonoridade nua, despida de palavra, inarticulados "oh! e ah! da alma". Inarticulado pulsar sonoro que no dizer se consubstancia *in concreto*, mas que com ele não se confunde porque esfera distinta, em ser e atributos. Então a interioridade, que em sua exteriorização anímica pressupõe a palavra, antes implica a voz.

Por tais pontuações e disposições teóricas, sublinhe-se, toma forma a ontológica dimensão mimético-expressiva da voz. Se a palavra dita, de um lado, positiva-se pela voz, não se pode, entanto, em descuramento determinativo, sinonimizar ou mesmo avizinhar, categorialmente, voz e fala, ainda que uma determinada interseção categorial as vincule. Distinção e dessemelhança claramente marcadas por Aristóteles nesta reflexão vital, reconduzida, "O discurso é não o referir *com* a voz, mas *pelas* afecções da voz". Descolagem imediatamente rompente, ainda, nas interrogações autopropostas sobre a diferença entre voz humana e animal:

Por que a voz [humana] é diversificada, e não o é a dos outros [animais]? É porque os homens pronunciam várias letras enquanto que entre os animais uns não articulam nenhuma, e alguns pronunciam não mais do que duas ou três consoantes?[17]

Numa palavra, se os animais, como os homens, têm voz, mas não dicção, a distância e dissimetria entre os dois planos contorna-se *de per si*, distinguibilidade que, quanto à voz, significa o domínio do som inarticulado, do anímico, ingênita expressividade que é o substrato que a timbra, singulariza, objetiva. Voz, enfim, que se consubstancia em expressão sensificada na medida em que é via primária do interno: sentimentos sentidos das entranhas de um indivíduo escorrem dos sons, são paridos *in voce*, voz que parture a alma, torna concretas as paixões daquele que sente. Numa indelével proposição ôntica, que se tem de italicizar, "*Os sons da voz são reflexos das afecções da alma*"[18]. Em proposição análoga, se de voz humana se trata, de subjetividade *in affectu* se trata, dimensão mimética que é o fator determinante no sentido de a transubstanciar em voz artística, musical, algo, talvez, que já se tenha vislumbrado no fluxo argumentativo, ainda que somente pelas curvas pouco generosas de uma silhueta teorética que passo a passo se nitidizará. Sublinhe-se, pois – da letra aristotélica se extrai o ser-assim da voz, sua natureza: a "parte [humana] mais apta à imitação". Capacidade que significa a substantificação do universo subjetivo como seu momento (mimético) predominante; e ainda, secundariamente, mundo objetivo, que, mais ou menos abstratamente, se plasma por meio dos sons de uma voz humana que pode estresir com singular aptidão. Na pena – musical – de Aristóteles, com o que se robora, uma vez mais, a intrínseca alma imitativa da voz: "como as palavras, a música se conforma à imitação, e varia sem cessar. Mas é necessário imitar antes pela música do que pelas palavras"[19].

17 Idem, ibidem.
18 Idem, *Organon*, De L'Interprétation, I, 16 a, p. 77 (grifo nosso).
19 Idem, Tome II, XIX, 15, 918 b, p.103.

Ora, ao se indicar a conatural dimensão imitativa da música, portanto do canto, é assinalado, implicitamente, a dinâmica mimética da voz, a saber, se a melodia opera por mimese, isto só ocorre, rigorosamente, porque a voz é imitativa, logo, o ato cantado, que é voz, positiva-se enquanto exteriorização afetiva. Mediatizada determinação da lógica da voz que se faz imediatidade teórica na interrogação-afirmante disposta no *Problemata*, que destila o substrato de todo o exposto até aqui. Nessa passagem, com o qual se arremata esse espaço exegético, Aristóteles é diáfano nas vinculações que estabelece, de modo que o sentido da reflexão é iniludível, e assim se o reconhece. Afirma, perguntativo: "Porque os ritmos e os cantos, *que são emissão de voz*, parecem *refletir estados de alma* [...]?"[20]. Reflexão determinativa que se afigura em letra desdobrada na *Política*, onde música, mimese, sentimentos, disposições de alma, se entrelaçam em liga íntima, deste modo:

> Nos ritmos e melodias, sobretudo, estão as mimeses mais próximas da *natureza real* da cólera, da doçura, e também da coragem e da temperança, e de todos os seus contrários, e de outras qualidades morais. Isto os fatos mostram claramente: ao ouvir tais mimeses, a alma muda de estado. E o hábito de se sentir dor ou alegria por tais similitudes está muito próximo daquilo que se sente em face da realidade[21].

Liame que, objetivamente indissolúvel, não poderia inexistir no pensamento musical desse filósofo, posto que o canto se substantifica e medra a partir e no interior da voz humana, incontornavelmente.

Girolamo Mei

Ao discernimento de Girolamo Mei (1519-1594), figura até hoje referencial quanto à produção teórica concernente à música grega antiga, em nada é estranho o reconhecimento aristotélico da orgânica mimético-afetiva da voz. Pontualize-se, no intento de aludir à dimensão de seu ideário, desconhecido. Mei, filósofo

---

20 Idem, xix, 29, 919 b, p. 107 (grifo nosso).
21 Idem, *Politique*, viii, 5, 1340 a.

MONTEVERDI MIMÉTICO: MÚSICA E *MÍMESIS*   39

e filólogo, a partir de uma reflexão sobre a música grega – e, adjacentemente, sobre a tardo-renascentista –, acaba, ainda que desintencionalmente, por engendrar um pensamento que da música tangeu categorias fundantes. Em dizer brevíssimo, suas sínteses determinativas configuradas em solo grego e renascentista substantificaram categorias musicais universais, que encerrariam, pois, uma valência teorética que necessariamente transcenderia o ventre greco-renascentista que as parturiram[22]. Na carta de 1572, a Vincenzo Galilei, este estudioso de Aristóteles, que fora movido intelectualmente não apenas pela música dos gregos, mas pelo teatro, do qual traduz para o latim, sob orientação de Piero Vettori, obras trágicas, firma e reitera a natureza espelhante da voz. A reflexão sobre a conectividade voz-afeto assume, dentre outras, a seguinte modelagem determinativa:

visto que a música que concerne ao canto gravita em torno das qualidades da voz, e nisto, especialmente, em ser aguda, média ou grave, pareceu-me que deveria ser primordial que a virtude desta arte repousasse seu principal fundamento necessariamente nestas disposições. E, ademais, não havendo semelhança entre cada uma destas paixões da voz [grave, média, aguda], seria irrazoável que tivessem as mesmas faculdades. De fato, por serem contrárias entre si – nascidas de disposições [humanas e sonoras] contrárias, ocorria, necessariamente, que tivessem propriedades contrárias, as quais, por sua vez, tinham força para produzir reciprocamente efeitos contrários. Visto que a voz foi concedida pela natureza aos seres animados, e ao homem, em particular, para a significação de seus próprios conceitos, era efetivamente racionável que estas suas qualidades diversas – fundamentalmente divergentes umas das outras – fossem adequadas, cada uma por si e distintamente, para expressar afeições determinadas[23].

Ora, em proposição que repercute em termos quase textuais a letra da *Retórica*, Mei reconhece e assenta o vínculo objetivo, e visceral, entre voz e afeto. Da voz, estabelece sem volteios, escorrem sentimentos, dimanações que se positivam na

---

22 Neste segmento exegético, as observações e análises sobre o pensamento de Mei e Doni estão dispostas sinteticamente. Para um exame mais aprofundado da letra e fundamentos desses dois pensadores, cf. meu livro *O Canto dos Afetos*, onde se aflora o ideário desses florentinos, como ainda o de Vincenzo Galilei.

23 G. Mei, Carta de 1572 a Galilei, em I. Chasin, op. cit., p. 13.

medida em que seus registros – grave, médio e agudo – são (*in mímesis*) afetos, afeições. Entecendo a questão, a partir de Mei: como a voz, por um lado, sonoridade inarticulada, consubstancia-se enquanto um som, um tom, o qual, substantificando-a, é seu atributo, sua orgânica fundante; ou mais concretamente, como a voz se engendra e realiza no interior dos registros, como ela se plasma e ordena por e na modulação (torneadora da fala) objetivada pela e na relação das regiões vocais; e como, de outro lado, a voz, ou os registros, são *maneira* e *via* das paixões, à sonoridade humana, então, é imanente a esfera da sensibilidade, ou melhor, a voz é sua mais própria espelhação, sentir humano que por ela se faz atualização sensível. Com efeito, pela vivência da fala cotidiana, no exercício do falar dial, atina-se, por um reconhecimento empírico, que os registros da voz são, primordialmente, objetivação – expressão – subjetiva. Como assinalado em passo anterior, é pela alteração ou deslocamento da altura da voz que fala, ou pela iteração de uma mesma região vocal – isto é, pela voz *in actu* – que se positivam as diferentes disposições anímicas. Disposições estas que se distinguem reciprocamente porque os registros, distinguindo-se reciprocamente, as distinguem, consubstanciando-as, onde grave, médio e agudo, e suas respectivas nuanças intermédias, ao modularem o falar e então se articularem, se justaporem no fluir da voz, sensificam a alma. Alma que empurra a voz para essas diferentes regiões sonoras postas seus fluxos anímicos, os batimentos de seu sentir, que impulsam, conduzem o fluxo vocal, as inflexões da sonoridade, as mudanças de registro, o ser e ir-sendo da vocalidade. Que é, pois, vida afetiva, sonoridade inarticulada, registros. Destarte, se assim pensa, *lato sensu*, o aristotélico florentino, ele não poderia não operar o entrecruzamento categorial entre canto e voz, traspassamento que, plenamente orgânico a seu ideário, já estava presente na citação anterior. Ao manifestar novamente a dimensão anímico-afetiva da voz sobre a música grega, considera, categorialmente:

o instrumento da voz [foi] concedido ao homem com suas inúmeras qualidades especialmente para a perfeita expressão de seus conceitos e afetos […][os músicos gregos,] ao exprimirem, então,

MONTEVERDI MIMÉTICO: MÚSICA E *MÍMESIS*   41

inteiramente e com eficácia tudo aquilo que o falar desejasse manifestar e significar por meio e ajuda da agudez e gravidade da voz
[...] [queriam] pronunciar os termos e locuções segundo suas qualidades, isto é, cada um deles, de per si, em função de sua própria
natureza era acomodado a um determinado afeto[24].

Cantar, assinala Mei em ressonância aristotélica, é manifestar afetos. O canto, que é *voz como melodia* – *voz feito mélos* –,
constitui-se, pois, em *expressividade*, isto é, em trama mimético-
-afetiva. No interior e para além da palavra meiana: o estuar
anímico de uma melodia se sensifica nas e pelas modulações de
uma voz que se faz aguda, média e grave, na e pela voz que urde,
por estas ativas inflexões sonoro-vocais melódicas, o universo
da sensibilidade humana. Vínculo canto-afeto que objetivado e
reconhecido em solo grego necessariamente supera esse espaço
e tempo, isto na exata medida em que, atente-se, toda a música
vocal – não apenas a da *pólis* – nasce na e pela voz. De sorte que
um canto tecido *in voce* – talhado a partir e no interior de suas
categorias – é, incontornavelmente, canto *in affectu*, canto que
nessa lógica e orgânica se positiva, enforma, atualiza, em sua
mais natural e efetiva possibilidade artística. Enfim, e consubstanciando, para Mei voz implica mimese, porque voz é sonoridade do interno; significa que o canto, arte engendrada na voz,
ou mais rigorosamente, e como bem se verá, na *predominação
da voz*, se ordena pela esfera do sentir humano, das afecções.
Numa palavra, o sentimento se exterioriza na voz, ôntica condição pela qual se tem de teoricamente estacar que o canto é,
ontologicamente, expressão da interioridade, das paixões. Por
seu próprio dizer, que dialoga com a música grega, e pelo qual
se conclui este fugacíssimo incurso pela letra meiana:

E se este era o fim [da música] – onde se representa para o ouvido, e por essa via ao intelecto, a imagem ou a própria verdade das coisas imitadas [sentimentos] –, indispensável que se observasse tanto
a satisfação do sentido do ouvido quanto a do intelecto. E operando,
ouvido e intelecto, segundo sua própria natureza sem qualquer impedimento, ambos se comprazeriam. E que este devesse ser o verdadeiro fim, o objetivo real dos antigos músicos, mostra-o certamente
o que se disse, e o confirma, indubitavelmente, ver que as faculdades

24 Idem, p. 33-34.

dos músicos, no princípio, eram ligadíssimas à poesia, sendo que os primeiros e melhores foram a um só tempo músicos e poetas. Que a poesia tenha por finalidade a imitação é coisa tão validada que reconfirmá-la mais uma vez pareceria ambição despropositada[25].

Dos Registros da Voz, e dos Afetos

Posto em síntese: voz, iletrado som de dentro, é, firmam Aristóteles e Mei, anímica, sentimento, expressividade mimética. Na consentânea letra hegeliana, roborativa,

a voz, como já indiquei, *é o próprio ressoar da subjetividade total*, que também chega a representações e palavras, e encontra na própria voz e no canto o órgão adequado quando quer exteriorizar e perceber o mundo interior de suas representações como penetradas pela concentração interior do sentimento[26].

Nessa contextura, e não poderia ser diverso, Mei reconheceria nos registros a dimensão primária, ordenadora da voz, logo, da objetivação dos afetos. Aristóteles, igualmente, assinala o fato de que eles respondem em primordialidade por sua orgânica, então, que determinam seu substrato. Mei, entanto, afigura tal natureza e condição da voz em proposição mais explícita (cf. notas 23 e 24) do que a do filósofo grego, que esboça a questão em talhe aforístico, mas numa asserção que, conquanto cunhada em letra contida, configura o problema em termos precisos, efetivamente iniludíveis. No interior de uma reflexão sobre a voz dispõe, sem meios tons: "Sons vocais e formas de linguagem diferem de acordo com a localidade. Sons vocais são caracterizados principalmente por sua altura [registro] – se alta [aguda] ou baixa [grave]"[27]. E assim são "caracterizados" esses sons, desdobre-se a frase aristotélica, pois é por uma determinada "altura" que a voz se instaura, ou melhor, *a voz se constitui e corporifica enquanto uma altura*, que a engendra e timbra. Altura, de fato, que se positiva em alturas, porquanto a voz dimana de seu próprio fluir, que a conforma, fluir ingênito e instituidor que

---

25 Idem, p. 34.
26 G. W. F. Hegel, *Cursos de Estética*, p. 337 (grifo nosso).
27 Aristotle, History of Animals, IV, 9, 536 b, em *The Works of Aristotle*, vol. II, p. 63.

implica e significa modulação, isto é, vocalidade. Vale dizer, os registros substantificam a voz, que é sonoridade em fluxo. Assim, voz é agudo, médio e grave, registros que irrompem – ou não – em função dos pulsos anímicos que, determinantes da voz, o sentir demanda. Registros que respondem pela natureza e dinâmica da voz, como indica Aristóteles, porque esta, pulsos afetivos externados, é deslocamento e aposição de sons: *de alturas*. Ou ainda, como a voz é mimese do sentir, sentir que a postula e avoca, ela se corporifica através e no interior das regiões vocais, que, reciprocamente distintas, atualizam as distintas afetividades sentidas. Vocalidade que, parida desta orgânica, expressa, por e na malha destas suas relações sonoras que a substantificam, pulsos anímico-afetivos.

Ad vocem, ad affectum. No curso da argumentação elaborada, a imbricatividade entre voz e afeto indicada por Monteverdi no Livro VIII foi exposta e firmada por uma trama urdida com fios ôntico-exegéticos: por um movimento que, partindo da palavra do artista, a crava e desdobra na reflexão categorial que a concreta, nitidizando-a. Busca de concreção e nitescência à qual não se pode imputar, assim, a ilegitimidade de um proceder que é determinação da letra analisada no forçamento teórico de seu sentido e dimensão reais. Ao revés, a atação entre as proposições aristotélica e meiana, de um lado, e o prefácio, de outro, correspondeu a um movimento armado nas entranhas das proposições e relativas categorias que atravessam as disposições prefaciais, desdobradas, especificadas e aclaradas no coração de si mesmas.

A tomadia de Doni, que ora se agrega a esta textura teorética, surge igualmente como caminho analítico objetivo no interior de questões objetivas postas e pulsantes. Tomadia, especificamente, que se faz via à elucidação de uma questão ainda indeterminada e que demanda, por sua importância estrutural na captura e compreensibilidade da lógica da música em exame, torneamento em curvas definidas. Aludo, aqui, à necessidade de clarificar a natureza do afeto que a voz expressa, a saber, tais afetos expressos são a manifestação, a mimese, de afetos *em si*, ou, distintamente, de *pulsos* afetivos, da *vida afetiva sentida*? Em batimento compassado se talha este implexo problema vocal – e musical – de fundo, talhamento, em última instância, que desdobra e especifica o reconhecimento já esboçado de que a voz é *interioridade objetivada*.

Giovanni Batista Doni (1595-1647), importante personagem da cultura italiana humanista do século XVII, como Mei também se voltou ao exame da música grega. No *Trattato della Musica Scenica* tece um ideário cuja alma permanece não apenas abstratamente viva, mas atual. No texto, pelo estudo da música dramática dos gregos, ou aquela composta para cena (o que significa, em verdade, o exame da letra teórica concernente, não o da obra musical, pois, inescrita, esta não ultrapassava o estrito momento da execução), Doni desemboca, com e como Aristóteles e Mei, no reconhecimento dos fundamentos miméticos da voz, logo, do canto. Não obstante, sua argumentação determinativa sobre os registros vocais – que contém e implica um problema teórico-categorial decisivo – é dissimilar à traçada por Mei. O pensamento doniano atinente configura a seguinte asserção: os registros, que plasmam a voz humana, *não corporificam afetos em si* – como transpira a pena meiana. Mas, grave, médio e agudo, longe de modelarem ou positivarem sentimentos em si, expressam *pulsos anímicos*. Dissimilitude que se à primeira vista nem mesmo parece latente, porque as proposituras de Mei e Doni em muito se avizinham teoricamente, existe entanto, desaproximando as duas formulações e perspectivas teoréticas. Tomemos a rota da "distinção doniana", que é musicalmente decisiva.

Para Mei, cada um dos três registros é, ou possui, uma *natureza de per si*, encerra e atualiza um caráter, unívoco, que lhe é intrínseco e peculiariza. Peculiaridade que implica, *in limine*, dessemelhança recíproca, que significa especificidade incondicionada, a qual os singulariza na imutável natureza expressiva que objetivam e pela qual se objetivam, e *são*. Em termos conexos, grave, médio e agudo são e manifestam, cada qual e *per se*, um afeto específico – ou um conjunto de afeições análogas –, registros que, intrínseca e indissoluvelmente coligados a uma afetividade (ou campo afetivo particular) que objetivam, necessariamente relacionam-se em exclusão trocada. Significa que, para Mei, e este é o ponto a distinguir aqui, os registros *corporificariam sentimentos concretos*. Vale dizer, para o filólogo, os registros os substantificam, positivam sob forma sonora, dado que agudez, mediania e gravidade, no seu ideário, se consubstanciam enquanto afetos *objetivados*, que assim, então, se enformam, silhuetam-se *in concreto*. Orgânica e contextura estas que engendram na teoria meiana, pois, uma natural relação opositiva entre as regiões, dado o jaez distinto de cada um dos patamares sonoros, atualizados, pois, enquanto este ou aquele sentimento *em si*. *Grosso modo*, a gravidade objetivaria a tristeza, a mediania a tranquilidade, e a agudez a alegria, e seus respectivos correlatos. À nota 23, delineativa dessa determinação, ata-se outra passagem, que no interior do argumento sobre a não valência artística da música coeva, porque polifônica, estabelece a seguinte disposição sobre a voz:

não deve parecer estranho ou fora de esquadro (como se diz) que a música de nosso tempo não realize nenhuma destas maravilhas [que a grega realizava]. Portando à alma do ouvinte, a um mesmo tempo, notas de afetos diversos e contrários, misturando assim indistinta-mente árias e tons dessemelhantíssimos e de naturezas reciproca-mente contrárias, esta música não pode, comumente, provocar por si mesma comoção alguma, ainda que cada uma destas árias tenha por si qualidade própria e força apta a despertar e mover no ouvin-te afeições semelhantes a si. Aliás, a quem sensatamente considere a questão, sem dúvida parecerá não haver outro modo, dada sua na-tureza, de racionalmente pensá-la. Pois é incontornável que a força e virtude de uma ária e tons agudos enfraqueçam e superem o vigor e poder dos graves, e que a agudez seja enfraquecida e debilitada de forma recíproca pela oposta natureza [afetiva] do grave. Assim, a alma de quem ouve atordoado, pois ao mesmo tempo, diferentes notas que lhe representam afetos diversos e contrários – o que ocor-re em função da oposição e diversidade de vozes que se misturam, não pode mais ser impelida, por força de nenhum deles, para este ou para aquele afeto. Sendo que para aquilo que uma das vozes o remete violentamente, a outra, com igual força, o afasta[28].

Doni, em movimento divergente, não cola aos registros um conteúdo ou caráter intrínseco, não os entende como possuidores de uma natureza própria. Não os reconhece pela abstração de um viés de talhe fisiológico, pelo que se lhes identificaria e desig-

---

28 G. Mei, Carta de 1572 a Vincenzo Galilei, em I. Chasin, op. cit., p. 18.

naria uma imanente condição expressiva pétrea, a saber: grave é aquilo e tão somente aquilo que a voz masculina é, exclusividade em *ser* que implica exclusividade em *expressar*; agudo, por sua vez, o que a feminina é, com atributo anímico igualmente inalienável, lógica esta latente na letra meiana. De fato, Mei ergue um fosso entre as regiões, então entre as vozes. Fosso vocal que – no contraste, pontue-se, com a lucidez teórico-categorial que de sua pena filosófico-musical nasce – gera uma contraposição ideal entre os registros. Fosso de ventre teorético que bem pode ser o resultado da desconsideração de um atributo vocal cuja primariedade parece não lhe ter sido teoricamente significativa: a toda voz é imanente sua própria agudez e gravidade. Imanência esta que, dimensão objetiva concreta, permite atinar que agudo e grave não provêm, apenas e isoladamente, das vozes feminina e masculina, respectivamente, e que tampouco, então, se consubstanciam enquanto afetos em si. Em palavra que incoa um desdobro analítico-categorial. Ora, a voz feminina possui sua própria gravidade, como a masculina sua agudez específica, relativa. Assim não fosse, estaríamos diante da atualização de um paradoxo involuntariamente parido pelas entranhas da letra meiana: aos homens estaria incondicionalmente interdito a manifestação daqueles afetos que só a agudez de uma voz pode expressar, e às mulheres, inversa e igualmente, a expressão que se consubstancia pela gravidade, interdição, sem dúvida, que Mei não acolheria teoricamente porquanto desmentível na vivência cotidiana mais imediata[29]. A ingênita relatividade vocal do grave e do agudo, pois, denota a existência de variações e matizes no interior de um mesmo registro, do que transpira e se reconhece que a gravidade e a agudez da voz humana, quanto a si mesmas, são multíplices – apresentam caracteres distintos e divergentes. Em palavra exemplificante, fugaz mas nitente: o tipo, o jaez da sonoridade e expressão graves que escorre de uma voz que, *naturalmente* grave, se realiza nesta sua gravidade conatural, é inteiramente dessemelhante daquele que escorre de uma voz – feminina ou masculina – que fugindo do

---

29 Impossibilidade de acolhimento que se afirma enquanto um problema irresoluto no seu ideário: se é irrazoável reconhecer que exista um grave e um agudo *de per si* onde cada qual implica um afeto próprio e substantificado, como então colar aos registros uma natureza intrínseca e absoluta? No atinente, cf. I. Chasin, op. cit.

seu tom normal se manifesta numa gravidade que lhe é, então, desnatural. Se movemos este exemplo à agudez, substituindo-lhe o grave, a dessemelhança intrarregistro (agudo) é reposta. Assim, Mei censura e condena o contraponto, a polifonia, aluda-se oportunamente, porque entende os registros em apreensão categorial imprópria, ou numa determinação insuficiente face à sua orgânica de fundo. Teoria que os determina enquanto *afetos objetivados*, elemento de dissonância ácrida num ideário que é estética e musicalmente revelador.

Da pena doniana se escavam as razões dessa acridez teorética, que ao se projetarem projetam o que efetivamente importa: a lógica da voz. Conquanto reconheça e marque que, fisiologicamente, a gravidade se ata ao masculino e a agudez ao feminino, Doni funda e examina os registros não em função desse reconhecimento, abstrato, mas no interior da *voz modulante*, ou seja, a partir de seu *modus faciendi* concreto, de sorte que a reflexão elaborada tende para o centro da lógica, forma e dinâmica dos registros. Isto é, é na voz *in actu* – *em uso* – que as alturas existem concretamente, que os patamares sonoros se plasmam e positivam, logo, é nessa contextura que podem ser desnudadas em seu sentido e possibilidades. Significa que, se em Mei os registros são tratados em abstrata fixidez, em Doni objetivam-se na real relatividade – vocal – que os rege. Na letra do pensador, que escava as categorias do grave e agudo na voz que *age*, *existe*, *é*, efetivamente o lugar onde as alturas humanas *são* e *atuam*, consubstanciando-se enquanto tal:

não me parece verdadeiro que o grave e o agudo tenham naturezas contrárias, como pensam os modernos, consideração que os faz estabelecer a regra de se usar a voz grave nas coisas tristes e a aguda nas alegres. Algo que os antigos consideravam muito diversamente e de modo muito mais sutil, como tudo mais, aliás. Convém saber então que a agudez da voz possui, de um lado, teor feminino, pois as mulheres falam e cantam mais agudo do que os homens. Por outro, é mais viva, alegre, intensa e ousada que a gravidade, a qual, por sua vez, reverbera mais o fraco e lânguido: estas são qualidades femininas, da mesma forma que as primeiras viris. E são viris porque o agudo denota maior esforço e vigor. A voz aguda é gerada pela maior força do peito e artérias, assim como pela maior tensão das cordas [vocais]; nas flautas, com mais violência do sopro

48 MÚSICA SERVA D'ALMA

e maior condensação de ar. De sorte que considerada por si mesma, a agudez representa o caráter feminino, mas quanto à sua eficiência mostra o inverso. Analogamente, a gravidade, por si, exprime caráter e qualidade viris, mas em relação ao princípio do qual procede se faz o oposto. Assim, deve-se ter por verdadeiríssimo que *os sons não possuem em si nenhuma qualidade indicativa ou efetiva do próprio caráter, a não ser quando imitam e representam a voz humana*[30].

Se assim o é, e o é, os registros *não* substantificam afetos em si: não poderiam porque "*não possuem em si qualidades*". As alturas, configura o *Trattato*, se fazem ativas, miméticas, na voz *em ato*, na voz em movimento. Alturas que, posta a ingênita relatividade e distinção da natureza de seus graves e agudos – graves e agudos que o são na voz em efetivação de si –, não podem, pois, ser positivações de afetos, sentimentos *de per si*. Portanto, e este é o ponto teoricamente nodal, categorialmente fundante, que encerra consequências musicais de fundo – como se verá neste percurso exegético –, os registros da voz *não* se constituem e objetivam enquanto mimese de afetos, mas, atente-se à diferença aparentemente sutil que é porém radical, *substantificam-se como mímesis* da *alma que sente*, ou, mais especificamente, de seus *pulsos afetivos*. De forma que há, sim, valência na assertiva que determina ser a voz humana mimese dos afetos, mas se por mimese dos afetos se reconhecer aquilo que de fato se consubstancia: uma mimese dos batimentos afetivos da interioridade, vale dizer, a mimese de uma *interioridade em sentir*. Na longa totalidade da letra doniana, necessária:

considere-se, na mesma pessoa, a variação de entoação. *Pois um homem que fala em seu tom natural – sem forçar a voz num tom agudo (que chamamos quilio), ou num grave (que não tem nome) – demonstra uma postura pousada, calma, constante, um ânimo verdadeiramente estoico, que não se deixa comover por nenhuma paixão.* Por isso, e prudentemente, é que os gregos destinaram a este tom (que nós chamamos de *corista*) o modo dórico, que possui algo de melancólico e grave. Precisamente por isso era natural, e mais estimado pelos dóricos do que por qualquer outra nação grega. Dóricos cuja nação era a mais numerosa, como a mais grave e de hábitos mais severos e incorruptos. De sorte que a este tom convém, dentre as

---

30 G. B. Doni, *Trattato della Musica Scenica*, em I. Chasin, op. cit., p. 79 (grifo nosso).

MONTEVERDI MIMÉTICO: MÚSICA E *MÍMESIS*

três espécies de melodia [aguda, média, grave], aquela do meio, que chamavam de *Hesychastica*[31], isto é, instauradora de calma e tranquilidade. *Mas, se este mesmo homem falar em um tom mais esforçado e intenso, demonstrará veemência de afeto tanto na tristeza quanto na alegria*, com aquela diferença acima referida. Por isso é que tanto o modo frígio – destinado a exprimir o furor divino, o desdém, o ardor militar, quanto o lídio – apropriado à alegria, ao júbilo, festas e bailes, eram cantados pelos coristas num tom mais agudo e intenso. *E por outro lado ainda, se a mesma pessoa usar de um tom de voz mais grave do que o seu natural, exprimirá certo cansaço, fraqueza, langor, e, entre os afetos, preguiça, temor, uma tristeza fria e dolente, mas não concitada e desesperada.* Em tom quedo, porém, cantava-se o modo ou harmonia hipolídia, criticada por Sócrates e depois por Platão (que a chamava de lídia, como de costume naquele tempo) pois não era usada senão para exprimir um comportamento languente vezeiro, ou um prazer exagerado, por inebriamento ou congêneres[32].

A voz, os registros vocais, torneia Doni, exteriorizam *batimentos afetivos sentidos*: os sons inarticulados não parturem sentimentos em si, porquanto grave, médio e agudo dão concretitude à interioridade *que sente*, que assim se sensifica. Pela modulação daquele que fala, prorrompe, no ato mesmo do dizer, *seu sentir*, objetivado nos e pelos sons acompanhadores das palavras ditas, como informa *in limine* a experiência imediata, dial. Em propositura análoga, a voz não engendra afetos – algo, se pretendido, que não ultrapassaria a condição de simples abstração –, mas *substantifica um estado de espírito*, de tal modo que se de voz se trata, de um estuar da interioridade se trata, mimese que, intrínseca à voz, a faz *sentimentos sentidos externados*. Ou ainda, grave, médio e agudo, longe de objetivarem paixões em sons, atualizam pulsos anímicos, porque os sons, miméticos somente no interior da voz em ato – "quando representam a voz humana" –, em seu fluir nada mais fazem do que revelar o interno. Na argumentação compendiadora, que ecoa Aristóteles, a voz, os registros – que são formas ou atualizações da voz, *via do interno*, interno em som – objetivam a alma, não

---

31 O índice onomástico do *Trattato* traduz por *hesychastica* o termo grego ήσυχασιχή.

32 G. B. Doni, *Trattato della Musica Scenica*, em I. Chasin, op. cit., p. 80-81 (grifo nosso).

se objetivando, por sua natureza (sons puros, impróprios como mediação mimética a não ser à manifestação da interioridade), enquanto paixões em si. Sim, a voz as transluz, mas como vida interior, enquanto fluxo anímico, como *subjetividade in affectu*.

Ao determinar sobre a natureza e sentido da agudez da voz, o *Trattato* elabora, ato contínuo, sobre as categorias do canto, sobre aquilo que lhe é próprio, intrínseco. Deste espaço toma-se uma proposição denotadora do liame existente entre canto e registro vocal, voz e sentir, música e vida anímica, proposição que bem arremata este passo exegético. Liame que assinala e implica a dimensão imitativa da voz, então do canto. Implicação roborante da pena teórica monteverdiana, que partindo dos fundamentos do ato cantado esboçou o substrato da própria arte: mundo dos sentimentos, antes e acima de tudo, porque voz. Isto é,

a agudez [da voz], algumas vezes, demonstra alegria, vigor, ousadia, etc. [...], de outro lado, os lamentos trágicos de mulheres míseras eram cantados no tom mixolídio, o mais agudo de todos. O que não pode espantar, pois a agudez *não opera por si nem a tristeza nem a alegria,* mas apenas a *veemência* das paixões em geral[33].

Numa palavra, o canto configura em sons – porque a voz configura em sons – um homem que sente.

DE UMA CARTA MONTEVERDIANA

Pelo exposto, não há qualquer excesso na assertiva que ressalta o tino teorético do prefácio do *Livro Oito*: seja quando Monteverdi imbrica mimeticamente canto e afeto, seja ao tomar o registro como categoria de fundo da voz. Em avizinhação clara com as determinações de Aristóteles, Mei e Doni, a pena monteverdiana marca a intrínseca dimensão mimética da voz e do canto, reconhecido como esfera *regida pela voz*, não, abstratamente, pela melodia ou por um estilo compositivo! Tal tino, pulsante em prefação lacônica, que ecoa atributos universais da voz e do canto, não é fruto tardio e pontual.

33 Idem, p. 79-80 (grifo nosso).

A resposta de Monteverdi a uma solicitação de Alessandro Striggio, amigo que o acompanhará no curso de toda a vida, envolveu e distinguiu, igualmente, o substrato de seu fazer e pensar, que o prefácio madrigalesco compendiaria. Nessa carta, que se ocupa de problemas técnicos e estilísticos em função de uma obra a ser composta, a lógica e fundamentos artísticos monteverdianos se fazem carnes composicionais, com o que o artista facheia a trama de sua prefação. De fato, essa epístola de 1616 não apenas consubstancia a argumentação e horizonte teóricos até aqui expostos, mas distende o patamar categorial do prefácio ao refletir sobre dimensões estético-compositivas concretas e vitais. Dimensões que, ao especificarem procedimentos e perspectivas artísticas e estéticas, esclarecem sobre a natureza da textura sonora engenhada por Monteverdi. Deste solo epistolar o movimento analítico toma, agora, sua matéria, fruto teorético deiscente.

Um Poema que Impropria o Canto –
Le Nozze di Titede

Striggio, a finais de 1616, envia um libreto a Monteverdi, cuja carta anexa lhe consultava sobre sua disponibilidade em musicá-lo. As bodas de Ferdinando e Caterina de' Medici estavam marcadas – ocorreriam no ano seguinte, e para seus festejos o artista estava sendo contatado: deveria pôr em música *Le nozze di Titede*[34]. Em 9 de dezembro, Monteverdi responde ao amigo, onde enforma uma claríssima reflexão estética, cujo *télos* era mostrar-lhe a impropriedade de conceber um canto para esse libreto. Impropriedade que – insuperável para Monteverdi se o intento fosse a criação de algo musical e humanamente mais efetivo, próprio – nascia, *in limine*, da inexistência de personagens em solo poético: se disso o poema é falto, a música não pode alcançar sentido autêntico, objetivação autêntica. A Striggio, em determinado passo dessa carta que por sua natureza assume histórica relevância, pondera:

---

34 Poema de temática conjugal, escrito por Scipione Agnelli, autor presente no sexto livro de madrigais do compositor.

52 MÚSICA SERVA D'ALMA

Observei [em *Le Nozze*] que os interlocutores são ventos, cupidos, zéfiros e sereias, de modo que muitos sopranos serão necessários. E deve ser dito ainda que os ventos têm de cantar, isto é, os zéfiros e os bóreas. *Como, caro senhor, poderei imitar o falar dos ventos se estes não falam? E como poderei, com estes meios, mover os afetos?* Arianna moveu-nos por ser mulher, e Orfeo também nos moveu por ser homem, não vento[35].

O sentido da admoestação monteverdiana é nítido: o que interdita a atividade musical é a ausência do homem, deslocado por "cupidos", "zéfiros", "bóreas", ausência, ato contínuo, que implica a não existência ou possibilidade da voz. Ora, tal contextura lhe é musicalmente impeditiva porque se de canto se trata, de *voz humana, humana*, se trata. O canto se arma e realiza na e pela voz, que é seu destino e mediação, entende e pratica Monteverdi. De sorte que se se do poético esta não emerge, afirma textualmente, o canto perde sua orgânica natural e função própria, malbarata-se em seu ser e razão-de-ser ao se apartar de sua genética condição fundante. Quando Doni, ao argumentar sobre o papel e lugar da música no drama grego e no teatro cantado coevo, refere que

não se pode encontrar melodia proporcionada às narrativas, consultas e semelhantes momentos dramáticos comedidos e destituídos de afeto [...] [mas, diversamente,] *quando o afeto* preenche a mente e a fantasia do compositor com ideias elevadas e espirituosas estas se resolvem em belas e suavíssimas melodias[36],

assinala que canto implica afeto, então, voz humana. Na ôntica inversão categorial dos termos: *porque o canto é voz, implicada está a afetividade.* A ausência ou impossibilidade da voz é irrealizabilidade artística, impossibilidade de objetivação da arte vocal em sua natureza própria, escava-se da letra epistolar. Nesse sentido, dar voz aos ventos, ainda que possível, é solução musical desnaturante, porque voz abstrata, *que não sente*, isto é, uma *não voz. Le Nozze* é texto musicalmente infecundo, acentue-se

---

35 Monteverdi, Carta de 9 de dezembro de 1616 a Alessandro Striggio, em P. Fabbri, op. cit., p. 207 (grifo nosso). Existe, em inglês, uma tradução completa do epistolário: Denis Stevens (tradução e introdução), *The Letters of Claudio Monteverdi*, Oxford, Clarendon Press, 1995. As edições italianas conservam o idioma da época.

36 G. B. Doni, Lezione quinta sopra la Musica Scenica, em *Lyra Barberina*, facsimilar da edição florentina de 1763, v. II, p. 199 (grifo nosso).

MONTEVERDI MIMÉTICO: MÚSICA E *MÍMESIS*   53

em arremate determinativo generalizante, porque dele, marca
Monteverdi, não toma parte o humano, do qual o canto, que se
nutre da interioridade que sente porque voz, toma fôlego, impulso e *télos*, *télos* que implica mimese do anímico. De maneira
que dessa plataforma argumentativa imediatamente se depreen-
de, de um lado, que antes de agir isoladamente, em função de
si mesma, a partir da sonoridade *de per si*, a pena compositiva
monteverdiana elabora a partir e no interior da trama poética,
do texto, atente-se desde já; de outro, que o compor se alenta da
vida afetiva que marca determinado espaço e tempo históricos,
o que se intentará elucidar, em diferentes momentos e patamares no curso deste estudo. Criar um canto é plasmar em sons os
pulsos afetivos, a sensibilidade humana do homem poético, *do
qual se parte musicalmente*. Logo, se há um homem que é ponto
de partida, o ato modulante não poderia ser despreocupada ação
subjetiva, isto é, ação subjetiva autodeterminada como momento
predominante da criação, que se abstratiza. Significa que o irreli-
gioso ventre paridor da *Seconda Pratica* monteverdiana concebe
num desejado ato incasto: acolhe em si um universo humano nutriz, intercurso entre arte e vida que engendra o humano-afetivo
parido em sons artísticos. Subjetivo universo objetivo, interioridade humana, que Monteverdi afirma ser o substrato de sua
composição no passo em que a Striggio observa que *Le Nozze*
não o poderia mover artisticamente. Ao se perguntar – como
escrever música na inexistência de tendências humanas, de vida
anímica concreta? –, assinala que suas notas tomam impulso no
externo, numa matéria que, humana, se faz musical. Se esta inexiste, inexiste o canto em sua atualização própria. Na letra do artista, que reconduz à cena Orfeo e Arianna, *homens que sentem*:

A despeito de minha não pouca ignorância, devo dizer que não
sinto para onde me mova toda esta fábula, e apenas com dificulda-
de a entendo. Não sinto também que ela me leve, de forma natural,
a um fim que me mova. Arianna me conduz a um justo lamento, e
Orfeo a uma justa súplica, mas não sei a que fim esta fábula me impulse. Assim, o que V. Senhoria Ilustríssima deseja que a música faça
em tal contexto [de *Le Nozze*]?[37]

---

37 Monteverdi, Carta de 9 de dezembro de 1616, a Alessandro Striggio, em P. Fabbri,
    op. cit., p. 207.

Num tal contexto não humano, sustenta Monteverdi, perguntante, a música não pode; não pode do ponto de vista mimético, e se mimeticamente não pode, não pode em termos substantivos, entremostra a palavra do artista.

Na carta, então, canto e voz são enlaçados intrinsecamente, atados na imbricação que, concretamente, os vincula, imbricação que parture arte. Enlace que reafirma, por entranhas compositivas, o que o prefácio coligara em letra mais genérica. Significa que nas terras imitativo-musicais monteverdianas – estabelece o próprio criador – a voz é esfera fundante ("Como, caro senhor, poderei *imitar o falar dos ventos se estes não falam?*"), e o é porque o canto – e disto está plenamente consciente o compositor – se substantifica e projeta a partir e no interior das categorias da voz. E, se esta funda e rege sua *mímesis*, como objetivamente ocorre, compor, reconhece o artista, é mover-se e criar nas veias da vida afetiva, incontornavelmente ("E como poderei, com estes meios, *mover os afetos?*"). Striggio, na carta a Ferdinando, que estava diretamente envolvido na organização dos festejos de suas núpcias, explica-lhe o parecer de Monteverdi sobre *Le Nozze*, com o que robora em pena eloquente, conquanto sucinta, as determinações categoriais aqui plasmadas. Suas palavras, escritas em 19 de dezembro de 1616, fazem seu destinatário ciente, dentre outras questões, do seguinte:

> Parece que o sr. Monteverdi não saiba como agir a fim de pôr em música a pequena fábula das núpcias de Peleo e Teti, do sr. conde Scipion Agnelli; escreveu-me uma longa carta na qual me diz que sendo [Le Nozze] priva de afeto, não sabe como, a partir dela, mover e comprazer; além disso, os diálogos, e especialmente os solilóquios lhe parecem muito longos[38].

"Priva de afeto" – de voz humana –, por isso fundamentalmente imprópria ao canto monteverdiano, pondera Striggio, que assim bem compendia – e testemunha – os fios tecedores da *Seconda Pratica*, que mimética faz-se vida afetiva desejosa de mover outrem. Arte que comove – ou pode comover – porquanto substantifica uma alma que ampla e dramaticamente

---

38 Alessandro Striggio, apud P. Fabbri, op cit., p. 208.

sente. Amplitude e dramaticidade historicamente singulares que a Parte Dois contorna e manifesta pelo e no exame da partitura, e que a Parte Três delineia e sintetiza em letra histórico-estética, mas que a etapa sequente já começa a tornear em carnes teóricas.

DA MIMESE DO CANTO MONTEVERDIANO

De que Mimese se Trata?

No fluxo de uma argumentação onde Monteverdi reafirma a Striggio a impropriedade da relação canto-*Le Nozze* – porquanto obra inafetiva, despegada do humano, da voz, que então porta em si a desnecessidade da música –, irrompe, qual clarão súbito – intenso, mas fugaz – a alma da sonoridade monteverdiana, o coração de sua arte. Irrupção que ao amplificar o singular peso estético da carta, a timbra, inconteste, como documento de ressonância histórica. Em palavra que concreta, no interior de uma passagem teórica insignificativa, num contexto reflexivo não especialmente importante ou tematicamente denso, surge, não obstante, uma expressão que, quando sinonimizada, evidencia o atributo especificativo do canto monteverdiano – a especificidade de sua mimese, da plasmação elaborada. Dada então a importância categorial dessa expressão aparentemente irrelevante na qual pulsa entanto uma categoria vital ao reconhecimento da lógica compositiva investigada, sua tomadia se fará em necessário andamento compassado.

Seja qual for o tempo histórico, o canto que se funda *in voce*, que se arma a partir da *tipificação* da voz[39], isto é, que se estrutura nas e pelas categorias da voz, na e por sua orgânica[40], substantificará, *lato sensu*, vida afetiva, artística subjetividade que sente. Pérotin, Machaut, Monteverdi ou Bach, nesse sentido, atam-se em univocidade. Significa, portanto, que é na de-

---

39 Cf. Parte Um, Da Tipificação da Voz – a Arte do Canto.

40 Aluda-se: parte do canto nascido no século xx forja-se a partir de uma plataforma que não supõe a implicação categorial da voz; o *Sprechgesang*, por exemplo, o denota. Para além desse fenômeno: um melódico engenhado na descolagem dos atributos da *vocalidade*, no afastamento de seu *modus faciendi, parido na fala dial*, não é *télos* e dinâmica incomuns no curso das objetivações estéticas dos anos novecentos.

terminação da *particularidade* da mimese artística elaborada, dos atributos, sentido e caminho concretos que a engendram e individuam, que a captura real, concreta, efetiva de uma natureza compositiva, de um canto, de um procedimento artístico, positivam-se. Orgânica mimética que se desvela então por sua singularidade na exata medida em que sua substantificação é a positivação de um singular histórico. Se assim o é, o exame da orgânica sonora monteverdiana que prescindisse de sua especificidade imitativa, artisticamente fundante, não consubstanciaria senão um patamar determinativo abstrato, não ultrapassando, quando muito, o reconhecimento corriqueiro e quase banal, embora verdadeiro, de que seu canto se arma *in affectu*; *affectus* cuja intensidade artística, pontue-se, o sobreleva historicamente. Vejamos.

Conquanto musicalmente desacreditasse *Le Nozze*, Monteverdi, numa clara demonstração de consideração pessoal a Striggio, não deixa de lhe conjecturar acerca dos instrumentos musicais mais apropriados a seu enredo, e a concertamentos possíveis. E, nesse contexto, a palavra *canto*, que deveria ser empregada na frase que se modelava, substituída por outra designação, assume forma distinta. E com tanta naturalidade é permutada por Monteverdi, que uma leitura menos atenta não dá com o fato de que tal substituição implica, rigorosamente, no desvelamento estético e musical do termo substituído, por isso, na elucidação do sentido e perspectiva compositivos sustentantes de sua música. A determinado passo, considera:

> Além disso, *a própria imitação do falar* deveria, a meu juízo, ser apoiada mais sobre instrumentos de sopro do que sobre instrumentos de cordas e delicados, pois as harmonias dos *tritons* e outros deuses marinhos acredito que devam ser dispostas sobre trombones e trombetas e não sobre cítaras, cravos e harpas, pois sendo esta uma operação marítima, ocorre fora da cidade, e Platão ensina que "*cithara debet esse in civitate, et thibia in agris*"[41].

Ora, nesta frase, *canto* é tomado, ou designado, por *imitação do falar*. Destarte, atine-se, Monteverdi nada mais faz do que escrever por extenso, extensibilidade que imediatamente aflora

---

41 Monteverdi, Carta de 9 de dezembro de 1616, em P. Fabbri, op cit., p. 207 (grifo nosso).

MONTEVERDI MIMÉTICO: MÚSICA E *MÍMESIS*   57

a dinâmica de fundo de um fazer musical. A *Seconda Pratica*, firma então o músico, se enraíza no dizer, isto é, toma-o em imitação. Vale dizer, o canto, a melodia monteverdiana, se objetivam como *mimese do dizer*, esta é sua forma e alma.

Tal extensibilidade, que categoriza, projeta um Monteverdi induvidoso quanto às mediações pelas quais sua arte se institui: trata-se de uma mimese – rigorosamente, *mimese da voz que fala*. Diante disso, o desconforto, declarado, em ter de "imitar o falar dos ventos" não pode ser entendido como objeção menor ou contingente: se de uma mimese do dizer se trata, como, e por quê, dar voz à aura, que não fala?! Se é pela mimese do dizer que o canto se substantifica, a ausência do homem em seara poética o interdita *in limine*, canto que, *imitatione propria del parlare*, é *mélos* plasmado a partir e no interior do dizer, delineia sua pena. E mesmo que a lógica daquilo que sua arte é não lhe fosse posse plena, Monteverdi reconhece como seu este específico *modus faciendi* mimético, e, muito mais importante, *efetivamente o pratica*, especificidade que faz de seu canto "Alma [dramática]: lugar do sentimento e da emoção, isto é, daquele "afeto" que Monteverdi retém como o único objeto digno de oferecer matéria àquilo que definiu como 'imitação'"[42]. Em argumentação acrescente. Quando, ao final da carta, diz ainda o artista que o forjamento de uma música para *Le nozze di Tetide* não precisaria necessariamente ser escrita por uma única mão – mas aos cantores poderia caber a tarefa de criar a melodia de seus "personagens", posto que apenas deuses operam em cena e a poesia não orienta para um fim determinado –, a letra epistolar volta a denotar, reservadamente, que seu canto implica e engendra uma mimese do dizer. Denotação corroborante da colunata estético-compositiva exposta a Striggio, que faz pulsar, ato contínuo, o substrato e procedimentos de sua arte. Assim entende Monteverdi: se me coubesse modular esta fábula,

vendo que praticamente só deidades falam, as quais me agrada ouvir cantar com garbosidade, diria que as sereias poderiam ser cantadas e também compostas pela Sra. Adriana e suas irmãs, e deste mesmo modo o Sr. Rasio, o sr. Francesco, e os outros mais poderiam agir. Tal qual, aliás, o Sr. Cardeal Mont'Alto, que fez uma

---

42 D. De' Paoli, *Monteverdi*, p. 226.

comédia onde cada um que intervinha compunha a sua parte. Se [*Le nozze di Tetide*] tendesse a um só fim, como *Arianna* e *L'Orfeo*, então se necessitaria de uma só mão; isto é, se tendesse ao *falar cantando*, e não ao *cantar falando*, como ocorre[43].

Deslindando a palavra amantada. Embora na reflexão não sucedam, como de costume, desdobramentos reflexivos mais generosos, as considerações tecidas ao longo da carta, citadas em seus momentos estruturais, alumiam-na. Monteverdi refere que, se um texto não conduz a um *canto que fala* – a um "*parlar cantando*", uma simples e improvisada inflexão melódica não imitativa – o "*cantar parlando*" – cumpre-se enquanto ação artística suficiente. *Parlar cantando*, e isso é o que fundamentalmente importa aqui marcar, significa a modelagem de um *mélos* que é mimese do dizer, na exata medida em que para Monteverdi canto é, conscientemente, "*imitatione del parlare*". A melodia do vento, pondera, pode ser o resultado de uma sonoridade "livre", abstrata, esteticamente descomprometida, porque não conducente a um canto verdadeiro, maior, *ingenitamente expressivo* – ou aquele que se entece nas entranhas da sonoridade da fala. Ao revés, prossegue, *Orfeo* e *Arianna* pressupõem e conduzem a uma única mão compositiva porque esses personagens, *que falam*, implicam e demandam um *falar cantando* – um *canto fundado na fala*. De modo que esse reconhecimento determinativo irrompe *de per si*: para Monteverdi só se constitui uma obra substantiva – uma imitação musical efetiva – a partir e no interior do dizer – de sua imitação; se à *Le nozze* faltam homens e finalidades humanas, naturalmente engendra-se uma impossibilidade mimética incontornável, impossibilidade sobre a qual a pena epistolar do compositor insiste, e que empurra o canto à esfera do mero e *inatural* "cantar falando". Em proposição análoga, e que sintetiza aquilo que importa tomar e considerar da palavra monteverdiana: a *Seconda Pratica*, canto nascido em solo tardo-renascentista italiano, é reconhecida por seu artífice maior enquanto a substantificação de um falar *in mélos*, ou, mais rigorosamente, enquanto um canto *urdido no dizer*: esta a substrução da sonoridade vocal perspectivada. Significa que

---

43 Monteverdi, Carta de 9 de dezembro de 1616, em P. Fabbri, op. cit., p. 207.

MONTEVERDI MIMÉTICO: MÚSICA E *MÍMESIS*   59

para Monteverdi música é, primariamente, mundo dos afetos: mimese do dizer – *voce in concreto*, *modus* compositivo que, como se buscará elucidar no fluxo deste estudo, é via privilegiada à expressão do sentir. Sentir que, transmutado em *parlar cantando*, é a forma da imitação monteverdiana, forma que efetivamente se consubstancia como mimese do dizer, roborese, porque se no ato musical só deuses e ventos cantam, um improviso canoro, um canto impensado, pode bem ser opção compositiva. Annibale Gianuario, ao referir e comentar essa carta de 1616, tece uma reflexão sobre a diferença estético--musical entre *falar cantando* e *cantar falando* que, conquanto ate em rigidez inverossímilima Monteverdi e Platão, parece oportuna pelo que remete e avoca, a saber:

> É necessário examinar a locução a) *falar cantando* e b) *cantar falando*: a) o gerúndio *cantando* que segue *falar* indica a modulação da dicção; b) o gerúndio *falando* que segue *cantar* indica, inversamente, o cantar enquanto se pronunciam palavras. A diferença é muito sutil, mas essencial. Clara aqui a distinção entre *falar cantando* e *cantar falando* na citação de Arianna e Orfeo que falam cantando (modulando emotivamente a palavra) e assim exprimem um único fim a alcançar – o *lamento* e a *súplica*, enquanto no *cantar falando* se canta um motivo musical (ainda que belíssimo) que não tem um fim a atingir (esta é a tese monteverdiana, evidentíssima), sendo simplesmente um pretexto sonoro áulico ao qual se unem palavras. Evidente a diferença, para Monteverdi, entre a oração do *justo lamento* e da *justa súplica* (estamos em perfeita e eficaz tese platônica), e as sensações mais cutâneas de determinação fantástica e espetacular que os motivos sonoros podem dar, e no desenrolar dos quais as palavras, ainda que significativas, são pronunciadas[44].

À prática tardo-renascentista monteverdiana, pois, é conatural um coração estético imitativo: destas patéticas entranhas tardias são paridos os fundamentos humanos de um *falar cantando*, caminho monteverdiano à configuração da vida interior posta e experienciada. Numa palavra, que avança sobre determinações venturas: seu canto é *mímesis* do dizer porque é sentir renascentista – *multíplice* e *dramático*.

---

44   A. Giannuario, *L'Estetica di Monteverdi*, p. 26-27.

60 MÚSICA SERVA D'ALMA

Afigurada esta contextura, necessário especificar o sentido da expressão *mimese do dizer*: tornar concreto seu significado imanente é o escopo guiante da letra que segue.

Da Orgânica e Lógica de uma Mimese do Dizer

Monteverdi realiza uma mimese dos afetos – do sentir humano – através de uma mimese do dizer: esta é a consubstanciação de seu canto, sua específica *mímesis* sonora.

Mas, o que é, em que, e como se constitui essa orgânica musical? Ou, qual a natureza e lógica dessa imitação? O movimento teórico que responde a este feixe de questões implexas tem de pontualizar, como ato fundante de seu caminho, que a expressão determinativa mimese do dizer – cunhada a partir e no interior da letra monteverdiana, sublinhe-se –, faz-se efetiva representação ideal desse concreto artístico, realiza-se como movimento conceitual positivo, somente, e tão somente, ao se operar uma avizinhação sinonímica entre voz e dizer. E sinonimizando os termos, tomando-os como semelhantes, como coessenciais, plasma-se a categoria, o conceito, *mimese da voz*. Sinonímia, pois, que ao urdir esta expressão determinativa torna o organismo musical monteverdiano, aí sim, concreto pensado: este canto se consubstancia como *voz in mímesis*.

De fato – e isto se tem de marcar porque teoricamente decisivo –, ao referir que sua melodia é uma *imitatione del parlare*, Monteverdi não nos deve sugerir e fazer pensar que este canto é uma mimese *da fala,* do vocábulo enquanto tal, embora suas palavras, sem dúvida, permitam ou mesmo induzam a esta conclusão precipitada. Conclusão que substantifica uma absoluta simplificação determinativa frente ao que sua arte objetivamente é. A expressão *imitatione del parlare* tem de nos catapultar à determinação, ou permitir reconhecer o fato, isto sim – independentemente do maior ou menor grau de consciência que disto tivesse Monteverdi –, de que seu canto é ou consubstancia uma *mímesis da voz*. Redija-se, de pronto: por *imitatione propria del parlare* se deve entender *mímesis della voce*. Isto, na exata medida em que *o canto não pode ou alcança imitar o dizer* – as palavras, seu conteúdo, significado semântico, ou mesmo sua sonoridade, que é articulada. Positivamente, *o canto só pode constituir uma mimese da voz* – dos sons inarticulados, que contornam ou "acompanham" a loquela. Tomemos em microscopia esta questão tão vital quanto enrediça.

Como passo incoativo, constrói-se a seguinte proposição categorial, plataforma desta microscopia: se a voz é sonoridade pura que *exterioriza o interno*, o canto – *voz in mélos*, palavra torneada *in melodia*, isto é, dizer *banhado em voz*, esfera, pois, onde os sons iletrados são intensificados, medrados, *predominando* sonoramente em relação à palavra modulada –, não pode expressar, por esta sua natureza e gênese, *a não ser o interno*. Canto, *via universalizada*, expandida, da manifestação da alma que sente. E se há verosimilitude nesta determinação, a saber, canto é fala na *predominância da voz*, dos sons inarticulados, que, tipificados, irrompem com força expressiva desconhecida se comparados à dimensão que possuem na voz da fala dial, ao ato cantado não é próprio, ou *possível*, a mimese da palavra, da esfera articulada – da fala. Logo, e necessariamente, pela *forma de ser* do canto, por ser aquilo que é, a determinação monteverdiana *imitatione del parlare* só adquire sentido, inteligibilidade, realidade prática e teórica, quando se a toma e reconhece enquanto aquilo que é e pode ser – *mimese da voz*: *imitatione del parlare* designando, rigorosamente, e não poderia ser diverso, a *mimese* da dimensão *inarticulada* da fala, o que mediatamente escorre e se colige da letra do artista italiano. Em outros termos, ainda. O canto monteverdiano não extrai da palavra, da poesia, sua matéria, materialidade e energia vital, mas, incontornavelmente, *da voz*; da voz cotidiana, da voz em seu *modus faciendi no falar*. Voz que, monteverdianamente tomada e elevada à mimese artística, se transfundiu na própria matéria – mimética – do canto. Na letra ontológica, que substancia: o canto, em relação à fala, só lhe pode imitar, *in concreto*, a voz – as modulações da voz; porque o canto são *sons vocais predominantes*, *voz em dominância*, *voz expandida*, de sorte que seu horizonte mimético *natural* e *próprio*, se da fala se trata, é sua sonoridade inarticulada: *ad mímesis del parlare, ad mímesis della voce*.

Consentâneo remontar ao problema da relação entre fala e voz no talante de pontualizar a necessidade que tem a voz desse entrelaço. Entrelaço ôntico que ao parecer homogeneizar esferas que em verdade são inomogêneas entre si, embaça a distinguibilidade recíproca.

Marque-se *in limine* que, se a voz é autonômica frente à língua – e o é na medida em que à voz compete função humana específica –, essa autonomia se realiza, entanto, em enlace e imbricamentos mutuantes. A expressão afetiva que a voz é e verte, pela qual se faz voz, ainda que encontre formas de positivação sem a palavra, como no ato exclamativo, no choro ou soluço, por exemplo, atualiza-se na fala, na e pela orgânica verbal. Disposto mais concretamente, a voz do homem supõe e implica a esfera do dizer, as formas da verbalidade, suposto e implicação que arroja à seguinte assertiva: a voz, exteriorização do interno, se radica e arma na palavra. Em espaço venturo, quando do exame da conectividade entre palavra e música – relação que subentende o vínculo imanente entre voz e palavra, esta proposição será tomada em batimento pausado. Não obstante, no intento de pontualizá-la, com o que se nitidiza a reflexão em curso, bem como anteriores, é preciso aludir e sublinhar que o terreno da sensibilidade humana, dos sentimentos, o terreno anímico, se origina, constitui e pulsa no indivíduo em função da realidade por ele vivida, que ao movê-lo, impondo-lhe ação e reação frente a essas realidades e experiências, forja-lhe, mediatamente, ser e sensibilidade. O universo interior do indivíduo é urdido na sua *atividade*, sua anímica, tecida nas e pelas relações que positiva, que apascentam a alma humana, que se engendra no fluxo de si, movimento possível no interior do gênero, de suas mutuações com a sociabilidade, que lhe enraíza e permite. Ora, para o fato de que a voz envolve a palavra, de que a manifestação do interno se positiva na língua, orgânica que da vida cotidiana se colige, essa conectividade entre vida objetiva e vida anímica é fundante, e deslindadora. *Mutatis mutandis*: a voz se objetiva na fala, fala que é mediação pela qual a vida experimentada é narrada, manifesta – vivências estas que encerram em si e/ou pressupõem a instância dos afetos –, porque o dizer funda e desencadeia os sentimentos, assim, a voz. A fala, tradutora do mundo das vivências humanas, narrativa daquilo que se vive e experencia, incorpora, engendra e conduz o *modus faciendi* da voz, que adquire contextura e sentido a partir e no interior do dizer. Dizer, portanto, que a sustenta e nutre, porquanto a moti-

MONTEVERDI MIMÉTICO: MÚSICA E *MÍMESIS*   63

va e move, isto é, porquanto motiva e move a interioridade que fala: *voz sem palavra é interioridade não radicada, não humana, voz in abstracto*. De sorte que esta imbricação de fundo se positiva por uma dinâmica de estatuto ontológico: a voz se cola intrinsecamente à fala porque nesta, *mundo objetivo*, se atualiza e pode efetivamente se atualizar, enraizando aí sua existência, seu ser e ir-sendo[45]. Em termos que sintetizam, a vida manifesta na palavra falada do indivíduo gera, funda, urde e explica, mediata ou imediatamente, os sentimentos difluídos pela voz: da práxis, da vida vivida, nascem os respondentes afetos d'alma, vivificados, mimeticamente, pelos sons vocais. Que Monteverdi, então, posto este contexto categorial, não desentranhe, mesmo que abstratamente, voz de fala, mas as sinonimize, como, aliás, tantos outros artistas e pensadores, não nos deve espantar. A voz humana se consubstancia na fala, e *aparentemente enquanto fala*, porque a voz se atualiza ao modular o dizer, colando-se, *lato sensu*, a ele. De sorte que a pena teórica monteverdiana, ao pensar sobre uma arte que é *mímesis* da voz – *silábico proceder* que assim a ata vitalmente às formas do dizer –, acabaria por dissolver em univocidade teórica – e tão apenas nesse patamar, *não no artístico*, advirta-se –, duas esferas reciprocamente distintas. A voz se positiva na vocalidade que se faz verbo, dinâmica que, se abstratamente tomada, enlaça em indistinção campos distintos e dessemelhantes – fala e voz, objetividade e subjetividade.

Configurado este tecido exegético, torne-se concludentemente ao centro argumentativo: reciprocar em sinonímia *"imitatione del parlare"* e *mimese da voz* não parture uma impropriedade teorética. Antes, clarifica uma conceituação que, implícita na letra monteverdiana, espelha o substrato de sua orgânica compositiva: seu canto positiva uma mimese da voz – sua melodia se substantifica na e pela imitação da voz, que fala. Canto este que, ainda velado ao pensamento em sua trama mais íntima, impulsa a pena

---

45 O inverso não é verdadeiro: o dizer não precisa necessariamente da voz *enquanto voz* (exteriorização mimética dos pulsos afetivos do homem); necessita, sim, da faringe, de suas cordas vocais, que, produzindo som, o tornam possível. É por isso, e aqui se antecipa questão futura, que a música sem poesia se consubstancia em orgânica abstratizada, porque *afeto sem mundo objetivo*. Poesia sem música, por sua vez, é orgânica que não perde concretude; "perde", deixa de conter, a esfera do mundo afetivo sensível, *sensificado*, que o canto lhe entranha.

exegética à letra doniana, e a outras, com o que se entende avançar no agarramento de seu sentido e necessidades imanentes.

Fala (Voz) e Mimese do Dizer, ou melhor, Della Voce

A homogenia que convizinha as análises dos diferentes materiais musicais tomados pelo *Trattato della Musica Scenica* não nasce do ventre de uma contextura teórica equívoca. Não provém de que se parta de procedimentos e de uma condução analítico-metodológicos cunhados *a priori*, generantes de uma identidade forçada, inverossímil, teoricamente irrazoável. Ao revés, essa identidade, de conteúdo, origina-se do fato de que Doni investiga as obras (seus extratos) no interior da musicalmente real e determinante relação e conectividade entre as esferas da voz e do canto, lúcido substrato ideal que rege o exame da partitura. O objeto sonoro, assim, é tratado a partir e no pulso da artisticamente fundante categoria da mimese, com o que a pena doniana entece uma unidade e coerência entre o canto em si e as mediações analítico-musicais que elabora, com o que robora e consolida os fundamentos de seu ideário. Em dizer metaforizante: é com a ferramenta da vocalidade que a análise escava a arte, o que significa a positivação da seguinte via teórica – *das categorias da voz para o canto*.

Deste campo teorético, que inclui também asserções não exemplificadas, apanham-se alguns momentos, que elucidam, pela arte vocal coeva examinada, o laço imo que então se positivava entre fala – isto é, *voz in mímesis* – e canto, este, pois, e como imediatamente se atinará, consubstanciado enquanto *mimese da voz*, expressão que daqui em diante se usa para designar o canto monteverdiano, ou a *imitatione del parlare*. Laço donianamente discutido e projetado que concreta considerações atinentes afloradas neste estudo. De sorte que se configura uma pausada especificação dos traços e atributos dessa mimese musical quinhentista ou, mais especificamente, da mimese monteverdiana, que elevou ao cume tais atributos e suas possibilidades expressivas imanentes.

Ao considerar uma passagem do *Lamento di Arianna*, de Monteverdi, da qual marca a validez artística, dispõe: frases, versos interrogativos são muito bem expressos ao se fazer a última nota *mais aguda* que a penúltima, *pois no falar comum quem interroga o faz em tom agudo*. Eis o exemplo tomado de *Arianna* [...]

Così nell'al-ta fe-de tu mi ri-pon de-gli Avi?[46]

O liame entre voz e mimese da voz funda, terminante, o argumento analítico. Liga essencial que retorna analogamente ordenadora quando Doni, ora sobre a *Euridice* de Peri, especifica que se o canto pretende expressar de forma adequada uma interjeição dolorosa, a primeira nota interjetiva tem de ser mais aguda que a sequente. A partir da *voz que diz* – porque este canto assim se atualiza –, concebe e exemplifica:

certas interjeições dolentes em exclamação, serão melhor realizadas *elevando-se um pouco a voz* [...], como se vê na *Euridice:*

Che narri, ohi-mè, che sen-to![47]

As três interjeições, e não poderia ser diverso, resultam de um movimento iniciado numa dada altura que, ato contínuo, descende. As terças *dó#-lá*, *lá-fá* e *si-sol#*, modulando respectivamente *Che narri*, *ohimè* e *che sento*, dão forma a essa equação sonora. Musicalmente consentânea e verossímil na avaliação de Doni, porquanto implícito no seu argumento que a voz, no ato interjetivo lamentante, se manifesta por essa dinâmica – através de um movimento que de um ponto vocal mais alto desliza em descenso a outro patamar sonoro. Agudeza e descimento contíguo que prorrompem posto ser a interjeição uma "explosão" afetiva, um arrojo súbito. Explosão e subitaneidade implicantes de uma vocalidade que, intensa – *aguda* –,

---

46 Doni, Trattato della Musica Scenica, xxvii, em *Lyra Barberina*, op. cit., p. 81 (grifo nosso).
47 Idem, Appendice, xiii, em *Lyra Barberina*, op. cit., p. 34 (grifo nosso). O *Appendice* ou o texto que faz as vezes de *Apêndice* é o embrião – ou esboço – do *Trattato della Musica Scenica*, posto que este, mais amplo, retoma-lhe temática e argumento, como o breve prefácio do abade Passeri pontua. Texto que é igualmente chamado de *Trattato della Musica Scenica*.

assim força a palavra ou sílaba interjetiva, agudez que descaindo de chofre cede ao registro ou voz da mediania ou gravidade, que se lhe ata. A crítica doniana a um fazer compositivo que, na música cênica, conclui suas frases tendencialmente com notas longas, de duração mais extensa, seja qual for o contexto humano, manifesta igualmente o substrato de sua análise musical, e, mais decisivo, o da arte examinada. Crítica pela qual o *Trattato, in limine*, enlaça intrinsecamente ritmo do dizer, isto é, *da voz dial*, e paixão humana, imbricação que não poderia inexistir como bússola estética e analítica num texto que reconhece o canto dramático coevo – assim como o grego, tomado como protoforma – como *imitatione del parlare*. Observa e sustenta Doni:

se a cena acaba com algum sentido de ruptura, e triste, como nestas palavras ditas por uma Ninfa, na *Euridice*

O gio-ie, o risi, o can-ti far-ti querel' e pianti

ou acaba com interrogações, não é necessário que a última nota seja uma longa [mínima]. Antes, deve ser negra [semínima] e veloz, como bem observou Peri na fala de Euridice, que assim se reporta às Ninfas do Coro

A che più dubbie, a che pen-so-se sta-te?[48]

Ora, notas com ou sem fermata, longas ou curtas, velozes ou lentas, devem ser compositivamente dispostas, ou evitadas, em função de uma verosimilidade: se alguém interroga, ou se entristece num pulsar ansioso, tensivo, então valores mais breves, tensos, como as negras, têm de nutrir o canto, pois assim na voz se dá. Em determinação negativa, se há ruptura de alma ou interrogação, não há lugar, do ponto de vista de uma arte que é *mimese da voz*, para ritmos que se dilatem e "amoleçam" o dito, figuração que torna inverossímil, inartística, uma melodia que é plasmada a partir e no interior do *modus faciendi* da voz. Ou ainda, e nos termos de Doni, "a inobservância do ritmo porta às me-

48 Idem, p. 32.

MONTEVERDI MIMÉTICO: MÚSICA E *MÍMESIS*   67

lodias grandíssimas imperfeições, tolhendo-lhes quase todo o espírito"[49], espírito que se desfaz, imperfeiçoa, posto uma impropriedade mimética, que é voz em ritmicidade desnaturada para determinado sentir, canto que, mimese da voz, nessa desnaturalidade perde sua alma, "quase todo seu espírito". O que significa, enfim, que o ritmo projetado por uma voz, tal qual sua sonoridade, implica e manifesta os batimentos da interioridade.

Para o filósofo, o suposto musical parece claro: o canto examinado se desentranha da voz, da qual toma sua materialidade forjadora, seus atributos, a matéria mimética. Em proposição distinta, a voz em seu ser e ir-sendo concretos é, escava-se de Doni, o objeto da mimese do canto dramático, como seus exemplos destilam, ainda que o façam em termos pontuais, e parcialmente. Pontual e parcialmente, e apenas se aluda, talvez porque para o autor não estejam efetivamente claras as categorias da voz, ou suas possibilidades e limites, o que lhe enviesa a apropriação ideal do tecido artístico analisado. Teoria, desta feita, que não agarra, *in concreto*, a forma lógica e dinâmica de um canto regido pela vocalidade, não pela fala ou pela poesia. Seja como for, da palavra do *Trattato* colhe-se a fundante relação artística *voz in mímesis*-canto coevo, bem como a aristotélica determinação da dimensão intrinsecamente expressiva da voz. Reconhecimento doniano que a certo passo adquire esta conformação, mediatamente roborante de que o canto coevo é uma *mímesis della voce*:

quase toda nota acidentada tem algo de universalmente patético, e são boas para a expressão do sentimento afetuoso: ainda que tais notas, que induzem intervalos menores ou mais restritos em substituição aos que naturalmente teriam lugar [...] sejam também adequadas para exprimir sentimentos ternos e flébeis. E, inversamente, as notas que induzem intervalos maiores ou mais largos do que estes seriam sem sua presença [...] são idôneas para exprimir sentimentos vivazes e ardidos[50].

Isto é, da voz cotidiana que em seu falar semitona, ou disposto em letra mais rigorosa, que de tal sonoridade ou intervalo

---

49 Idem, xx, p. 63.
50 Idem, Trattato della Musica Scenica, xxii, p. 66-67.

musical se aproxima, nasce um suspirar, um entristecer-se, um dizer em gemente sentir patético. Ao revés, aquele que extrema (ascendentemente) a voz, projetando-a por salto num deslocamento sonoro dilatado, exterioriza pulsos anímicos "vivazes", veementes, dramáticos. Então a "nota acidentada" nos registros medial e grave de uma voz *in actu* é canto em "sentimento afetuoso", em pulso mesto, precisamente porque voz mesta, sofrente, voz dial que, recolhida, grave e gravosa, se positiva no interior de um espaço sonoro reduzido, em movimentos que propendem, *lato sensu*, ao semitom, bem como a intervalos ainda menores, bem menores. Ademais, a relação conectiva que no pensamento doniano vincula intervalos musicais "mais largos" e sentir vivaz, por disposição reciprocamente inversa se esclarece: o canto tende à veemência se intervalos "largos", ascendentes, tomam forma, porque estes, quando modulados pela voz, a intensam, veementizam. Dimensão e imanência afetivas da voz que implicam e objetivam, sublinhe-se, não a positivação de um canto que enforma o sentimento em si, mas a *melodia da alma que sente*, como a letra citada fortemente transpira. Reconhecimento que a pena doniana alcança enformar porque toma os registros vocais como aquilo que são – expressão anímica, sentimento sentido, positivação da interioridade. Reconhecimento que se mediato na reflexão dos suspiros, silhueta-se em asserto diáfano em outro passo, que se lhe apõe:

> É bem verdade que para os afetos da simples tristeza ou melancolia o tom grave é mais adequado porque denota languidez e certo torpor. Mas para exprimir uma dor intensa, desespero, lamentos, vozeios, como os de quem lastima a morte de um filho, pai ou irmão, seria um *erro* usar sons e tons graves[51].

Um testemunho que expõe os fundamentos compositivos do próprio fazer engendra uma explicitação categorial que, na contextura estabelecida, amplifica e alavanca a malha teorética que se entece. No prefácio da *Euridice*, obra referencial em seu gênero, Jacopo Peri, músico florentino de reverberação histórica, afigura em letra iniludível, e lúcida, a substrução de uma modalidade musical então em forjamento. Refere, em síntese: este

---

51 Idem, Appendice, em *O Canto dos Afetos*, op. cit, p. 80 (grifo nosso).

meu canto, que não é apenas meu, mas que me precede, é uma imitação da fala – da *voz*, que se atualiza na fala, deveria ter observado Peri. De fato, ao dizer de si e de sua atividade, o artista depõe sobre a música dramática, isto é, reflexiona sobre a progênie e fundamentos de um *mélos* que é *voz in mímesis*. *Mélos* que não se adstringiu, firme-se desde já, ao gênero cênico, mas igualmente tomou os gêneros polifônicos, plasmando-os outrossim. Ao apresentar sua *Euridice*, a entrelaça às concepções e orgânica estético-musicais gregas, arrimando sua obra e procedimentos naquilo que era o grande referencial da Renascença – a cultura da *pólis*. Arrimo ao qual inexoravelmente então se acorria quando a arte, fosse qual fosse, se fazia objeto de reflexão. Jacopo Peri inicia o arrazoado prefacial, que nos informa sobre uma música nascediça destinada ao teatro, nestes termos, muito relevantes:

Antes que eu vos ofereça (benévolos leitores) esta minha música, estimei conveniente vos fazer cientes daquilo que me induziu a encontrar esta nova maneira de canto, pois a razão deve ser princípio e fonte de todas as operações humanas. E quem não pode dar-se conta dela facilmente faz crer que operou ao acaso. Foi o Sr. Emilio Cavaliere, antes de qualquer outro, pelo menos que eu saiba, que com maravilhosa inventiva fez-nos ouvir música em cena. Foi desejo, por sua vez, dos senhores Iacopo Corsi e Ottavio Rinuccini (em 1594) que eu, tomando a música de uma outra maneira [– diversa daquela até aqui existente –], compusesse as notas para a fábula *Dafne*, escrita pelo Sr. Ottavio, no intuito de fazer uma simples demonstração de onde o canto poderia chegar em nossa época. Vendo que se tratava de poesia dramática, e que, porém, se deveria *imitar com o canto aquele que fala* (e de fato jamais se falou cantando), estimei que os antigos gregos e romanos [...] usavam uma melodia que, elevando-se do falar comum, mas também derivada da melodia do canto [isto é, derivada do *mélos* propriamente musical, caracterizado por inflexões e disposições inexistentes na fala comum] assumia forma intermediária [entre o cantar e o falar]. Esta é a razão pela qual, creio, o iambo tivesse lugar naquelas poesias; [pé de verso] que não se afasta, como o hexâmetro, dos limites do falar familiar. E pondo de lado qualquer outra maneira de canto até aqui ouvida, dediquei-me à busca da imitação adequada a estes poemas [modernos]. Considerei que aquela espécie de voz consignada ao canto pelos antigos, chamada *diastemática* (isto é, como que delongada e suspensa), pudesse ser um pouco acelerada, pondo-se como um termo médio entre os lentos e alongados movimentos do canto e os fluentes e rápidos da fala, e assim

70   MÚSICA SERVA D'ALMA

ser acomodada ao meu propósito (como também a acomodavam os antigos ao lerem as poesias e versos heroicos), pois se avizinhava da voz da conversação, chamada por eles de contínua, e que os nossos modernos (ainda que para outros fins) usaram em sua música[52].

Irrelevante para este estudo determinar em que medida as observações de Peri no atinente à melodia dos antigos refletem sua natureza e pulso, como desnecessário também aquilatar o quanto seu canto ressoaria, ainda que genericamente, as perspectivas e finalidades que alentaram a sonoridade grega. Entanto, e apenas para pontualizar a rigorosidade teórica e os horizontes estético e humano que embalaram o nascimento da música dramático-imitativa, é pertinente assinalar que a

distinção entre *diastemática* e *contínua* é evidência direta da leitura, por parte de Peri ou de seus mentores, dos autores antigos; se não de Aristoxenus, que parece ter originado a classificação, ao menos de Boethius, que a reporta. Boethius referiu ainda um terceiro tipo de voz, a qual, dizia, foi reconhecida por Albinus: "Nós lemos um poema heroico nem num fluxo contínuo como na prosa, nem com uma voz sustentada e mais lenta, como num canto". Aqueles que leram esta passagem em Boethius podem não ter compreendido que o estilo intermediário tinha sido primeiramente descrito por Aristides Quintilianus[53].

E mesmo que Peri tivesse caminhado por tais labirintos estético-musicais, e destes houvesse resgatado um sopro humanizador que o arrimasse e impulsasse artisticamente, o que importa distinguir neste contexto determinativo, não obstante, é que o compositor firma ser seu canto uma *imitatione del parlare*: cantar é a substantificação de um "*imitar com o canto aquele que fala*". Uma voz, assim, que não é nem canto (no sentido de ser simplesmente melismática, volteante, ornada), nem meramente decalcada na fala, atualiza o horizonte compositivo de suas obras dramáticas: é com uma sonoridade vocal "intermédia" que Peri entende forjar sua melodia. Melodia, pois,

---

52   J. Peri, *Le musiche sopra L'Euridice* (grifo nosso).
53   C. Palisca, *Humanism in italian renaissance musical thought*, p. 428. Voz *diastemática*, pontue-se, é aquela que os gregos referiam como sendo a própria voz do canto – ou aquela intervalada, que o canto gera e utiliza; *contínua*, a voz do falar.

que é mímesis da *voz in fala*, ou aquela forjada a partir e no interior da objetivação ôntico-fundante da voz. Confirmando sua própria letra, considera: "assim como não ousarei afirmar que [este meu canto] fosse empregado pelos gregos e romanos nas suas fábulas, creio porém ser o único que se possa dar à nossa música, pois *se acomoda à nossa fala*"[54]. De sorte que com os fios humanistas de um *parlar cantando*, urde-se a nova música nascente, testemunha – e *pratica* – Peri. Disto, de fato, não tem qualquer dúvida, ainda que de sua pena prefacial sejam paridas incompreensões frente às categorias deste *mélos* mimético, que em sua práxis compositiva é *imitatione della voce*, mas no exórdio euridiciano, *del parlare*. Embaralhação categorial historicamente recorrente e dominante que, ao fim e ao cabo, termina por fechar as portas a uma compreensão real do coração dessa música, pensada então como *corporificação dos afetos da palavra poética* que se modula, irrazoável assertiva ideal. Uma mimese do dizer não é, como alude, uma espécie de termo médio entre fala e "canto em si" (entre fala e "melodia do canto", na expressão do compositor) – determinação imanentemente pouco clara em sua representação. É, sim, antecipe-se, *voz duplamente tipificada*. Reconhecimento determinativo que, se neste momento pouco verte, explica e norteia, ulterior espaço argumentativo desvelará seu sentido, com o que se tangerá de forma mais concreta a alma do canto de Monteverdi, *vox in voce, Seconda Pratica*.

Tornando ao *Trattato* e ao *Appendice*, retrilhados. Não apenas das análises e asserções musicais citadas se colige que o canto examinado é uma mimese da voz. De outras proposições talhadas sobre o teatro cantado italiano se escava que esta é a sua orgânica. Profícuo, de fato, colher-lhes algumas ainda, com o que se adensa a argumentação que se cunha, com o que se consubstancia, ademais, a palavra de Peri.

No atinente à poesia que funda e sustenta a música dramática, considera Doni que

os versos longos muito mais se ajustam à fala cênica que os curtos, pois aqueles não se distanciam tanto do falar usual. Isto o compositor deve observar, regulando-se com o exemplo dos antigos, que,

---

54 J. Peri, op. cit. (grifo nosso).

MÚSICA SERVA D'ALMA

como escreve Aristóteles na *Poética*, por isso acolheram nas cenas o verso itálico mais do que qualquer outro[55];

e acresce, em letra repercussiva:

Suposto que o falar [cênico] deva ser imitação da fala comum, e como não há dúvida que mais os versos longos, do que os curtos, se aproximam do dizer usual, estes devem ser [musicalmente] abraçados[56].

Se a relação mimética fala(voz)-canto não se afigura aqui na imediatidade do argumento, pulsa em batimento mediato. Vejamos. A necessidade poético-musical de versos com maior número de sílabas provém do fato, escreve Doni, de que esta versificação espelha de modo mais verossímil o dizer usual, cotidiano[57], ordenador das obras cênicas. Ora, o substrato deste gênero vocal é a existência de personagens que dão forma a um teatro cuja especificidade é a permuta da fala por uma fala em canto: a música se arma através de diálogos, narrações, solilóquios – através de homens que falam – que *falam cantando*. Fundamento poético, ou ponto de partida musical, pois, que é fala, fala, então, a partir da qual o canto se constitui e opera. De sorte que a poesia concebida para a cena dramático-musical manifesta, *de per si*, a natureza da melodia que se lhe molda. A saber, esta tem de se engendrar como mimese da voz: com efeito, irromperia enquanto puro contrassenso melodizar um poema *que é fala*, que é teatro, cena, não o modulando enquanto tal, ou em função deste seu atributo, artisticamente fundante. Em outros termos, uma melodia seria naturalmente desnaturada, imprópria, infecunda, ao perder de vista a necessária imbricação mimética com as categorias da voz, porque nesse contexto poético o canto tem de modular um *falar*, plataforma, aqui, da atualização da

---

55 Doni, Appendice, IV e V, op. cit., p. 9.
56 Idem, ibidem.
57 A assertiva doniana, pontue-se, traduz efetivamente dinâmica artística vigente. A música cênica desse período é tecida com versos de maior extensão, ou, predominantemente, numa alternância entre versos mais longos e mais curtos: pela relação entre *hendecassílabos* e *setenários* (mais especificamente, entre *endecasillabi sciolti* alternados com versos *settenari*). A título de simples ilustração, tome-se, do ponto de vista poético, três obras referenciais: a *Euridice*, de Peri, *L'Orfeo* e o *Lamento di Arianna*, de Monteverdi.

voz artística. Vale dizer, o compositor se encontra frente a uma estrutura poética radicada nas formas da fala dial, de modo que a composição de um canto não poderia nascer senão da mimese das *formas* e *modus faciendi* vocais. Significa, enfim, que a estrutura musical é regida pela voz, pela voz *in actu*, isto é, pela voz que fala, ou *in* fala, necessariamente.

Doni, no *Tratatto*, igualmente elabora sobre a esfera versífica. Se, de um lado, constata e dispõe – notas 55 e 56 – que este canto tem de se armar em versos mais longos, posto realizar-se a partir de indivíduos que falam (em canto), por esse mesmo motivo considera que a rima não deveria tomar forma em sua orgânica. Ora, Doni nega a pertinência da rima porque sua presença descolore a *verosimilidade* de uma arte cuja destinação é o palco, ou onde os personagens são dramáticos, portanto falam "normalmente", o que supõe, sem dúvida, uma poesia em prosa. Em reflexão de jaez análogo ao anterior, que semelhantemente encerra e transpira o liame *mélos-mímesis* da voz:

para que [o texto poético] não se distancie muito da fala comum, as rimas, a meu juízo, devem ser refutadas.[…] pela experiência se observa que elas produzem alguns maus efeitos, tanto à expressão quanto à melodia. Expressão outra coisa não é do que o desvelamento dos conceitos mediante a fala. Daí que a obrigatoriedade das rimas não permite ao poeta fluir livremente e usar aquelas frases e palavras que desejaria e que muitas vezes o conceito implicaria. Por outro lado, gera notável fastio nos auditores em função daquela similitude de sons e da correspondência entre as palavras, que os versos rimados frequentemente geram.[…] Quanto à melodia, se ajuizamos o problema sem paixão, sabemos do grande impedimento que as rimas lhe aportam, pois sugerem ao músico, de certo modo, uma perpétua semelhança de cadências, ou ainda, o forçam a quase sempre fazê-las símiles, o que é algo vicioso e maçante. A modulação do canto não quer ser uniforme e rígida, mas variada, livre e solta para melhor exprimir as várias paixões e conceitos[!?] dos personagens[58].

Por isso mesmo, exemplifica criticamente Doni,

ainda que o *Prólogo* da *Euridice* [de Peri] seja belíssimo tanto em seus versos quanto na melodia, a meu parecer alcançaria maior

---

58 Doni, Trattato della Musica Scenica, VIII, p. 19-20.

graciosidade e apuro sem a obrigação das rimas e das estâncias que se cantam com a mesma ária [melodia]. Algo que muito desdiz a representação cênica, e por muitos motivos. Desdizer que algumas vezes também ocorre porque se usa numa quadra que não apresenta um sentido poético conclusivo a mesma cadência terminante das outras estrofes, como acontece com a quarta estância desse prólogo[59].

A assertiva é clara: rima e canto cênico não coabitam espaços comuns. Como pode o poeta fluir autenticamente ou com verossimilhança, e o músico, também em verossimilidade, engendrar os batimentos afetivos, se versos rimados desaceitam palavras, ao mesmo tempo em que tendem a empurrar a melodia a uma inartística rigidez sonora? Então, o canto rimado é inatural porque um falar rimado é inatural, e artisticamente redutor. E a inaturalidade artística parida de uma música teatral articulada em versos rimados manifesta que esse cantar é forjado como *mímesis della voce*. Pois a impossibilidade melódica de revelar paixões é, primariamente, aponta Doni, desnaturação de um *falar* verossímil, natural, que arroja o canto à fixidade de suas formas. A melodia se enrijece e formaliza porque o dizer rimado a interdita, dinâmica que denota a relação intrínseca, que é mimese, entre as esferas do canto e da voz. Nesse sentido, e distendendo o tecido argumentativo, o canto dramático – dos personagens ou do coro – não se substantifica em sua orgânica própria se *vocalmente* impedido, adstrito por elementos formais regrantes, por amarras que constranjam sua melodia, sua mímesis, adstringência que significa apoucamento expressivo. Do que se escava, então, robore-se por esta nova contextura, que a expressividade, a manifestação d'alma, é o substrato deste canto, o *télos* compositivo claramente desejado, vale dizer:

Porque o uso das rimas parece imprimir muita uniformidade melódica e cadencial, podemos concluir que também aos coros pouco se conformem. É bem verdade que naqueles que contenham temas alegres ou indiferentes se possa tolerar. Mas nos casos lacrimosos e mestos – que são os mais belos da tragédia – não. Pois os afetos de tristeza, choro, compaixão, desesperação e símiles pedem antes uma expressão sonora interrompida e variada ao invés daquela

---

59 Idem, p. 20.

MONTEVERDI MIMÉTICO: MÚSICA E *MÍMESIS*   75

uniforme e contínua, e assim refutam versos rimados e muito seme-lhantes, que melhor se adaptam a matérias festivas e alegres. E quan-do, então, os desejássemos usar em todos os coros, exaltaria que os [versos] lamentantes não se dispusessem em estâncias ou com rimas determinadas, mas confusamente, e sem ordem, como naquela sorte de poesia que hoje chamamos de Idílio[60].

O atravessamento mimético pelo qual o canto dramático se estrutura não significa imbricação superficial, mecânica, entre as formas da vocalidade – o *modus faciendi* da voz que fala – e a melodia, superficialidade imitativa artística que se poderia em desacerto entrever nas proposições donianas. É preciso, pois, delinear o talhe desse vínculo estrutural e musicalmente fundante em silhueta mais definida, com o que se avança na concreção dos atributos e natureza daquilo que Monteverdi chamou *mimese do dizer*.

A imitação que este canto positiva, e que o corporifica en-quanto tal, não é a reprodução da voz em sua dinâmica pri-mária, a inartística mimese de seu˙ser e ir-sendo cotidianos, mimese que, se consubstanciada, confronta e descabe suposto e *télos* da música. Voz dial e *imitatione della voce* não se avizi-nham em imediatidade categorial: esfera autonômica, o canto se descola das formas e procedimentos de seu original. Aliás, o diluimento dessa diferenciação e descolagem na criação com-positiva, que parture uma desnatural proximidade fenomênica entre campos que são distintos, aparece como um dos alvos centrais da censura doniana a procedimentos da música cê-nica italiana. Doni critica contundentemente a temerária as-sociação estabelecida entre melodia dramática e voz cotidiana, imbricatividade que está na própria gênese desse gênero tardo-quinhentista, mas que produz, se efetivada em imediatidade, arte fastidiosa, incoerente e improfícua. Se assim ativa no teci-do sonoro musical, essa imbricação ou avizinhamento linear adstringe o ato vocal, apequena sua dinâmica, desfigura sua possibilidade mimética real. Na esteira da *Poética* aristotélica, a letra doniana entremostra que a arte realiza um salto para além do singular dial – um salto que universaliza via e vida humanas,

60 Idem, p. 21.

perspectiva teórica que conduziria Doni à admoestação de um vínculo entre voz e mimese da voz cunhado numa imediatidade relacional, que abstrai as carnes artísticas. No *Trattato*, a elaboração crítico-reflexiva acerca da música dramática assume, a determinado passo, o seguinte contorno, que nitidiza o argumento que se constitui: não fosse por Ottavio Rinuccini,

teria faltado [à música cênica] a manifestação de grande parte de sua graça e encanto. Mas não devemos acreditar que ela tenha chegado a um ponto insuperável, pois este estilo moderno é falho em muitos aspectos, os quais talvez não lhe permitam operar os mesmos efeitos que sobre a música dos antigos se leem. Tampouco conduz os auditores ao prazer que deveria, sendo evidente que por melhor que uma ação seja representada, ao se alongar um pouco que seja provoca fastio, de modo que ninguém se admira de nada, e pela música não são cativados. Não será difícil descobrir de onde procede tudo isto quando se considera a qualidade desta música e o escopo que aqueles valorosos homens talvez tivessem ao lhe prescrever esta forma. Quanto a esta questão se sabe que eles conceberam que *a melodia pouco deveria se afastar do falar comum*, e assim quase escondiam o canto com certa *sprezzatura*[61] (como hoje se diz), como se fosse simples fala. Assim, comumente se tem por certo que este estilo tende a pouca variedade de notas e intervalos, que necessita, então, se

61 *Sprezzatura* não encontra palavra consentânea à expressão do sentido que assumia no período em exame. Não há em português termo específico que traduza o significado do vocábulo italiano. Não obstante, o termo *naturalidade* esbarra, ainda que de forma genérica, na sua semântica, pois *sprezzatura* explicita uma forma de *modulação* cuja essência é um cantar natural – não afetado ou artificial, que busca arrimo na prosódia. Naturalidade, assim, reflete um *modus* compositivo que se radica na verossimilhança (prosódica) da melodia; nesse sentido, pressupõe a mimese do dizer. Sobre a música cacciniana argumenta Pirrotta, a propósito: o baixo contínuo de Caccini "confere à melodia um fundamento de harmonias relativamente estáveis – quase como uma série de apoios rítmicos ao seu livre transcorrer. Além disso, seu contínuo é pensado e escrito para instrumentos que permitem ao cantor acompanhar-se a si mesmo. Pessoalmente ele prefere o chitarrone ou tiorba romana, um instrumento com muitas cordas pinçadas, de som grave, rico e nobre, aperfeiçoado naqueles anos, e, certamente, não por coincidência fortuita, por um colega seu da corte dos Medici – Antonio Naldi, conhecido por Bardella. Tudo isso não é pura técnica, mas a base daquela *liberdade agógica de execução* que Caccini, com um termo feliz, chamou 'sprezzatura' do canto, cunhando novo significado a uma palavra que precedentemente tinha sido empregada para indicar a desenvoltura ágil de um bailarino perfeito. E foi evidente aos seus contemporâneos o valor expressivo conferido à música pelo calor e imediatidade da execução realizados por Caccini" (N. Pirrotta, *Scelte poetiche di musicisti*, p. 187) (grifo nosso).

MONTEVERDI MIMÉTICO: MÚSICA E *MÍMESIS*   77

deter muito nas mesmas notas, alterando pouco ou pouquíssimo os
tempos da prolação que se escutam no falar familiar. Esta doutrina,
e máxima, ainda que de algum modo seja verdadeira e correta, não
a tenho, contudo, por universal e infalível, como normalmente é tomada. Mas, seja como for, quando se deseja modular uma narração
ou falas quedas e pouco afetuosas não parece de fato que se possa
fazer com outra melodia que não com esta simples, similar ao falar
comum. Nas partes afetuosas, por outro lado, também se pode usar
um canto que imite os acentos da loquela ordinária, mas que seja variegado e *arioso*. Também não duvido que muitas vezes seja necessário sair deste estilo para tornar a música mais suave e comprazedora,
harmonizando-a com o exemplo dos antigos[62].

Ora, o que Doni estabelece de profundamente relevante, a despeito do desmedido papel atribuído a Rinuccini, é que a relação fala (*voz*)-canto (mimese do dizer) não significa, ou deve
significar, conexão linear entre as esferas. De fato, criar uma
imitatione del parlare a partir da reprodução das formas vocais
cotidianas (com o que as formas da fala tendiam a ser preservadas, portanto a inteligibilidade da palavra, o que era um
objetivo compositivo, pois se entendia que esta melodia a imi-
tava, ou seus afetos), compromete sua legalidade. Isto na exata
medida em que por esta reprodução a imanente potencialidade
mimético-afetiva da voz (que se toma em *mímesis*) não pode
irromper, interdizendo-se de saída, lógica imitativa, desse
modo, que não faz da melodia voz expandida, distendida em
suas potencialidades intrínsecas, mas a repõe, *lato sensu*, em
sua dinâmica dial. Num dizer análogo, por este *mélos* plasmado em identidade, a expressividade que a voz encerra *in potentia* e pode consubstanciar – expressividade potencial que à
mímesis della voce impende naturalmente dispor –, são nega-
das ou adstritas, interditas ou reduzidas. Se o canto é reprodução fenomênica da vocalidade da fala cotidiana, tende-se a
uma improgressiva dinâmica de notas e intervalos, à inexpressividade melódica, a qual, firma a pena doniana, é infecundidade artística, pois voz infecunda. Em proposição que desdobra,
antecipando argumentação ventura. A artística dação de forma à
voz, a elaboração de uma melodia que é *mímesis della voce* – que
é, pois, mimese dos pulsos afetivos a ela inerentes –, supõe a

---

62 Doni, op. cit., x, p. 26 (grifo nosso).

dilatação da voz face à sua condição cotidiana, implica a medrança de seus atributos, melhor dito, a expansão de seu *modus faciendi*, expansão que universaliza sua dinâmica, que a universaliza, concretando-a. Implicatividade, portanto, que é objetivação de sua expressividade imanente, voz que apenas nessa condição expandida, engendrada por uma melodia que assim substantifica sua *potentia* expressiva ingênita, se faz via efetiva à manifestação concreta dos sentimentos sentidos, à sua consubstanciação não fenomênica, não abstrata, mas *in essentia*. Concreção configurada, essência perseguida, porque suposto e *télos* ingênitos à mimese artística[63].

Da recusa doniana de uma atação linear não escorre, pois, uma negação quanto à valência artística deste canto. Antes, é o reconhecimento da lógica dessa relação dinâmica, que implica a distinção entre o original e sua reprodução estética. Assim, por um lado, Doni refere que as narrações musicais, e símiles, são adequadamente construídas a partir de uma proximidade quase linear das formas vocais da fala: canto e voz dial, aqui, tendem a uma coessência – a conexão se ordena num pulso onde a avizinhação entre as duas esferas é mais imediata, conquanto *não* imediata; de outro, pontua que nas "partes afetuosas" a melodia cênica se plasma igualmente a partir das formas vocais do falar, embora em maior distanciamento, isto é, numa especificidade que a substantiva, possibilitando-a. Especificidade que então a descola, sem arrancar suas raízes, do *modus faciendi* da voz cotidiana. A termo que, na pena doniana, uma espontânea e *necessária* saída deste "estilo" não significa impugnação da musicalmente nutriz conectividade voz dial-canto, clara e reiteradamente assinalada no *Trattato*; de fato, tal saída – posto ser a expressividade o *télos* artístico perseguido – é a condição dessa imbricação mimética indissolúvel, esboça Doni.

E se assim o é, o *Trattato* esboça a natureza da coligação mimética deste canto: o consumo da voz que fala pela voz que canta, o entranhar-se desta por aquela, pelo que a melodia se constitui, pressupõe a *autonomia* e *especificidade* da melodia, porque de canto se trata, não de fala, canto que encerra em si exigências e necessidades inalienáveis porquanto ingênitas, determinadas

---

63 Sobre esta questão, ou *ad mímesis*, cf. Parte Dois, iii. Conclusão: Algumas Considerações Categoriais.

MONTEVERDI MIMÉTICO: MÚSICA E *MÍMESIS*   79

pela arte. Autonomia e especificidade que não violam um liame imitativo, pelo qual se substantifica o ato cantado dramático. Inversamente, indicam a existência de uma relação mimética
mediata, implicante da superação das formas cotidianas da voz.
Superação pela qual, posta uma melodia que a expande, a voz
se universaliza – em curvas, movimentos, inflexões –, expansão,
universalização, que é sua consubstanciação *in concreto*, pois voz
tornada *concreta, via positiva da alma que sente*. Desse modo,
atente-se, o *Trattato* enforma seu estrutural suposto categorial
mimético. Ao determinar que a voz cênica se forja no interior da
cotidiana mas dela se distingue precisamente por sua *específica
expressividade conatural*, entremostra sua função, sentido, orgânica: esta melódica voz teatral substantifica, por uma *mímesis
della voce*, uma interioridade *in affectu*, isto é, "exprime de *forma
proporcionada* [isto é, *em dilatação*] o falar comum afetuoso"[64],
vale dizer, os pulsos anímicos imanentes à voz. Pulsos que na
fala dial adstritos, reservados, porque a voz aí se faz adstrita, subsumida, não podem se manifestar na universalidade que o canto
pode engendrar. Por isso a pena teórica assevera com legitimidade: "deve-se condenar aquele canto [dramático] que parece uma
simples fala"[65], que não se separa das formas da voz da loquela,
pois, inexpressivo em termos essências, é sonoridade não concretamente afetiva: afetiva *in essentia* tão somente *in potentia*,
isto é, se a voz se universalizar.

Se de música tardo-renascentista se trata, de uma melodia
que não se realiza como simples reprodução de uma voz em
fala se trata. Aclaradora, nesse contexto, a determinação doniana sobre o recitativo, onde se torna a reconhecer e pontuar uma
avizinhação, na não identidade, entre mimese da voz e a voz em
seu pulso dial, lógica que parece importante ainda dispor e comentar. Avizinhação em distinguibilidade recíproca que destila
a natureza e orgânica da mimese artística efetivada.

Nos termos do *Trattato*:

> Por estilo recitativo se entende hoje aquela espécie de *melodia*
> que se pode adequada e garbosamente recitar, isto é, ser cantada por
> uma pessoa, apenas, de tal forma que as *palavras sejam entendidas*.

---

64 Doni, op. cit, xxiv p. 72 (grifo nosso).
65 Idem, x, p. 28.

80   MÚSICA SERVA D'ALMA

É usada no palco, nas igrejas, oratórios, à maneira de *diálogos*, como também nos aposentos privados e alhures. Finalmente, com esta designação se entende todo tipo de música cantada em solo, ao som de algum instrumento, com *pouco alongamento das notas* e de tal modo que se *avizinhe do falar comum, mas de modo afetuoso*[66].

Posto de chofre: a assertiva marca a circunvizinhança entre as formas da fala e o recitativo (se canta "de tal forma que as palavras sejam entendidas"). Na síntese doniana: este gênero de canto se "avizinha do falar comum". Avizinhação nascida de uma melodia, *recitativa*, que deseja absorver a prosódia, *mélos* que tende, *lato sensu*, a um pulso de talhe prosódico. Maneira compositiva, assim, que se arma e plasma no interior da voz dial. Do que se escava, por mais esta via, determinação roborante, a saber: o canto dramático tardo-renascentista consubstancia uma *imitatione del parlare*, pois o recitativo – canto que declama, *fala*, se "avizinha do falar comum" –, é, necessariamente, melodia que se ata às formas da voz cotidiana, isto é, consubstancia-se enquanto uma *mímesis della voce*.

Formas vocais cotidianas que se transmutam, ou devem se transmutar, posto o predomínio das necessidades do canto sobre as da voz cotidiana, da arte sobre a matéria *in mímesis*, conquanto esta radique e oriente aquela. Voz cotidiana que, esfera não estética, ao se positivar como música irrompe na subsunção ao artístico, que é material e teleologicamente determinante. Imbricação categorial constitui alteridade, desdobre-se e consolide-se a questão.

No recitativo a voz possui um atributo que a distingue da voz que simplesmente fala, marca a pena doniana. Isto é, a voz se desata de seu *modus faciendi* cotidiano: agora, um "modo afetuoso", um existir *in affectu*, que a particulariza e funda, supõe e envolve a intensificação da modulação, o alargamento da voz, de seus atributos, de suas categorias. Alargamento que enforma uma vocalidade cujo proceder e características não irrompem positivamente na fala cotidiana, de sorte que, conquanto a esta deva seu ser e espírito, seu corpo e alma, da voz dial o recitativo se despega, atualizando-a para além de sua forma cotidiana. Isto é, a melodia torna *actus* sua *potentia* expressiva – *melódica* – ingênita.

66   Idem, XI, p. 29 (grifo nosso).

MONTEVERDI MIMÉTICO: MÚSICA E *MÍMESIS* 81

Significa, pois, que o recitativo – *procedimento* composicional que nasce como contrapartida respondente a uma necessidade humano-social que arroja o canto às formas da voz –, se enlaça, sim, à voz que fala, mas na reordenação de sua orgânica, de suas curvas conaturais. Reordenação que a transparenta, concreta, então os pulsos afetivos que se objetivam, ora em canto, em arte. Reordenação que é ampliação de si, de seu *modus faciendi*, assim, concretude de sua expressividade, intrínseca. Em termos distintos, que a Parte Dois consubstancia, a indeterminação expressiva dos ascensos e descensos modulantes da voz cotidiana é deslocada e substituída por movimentos vocais que, fundados na vocalidade, ora são dinâmicos, alargados, substantivos, musicais, bem como é superada a insubstancialidade dos desenhos rítmicos com que a voz dial modula as palavras: tomam forma figuras temporais definidas, mensuradas, determinadas, que a substanciam enquanto voz. Voz que assim atualizada parture uma nova vocalidade (e uma nova prosódia, refira-se desde já algo que o Anexo analisa), o que *de per si* espelha a diversidade categorial posta entre a voz que diz e a que, em autoimitação, se converte em canto. Na disposição exemplificante, consentânea:

> [Jacopo] Peri e outros que tiveram êxito na música cênica, buscaram fazer o canto tão natural quanto lhes foi possível, aproximando-o dos acentos e da modulação da fala comum, do simples falar, mas *não tentaram* exprimi-los exatamente […] A ária sobre *Son queste le corone*, ainda que belíssima, bem adequada aos vocábulos, e muito patética, é *muito diversa* daquela que uma pessoa pronunciaria a partir destas mesmas palavras no falar habitual[67].

Reprocessando e escavando esta questão vocal de fundo. O *modus faciendi* da voz quando *imitatione del parlare* não é o da voz cotidiana. Dessemelhança que é e manifesta, respectivamente, limite e expansão das formas vocais, portanto, condição, forma e objetivação desiguais de expressão: os movimentos e inflexões que podem engendrar o *phátos* aludido por Doni são os que a *mímese della voce* efetiva, não os da voz dial, que em seu ser e ir-sendo não pode ressoar *in concreto* suas possibilidades inerentes, que se afiguram em sonoridade

---

67 Idem, XIII, p. 34 (grifo nosso).

e expressividade abstratas porquanto adstritas. Na voz cotidiana, onde a *palavra predomina*, *não a voz*, a modulação e a consequente exteriorização d'alma não podem contrair expansibilidade, o que significa que uma obediência estética forjada na imediatidade dos atributos da voz nega, *in limine*, sua *potentia*, desnaturando o melódico. Voz que se faz expressividade positiva na tipificação de suas formas e procedimentos, quando, pois, atualizada em arte, ou por um canto que é melodia urdida na expansão de suas potencialidades. Ao observar, numa aparente incoerência com a linha teorética desenhada pelo *Trattato*, que o *"estilo madrigalesco"*, não as formas do recitativo, é mais apropriado à música cênica por ser, digamos assim, *mais musical*, o arrimo da asserção doniana é o reconhecimento de que sua orgânica, comparativamente, melhor afigura, substantifica, plasma a (*potentia* intrínseca da) voz; de que o madrigalesco é mais *intrinsecamente vocal*. Atributo musicalidade, isto é, expressividade, que exatamente por isso o faz mais autêntica e concretamente voz – volteantes, inflexos sons puros –, logo, mais apto a torneá-la em mimese. Mimese da voz, portanto, que supõe e demanda a cunhagem de uma melodia nascida de curvas sonoras generosas, *determinadas*, como as que nutrem o estilo madrigalesco, cujas formas, portanto, se fazem mais próprias à música cênica, voz *in mímesis* de si. Ou ainda, neste "estilo" a melodia tende a consubstanciar as energias e disposições ingênitas da vocalidade em pulso substantivo, positivo, o que o faz, ou a dinâmica de seu *mélos*, mediação própria à cena, pois *mélos* consubstanciado a partir e no interior do ser-assim concreto da voz, que então se substantifica nas formas da essência daquilo que é – sonoridade, fluxo e curvas sonoras, vida anímica sensível. Nos termos donianos, imediatos:

parece que se pode concluir que o estilo madrigalesco seja propriamente o que convém [à cena]. Este é mais belo e interessante que os outros, mais rico pela variedade intervalar, algo que a cena necessita. Necessita seja para evitar o tédio, e então portar maior prazer aos ouvintes, seja porque, assim, *melhor pode exprimir todos os diversos afetos que subjazem a esta espécie de imitação poético-musical*[68].

68 Idem, Appendice, XI, p. 23-24 (grifo nosso).

De modo que se os batimentos e curvas vocais próprias do madrigalismo se projetam consentaneamente enquanto cênicas, da voz cotidiana iniludivelmente a artística se descola. Descolagem que, se inexistente, dessubstancia o ato estético que é *mímesis* da voz, cujo suposto e *télos* implica generalização, um humanizador *poderia ser*, algo que a *Poética* aristotélica distinguia em suas primeiras páginas.

Esboçada tal contextura, necessário o desdobro, do ponto de vista compositivo, desta consideração do *Trattato*: o recitativo típico – o historicamente efetivo canto recitado que se desenvolveu no interior da música dramática italiana a partir de finais do século XVI –, não deve ser confundido com uma orgânica musical caracterizada pela inexistência de dinamismo e mobilidade sonoros, com um canto que se cola apenas aos momentos poético-musicais eminentemente narrativos ou dialogais, onde os compositores tendem a apoucar a modulação, porquanto a poesia não orienta a melodia a espaços humano-expressivos de maior substância e fôlego. Vejamos.

O recitativo corporificado na sua condição real – o recitativo, gênero de ventre tardo-renascentista, que se atualizou na síntese de sua lógica orgânica –, propende, firma Doni – e isto de fato se descava da história da música –, às curvas sonoras madrigalescas, acolhidas. Ora, estas, intensas, podiam enformar vitalmente a voz, isto é, os batimentos do sentir, finalidade artística declaradamente perspectivada pelo canto dramático, como também pelo madrigalismo, sublinhe-se desde já. *Télos* este, grife-se com traço calcado, que infundiu e implicou a inexistência de um simples hiato compositivo entre as esferas da monodia e da polifonia: efetivamente, o *modus* recitativo e as formas melódicas de talhe madrigalesco se enastrariam em concreta mutuação. Entrelace categorial que nos indica, ou ao menos entremostra, a existência de uma tendência compositiva dominante e ordenadora: se de canto se trata neste espaço e tempo italianos, trata-se *da voz que se toma a si mesma em mimese*. Trata-se, pois, de expressividade como categoria musicalmente fundante em contraponto ou em monodia, então imbricados. Voz estética que, se descolando das formas da vocalidade falada, nesta se cifra enquanto ponto de partida e referência do ato cantado. Mas se cifra não como um original a ser duplicado, abstratamente

84   MÚSICA SERVA D'ALMA

reproduzido, fenomenicamente espelhado, procedimento que, se vigente, faria desta arte ferramenta humana infecunda porque supérflua, inartística porque não universalizadora. Por isso,

se pretendemos que toda uma ação seja cantada neste estilo [Doni se refere a um recitativo simples, melódica e ritmicamente empobrecido], estilo que segundo alguns é o verdadeiro recitativo, mas que pelos compositores judiciosos é usado apenas nas narrações e falas sem afeto, momentos estes onde há uma forte detença sobre as mesmas notas e pouca diversidade melódica – aliás, imita-se justamente os mesmos acentos [vocais] postos no falar cotidiano –, digo que se longamente praticado levará ao fastio. E se então estas ações cantadas comprazem, como de fato o fazem, isto ocorre porque os músicos, apercebendo-se que esta excessiva simplicidade não teria êxito, distanciaram-se muito desse estilo. E embora todos chamem de recitativo qualquer melodia cantada a uma única voz, é muito diferente, porém, a que se canta quase ao modo dos madrigais, daquela onde reina esse estilo simples e corrente[69].

O caráter que funda o recitativo – não casualmente nascido no quinhentismo italiano, ou no interior da arte sonora que *parla cantando*, isto é, que é *mímesis* da voz, onde então é necessário considerar a sonoridade da palavra, *porque a voz se objetiva no dizer* – se afigura, pois, em contornos claros. Não se trata de uma modulação epidermicamente cunhada na voz, mas de uma vocalidade ampla, que se expandiu por uma melodia rítmica e melodicamente multíplice, voz então apta, por esta extensibilidade face à voz dial, a expressar. Rigorosamente: o *modus faciendi* recitativo, que acabará por atravessar o tecido polifônico do madrigal italiano – como se reconhecerá pelo exame de *Hor ch'el ciel e la terra* – é, em essência, ou quando autêntico, um *recitativo madrigalesco*, condição ou orgânica esta que lampeja na admoestação sequente, que transpira, *lato sensu*, a lógica da práxis monteverdiana: ora, no teatro cantado "deve-se ter por máxima principal dispor a modulação do modo mais variado possível em relação a intervalos e notas, como é praticado nos madrigais"[70]. E acresce – com o que o *Trattato* opera uma aproximação irrazoável

69   Idem, Trattato della Musica Scenica, x, p. 27.
70   Idem, Appendice, xi, p. 28.

MONTEVERDI MIMÉTICO: MÚSICA E *MÍMESIS*   85

entre canto e palavra, desarrazoado ideal que entanto funda, ao menos desde Mei, a teoria musical concernente:

não se pense porém que aconselho a utilização desse estilo da mesma forma que nos madrigais – com tantas fugas, repetições e artifícios similares, pois, de fato, não se os deve admitir. Estes [procedimentos] são, verdadeiramente, a peste das belas melodias, portando grandíssimo impedimento à inteligibilidade das palavras e eficácia da música, a qual não pode operar aqueles efeitos que naturalmente produz quando impedida por esses artifícios excessivos, que destroem da arte, muito afetada, a força da natureza[71].

Não obstante o turvamento teórico do passo, da pena doniana, pois, escorre o objetivo horizonte estético-compositivo de que do madrigalismo se deve tomar a diversidade e fecúndia: as curvidades e pulsação de sua melodia, que assim alcança expressar.

A termo que, distenda-se o argumento, o madrigal seria, reciprocamente, contagiado por uma solução de talhe recitativo, mutualidade que as primeiras décadas do século XVI já entalhavam. Se o canto recitativo se alentara de um *mélos* madrigalesco, ato contínuo, e incontornavelmente, imprimiria sua dinâmica e procedimentos no interior da trama polifônica, interferindo em suas carnes e alma: de fato, o madrigal caminha, no fluxo dos anos quinhentos, na direção de uma sonoridade construída por vozes em *declamação*, por vozes *recitantes*. Efetivamente, porém, silhuete-se em letra teórica o que a análise da partitura tornará substancial, em Monteverdi, como de um modo geral nas penas compositivas coetâneas, a melodia não é – pois nisto não há sequer resquício de verdade e sentido estéticos – o produto artificial de uma interpenetração mais ou menos controlada entre o *modus* recitativo e o madrigalesco (mais livre melodicamente, volteante, não prosódico). O que ocorreu, isto sim, foi a nascença de uma melodia que é *mímesis della voce*, cuja substantificação envolveu o forjamento de um liame vital do canto com o *modus faciendi* da voz, então, e por esta via, com algumas categorias da prosódia, da palavra falada, pois a vocalidade se atualiza no dizer. Não se tratou, portanto, de uma melodia compositivamente parida de inorgânicos, improváveis e desnaturais pinçamento e

71 Idem, p. 24.

simbiose de materiais de campos musicais distintos. A *Seconda Pratica*, arte que de fato implicou o quebrantamento de lógicas e procedimentos compositivos anteriores, engendraria um *mélos recitativo* precisamente porque *voz in mímesis* de si, então, *recitativo-curvilíneo*, intenso, necessariamente de jaez madrigalesco. Surgimento de uma expressividade sem paralelo histórico que legaria como bagagem histórico-musical não apenas uma espécie de, digamos, "monodia recitante", mas a intensificação expressiva da polifonia praticada, porquanto ora urdida por esta melodia expressiva, vital, veemente, que tanto plasmava as vozes de um contraponto como aquela que se fazia ouvir solitariamente ao som de um *chitarrone* ou *cembalo*. Nesse sentido – eis a real razão do entrecruzar de terrenos musicais –, formas e gêneros distintos foram cunhados a partir de uma mesma dinâmica melódica, de uma mesma lógica mimética, que os coligaria em imbricatividade estético-estilística. É este cenário, estruturalmente, que permite compreender o entrelaço polifonia-monodia, madrigalismo-recitativo, que timbra esta quadra histórica. Conectividade que claramente se traduz pelo fato que

o compromisso expressivo proposto aos madrigalistas de Nápoles a Ferrara e em Mântua não foi substancialmente diverso daquele que contemporaneamente animava os músicos florentinos e os impelia a soluções monódicas. Também no meio polifônico se poderia legitimamente falar, ainda que o termo não fosse historicamente usado, de estilo recitativo ou representativo. É necessário se dar conta de que a essência fundamental daquilo que então fora designado com estes termos originalmente equivalentes não consiste tanto na aderência aos acentos da declamação do texto, nem no fato de que o canto solo se prestava tecnicamente às exigências da cena, quanto, sobretudo, na *vívida imediatidade* com a qual se queriam interpretar e apresentar vivamente para os ouvintes as *íntimas reações afetivas* de um personagem. Para tal fim a realidade física da cena não era estritamente indispensável; igualmente adequada e mais facilmente realizada era a escolha de textos breves que delineassem e projetassem sobre uma cena ideal uma situação dramática *in nuce*, a partir da qual o compositor, monodista ou polifonista, pudesse com a sua música representar o pulsar dos afetos, patéticos ou veementes, desesperados ou alegres[72].

---

72 N. Pirrotta, op. cit., p. 94.

MONTEVERDI MIMÉTICO: MÚSICA E *MÍMESIS*   87

Posto em termos distintos, monodia e madrigal convergem teleologicamente – enformam, em vividez histórico-musical singular, estados afetivos. Mesmo o canto não imediatamente representativo – não dramático, indestinado ao palco – se urde a partir de uma "representação" "ideal". Os textos poéticos escolhidos pelos compositores, tomados dominantemente da produção literária coeva, tendem a evocar um contexto "teatral", porquanto estabelecem situações e "personagens" cuja dinâmica e implicação são cênicas, expressivas, isto é, *declamativas*. Então, a música polifônica, tal como as expressões monódicas e recitativas, posto este substrato literário de talhe dramático, têm numa textualidade *que é fala* seu ponto de partida. Significa, ecoe-se, a objetivação de um canto que se atualiza como *mímesis della voce*. Em verdade, pontualize-se com vigor, nas mãos dos madrigalistas, mesmo a poesia não imediatamente dramática assim era concebida e modulada. O ato compositivo vestia a palavra a partir de uma mimese da voz, de um monteverdiano *parlar cantando*, de modo que, *fosse qual fosse* o fundamento textual, o canto se positivava em *pulso recitante*, fato e lógica que alumiam imediatamente sua substrução e *télos*[73]. Daí, aluda-se aqui a uma questão que se tornará, a *Seconda Pratica* não é caudatária da poesia, isto é, não substantifica uma "imitação" da dimensão semântica e/ou afetiva da palavra, o que, não obstante, a teoria concernente predominantemente afirma. E como poderia ser imitação dos sentimentos da poesia, *se voz, e em mimese de si*? De fato, o vínculo existente entre canto e poesia jamais se atualizou, em qualquer tempo histórico, numa inconsistente imediatidade relacional. Nunca se plasmou sobre a plataforma, inverossímil, de uma mera subsunção da música, que, decalque linear do poético, seu *alter ego* em sons, existiria como sobreposta esfera derivada: como uma *segunda linguagem*, reprojetaria

---

73 Significa, especifique-se, que a mimese do dizer não é, simplesmente, filha de necessidades textuais ou cênicas; este canto *in voce* não nasce como apêndice do teatro dramático, mesmo porque o madrigalismo já se esboçara e se nutria de uma melodia *della voce*. Efetivamente, teatro dramático e mimese do dizer se substantificam (e atam) porque prorrompe no cenário humano o *homem ativo*, como da Parte Três se poderá escavar. Seja como for, e é isto que importa marcar neste contexto argumentativo, Pirrotta permite entrever, pela imbricatividade que articula, que o canto germinado, seja ele monódico ou polifônico, se consubstanciava enquanto monteverdiana *imitatione del parlare*.

em urdidura abstrata, indeterminada, aquilo que a palavra dispusera em corpo conceitual, determinado. Porém, não obstante a fidalga descendência dessa formulação teórica sobre a *Seconda Pratica*, canto, em sua dimensão mimética autêntica, e este é seu cerne ôntico condicionante, é *interioridade*, mimese do interno, não atingindo, por força daquilo que é sua própria força, dispor de forma concreta o externo, mesmo que se tenha em mente a imitação dos sentimentos em si, possibilidade não apenas irrazoável, mas impossível, na exata medida em que os sentimentos, *per se*, não podem ser mimeticamente tomados e expressos.

A dinâmica *recitativa* positiva-se, pois, tornemos ao eixo argumentativo que se arremata, como *mímesis della voce*. Mimese esta que ao gerar e nutrir uma *Seconda Pratica*, uma *pratica – mimética – seconda*, mutua polifonia e monodia, imbricando-as em interpenetração, ainda que os gêneros cênico, monódico e madrigalesco, por seus atributos e necessidades compositivas, distingam-se, desenlaçando-se. De modo que o reciprocado atravessamento recitativo-madrigalismo não pariu ou implicou hibridez ou ecletismo estilístico. Antes, revela que o *modus faciendi da voz*, transubstanciado em arte, armara todas as esferas e procedimentos composicionais quinhentistas, que o canto, fosse qual fosse, se fizera voz *in mímesis*. Na quase-poesia de Georgiades, que a partir da prática e teoria estética dos gregos – no exame da 12ª Pítica de Píndaro – considera:

> Esta música, a do *aulós*, não era a expressão do afeto em si, mas sua reprodução segundo a arte. A deusa Atena ficou tão profundamente impressionada pelos lamentos da irmã da Medusa, Euríala, que não pôde evitar o desejo de fixá-los. Sentiu necessidade de dar àquela impressão uma forma fixa, objetiva. Aquela impressão avassaladora, lacerante, do sofrimento expresso como lamento foi "representada" através da música de *aulós*, ou melhor, como o sopro de *aulós*. *O lamento se transformou em arte*, em capacidade, em sopro de *aulós*, *em música*. Atena teceu essa música, por assim dizer, com os motivos do lamento[74].

E Atena, para além do *aulós*, parece ter bafejado ainda a pena monteverdiana, que teceria, dois mil anos depois, uma mimese da voz humana. Urdidura que implicou universalização,

---

74 Georgiades, apud G. Lukács, *Estetica*, p. 8 (grifo nosso).

concreção das formas da voz, que, positivada nesta nova condição, consubstanciou a alma do homem tardo-renascentista numa objetivação *in concreto*, tal como, *mutatis mutandis*, o *aulós* "fixou" os sofrimentos de Euríola, ali transfundidos em sopro de *aulós*. Pulsos anímicos que, mimese artística *in aulós* ou *in voce*, são consubstanciados não como o indivíduo os sente e expressa na sua concreta vivência dial, não na imediatidade do sentir cotidiano, em conteúdos e formas imediatas, mas em consubstanciação distendida, ampla, depurada, universal – concreta. No canto monteverdiano, concretude nascida da voz que se *qualifica*, expande, e que assim alcança substantificar positivamente os batimentos afetivos que verte, que se sintetizam em suas formas. Síntese, substancialização, que a voz dial, sonoramente indeterminada, inexpressiva face a seu próprio substrato, à expressão dos afetos – de seus contornos de fundo, reservados –, não pode engendrar. Nessa condição universalizadora, a mimese do dizer ecoa não a afetividade de uma simples alma singular cotidiana, mas a de uma singularidade que, posta a voz expandida, se universalizou *in affectu*. Tornando aos gregos: ainda que *intentio litis* da aulética, esta não poderia dispor o singular *hic et nunc* emotivo de Euríola, pois ao *aulós* é objetivamente interdito a reprodução *ipsis verbis* do sentir singularizado, que o som do *aulós* generalizou porque som imanentemente genérico, mundificado, que então generaliza *in limine*. E, ainda que exequível, não lhe caberia enformar este *hic et nunc*, pois neste proceder interditaria, perdendo, o *concreto* – que importa humanamente configurar – dos batimentos afetivos da alma que sente. Concretude que não habita a imediatidade da expressão dial da voz, mas que a música, porquanto som tipificado, poderá exteriorizar em imediatidade concreta, como se buscará elucidar a seguir.

Num último ressoar, arrematante: recitativo – mimese do dizer, melodia em recitação pela qual o tecido polifônico se enteceria, outrossim. Então, o mimético ponto de partida desse canto é a voz, como das palavras de Vincenzo Galilei se escava. Palavras que afirmam liame indissolúvel, mas que devem subentender também desenlaçamento necessário. Articulação e disjunção porque de arte se trata. De tal modo que a superação das formas cotidianas pela melodia implica laço vital com estas mesmas formas, isto é, *escavação* de sua imanente *generidade possível* e *necessária*, que a arte corporifica. Laço que, configurado em letra ostensiva no *Dialogo*, testemunha com peculiar nitidez a matéria nutriz do ato compositivo próprio do século XVI italiano. Portanto, que os compositores, se buscam de fato bem idear e escrever, atinem para com as formas *vocais* do dizer, porque, não nos esqueçamos para que bem entendamos Galilei, é exatamente aí que a voz se atualiza. E se é para a voz que diz que razão e ouvidos compositivos se devem voltar, o canto que ora se positiva, recitante, enforma uma mimese da voz, assim testemunha a letra eloquente de Vincenzo Galilei, para quem a quiser escutar e reconhecer, para aquele que lhe alcançar tocar a amantada seiva ôntica:

Quando [os músicos], para seu divertimento, vão às tragédias e comédias que os *zanni* recitam, deveriam deixar de lado, algumas vezes, o riso imoderado. Então, observar de que maneira falam dois calmosos gentis-homens – *com que voz em relação à agudez e gravidade, com que quantidade de som, com que espécie de acentos e gestos, como pronunciam quanto à velocidade e a tardança do movimento.* E atentar também à diferença [do falar – das vozes] que ocorre entre todas as coisas, isto é, como um nobre fala com um servo, como dois servos conversam, como um príncipe discorre com seu súdito e vassalo, como alguém roga. Neste último caso, observar como isto é feito por um enfurecido ou concitado, por uma mulher casada, por uma moça, um menino, ou por uma astuta meretriz. E ainda como fala o enamorado com sua amada ao tentar dispô-la de às suas vontades, ou aquele que se lamenta, que grita, o temeroso, ou quem exulta a alegria. A partir destes diversos acidentes, atentamente advertidos e examinados diligentemente, os músicos poderão normatizar aquilo que convenha à expressão[75].

DA TIPIFICAÇÃO DA VOZ –
A ARTE DO CANTO

Neste estágio do estudo, o necessário aprofundamento de algumas argumentações e reconhecimentos elaborados que

---

75 V. Galilei, *Dialogo della Musica Antica et della Moderna*, p. 89 (grifo nosso).

MONTEVERDI MIMÉTICO: MÚSICA E *MÍMESIS* 91

permanecem insuficientes, indeterminados sob alguns aspectos, conduz a pena teórica, uma vez mais, para a esfera da voz. Especificamente, agora, à elaboração sobre a diferença entre voz dial e voz artística, distinção já silhuetada, porém mais por argumentação descritiva do que categorial. Elaboração, pois é isto que a este estudo interessa, que se centrará sobre o exame da natureza do canto, com o que a lógica da mimese monteverdiana se fará mais nítida, posto que se positivarão em termos mais concretos os fundamentos artísticos da mimese do dizer. Então sua materialidade e substrato se contornarão em maior clareza. Por este terreno embrenha-se a pena investigativa.

Canto: Vox

Ao dispor que:

Entre os homens se pode distinguir três modos de falar, de recitar. O primeiro, e mais simples, é o que usamos quando falamos familiarmente uns com os outros, ou mesmo quando se fala em público à maneira dos predicantes e oradores. O segundo é aquele dos poemas, recitados num tom um tanto alterado, e que se avizinha mais do verdadeiro canto. E o terceiro é o das cantilenas, onde expressamente aparece maior alteração de tom e intervalos[76],

Doni estabelece que o canto é um modo de falar. Nada mais justo. O ato cantado pressupõe in limine a palavra. A voz humana se atualiza no dizer porquanto este consubstancia ou manifesta a esfera objetiva da vida, no interior da qual o indivíduo parture, entece e desenvolve seus afetos, sentimentos, sensibilidade, vida interior. Voz e palavra se imbricam em relação intrínseca porque vida objetiva e subjetiva se mutuam, interpenetram e condicionam ao infinito, engendrando-se. Mas, e a letra doniana é igualmente clara na postulação, um modo de falar específico, próprio, especificidade, atente-se, que é a via de denotação de sua lógica.

Posto de pronto: no dizer, cotidiano, "familiar", a voz se ata à palavra como som que lhe é subordinado. O momento

---

76 Doni, Trattato della Musica Scenica, em I. Chasin, op. cit., p. 83.

predominante é o som da língua, das palavras, isto é, a dominância é da língua, da sonoridade das palavras. O dito, ao se objetivar em plano dominante, subsume a voz, que presente em sotoposição, em natural recolhimento, não alcança – nem poderia – positivação sobrelevante, consubstanciada, concreta. Contextura que faz da voz dial orgânica que tende a um movimento ou pulso inexpansivo, ou cuja projetação é limitada. No dizer dial, vale a expressão, a voz serve à palavra, atua como sua mediação, positivando-se enquanto voz – expressividade – em patamar sonoro que é então secundário, subordinado, necessariamente adstrito.

Se esta é a fundante lógica relacional entre palavra e voz no plano da fala cotidiana, no canto a situação é oposta. Aqui, a voz prevalece sobre a palavra, que imersa na vocalidade perde sua centralidade, roubada pelos sons iletrados da alma. Em termos concretos, a voz que canta, em relação à dial, opera uma interversão: nesta, os sons do dizer – da palavra, dos conceitos – são dominantes; no canto, ao contrário, rompe em proeminência a sonoridade pura, a voz – a interioridade em sentir. De modo que por esta reordenação a voz abstrata que contorna a fala se transubstancia em concreta sonoridade ativa, que toma e desprivilegia a palavra ao inoculá-la de si. Esta interversão do vocal, que significa rigorosamente o transmudamento da voz dial em voz artística, é a chave categorial à determinação e compreensibilidade da diferença entre a voz cotidiana e a do canto. Se o canto é uma forma de dizer onde a voz predomina e ordena, o que se constitui em relação à vocalidade dial é a existência dessa contraversão, que significa qualificação da voz. Tomemos este problema, musicalmente vital.

Para se entender o estatuto do canto deve-se partir do induvidoso reconhecimento primário de que a voz cotidiana guarda em si, "*em esboço*", o canto. Efetivamente, a voz que "acompanha" a fala se atualiza nos registros, nos sons de sua própria gravidade, mediania ou agudez; esta voz, pois, é modulação, *mélos in potentia*. Na palavra que especifica. Os anímicos sons puros que torneiam as palavras diais são absolutamente os mesmos que no canto irrompem de forma plena – como canto, e que na fala, negativamente, se delineiam na adstringência de si, na forma limitada que a natural predominação – sonora – dos sons articulados lhes impõem. O canto, portanto, pulsa latente na voz dial: esta, protoforma da voz humana, encerra em si os atributos e condições do ato cantado, contém, imanentemente, a condição à sua viragem estética. Em proposição que desdobra e substancia. O canto, e este é o reconhecimento categorial basilar, nasce da *mutação* e *medrança* da voz cotidiana, que então se remodela qualitativamente em suas formas de existência, se reordena em sua ossatura formante. A voz do canto, a que o constitui e consente, é a voz nascida da *expansão de sua própria natureza*, de uma autoexpansão, da intensificação de si, movimento que torna ativo, desenvolvido, o que na cotidianidade de suas formas se positiva e vige em pulso não ampliado, indeterminado. Autoexpansão que gestada no ventre das necessidades postas pela atividade social dos homens, pelo coração do cotidiano que então funda seu transmutar em arte – não por uma razão ou exigência abstratamente estéticas –, implica e traduz mundificação, aperfeiçoamento, tipificação em relação a seu ser e ir-sendo cotidianos. Ou ainda, e disposto em expressão que bem sintetiza o problema, a voz que se faz canto é voz que *se determina*, que se atualiza na consubstanciação de sua *potentia* expressiva, na completação de seus atributos, que assim se especificam, especializando-a. *Determinidade* vocal que significa ampliação de si, de suas potencialidades intrínsecas: a voz alcança objetivação positiva, *expressividade* positiva, posto que essa depuração qualificadora a faz clara e potente, torneada e movente, artística: a faz *mélos*.

Em movimento especificativo, que entende dar carnes sensíveis a esta questão de fundo. Quando se pontualiza que o canto é voz plenificada, vocalidade que se tipifica, que se caracteriza, *determina*, enforma-se o seguinte reconhecimento categorial: se da voz na esfera artística se trata, trata-se da voz que *se fez concreta*. Vejamos. A voz dial é indeterminada. Indefinida tanto nas alturas e intervalos que emite em suas inflexões e movimentos como ritmicamente, na exata medida em que a sonoridade da palavra é esfera dominante. De um lado, a fala absorve, sim, uma "rítmica" que provém da voz – do fluxo afetivo da subjetividade que fala; dizer, então, que contém em si, inalienavelmente, uma intrínseca dimensão anímica – ou a voz enquanto voz. Dimensão esta que parture uma ritmicidade que se cola às palavras – certa duração, pulsar e mover que acompanham o dizer, que assim se entranha de voz. Em sua predominação, o dizer necessariamente determina o *modus faciendi* da voz dial; não obstante, esta permeia e plasma as palavras, atravessando e pontuando a dinâmica prosódica. Plasmação, entanto, intrinsecamente adstrita; incerta, irregular, inexata em sua mensurabilidade, pois uma ritmicidade rigorosa lhe é desconhecida, porque desnecessária, uma vez que na voz que fala o *télos* imediato é o próprio falar, isto é, a comunicação verbal.

No canto, a seu turno, a situação se transubstancia. O ritmo dos sentimentos, o batimento da voz, se concretam, especificam-se, contornam-se, nitidizam-se, porque a voz se tipifica. Tipificação que é som abstrato feito concreto, voz indetermina da que se determina – que expressa o sentir dos homens *in essentia* porque atualiza a *potentia* dos atributos de sua orgânica, que se faz *actus*. Por outro lado, e nesta mesma lógica e caminho: idas e vindas do agudo para o grave e vice-versa, modulações estas que no falar cotidiano se atualizam dentro de uma dinâmica inexpansiva, pois ascendências e descendências imprecisas em suas alturas e consubstanciadas dentro de ingenerosos limites modulantes – *modus* que indetermina a voz, logo seus afetos ingênitos –, no canto, ao revés, são substantificadas em notas e intervalos *musicais*. As modulações, quando melodia, são destiladas e definidas em sua frequência, cunhadas em alturas relativas, então atualizadas por movimentos, curvas, volteios ativos, condição que torna possível e concreta a expressividade própria e potencial da voz, que assim, e precisamente por isso, *se faz canto*. Deslocamentos ascendentes e descendentes, saltos intervalares, mudanças de registro – os sons iletrados, enfim –, forjam-se em *determinação*, posta uma voz que, antes subsumida "acompanhante" do dizer, se desdobrou, intensificou, fez-se *protomelodia*. *Determinidade*, pois, que é qualificação, depuração, expansibilidade de suas potências intrínsecas, logo, precisão, substantivação de sua dinâmica, de sua orgânica, numa palavra, consubstanciação de si, ato de sua intrínseca potência. Em assertiva que guarda profunda confinidade com o exposto,

A expressão puramente natural por meio de interjeições não é música ainda, pois não sendo essas exclamações, tal como as palavras da linguagem, sinais articulados e voluntários de representações, não exprimem, enquanto representação, um conteúdo posto na sua generalidade, mas manifestam, no e pelo som, uma disposição e um sentimento que se expandem imediata e diretamente, provendo certo alívio. Mas este alívio não tem nada a ver com os efeitos produzidos pela música. Esta deve, ao contrário, exprimir os sentimentos com a ajuda de certas relações entre os sons, despojando a expressão natural de sua selvageria, moderando-a e eliminando aquilo que tem de excessivo e de inadequado à situação[77].

Logo:

Se as interjeições constituem o ponto de partida da música, é somente enquanto interjeição cadenciada que a música constitui uma arte propriamente, e então os materiais sensíveis, antes de estarem em condições de exprimir de modo artístico o conteúdo do espírito, devem sofrer uma elaboração e preparação mais longas e desenvolvidas que os materiais da pintura e da poesia[78].

Tornando à argumentação sobre o ritmo, que se concreta e com o que se arremata este espaço argumentativo. Deste ponto de vista, o canto opera outrossim uma qualificação da voz. Posto sucintamente. Se a voz que se arrebata ou langue, dramatiza ou serena na objetivação dial não irrompe ritmicamente determinada – isto é, se a voz que se acelera ou retarda, intensa ou desacelera não se substantifica em pulso e figuras concretamente mensurados –, no canto, distintamente, o número se exatifica, caracteriza, matura. A força expressiva dos ritmos – das quantidades e durações vocais que manifestam pulsos anímico-afetivos – se faz clara, concreta – musical. Numa palavra, a inespecificidade do ritmo da voz dial se transfunde em positividade rítmica, transubstanciação que especificando ser e ir-sendo vocais é expressividade que, inteirada, se consubstancia.

No batimento ecoado de um reconhecimento categorial, que nesta altura se atina *in limine*: a voz, que na usualidade não

---

77 Hegel, *Esthétique*, v. 3, p. 335.
78 Idem, p. 335-336.

se determina, no canto atualiza a tipicidade de seu ser, tipicidade que é voz consubstanciada enquanto protomelodia. Forma tipificada de existência que é o *suposto primário* do ato cantado, porquanto a voz estendida, medrada, que desentranhada da dial se qualificou humanamente, voz que interverteu as formas da vocalidade cotidiana, é sua via própria: canto, sentir *in essentia* porque voz *in essentia*, que o permite e timbra. Ou ainda, o canto, parido da voz que se apura, que se universaliza, universaliza a expressividade que a voz traduz. Na assertiva doniana, tão própria e consentânea: se pode firmar que "o falar comum seja quase um canto esboçado; o falar da recitação de poemas, um canto assombreado, mas quase completo, e *o verdadeiro canto [...] seja o falar perfeito e acabado*"[79]. *Modo de dizer* mais perfeito, mais rico, porque, diversamente da fala comum, não é apenas palavra em predominação, vida conceitual, mas, imbricadamente a isto, voz *in concreto*, vida interior *in essentia*. "Perfeito", sem dúvida, afigura o *Trattato*, porque a vocalidade medrou, de tal modo que o canto é um dizer mais completo: um falar cuja voz que veste a palavra se realiza no interior de sua própria dilação, logo, onde a esfera do sentir toma e contamina essencialmente o dizer, que se "aperfeiçoa", pois agora manifestante de um conceito que, embebido em interioridade, se fez conceito *in affectu*, *in* alma que sente. "Perfeito", enfim, porque vida objetiva e subjetiva em simultaneidade, ainda que simultaneidade urdida na prevalência do sentir, pois a voz se expandiu, fez-se protomelodia e melodia, que predomina sonoramente sobre o dito.

Por tal contextura, alcança-se, pois, uma determinação categorial de fundo, que latente na argumentação se deve desnudar: a *interversão* da voz – sua *projetação*, é o suposto fundante do canto, ou, o que é o mesmo, a consequência *primeira* daquilo que o canto é. Ora, a nova forma e dinâmica da vocalidade, que é substancialização que a tipifica, fazem-na *predominância sonora*, que é inversão do *modus faciendi* do ato falado, ventre paridor da voz intervertida, protoforma do canto. Em termos distintos, a intensificação e decorrente projetação da voz significa subsunção da prosódia, que se desvanece pela predomi-

---

79   Doni, op. cit., p. 84 (grifo nosso).

MONTEVERDI MIMÉTICO: MÚSICA E *MÍMESIS*   97

nação vocal, que a reordena, ou melhor, cria uma *nova*, forjada pela e na sonoridade da voz. Palavra, então, que delida na sua forma corrente, é agora palavra sonoramente transfundida pelos sons inarticulados prevalentes, palavra descentrada pela voz ativa, melódica, que a embebe e torna segunda, situação que refunda o vocal[80]. Ou ainda, a voz que se mundifica, que se atualiza enquanto sonoridade qualitativamente ampliada, tipificada, protomelódica, engendra uma natural inversão da vocalidade cotidiana, pois a fala, tomada pela sonoridade pura, agora se objetiva como elemento não dominante no dizer, que se desloca do centro que naturalmente ocupa na voz dial. Significa que, na dominância da voz, o dizer perde espaço, *o que é interversão categorial* da protoforma do vocal, então atualizado no predomínio da vocalidade. Inversão, pois, que parture e consubstancia as condições primeiras de existência do canto, seu primordial prerrequisito material, sua condição primígena. Canto, pois, que nada mais é em seus fundamentos categoriais do que interversão do vocal, ou voz dial tornada dominante, voz que, porquanto *determinada*, põe-se em predominação. Predominação que faz do som iletrado da interioridade esfera ordenadora da exterioridade que pela fala se positiva.

Da Imitatione del Parlare:
De seu Substrato Mimético-Compositivo

Canto implica tipificação: o ser e existir do *mélos* pressupõe voz tipificada, protomelódica, ou aquela capaz de expressar *in essentia*, essencialidade que é *determinidade* sonora, geradora de uma mutação categorial, de modo que toda e qualquer forma de canto implica, seja qual for o tempo histórico que o enraíze e impulse, essa mutação, essa interversão[81]. Se assim o é,

---

80 Nesse sentido, pontue-se desde já, antecipando argumentação ventura: nem mesmo o mais simples recitativo decalcado na mais imediata relação com a voz reproduz, concretamente, a prosódia. Diferentemente, instaura *uma nova*, e diversa, nascida, pois, da *interversão*, do canto, de suas necessidades, artisticamente predominantes. Cf. Anexo, 3.

81 Quando formas ou expressões cantadas não se tipificam *in voce* implicado está, antes, uma negação ôntico-categorial, vale dizer, uma opção compositiva incompossível, aluda-se polemicamente, sem dúvida.

o substrato teorético que perpassa e ordena este estudo mostra seu pleno vigamento ontológico, o que robora com força vital sua autenticidade: o canto se constitui em mimética vida afetiva, *na exata medida em que supõe e implica voz in substantia.* Firmado o estatuto do canto, ou a fibra que o constitui e permite, a *imitatione del parlare* só se corporificará em concreto pensado uma vez que, radicada nesse fundamento categorial, dela se escave seu particular *modus* afetivo, movimento que passo a passo este estudo vem traçando. Não obstante o fato de que todo o canto é voz tipificada, subjetividade que sente, suas atualizações no fluxo da história da música produziram, invariavelmente, singularidades estéticas. Pois a *forma* como a mimese musical do sentir se entece e consubstancia, modifica-se, *especifica-se* historicamente, transmuda-se por e neste fluxo humano mutante, que, mediatamente, arroja à criação de mediações, estilos, formas, gêneros específicos, de cantos diversos. Significa, ecoe-se, que o reconhecimento teorético de um canto determinado envolve tanto a tomadia da plataforma comum do ato cantado que a todos imbrica – isto é, pressupõe a incontornável recognição primária de que o canto é mimese do pulso anímico –, quanto a descolagem deste universal, que radica e espelha dinâmica e possibilidades gerais do canto, mas não pode dispor para além de um universal abstrato; ao qual, então, tem de ser imbricado o exame concreto da objetivação artística que se perspectiva conhecer. Pois os diferentes cantos nascem de vocalidades específicas, são filhos do mutável ventre sonoro da história, que em seu fluxo irreplicável parture cantos em mutuada distinguibilidade, porque objetivações necessariamente singulares. Destarte, o exame da singularidade enquanto tal funda e arma a via real à captura de uma forma ou *modus* vocal. Num dizer conciso, capturar o substrato da mimese monteverdiana envolve o reconhecimento da genérica dimensão afetiva própria a todo canto, e, ação vital sequente e teoricamente decisiva, a apropriação do objeto enquanto objeto, de sua forma e alma, singulares. Necessário, pois, pelo entretecido no curso deste estudo, que desceu paulatinamente à determinante particularizadora, ora entalhar em letra explícita o seguinte reconhecimento determinativo: a *mimese da voz* se atualiza enquanto uma segunda tipificação da voz. Recante-se, de pronto, marcando--se, a *Seconda Pratica* é a práxis da *dupla tipificação da voz*: os afetos em mimese nascem desse procedimento, que funda e distingue o canto monteverdiano. Enformando, pois, essa determinação, que distende, amplia e consolida o reconhecimento da alma de um canto *umanissimo*.

Todo canto opera uma dupla tipificação. Se a primeira é a *tipificação da voz* – que, de modo mais ou menos ativo, funda todos os cantos, a qual, então, os avizinha numa abstrata identidade genérica –, a segunda, inversamente, é a que os desaproxima, individua, ou aquela que substantifica os diferentes gêneros e formas vocais que a vida humana, a cada época, demanda e parture. Tipificação secunda, assim, que é a ferramenta concreta da criação das expressões estéticas, das obras de arte em si. Em termos musicais: por uma forma mimética determinada que enforma um conteúdo anímico determinado, específico, substantifica-se o cantochão, cuja mimese efetivada se dessemelha e diverge daquela constituída pelo *mélos* trovadoresco, pelo moteto, pelo madrigal, que, portanto, se particularizam reciprocamente. Cada qual é produto de um procedimento mimético singular, de um *modus faciendi* compositivo que – distinto de outros porque nascido de uma vida anímica concreta, de um ventre humano-social específico que a história esculpe, transfaz e supera em seu curso – necessariamente forja orgânicas artísticas singulares. A *imitatione del parlare*, portanto, como qualquer canto, é fruto de uma segunda tipificação, esta, via concreta de sua substantificação, que, específica, especifica o fruto artístico. Tipificação singularizadora que se urde, neste caso, *uma vez mais a partir e no interior da voz* – algo que, vislumbrada a argumentação deste estudo, não pode constituir para o leitor simples novidade determinativa –, a qual, quando claramente reconhecida, concreta a lógica que funda a arte de Monteverdi. No passo que busca explicitar.

Diferente da primeira, que é entalhe da vocalidade artística, da materialidade fundante pela qual os diversos cantos se concretam – constituição da plataforma de uma *voz in arte* –, uma segunda, em campo monteverdiano, faz da voz – de seus procedimentos, de seu *modus faciendi*, de sua lógica –, a *ma-*

téria de sua mimese, o que subentende sua *re-essencialização*, ou, literalmente, a *segunda expansão da voz*. Em outros termos, que entendem nitidizar. A primária e genérica mediação artístico-vocal que a primeira tipificação engendra (alturas, intervalos, ritmos, ora *determinados*, musicais), é, monteverdianamente, mediação para a criação de um canto que é *mímesis della voce*, o que, pois, *literalmente*, é uma nova tipificação, uma nova *determinidade* da voz, porque mimese que se tece *a partir e no interior das modulações pelas quais a voz se objetiva*. Então, a primeira tipificação da voz é, no canto monteverdiano, meio de uma segunda, a saber, voz *in mímesis* de si, isto é, sua dupla tipificação. Em proposição que repõe e sintetiza: *mímesis della voce*: na tomadia da voz cotidiana, este canto, que como todos é voz tipificada, a dispõe *in mímesis*, melodia que se enforma na e pela imitação dos procedimentos, das modulações, dos movimentos e inflexões pelas quais a voz se faz voz, som, expressão. Na *Seconda Pratica*, portanto, o canto é *duplamente* extraído da voz: é *canto*; canto, por sua vez, que se concreta *na* e *pela voz* que se imita.

Necessário reescavar com delicada lâmina teórica a determinação de que a *Seconda Pratica* – aqui pensado o caso monteverdiano, característico – implica uma imitação que tipifica uma segunda vez a voz.

Posto de chofre: a *imitatione del parlare* é, sim, a criação de um *mélos* que plasma o *modus faciendi* da voz na medrança de sua orgânica; ou, a vocalidade que se toma em imitação assume feições nitentes, *determinadas*: o canto que positiva a voz *in mímesis* amplia suas formas diais, intensa seu proceder, distendendo-lhe a orgânica, que se exacerba, especifica. A melodia monteverdiana é intensificação de suas intrínsecas curvas, inflexões, que se atualizam, pois, expandidas no e pelo canto plasmado. Então, a vocalidade se define e substancia: porque positivamente expressiva nessas condições, assim se clarifica, faz-se característica, tipifica-se. Em remonte e desdobro. Se no falar cotidiano a exteriorização do sentir se manifesta por uma voz necessariamente incompleta, inexpansiva em sua expressão, que se atualiza na indeterminibilidade de si, incompletude que adstringe a manifestação do sentir, abstratizando-o, no ato cantado monteverdiano, ao revés, os pulsos afetivos da alma se objetivam *in vitalitate*, em expressividade indesmentível porque alargados, estendidos, depurados, e que assim se positivam porquanto o *mélos* que os substantifica universaliza o *ser-assim* da voz, que se concreta. A alma triste, que na voz cotidiana é sentida tristeza abstrata porque a vocalidade é apoucada, improgressiva, quando feita *imitatione del parlare* irrompe *in concreto*, pois a melodia que lhe sensifica é sonoridade profusa, de "respiro madrigalesco". Melodia que do suspiro lamentoso dial faz canto ao forjar sua curvatura sonora numa modulação de movimentos e inflexões generosos, que assim o consubstanciam. *Ascender* e *descender* vocalmente nesta dinâmica ampliada significa descolamento da improgressividade dial, das formas cotidianas da voz, que então se amplifica, generaliza, tipificando o sentir porque tipificada se consubstancia nesse canto.

Generalização, tipificação, concreção que a pena monteverdiana pode engendrar, marque-se fortemente, porque *de canto se trata*: ora, a segunda tipificação da voz pressupõe a primeira – voz *universalizada*, ou constituição da materialidade sonora pela qual, e somente por ela, se alcança enformar a voz *in mímesis* de si. De modo que a *imitatione del parlare* encerra potencialidade de expressão expandida porque *é canto* – voz tipificada, *determinada*. Vale dizer, a *mímesis della voce* pode desdobrar as curvas da voz porquanto o vocal se interverteu, voz que, liberta de suas amarras diais, dos limites sonoros que a abstraem, se determinou. Significa que só a voz que se tipificou, universalizou, fez-se protomelodia, pode tomar-se *in mímesis*: a interversão é a condição de possibilidade da mimese artística, na exata medida em que esta subentende universalização[82]. Potencialidade de expressão da voz posta pela primeira tipificação que só se faz realidade, não obstante, quando a pena compositiva monteverdiana plasma o *modus faciendi* da voz em sua condição concreta, *típica*, em expressividade positiva, isto é, quando a segunda tipificação se consubstancia.

---

82 Então, denote-se, todo canto encerra em si uma generalização, tal qual o *aulós* ou qualquer outro meio instrumental, pois estes sons, *de per si*, são já uma tipificação. Nesse sentido, o recitativo mais imediatamente colado às formas da voz dial, exemplifique-se, implica e traduz uma universalização sonora, natureza imanente do som artístico.

Elucidativo ecoar a censura doniana ao canto cênico que tendia às formas da voz dial, com o que desponta a relação, orgânica, entre primeira e segunda tipificação. O fundamento de sua crítica se armara sobre a necessidade da distinção fundamental que deve haver entre as formas da *mímesis* da voz e as da voz cotidiana, sua matéria nutriz. Distinguibilidade, necessária, donianamente reiterada, fruto do fato, que agora se pode atinar em termos mais concretos, de que o canto implica, *in limine*, a *determinação da voz.* Assim, uma *mímesis della voce* na qual se engenhe um *mélos* convizinho às modulações diais da voz é arte que desnatura e desperdiça *duplamente o canto*: não ativa ou realiza a (expressividade da) voz que se tipificou, de um lado, na medida em que desmedra a mimese que entende constituir, de outro. Posto diversamente, a imbricação admoestada no *Trattato*, se gerada, implica uma contradição de fundo, isto é, uma *mímesis della voce* que se plasma mantido o *modus faciendi* da vocalidade usual é um contrassenso basilar, pois uma voz liberta dos limites inerentes à sua condição dial (primeira tipificação) que se consubstancia mimeticamente (na segunda tipificação) em pulsos fenomênicos, é lógica que deforma o canto porque o desnega em suas categorias primárias. Ou ainda, e em completação determinativa, a voz generalizada que imita a fenomênica da dial aboca, de pronto, em impropriedade, onde a desinteligência compositiva daí nascida envolve desnaturação estética, desnaturação que é inexistência da dação de forma a um sentir *in quidditate*, a uma *imitatione del parlare*, que, canto, efetiva-se enquanto tal quando som que expande "madrigalescamente" a voz.

Fincadas em solo ideal estas colunas teoréticas, delas se escava, de um lado, o reconhecimento de que o canto, *voz dominante*, encerra em si a generalização dos pulsos afetivos expressos, canto que, tal como a sonoridade do antigo *aulós*, funda as condições à tipificação da subjetividade que sente. E colige-se ainda, de outro, em perspectiva ora mais efetiva, aquilo que é a monteverdiana mimese do dizer: *dupla tipificação da voz*, vale dizer, *voz in concreto*. E precisamente por ser isto – crave-se esta assertiva no coração deste solo argumentativo, com o que se conclui este passo teorético –, esta mimese nascida no Renascimento tardio italiano, que Monteverdi cunha com inigualável vitalidade, plasma a vida afetiva que lhe impende numa expressividade radical, que historicamente se excele. Distinguibilidade expressiva dimanante do fato, pois, que a *matéria* da mimese artística é *a própria voz*. Em palavra análoga, a *Seconda Pratica* sensifica os pulsos anímicos em vitalidade musical singular porquanto é *vox in voce*. Destrinçando a determinação, o que projeta a específica intensidade dessa sonoridade artística. Dito sem mais, e pelo centro do problema: por ser a tipificação do *modus faciendi* da voz, voz que é a *via primígena da manifestação das paixões*, a vida afetiva nascida do ventre da *Seconda Pratica* teria necessariamente de se singularizar pela contundência expressiva, que efetivamente substantifica. Vale dizer, o *mélos* que se nutre das formas da voz, ao plasmá-las como arte, as constitui *in essentia*, de sorte que a arte vocal que toma em imitação a própria via das paixões – a voz humana, *expressão de per si* – não poderia resultar num cantar que não fosse e manifestasse expressividade de fôlego histórico. Em proposição análoga, o canto que é *imitatione della voce* é universalização do órgão que sensifica a alma, que a *expressa*, então, a veemência expressiva lhe é atributo próprio, não fenomênico, primário, não abstrato, imo, não tópico ou agregado: se da voz *in mímesis* se trata, de expressividade *in natura* se trata. *Imitatione del parlare*, voz que, em canto, volta-se sobre si, isto é, que tipificada, feita protomelodia, imita-se, *retipificando-se*, então, expressividade vital, que se distinguiria historicamente. Canto este que, humana melodia declamativa, é subjetividade que sente em "*vívida imediatidade*", concretíssima expressividade. Humana melodia humana, transpira a pena de Vincenzo Galilei, pois lhe toca acostar o homem de si próprio, de seu gênero. Melodia que nascida da imitação da voz, visceralmente adunada ao *agudo* e *grave* está, à lógica da vocalidade, garganta de uma alma dramática. Em fraseio mimético-humanista, tão próprio a Galilei, com o que, enfim, este terreno argumentativo se cala:

a diferença do som em relação à agudez e gravidade, juntamente com a diferença de movimento e de intervalo geram variedade de harmonia e de afeto. A natureza, comumente, não produz os semelhantes com matéria contrária, nem os contrários com meios de mesma qualidade, mas pelo oposto. Assim, se à conveniência de um ritmo fosse atada a conformidade dos conceitos, que força e virtude poderia ter uma tal melodia? Certamente ela estaria apta, como dantes fora, a render as almas dos ouvintes[83];

render, tomar nossa interioridade; movê-la na direção dos dilemas e destinos dos homens, que, prazenteiros, riem, mas prantivos deploram suas perdas e impossibilidades na *agudez* da voz, que em arte, porque na vida, projeta-se em dramático sentir, projetando-o: *recitante voce umanissima*, expressivíssimo canto, porque voz que se tomou a si.

Monteverdi, Declamador

Ao se denotar o pulso recitativo da música monteverdiana a partir e no interior da própria partitura, a tese central deste estudo é *materialmente* roborada. E o movimento determinativo que assinala esta natureza recitante encontra arrimo e pertinência primários no fato de que esse canto se arma e constitui silabicamente. Pulso silábico que funda a melodia monteverdiana, silabismo, *de per si*, indicante que essa arte vocal engendra uma dupla tipificação da voz, uma *imitatione propria del parlare*. Logo, pela via da recitação progride a pena teórica, que, ao manifestar esse *modus faciendi* declamativo, manifesta corpo e alma da *Seconda Pratica*, ao mesmo tempo em que concreta e ilumina reflexões elaboradas ao longo do texto.

Quando, em *Li due Orfei*, Pirrotta analisa o nascimento do gênero dramático-musical, pontualiza que lhe era estranho a distinção entre recitativo e ária, indistinguibilidade caracterizante do gênero nascediço. Não se tratava de uma trama dual ordenada pela articulação entre um momento textual mais descritivo e outro de interioridade predominante, orgânica ainda por vir. Aquilo que os finais do século XVI parturem como música cênica, considera o autor, é, rigorosamente, um *discurso* que à melodia cabe tornear, intensificar: nasce um canto que é *modulação forjada nas entranhas da fala*.

83 V. Galilei, op. cit., p. 75-76.

Ora mais declamativa – menos melodiosa e volteante, ora mais movida, curvilínea, inflexa, "mais independente" da palavra – estes, atributos que instituem o que Pirrotta chama de "verdadeiro canto", a modulação dramática criara, toma-se da letra pirrotiana, um *mélos plasmado no dizer*. *Mélos* que se constitui a partir da fala, *da voz* em fala, complete-se em pontuação e advertência necessárias! Conquanto a intensificação da palavra não seja a função da música nesse solo poético (como porém marca o autor, do que se escava a ideia teórica recorrente da música madrigalesca e cênica como consubstanciação do afeto colhido da poesia); e ainda que Pirrotta tome por "verdadeiro canto" uma melodia que é curvatura mais pronunciada, mélica, *cantabile*, vale dizer, mais "característica" do ponto de vista melódico (propositura com a qual também cabe polemizar, pois em seara tardo-renascentista o canto se distingue por ser uma *declamação lírico-dramática*, isto é, por enformar *inflexões anímicas*, o que subentende um moto *contínuo, incessante*, de agógicas aceleração e desaceleração rítmicas, logo, de expansão e retração de notas, contextura que necessariamente subentende e substantifica momentos de *maior* e *menor* "cantabilidade"), ainda assim o historiador configura, nessa reflexão, um pensar que confirma, mediatamente, a hipótese estrutural deste estudo. Pois de sua pena uma consequência vital pode ser legitimamente extraída, a saber: o canto cênico da tardia Renascença italiana substantifica uma *mímesis della voce*, porquanto toma forma, delineia Pirrotta, um canto moldado *na fala*, orgânica sonora à qual descaberia, por sua própria natureza, uma maniqueísta textura binária, que efetivamente nem mesmo se esboça, sublinhe-se. Em termos mais concretos, por que uma clivagem, abstratizante, entre contexto e sentir, vida exterior e vida interior, entre recitativo e ária, se esse canto é a positivação mimética de um pulsar afetivo? Apenas um mundo social que desmedra a mutuação indivíduo-gênero, e que tende assim a descolar o canto de seu ventre, isto é, da interioridade – movimento que, o autonomizando das afecções sentidas, subsumindo a interioridade à melodia, o abstratiza –, trama o cenário para essa clivagem musical, barroca. Da reflexão pirrotiana, ademais, transpira o reconhecimento de que esse *modus* compositivo não se adstringira a um ou outro compositor, mas fora próprio de um espaço histórico, que o radicara, acolhera e impulsara; de sorte que a *Seconda Pratica* monteverdiana, longe de ser um relâmpago em céu azul, enraizara-se num universo artístico que se estava urdindo *in recitativo*, fosse teatro, fosse polifonia. Iniciando sua assertiva pela referência ao aporte da teoria da literatura à música, assim considera, em longo refletir aqui integralmente exposto:

> A meu ver, um efeito da forte influência exercitada pelas teorias da poesia pastoral sobre o primeiro "estilo representativo" e sobre a ópera foi a *falta de uma clara distinção entre aquilo que é discurso potencializado pela música* e *aquilo que é verdadeiramente canto*; uma falta de distinção que reafirma uma vez mais a amplidão com a qual esse estilo era concebido, largueza que o faz abraçar a inteira gama de matizes das expressões mais prosaicas e concretas aos impulsos mais líricos e melodicamente floridos. Sem dúvida existem cantos que são evidentemente cantos – "cantar recitando" – e habitualmente são identificados como tais pela repetição da música por mais de uma estrofe do texto (enquanto o "imitar com canto quem fala" obedece ao princípio madrigalesco pelo qual novas palavras requerem nova música), ou por alguma indicação explícita de que os personagens estão cantando. Permanece, todavia, certa margem de dúvida. Por exemplo, *Funeste piagge*, na *Euridice* de Peri, é claramente um canto, mas não é claro se as sucessivas súplicas de Orfeo no diálogo com Plutone e Proserpina sejam também cantos (e, assim, improvisações artísticas do extraordinário cantor) ou *apaixonadas perorações oratórias*. Vice-versa, na cena inicial, o diálogo de pastores e ninfas que se convidam mutuamente a participar da felicidade de Euridice e a assistir a seus preparativos nupciais é já melodioso desde o início, mas pouco a pouco adquire maior ímpeto, e culmina em canto aberto no verso final[84].

E acresce:

> A falta de uma marcada distinção estilística não é, de forma alguma, circunscrita às primeiras obras. Ainda quando os libretistas iniciaram uma separação mais nítida entre as cenas recitativas e as situações propícias à ária, e começaram a dar provas de sua engenhosidade ao multiplicar as ocasiões para esta última, é difícil fazer a distinção sobre a simples base do estilo musical[85].

---

84 N. Pirrotta, *Li Due Orfei*, p. 305 (grifo nosso).
85 Idem, p. 305-306 (grifo nosso).

E arremata:

Monteverdi permaneceu essencialmente fiel à concepção madrigalista de uma *continuidade estilística* da expressão musical, ainda que variada em inúmeros matizes. As mais típicas árias de Cavalli, em torno da metade do século XVII, e ainda posteriores, frequentemente irrompem naquilo que consideraríamos recitativo exatamente quando atingem o cume da comoção; e, vice-versa, muitos de seus recitativos abrem suas asas repentinamente até mesmo para o voo breve de um simples verso mais exaltado[86].

Um canto que se faz diálogo e um diálogo canto! Significa que a melodia não se ata ao texto que lhe radica como camada justaposta, esfera paralela, como dimensão extrínseca e "comentadora", mas essa intrínseca imbricação mutuante entre canto e diálogo, *mélos* e fala, transluz que a modulação elaborada constitui uma mimese do dizer. Se não, *de onde* ou *porquê* tal amalgamação, cabalmente distinguida por Pirrotta? Amalgamação que se substantifica e se reconhece de pronto, posto que a voz cantada se engendra a partir e no interior da falada, isto é, um diálogo é canto, e um canto, (voz em) diálogo. Ato cantado que ao se materializar enquanto *parlar cantando* – então a palavra cantada à dita (mediatamente) se convizinha, avizinhação que *aparenta* fazer da melodia tão somente fator de intensificação do dizer –, rompe, e não poderia ser diverso, enquanto "*apaixonada* peroração *oratória*". Mimese que verte afetividade humana em intensidade singular – consubstancia uma expressividade "*apaixonada*", uma anímica *in vehementia* –, precisamente porque voz em autoplasmação, ecoe-se. E não é musicalmente determinante, nem poderia ser, o ponto de partida textual: indiferente para este canto se o que lhe radica seja um diálogo, *stricto sensu*, um lamento ou uma súplica, uma poesia ou prosa dramática. No canto, lógica e *télos* musicais são artisticamente prevalecentes e dominantes, de sorte que todo e qualquer texto tomado será arrojado, no caso, a uma mimese da voz. Necessário, por certo, que o mundo posto pela palavra permita e impulse a manifestação da subjetividade, que ora o rege, porque canto, mas que nele se enraíza e nutre, porque

---

86 Idem, p. 306.

subjetividade. Verdadeiro, ainda, que uma poesia hendecassilábica ou setenária seja mais natural à mimese da voz, mas inverídico que isto seja condição fundante. Fundante, efetivamente, só o fato de que as categorias da vocalidade devem ordenar o ato cantado, que se consubstancia numa dupla tipificação da voz.

A efetividade da letra de Pirrotta e dos desdobramentos cunhados assomam legitimação, e não haveria mais plena, pelas próprias carnes compositivas. Assinalado como ponto de partida: a textura própria do canto do Renascimento tardio italiano é recitante. Ao pontualizar a música de Monteverdi – que por sua tipicidade ilumina, *lato sensu*, a lógica ou *modus faciendi* da orgânica estética na qual se enraíza –, Bianconi não titubeia em afirmar que o procedimento declamativo lhe é atributo estilístico estrutural:

na articulação declamatória do discurso musical, na concepção da forma baseada sobre procedimentos de correspondência, antífrase, repetição, alternância, recapitulação de seções musicais individuadas, e não mais na audácia contrapontística ou harmônica, consiste a novidade impetuosa dos madrigais monteverdianos, pelo menos a partir do quarto livro[87].

Fabbri substancia Bianconi, sustentando seu reconhecimento com letra vital. Ao sintetizar, desde um ponto de vista técnico, a urdidura do tecido compositivo do *Terceiro Livro* de madrigais de Monteverdi (1592) – síntese que revela ser a declamação categoria própria da música juvenil do compositor, não apenas da obra madura ou cênica –, firma que:

Os sujeitos fundados sobre formas declamatórias estão extremamente disseminados no *Terceiro Livro*, abarcando mais ou menos todos os madrigais nele contidos e constituindo seu traço estilístico mais evidente. O acompanha o uso de *homoritmias* igualmente silábicas [vozes que, em sobreposição *acórdica*, progridem com mesmo ritmo], estas igualmente estendidas a quase todo o volume[88].

Neste mesmo registro teórico, pontue-se, toma fôlego e desemboca uma determinação de Alfred Einstein sobre o canto do jovem Monteverdi, que vale pois citar. Comunhão teorética

---

87 L. Bianconi, op. cit., p. 27.
88 P. Fabbri, op. cit., p. 41.

que, não por acaso atando idealmente pensadores musicais relevantes, de fato tange e espelha, como bem se atinará, uma *forma de ser*, uma categoria concreta. Incorporando à sua asserção um exemplo que a materializa, portanto as de Bianconi e Fabbri, refere que no *Terceiro Livro*

os motivos mais e mais assumem um caráter de declamação apaixonada, concentrada, como pode ser visto pela seguinte abertura:

Ou deste outro exemplo, *Vivrò fra i miei tormenti e le mie cure*, considere-se o seguinte motivo:

Dinâmica declamativa vigente desde os passos compositivos iniciais de Monteverdi que se alenta, precisamente, de um madrigalismo precedente. Em especial, daquele praticado e erguido por Wert. Enraizamento monteverdiano demonstrante que a música madrigalesca, nas suas origens – na medida em que Wert trilha claramente a senda compositiva aberta por Cipriano de Rore – se armava enquanto uma *imitatione del parlare*, ou a isto tendia, por força de sua gênese e dinâmica. Nada casual que *Il bianco e dolce cigno*, de Arcadelt (1505-1568), publicado em 1539 (ou 1538), se estruturasse a partir "de uma *simples, suave declamação*, contando apenas com o elementar e mágico poder da música, da harmonia, as quais cobrem esse poema com um manto de sublime e distante sentimentalidade"[90]. Barroquismo verbal à parte, Einstein tange e firma, sem dúvida, o atributo estilístico-compositivo que funda esse histórico madrigal:

---

89 A. Einstein, op. cit., v. 2, p. 724 (grifo nosso).
90 Idem, v. 1, p. 270 (grifo nosso).

anterior à década de quarenta, é fruto de uma textura recitativa, que assim embebe a palavra poética com o véu sonoro de uma pulsante, imediata afetividade. Textura cuja natureza faz do madrigalismo, e da arte secular quinhentista, um canto recitado, isto é, manifestação vital, projetada dos sentimentos, o que Einstein reconhece, e marca.

Wert é a referência juvenil mais efetiva tomada por Monteverdi, firme-se. Naquele, o contraponto urdidor não raro rompe em trama recitante, principalmente na obra de maturidade. Vozes destacadas do conjunto vocal, descoladas do todo, declamam, em mutuada imitação; bem como declamam os blocos sonoros nascidos de uma aglutinação vertical *homorítmica*. Individualmente, ou em *tutti*, vozes recitam, substantificando um canto que é voz *in actu*, em fala, *in mímesis*. Na palavra que especifica:

Análogas declamações e homoritmias [àquelas dispostas por Monteverdi no *Terceiro Livro*] estavam presentes em Wert, especialmente nos livros a cinco vozes – sétimo (1581), oitavo (1586), nono (1588) e décimo (1591). Nos primeiros dois, aliás, eram preferentemente aplicadas às oitavas de Tasso, aquelas do lamento de Tancredi sobre a tumba de Clorinda, e na invectiva e lamento de Armida abandonada: os mesmos episódios dos quais Monteverdi toma as oitavas tassescas presentes neste *Terceiro Livro*, a confirmar como Wert, então seu mestre-de-capela em Mântua, seja um referencial imprescindível nesta fase da evolução monteverdiana[91].

Pulso recitante tomado da prática wertiana que o evolver compositivo do artista aprofundará ao estendê-lo e veementizá-lo. Nesse sentido, a substantificação de uma textura declamativa encontra no *Quinto Livro* (por exemplo, em *Ecco Silvio*, madrigal em quatro partes), mas também já no *Quarto* (tome-se *Ah dolente partita*, *Sfogava con le stelle*, ou *Anima mia perdona-Che se tu se' il cor mio*), positivações estilisticamente cabais, que se traduzem na consubstanciação de um canto que é *veemência expressiva* historicamente singular. Singularidade histórica que constituiu a confirmação e ampliação das pungentes objetivações recitantes do *Terceiro Livro*

---

91 P. Fabbri, op. cit., p. 42.

MONTEVERDI MIMÉTICO: MÚSICA E *MÍMESIS*   111

(como não vincular o *incipit* de *O come è gran martire* e o de *O Mirtillo, Mirtillo anima mia*, Livro v?), não o surgimento de um novo princípio compositivo ou uma reorientação estética. Efetivamente, os livros de madrigais escritos na primeira juventude são tecidos com os fios da expressão comovida da alma que declama. E, se no *Primeiro* e *Segundo Livros* a declamação não surge em formas tipicamente monteverdianas, um *falar cantando*, um pulso declamativo, ordena, sim, ambas as coletâneas[92]. *Baci soavi e cari* e *Crudel perchè fuggi*, respectivamente, especificam esse reconhecimento, que mais do que apontar formalmente a uma lógica estilística, a um *modus faciendi* composicional, ou ao fazer isso, avoca a natureza desse canto, o *humano veemente* que enforma e verte[93]. Pela concreção de Fabbri, espelhante da genética, fundante natureza expressivo-recitante de sua melodia: no *Livro Três*, nos madrigais sobre as oitavas de *Gesusalemme*, de Tasso, e sobre o soneto de Celiano/Grillo, obras

que constituem o cume do empenho expressivo e que articulam organicamente os momentos emotivos em situações e estruturas típicas dos gêneros "partida" e "lamento", os elementos estilísticos supra examinados são abundantes, e no mais alto grau. Ao início de *"Vattene pur, crudel, con quella pace"* eis a declamação, em

---

92   Vale marcar: "Um confronto com outros compositores que se aventuraram sobre alguns dos mesmos textos usados por Monteverdi neste seu primeiro livro, mostra o compositor interessado decisivamente, e quase com facciosidade, nos passos da mais declarada tensão, aos quais reserva espaço e abundância de estilemas expressivos, radicalizando uma lição aprendida com Ingegneri [seu professor]. Embora não totalmente sob este signo, esses esórdios madrigalescos de Monteverdi se enlaçam – não sem esquematismos e ingenuidade – com os desdobramentos patéticos que o madrigal andava assumindo naquele fim de século" (P. Fabbri, op. cit., p. 25.).

93   Em brevíssima pontuação, que remete e robora concernente argumentação anterior: nesta contextura musical italiana, não se trata, simples e abstratamente, de que o recitativo tome do madrigal formas e procedimentos, e de que este, por via inversa, se aproprie de um pulso recitativo, num movimento que os mutuaria estilisticamente. Trata-se, como ora se alcança divisar mais nitidamente, que tanto o canto cênico quanto as formas polifônicas apresentavam orgânica melódica de *mesmo substrato*, algo que, como já referido, dimana do fato de que ambas as esferas foram paridas, no século xvi, pelo ventre da *voz in mímesis* de si, lógica que necessariamente imbricaria, mantidas naturais diferenças estilísticas, vozes dramático-recitativas e madrigalescas. De sorte que atributos próprios a cada uma dessas duas esferas seriam naturalmente permutados, emaranhando-as humana e musicalmente.

solo, com o assente projetar-se da sexta menor ascendente sobre "crudel"[...], enquanto a tendência ao silabismo declamatório e à homoritmia – com antecipações e ecos – encontra confirmações sistemáticas nas três seções [que formam este ciclo], e sobretudo nos ciclos tassescos[94].

No Livro Quatro, por sua vez,

mesmo que numa estrutura polifônica, Monteverdi fornece mais de um exemplo de passagens cujo ideal é aquele "quase falar em música", unido àquela "certa *sprezzatura* de canto"[95] que em *"Sfogava con le stelle"* aparece explicitamente por escrito e não confiada à improvisação da práxis executiva. Em momentos desse gênero, inspirados sobre fórmulas de declamação utilizadas nas recitações públicas de versos [...], Monteverdi não faz mais do que radicalizar uma tendência à homoritmia recitativa a notas rebatidas, já individuada no *Terceiro Livro* e no *Quarto* muito difusa, contagiando também a configuração melódica de sujeitos dispostos, em seguida, imitativamente[96].

Declamação, atributo compositivo imanente e estrutural do madrigalismo monteverdiano. Madrigal: gênero que se instaura e ordena na modulação substantificada por movimentos ou figurações melódicas silabicamente constituídos, que se imitam, isto é, que se multiplicam, o que parture uma cerrada textura *in* recitativo. Textura, outrossim, engendrada por homoritmias, natural figuração se um pulso recitante funda o canto. Assim, a determinação de que seu madrigalismo se objetiva enquanto uma *imitatione del parlare* surge agora, como antes pontuado, por força da própria orgânica do canto, de sua materialidade, de suas categorias compositivas formantes. Ora, o reconhecimento de que a melodia que o substantifica é declamativa guarda, inerente, a imediata implicação de que esse ato cantado é *fala expressiva, dizer apaixonado* – uma *decla-*

---

94 P. Fabbri, op. cit., p. 42.

95 Esta expressão, como a imediatamente anterior, também entre aspas, Fabbri colhe do prefácio da *Nuove Musiche*, de Giulio Caccini, publicado em 1602. Tal como Peri, o músico encontrou sua atividade compositiva no forjamento de um *canto falado. Nuove Musiche*, para seu autor, significa a efetivação do *re-nascimento* de uma textura monódica. Aludindo à descendência grega de sua música, Caccini deseja expressar os afetos a partir de um canto que entende e afirma ser *recitante*. Cf. H. Muller, op. cit.

96 P. Fabbri, op. cit., p. 74.

MONTEVERDI MIMÉTICO: MÚSICA E *MÍMESIS* 113

mação, o que significa, pois, que a voz monteverdiana, modelada em recitação, toma-se *in mímesis*. Isto é, a voz que opera uma mimese de si faz do canto, da modulação, uma recitação, isto na exata medida em que essa voz *in arte* implica, naturalmente, seu pulso ou dimensão recitante: implicação, consubstanciação posta, porque voz positivada *em sua expansão*, em tipificação, o que a faz incontornavelmente recitativa, ou seja, *expressiva*. Numa palavra, se canto que é autoplasmação da voz, então voz declamadora. A nota 79 aponta à questão. O *Trattato* assinala, e isto se colige da observação empírica, que o *falar recitado* é já um "canto assombreado", e Doni o pode lucidamente assinalar porquanto nessa condição a voz, em algum grau universalizada, se está atualizando enquanto voz, está se consubstanciando naquilo que é – *expressividade*. Assim, um canto onde a voz se imita é voz *in concreto*, vale dizer, expressividade *in natura*, logo, e necessariamente, *canto que declama*, posto que a voz se atualiza na fala. De sorte que a arte monteverdiana não poderia não se armar em declamação, se mimese do dizer efetivamente é. Firme-se, a um canto como o de Monteverdi o *modus* recitante é atributo estrutural e intrínseco, não mera escolha compositiva. Efetividade que nitidiza e robora a indicação determinativa de seu próprio artífice, que a Striggio dissera engenhar um canto *in* expressividade, uma *imitatione del parlare*. Escave-se e se avoque, então, mais pausadamente, a histórica dimensão expressiva que a arte monteverdiana encerra. Dimensão que, se singular em Monteverdi, marca, *lato sensu*, um canto *in mímesis della voce*.

As implicações semânticas do termo recitativo são por si iluminantes. Alguém que recita (uma poesia, por exemplo; ou fala num pulso [vocal] comovido, recitativo, como um ator de teatro ou um orador) nada mais faz do que modular o dito *com expressão, subjetivando-o*, pois. Nesse sentido, transposto à arte sonora, *recitar* significa, *concretamente*, a dação de forma a um canto com *carnes e alma de voz*; recante-se, com *carnes e alma de voz*, este é o ponto. Doni, como esboçado, atava em laço estreito estilo recitativo e expressão dos afetos, posto ser um a mediação artística do outro. Pirrotta, ao distinguir a sinonímia existente entre *estilo recitativo* e *estilo representativo*, analogamente referia que o recitativo era *a via musical própria* à expressão "das íntimas reações afetivas de um personagem". Quando Fabbri, no interior da análise de *Lettere Amorose*, delineia que a sonoridade de Monteverdi se entece com os fios da recitação, e que tal trama sonora pressupõe e encerra a expressão das paixões, aponta ao procedimento, centro e *télos* da arte do cremonense, com o que compendia as reflexões de Doni e Pirrotta. Considera: para estas duas *lettere*

Monteverdi prescreve uma execução "a voz solo em gênero representativo, e se canta sem compasso". Esta última indicação ["e se canta sem compasso"] não apresenta problemas particulares, referindo, *transparentemente, à necessidade de uma declamação que fugisse de toda rigidez rítmica em favor da agilidade recitativa governada apenas pelos metros da "oratione" e do "afeto"*[97].

Pouco à frente, ainda ao argumentar sobre o significado do termo *representativo*, reafirma a força expressiva da música de Monteverdi, ora a partir da palavra do amigo do compositor, Cherubino Ferrari, teólogo da corte dos Gonzaga, que em carta de 1607 ao duque da corte gonzaguesca louvava-lhe o *Orfeo* monteverdiano. Pontua Fabbri: a expressão *"em gênero representativo"* fora

efetivamente testemunhada no primeiro decênio do século XVI. O próprio Monteverdi, numa carta de 1607 [28 de julho, a Annibale Iberti], havia escrito ser "coisa muito difícil ao cantor *representar* uma ária que antes não tivesse sido praticada", utilizando o verbo [representar], talvez, como simples sinônimo de "executar". Todavia, seu amigo Cherubino Ferrari, apenas um mês depois [carta de 22 de agosto de 1607] louvava em seu *Orfeo* "que o poeta e o músico" tivessem *"representado* tão bem os afetos da alma", enquanto em uma correspondência com o duque de Modena, datada de 1608, falava de "cantores bons para cantar solos e *representar* os afetos da alma". *Representativo* era atributo que se ligava às experiências do canto solo e às *execuções altamente expressivas*, que, entre os séculos XVI e XVII, praticaram alguns exclusivos ambientes musicais [italianos][98].

Quando, ademais, em outro momento argumentativo Fabbri cita e comenta a dedicatória de Aquilino Coppini escrita

---

97 Idem, p. 224 (grifo nosso).
98 Idem, ibidem (grifo nosso).

MONTEVERDI MIMÉTICO: MÚSICA E *MÍMESIS* 115

para seu *Segundo Livro* de *contrafacta* espirituais com obras de Monteverdi e outros, publicado em 1608, a dimensão anímico-expressiva do canto monteverdiano é francamente distinguida, ou melhor, a intensidade desta expressão; ao mesmo tempo que, nesse contexto, *representativo* e *expressividade*, na esteira de Doni e Pirrotta, são, por via coppiniana, coligados em intrínseca relação, em mutualidade, numa quase-sinonímia, reconhecimento aclarador e roborante de que a *expressividade* funda esse canto, *afetivamente ativo*:

> Significativas são também certas passagens das dedicatórias de Coppini. No *Segundo Livro* se insiste sobre a expressividade da música monteverdiana, definida "representativa" não porque destinada à cena, *mas enquanto capaz de dar vida à representação do mundo dos 'afetos'*: 'A música representativa do quinto livro de madrigais do senhor Claudio Monteverdi, *regulada pela expressão natural da voz humana* no mover os afetos, influi de modo suavíssimo nos ouvidos e toma as almas com prazer tirano'[99].

Uma voz atualizada *in voce*: *canto que se consubstancia por sua natural expressão*, firma Coppini. Em outros termos, canto que se arma e "regula" pelas formas da vocalidade, melodia de talhe e senso recitante porque voz *in mímesis* de si, expressão tirana que tiraniza a alma. Com Coppini e para além dele: se o *télos* musical é a projetação do sentir humano na nudez de uma "vívida imediatidade", em expressividade intensa, a via estética mais efetiva, natural, humana, é a voz em autoplasmação, a voz duplamente tipificada, *expressão per se*. No terreno da práxis, que especifica:

> "Estilo representativo" e "estilo recitativo" designam ambos um modo de execução, seja este chamado de representação ou recitação; de fato, a novidade essencial do novo estilo, seja que o consideremos do ponto de vista de Caccini ou de Peri [ou de Monteverdi], encontra-se no momento da comunicação com os ouvintes[100],

vale dizer, na consubstanciação de um sentir vital, de uma *afetividade in vehementia*, que por isso se fez comunicação positiva, recitante. Em suma, "Seja satisfazendo necessidades narrativas

---

99 Idem, p. 152 (grifo nosso).
100 N. Pirrotta, *Li Due Orfei*, p. 284.

ou de mera funcionalidade dramatúrgica, seja se distendendo para zonas de acentuado lirismo, o estilo recitativo monteverdiano busca, sempre, o máximo de comunicação expressiva"[101], busca que é uma resposta *ad hominem* à vida que objetiva e subjetivamente se expandiu, que alargou os espaços anímicos do homem. Vida, esta, mediatamente generante de uma voz em mimese da voz, de um canto estruturalmente recitativo, que enforma, neste seu ser e proceder ingenitamente expressivos, o sentir concreto de um tempo histórico.

Quando Pirrotta asseverava, ate-se a este contexto, que o madrigalismo continha em si, latente, o palco, estabelecia, a rigor, ainda que em tintas mediatas, que se tratava de uma música recitante; esta, a responsável fundante pela mutualidade e imbricação que entre canto e teatro se engendrara. Sem dúvida: a poesia dramática coeva favorecera e inspirara essa relação por radicar a modulação numa textualidade declamativa, teatral, como delineado. Não obstante, a razão de fundo que arroja a música madrigalesca a um palco ideal é o fato de que, seja qual for o gênero poético do qual parta o compositor, seu canto será *modulação geneticamente recitativa*, então, canto de natureza teatral, de alma intrinsecamente cênica. Há teatro tácito porquanto um *parlar cantando* arma a urdidura vocal: se voz que se imita, vocalidade declamada, teatro *in potentia*. É teatro, enfim, na medida em que, por ser vital, imediata expressividade anímica – por ser canto que recita, nele está efetivamente implicado não apenas a voz, mas o *corpo* daquele que fala em canto. Se, portanto, essa práxis evoca a cena, se "é palco", isto manifesta e reafirma, de um lado, que o ato vocal monteverdiano é, positivamente, voz em dupla tipificação; de outro, e em intrínseca relação com esta dimensão, indica que esse canto substantifica personagens, o que de fato se reconhece porquanto a música cênica e o madrigal tornam a textura poética portadora de uma subjetividade *ativa*, de uma *individualidade* – como bem se atinará na Parte Dois – que se positiva em complexa anímica dramática. Em desdobro, que sintetiza:

Exatamente a multíplice funcionalidade do canto solo [do canto recitativo], o tornou um gênero de virtudes híbridas, dotado de potencialidades teatrais mesmo quando privado da dimensão cênica.

101   P. Fabbri, op. cit., p. 112.

MONTEVERDI MIMÉTICO: MÚSICA E *MÍMESIS*   117

Entre a câmara e o teatro estão os *Dialoghi rappresentativi* de Francesco Rasi (Veneza, Alessandro Vincenti, 1620), e no fundo o mesmo acontece com as duas "lettere" monteverdianas, alguns anos depois reeditadas conjuntamente com uma peça de explícita e celebradíssima derivação teatral como o *Lamento d'Arianna*. Sem esquecer ainda que este estilo de canto *expressivo* era *acompanhado e sublinhado por gestos*, de acordo inclusive com o que já havia sido iniciado pelos cantores dos madrigais patéticos do último quinhentismo, objeto das já citadas zombarias de Artusi: e, realmente, no frontispício dos *Madrigali guerrieri ed amorosi* de Monteverdi, de 1638, é declarada a inclusão de "alguns opúsculos em gênero representativo que estarão, em breves episódios, entre os cantos sem gestos"[102].

Nesse sentido, aliás, não apenas o eclesial Artusi pontualiza a dimensão gestual desse canto novo, que para além da música cênica tomava de assalto o madrigalismo, *in actu* e/ou *in potentia*; igualmente a evoca e marca, em termos enfáticos, Vincenzo Giustiniani. Um e outro reconhecem e assinalam o caráter intrinsecamente expressivo dessa quadra da história da música, embora o façam a partir de motivações e perspectivas estéticas opositivas. O primeiro, de chofre, rejeita o atributo, que no seu entender desvirtua o canto; o segundo o toma na significância humana que encerra. Posto o eco histórico de ambos, pertinente distinguir algumas de suas reflexões, com o que se silhueta, pela riqueza ideal nascida da diversidade contraposta, a natureza cênico-expressiva do madrigalismo da segunda metade do século XVI. Artusi e Giustiniani testemunham, ao fim e ao cabo, sobre uma questão estética nucleal: a ingênita e singular vitalidade expressiva de uma melodia recitante.

Em *L'Artusi, overo Delle imperfettioni della moderna musica*[103], a modulação de talhe recitativo (para o autor, textura que parece se limitar e confundir com um de seus atributos – a repe-

---

102 P. Fabbri, op. cit, p. 226 (grifo nosso).
103 Obra de Giovanni Maria Artusi, editada em Veneza, em 1600. Escrito em forma de um diálogo travado entre Vario e Luca, Artusi, que fora aluno de Zarlino, entende elaborar sobre os desvios conceptivos imanentes ao canto moderno (finais do século XVI), que desatendendo aos regramentos tradicionais, desvirtua, para o cônego, os supostos e intenções pelos quais a música deveria estruturalmente se ordenar. O segundo volume, *Seconda parte dell'Artusi overo Delle imperfettioni della moderna musica*, de mesmo fundo e temática, é de 1603, e se desenvolve a partir de uma presumida polêmica epistolar que Artusi afirmava ter ocorrido entre ele e um tal Ottuso, incerto

titividade de uma mesma nota), reconhecida como predicado próprio da coeva práxis "da imperfeição", e que então se espalhava pela cena musical, maculando-a, é censurada. Bem como, e primordialmente, exproba-se dessa práxis compositiva nascediça seu tratamento, harmônico e melódico, da dissonância, o qual, para o cônego, acerba a textura de modo desnecessário e rude. Posição artusiana que ao interditar tais atributos compositivos contorna, *in negatio*, a natureza – *expressiva* – desse canto: *vehemente declamatione*. No talante de elucidar e marcar as impropriedades e desnaturações "insuportáveis" dessa nova tendência estilístico-composicional – que, estruturalmente, se resumem à sua prática declamativa e à forma das dissonâncias –, Artusi considera e cita, precisamente, procedimentos monteverdianos. Embora o artista – tanto no primeiro volume como no segundo do texto artusiano – jamais seja nomeado explicitamente no curso da argumentação, de seus madrigais são sacados os passos exemplificantes da "imperfeição", que alui a prática moderna, considera sua pena. Passos que, lucidamente escolhidos, sintetizavam manifestações harmônico-dissonantes típicas de uma práxis, denominada *seconda*, a ser desnegada[104]. Efetivamente, pois, Monteverdi despontava como protagonista de seu tempo. Em asserção da qual escorre claramente o jaez

---

personagem. Uma análise sucinta mas clarificativa sobre o texto e a querela daí nascida se colhe em P. Fabbri, op. cit., p. 48-65.

104 *Strictu senso*, o que Artusi censura na dissonância é a aspereza engendrada pela forma de seu manuseio polifônico, onde sétimas e segundas nascem de relações que desdizem as prescrições compositivas de natureza zarliniana. Aspereza, pontue-se desde já, que jamais significou em Monteverdi *mera fricção* entre sons, ou uma dissonância simplesmente plasmada no intento de se fazer ouvir um entrechoque sonoro fenomênico. Cf., na Parte Dois, o subcapítulo *Um Passo Harmônico na Dissonância*. Aspereza que se singularizou historicamente, de fato, mas por sua *veemência*, o que da letra teórica de Artusi se pode escavar, lógica compositiva esta que lhe parece imprópria. Sobre Monteverdi e a música moderna, Vario, a determinado passo, pondera: "Não nego que encontrar coisas novas não seja um bem, aliás necessário; mas dizei-me, vós, porque quereis adotar aquelas dissonâncias no modo que as adotam aqueles? Se o fazeis para dizer: eu quero que se as sintam manifestamente e que o sentido do ouvido se ofenda, porque não as usais ao modo ordinário, e com razão, tal como Adriano [Willaert] e Cipriano [de Rore], Palestina, Porta, Claudio [Merulo], Gabrielli, Gastoldi, Nanino, Giovanelli e tantos outros que nesta academia escreveram? Não fizeram ouvir as asperezas? Vejais Orlando Lasso, Filippo di Monte, Giaches Vuert [Wert] e as encontrareis aos montes" (Artusi, apud P. Fabbri, op. cit., p. 49.).

MONTEVERDI MIMÉTICO: MÚSICA E *MÍMESIS*   119

artusiano, que, se não armada exclusivamente a partir das notas monteverdianas, decerto as divisava sobremodo:

Há talvez esta espécie de música [moderna] – pergunta-se Artusi – operado qualquer milagre, como se lê que faziam aqueles músicos antigos [gregos] excelentes? Não o fez; então não pode gerar novos afetos, como V. Senhoria me diz; como eu bem disse, ela solicita o ouvido, e o percutirá dura e asperamente. E embora pareça que estes senhores cantores, por tê-la em grande prática, a pronunciem com algumas passagens, e com estas cubram a aspereza, de modo que fazem parecer que não haja ofensa, isto acontece acidentalmente, e não por natureza daquelas dissonâncias, que são realizadas a bel prazer, e que são e sempre serão ásperas, cruas, duras e insuportáveis aos ouvidos. Então, quando estas cantilenas estão fora das mãos daqueles cantores, as dissonâncias aparecem como tal, porque, em suma, são isso[105].

E para além de uma crítica tecida a partir deste veio, fundante, prorrompe da publicação polemística, e isto é o que se deseja efetivamente pontualizar aqui, a desconformidade artusiana face à dimensão corporal desse canto, dimensão que lhe é necessariamente própria, constitutiva. No não incomum tom ríspido e desdenhador que timbra sua pena, é dito: aos músicos coetâneos

---

105 Artusi, apud P. Fabbri, op. cit., p. 60. Nas palavras de Fabbri, oportunas, que contextualizam, sintetizam e desdobram a questão: em *Delle imperfettioni*, "Artusi se propunha demonstrar os desvios de certas tendências compositivas modernas que contradiziam de forma cabal as regras tradicionais. Neste movimento, o canônico bolonhês reportava passos de madrigais (apenas a música, privada das palavras) de um autor não nominado, exatamente Monteverdi, que, significativamente, vem posto a exemplo das novas, condenáveis tendências: sete citações são tiradas de «*Cruda Amarilli, che col nome ancora*» (depois editado no *Quinto Livro*: 1605), uma de «*Anima, mia, perdona*», e uma outra de «*Che se tu se' il cor mio*», ambas igualmente editadas, mais tarde, no *Quarto Livro* (1603). No curso do diálogo é mencionado explicitamente também «*O Mirtillo, Mirtillo anima mia*», este, outrossim, destinado ao *Quinto Livro*." (P. Fabbri, op. cit., p. 48.). Dos madrigais, "Artusi, sobretudo, censura as dissonâncias – secunda e sétima – que se produzem entre o baixo e as partes superiores", (Idem, p. 49.). Nesse sentido, explicita Fabbri, "Negativa não é a dissonância em si, mas seu uso impróprio e contrário às boas regras [zarlinianas]. (Idem, ibidem). Quanto à *Seconda parte*, "A matéria a contender, como se disse, é a mesma já exposta: tratamento das dissonâncias, intervalos incorretos, uso das alterações, incerteza modal. Mas Artusi lhe acresce a intolerância pela declamação recitativa, como usada, por exemplo ao início de «*Era l' anima mia*», e «*Ma se con la pietà non è in te spenta*» [*Quinto Livro*, de Monteverdi]" (Idem, p. 56.).

120 MÚSICA SERVA D'ALMA

basta saber jogar [sobre os textos] aquelas solfas a seu modo, e ensinar a cantar com muitos *movimentos de corpo, acompanhando a voz com estes movimentos* e no fim se deixando andar como se estivessem morrendo, e esta é a perfeição de sua música[106].

Em passo de semelhante menoscabo, que insiste sobre o caráter inartístico da dissonância que se objetiva, do que se escava o vigor expressivo dessa *pratica seconda*, Artusi torna à questão gestual ao reciprocar esse suposto descalabro da forma das dissonâncias com um outro – o conatural batimento cênico do canto, *imbricando-os*. Assim, sublinhe-se, afigura-se em curvas nitentes o fato de que essa práxis contém e implica gestualidade *porque intrinsecamente expressiva*. Seus inartísticos atributos formantes, *vehemente declamatione*, supõem e implicam o corpo, a gesticulação, que, se explicitamente demandada pelo compositor num madrigalismo "*com gestos*", é sempre parida das entranhas dos intérpretes, posto um canto, pois, que não pode não ser "vívida imediatidade", alma intensa. Na inversão legítima dos termos, probante: se gestual, expressivo. Ou ainda, ao negar a valência artística dessa gesticulação, mas ao reconhecer tacitamente, neste negamento, seu sentido e imanência, Artusi, desabonando a *Seconda Pratica*, à revelia e arrepio de suas próprias convicções, parture, pelo ventre da negatividade, a positividade que a especificou – sua vitalidade expressiva: a saber, esta música desnatural, áspera, díssona, não tem qualquer outro efeito

a não ser aquele que os próprios cantores têm ao cantar suas cantilenas; *estes movem a cabeça lentamente, ressaltam as sobrancelhas, reviram os olhos, torcem os ombros, andam de modo que denotam um querer morrer, e fazem muitas outras transformações*, as quais Ovídio não imaginou jamais. E justamente *fazem estes trejeitos quando cantam aquelas durezas* [dissonâncias] que ofendem o sentido, e isto para demonstrar que aquilo que fazem deveriam os outros igualmente sentir. Mas ao invés [das pessoas] se comoverem, confundem-se pela aspereza e insatisfação que sentem, e, dando-lhes as costas, partem insatisfeitas[107].

Consolide-se, a vigorosa impugnação artusiana provoca a emersão igualmente enfática da vital expressividade caracteri-

106 Idem, p. 54 (grifo nosso).
107 Idem, p. 60 (grifo nosso).

zante que funda a *mímesis della voce*. Negação que marcando ainda sua impossibilidade catártica, porquanto seus ouvintes, alude, tendem a "abandonar insatisfeitos" a audição de algo que mais "ofende" e "confunde" do que sensibiliza e humana, torna a silhuetar este pulso expressivo vital. Numa palavra, a letra admoestante de Artusi condena – em pulso apenas mediato, advirta-se, pois jamais denegada de fato, ou abertamente – a intensidade de um canto. Intensidade, histórica, gestada no ventre de uma vida dramática, que, musicalmente, se substantificaria numa *voce in recitatione*. Canto de expressividade singular que necessariamente gesticula e asperiza, descolando-se da lógica de uma sonoridade precedente artusianamente tida como referencial, porque canto de uma interioridade distinta – que se dramatizou. Canto, enfim, que se arrojaria a patamares sonoros desconhecidos porquanto não poderia encontrar arrimo e impulso unicamente em procedimentos anteriores, próprios de uma alma humana anterior – universalizada, mas não *in drama*.

Giustiniani, analogamente, ressalta o atributo cênico-gestual da música coeva, mas pela afirmação positiva de sua necessidade. No *Discorso sopra la musica de' suoi tempi*, de 1628, ao dispor sobre a ação interpretativa das damas musicistas das cortes de Mântua e Ferrara, marca e consubstancia a expressividade, vital, desta arte. Descrevendo como cantavam, no que corrobora as palavras de Artusi, sua letra contorna a natureza desse canto, reconhecido enquanto aquilo que é, *sentir em tonante sentir*. Na letra cronista,

era grande a capacidade entre as damas de Mântua e Ferrara, que entre si emulavam não apenas quanto ao timbre e disposição da voz, mas com relação aos ornamentos de belas passagens dispostas em conjuntura oportuna, e não exageradas [...]; emulavam-se ainda no abaixar e crescer a voz forte e piano, diminuindo-a ou aumentando-a no momento justo; ora a prolongavam, ora a retraíam, com o acompanhamento de um suspiro entrecortado e suave; ora tiravam passagens longas, bem executadas, claras, ora grupos; ora caminhavam por saltos, ora dispunham trilos longos, ora breves; ora [realizavam] passagens suaves e cantadas piano, as quais, algumas vezes eram subitamente respondidas por ecos; e tudo isso era feito *principalmente com a ação do rosto, dos olhos e gestos que acompanhavam apropriadamente a música e os conceitos, e sobre-*

tudo sem movimentos da pessoa, da boca e das mãos que fossem impróprios, ou não orientados à finalidade pela qual se cantava[108].

Giustiniani não deixa dúvidas: o canto forjado nessa quadra histórica é imanentemente teatral. E o é posta sua ingênita intensidade, que, melodia *recitante*, é gestualidade *in potentia*. Torneado em proposição que toma temática que à Parte Três cumpre: é teatral, vale dizer, afetivamente intenso, porquanto o universo das paixões se fez dramático pulso ativo – isto é, *se individuou* –, então o gesto aflora como atributo intrínseco do ato cantado. Em termos análogos, da existência de uma gestualidade positiva, afirmativa, *ativa*, marcada por Artusi e Giustiniani, escorre o fato de que esse canto é dação de forma a uma vida subjetiva onde os indivíduos, porque alcançam mover seus próprios destinos e sentimentos, que assim se atualizam na forja do talhe singular, sentem vitalmente, veementemente; pungente vida anímica. Sentir de indivíduos que se individuam, sentir que encerrando em si a força anímica da individualidade, pressupõe e envolve o *homem inteiro*; assim, a individuada voz dramática, *mélos in expressione, recitativo*, carrega e parture o movimento das mãos, dos olhos, dos braços, da cabeça – se faz corpo. Inteireza que se atualiza na expressividade da voz, que se atualiza na inteireza do homem, que é *vida ativa*: quando canto, *voz que declama – gestualidade*. Em argumentação arrematante, armada a partir do *Il Corago*[109], que por tratar da música cênica mediatamente determina sobre a esfera madrigalesca, pois o *modus* recitativo teatral é *modus* madrigalesco; no entrelace imo que imbrica canto, declamação, afetos e gestualidade, o encenador anônimo concebe que:

---

108 V. Giustiniani, Discorso sopra la musica de' suoi tempi, 1628, em A. Solerti (org.), *Le Origini del Melodramma*, p. 107-108 (grifo nosso).

109 Texto apócrifo da primeira metade do século XVII. Fabbri, que o edita, atribuindo-o, como conjectura, ao filho de Ottavio Rinuccini, sintetiza na apresentação: "pela relevância dos argumentos tratados, *Il Corago* parece merecer hoje uma edição integral que permita aos estudiosos ter à disposição uma fonte importantíssima para o estudo do teatro primo-seiscentista" (P. Fabbri; A. Pompilio (org.), *Il Corago – O vero alcune osservazioni per metter bene in scena le composizioni drammatiche*, p. 5.). Em tal universo textual, predominantemente voltado aos problemas práticos da encenação (*corago* significa encenador, diretor de cena), as determinações teóricas elaboradas têm, pois, por centro e referência, a experiência concreta de seu autor.

MONTEVERDI MIMÉTICO: MÚSICA E *MÍMESIS*   123

Sobretudo para ser um bom recitante cantando se necessita ser um bom recitante falando, e vemos que aqueles que têm maior graça em recitar fazem maravilhas quando também sabem cantar. [...]de modo que comumente no teatro, de uma forma geral maior satisfação deram os perfeitos histriões com voz e perícia musical medíocres[110].

E se cantar pressupõe declamar:

Deve o músico acompanhar o canto com o gesto segundo a variação dos afetos, da mesma forma que o simples recitante, mas observando, como se disse acima, a diferença que o canto requer[111].

Em termos análogos, que reafirmam a (intrínseca) dimensão recitante e gestual do cantar tardo-renascentista, testemunhando, por esta via mediata, que o *parlar cantando* se positiva enquanto *mímesis della voce*:

O modo de recitar é de muita importância [para o canto], pois algo dito por alguém que saiba bem exprimi-lo e acompanhá-lo com gestos causará muito mais impressão nas almas dos ouvintes e neles moverá mais facilmente os afetos de ira, ódio, paixão, alegria e similares do que ocorreria se este dizer, sem gesto e mutação de voz, fosse simplesmente narrado[112].

Não obstante, e isto do *corago* se escava quando torneia nova advertência, esse canto, *porque* canto – e não fala, recitação enquanto tal –, tem de se descolar das formas diais (da voz) do dizer, abstratas na atualização dos pulsos da alma, que assim não a podem positivamente consubstanciar e mover, pois inexpansivas; convizinhando-se a Doni, pontualiza: num recitativo musicalmente pobre

não se sentiria aquele prazer e movimento de alma que para além do recitar comum se sente quando o verso é cantado e não apenas recitado, tendo muito maior eficácia a cantilena bem modulada que a voz nua usada na comum prolação[113].

---

110   Idem, p. 91.
111   Idem, p. 92.
112   Idem, p. 93.
113   Idem, p. 58.

Numa palavra, a tardia melodia renascentista italiana – cênica ou não – é teatral porque *vox in voce*, orgânica que ao engendrar uma melodia de singular intensidade humano-expressiva envolve não apenas voz, mas o corpo em sua totalidade. Essa música, pois, se aproxima do teatro não externamente, mas por dentro: é teatral por sua urdidura intrínseca: porque o gesto é necessidade da voz, da espiritualidade que se positiva, não simples coadjuvação exterior. Um homem em *parlar cantando* naturalmente gesticula, "anda de modo que parece morrer", e nada há nisso de estranho ou bizarro, conquanto assim não pense Artusi. Nada há, em última instância, porque em Monteverdi se trata "de apresentar na própria criação [artística], além de uma música 'autêntica', um outro elemento essencial: a 'verdade da vida'"[114], mais concretamente, a verdade da alma de um tempo. Tempo de um canto recitante, gestual, porquanto tempos de individuação, do forjamento da singularidade, do *actus* da *potentia* genérica do indivíduo, que expandido, objetiva e subjetivamente, em música fez-se monteverdiana expressividade vital, *imitatione del parlare*. Fez-se vozes, rostos e corpos das damas de Ferrara, intérpretes agudas de um canto essencialmente dramático[115].

DE OUTRAS DUAS CARTAS

Com o exame de quatro momentos epistolares monteverdianos, e ainda da palavra de seu irmão, Giulio Cesare, não se opera mais do que a consolidação do tecido categorial e estético urdidos. Pela pena do compositor, porém, alarga-se o âmbito argumentativo exposto, com o que a tese que este estudo sustenta se adensa, matura. Conclui-se este espaço exegético, portanto, por uma ação que reitera sua forma e constituição, a saber, pela reflexão fundada na práxis, isto é, na e pela escavação da letra de Claudio Monteverdi, que nos

---

114 De'Paoli, op. cit., p. 174.

115 Uma observação, digressiva, mas inevitável, talvez: como não estranhar, posta esta contextura, a tendencial inexpressividade dos corpos e gestos (e *vozes*!?) daqueles que hoje realizam e gravam esse repertório? Concretamente, impropriedade estilística.

proveu as categorias de seu canto. Categorias, ato contínuo, que desdobradas por via de seu exame concreto, se individuaram. Individuação que significou o reconhecimento de sua arte como voz *da voz*, e de seu artífice, antes e acima de tudo, enquanto um imitador. *Um músico é um imitador*, refere textualmente Monteverdi. Menção que articulada a outros três passos epistólicos testemunha sobre o substrato de seu canto, por ele reiteradamente afirmado como ação no interior dos afetos humanos, arte assim conduzida que fez de seu produtor um homem da imitação, criador de vida afetiva porque entalhador *in voce*.

Monteverdi, Imitador

Ao mencionar as críticas movidas por Artusi contra passagens de alguns de seus madrigais, Monteverdi conta a Doni – presumido destinatário dessa carta de outubro de 1633 –, que compelido por essa situação desconfortativa, propusera-se, na época, a escrever um tratado em que evidenciaria o arrimo e lógica de sua música. Desnecessário especular sobre os fatores e razões que teriam interdito a ação teórica pretendida, pois do "tratado", pela inexistência de qualquer rastro, nada se sabe. Contexto que torna probabilíssima a assertiva de que sequer tenha sido principiado, conquanto o compositor comentasse na epístola (mais de trinta anos depois dos acontecimentos) que agora, finalmente, o estaria escrevendo. Especulações à parte, o que esta carta contém de relevante é que, em função da polêmica artusiana mencionada – onde esboça a Doni, ainda que sem detença, a motivação das censuras –, o artista manifesta o pilar sustentante de sua música. Sua pena endereça-lhe estas palavras:

Saiba que de fato escrevo [um tratado], mas forçadamente. Pois o incidente que me incitou a assim proceder, ocorrido há anos, foi de tal natureza, que me conduziu inadvertidamente a prometer ao mundo aquilo que posteriormente percebi que minhas débeis forças não poderiam realizar. Prometi que, num texto publicado, daria a conhecer a certo teórico da primeira prática [Artusi] que existia um outro modo de considerar a música, dele desconhecido, e que eu denominei de segunda prática. A causa de tudo foi o fato de que ele tomou gosto em se pôr contra um de meus madrigais (a alguns de seus passos harmônicos), conquanto já estivesse mesmo publicado. E o fez fundado sobre as razões da primeira prática, isto é, sobre as regras ordinárias, como se tais passos fossem solfas feitas por um menino que começasse a aprender a dispor nota contra nota [no contraponto], e não de acordo com o *conhecimento da melodia* [...]. Mas uma promessa pública não quer ser descumprida, de modo que forçadamente tenho de pagar o débito, e lhe suplico então que me desculpe por essa ousadia [isto é, pelas considerações que a seguir elabora][116].

Propondo, logo à frente, o título do tratado nascituro, e pontualizando suas partes constitutivas, Monteverdi literalmente emoldura a lógica de sua arte, silhuetada no relato precedente. Dando lhe sequência, com o que corporifica a "ousadia" em tecer uma argumentação em termos teóricos, considera:

O título do livro será este: *Melodia, overo seconda pratica musicale*. Segunda, considero eu, em relação à moderna, primeira em relação à antiga [grega]. Divido o livro em três partes que correspondem aos três aspectos *da melodia*. Na primeira discorro sobre a oração [texto, palavra], na segunda sobre a harmonia [música], na terceira sobre a parte rítmica[117].

Conquanto isoladamente inexpansivas, se articuladas entre si, e às categorias e determinações enformadas neste estudo, as passagens se fazem reveladoras, especificativas. Vejamos.

A querela artuso-monteverdiana tem motivação em terreno artístico-musical primário, por isso estrutural. O teórico, acena o compositor, é desadvertido quanto ao fato de que seu madrigalismo não entende constituir um tecido polifônico concebido e disposto a partir da lógica de um contraponto tradicionário, tido como regrante. O que funda e rege sua textura sonora, ao revés, é *a melodia*, a despeito das necessidades internas de uma malha contrapontística, seja esta qual

---

116 Monteverdi, Carta de 22 de outubro de 1633 a Doni, em A. Gianuario, op. cit, p. 33-34. (grifo nosso). No texto de Gianuario, quatro cartas monteverdianas são publicadas: a de 9 de dezembro de 1616 e a de 6 de janeiro de 1617, para Alessandro Striggio; a de 22 de outubro de 1633 e a de 2 de fevereiro de 1634, provavelmente para Doni.

117 Idem, p. 34 (grifo nosso).

for. Ora, posta esta determinação, cunhada – e *praticada* – por Monteverdi, consubstancia-se em termos iniludíveis que ao melódico impende *predominância compositiva*, o que permite renovar, por mais este argumento, de fundo, que sua polifonia substantifica uma *mímesis della voce*. Pois que o *mélos* monteverdiano, *imitatione del parlare*, porquanto tecedor da trama polifônica assim a atualiza. Em argumentação distinta, que entende marcar a consciência de Monteverdi sobre seu fazer. A melodia, ao fundar e ordenar procedimentos composicionais e textura, ao ser via fundante da elaboração artística, engendra uma práxis compositiva cujos fundamentos, sentido e possibilidades são atinados, a saber: sendo-lhe o ato da criação *ação melódica sabidamente mimética*, e se esta melodia, monteverdianamente *reconhecida* enquanto *imitatione del parlare*, enforma seu canto, polifônico ou monódico, teatral ou contrapontístico, a orgânica e dimensão artística daquilo que modelava não se lhe abstrairia, simplesmente. Ou ainda, e em completação, tenha tido mais ou menos ciência daquilo que fora sua *mímesis della voce* (não se deve esquecer que igualmente para Monteverdi o canto, contraditoriamente, era percebido como imitação afetiva da poesia), sua *conscientia mímesis*, não obstante, era real: não fosse para Monteverdi a esfera dos afetos estatuto mimético-musical onímodo, por que um tratado a ser estruturado em torno da melodia, exatamente a *garra mimética* da música, *vox in affectu*? Pelo mesmo movimento perguntante: não fosse monteverdianamente reconhecida enquanto categoria ordenadora, por que um tratado concebido enquanto um tratado *da melodia – Melodia, overo seconda pratica musicale*? E ainda que a melodia tivesse sido a determinante composicional, amplie-se necessariamente o espaço argumentativo, não se tratou de que a pena compositiva monteverdiana a tivesse tomado e conduzido com uma espécie de atenção peculiar, privilegiando-a de alguma maneira; ou, menos ainda, de que simplesmente desatendesse exigências da razão polifônica face às necessidades – expressivas – da melodia, que efetivamente apascentava sua polifonia. Como referido, e bem se atinará na Parte Dois, contraponto e *mélos secondo*, polifonia e monodia, não operavam com atributos clivados, reciprocamente autonômicos, mas punham-se em relação e mutuação. Isto é, o tecido contrapontístico se fez *polifônico-monódico* – substantificado por vozes recitantes imbricadas em verticalidade. O que significa, rigorosamente, que as necessidades da polifonia eram intrinsecamente coligadas às da melodia. E se assim ocorreu, pontualize-se desde já, a reordenação, o alargamento dramático das vias e formas do melódico postos pela *Seconda Pratica* monteverdiana – *mélos* que se fez, frente à arte da primeira metade do século xvi, mais amplo, díssono, vital, *ativo* – implicaria o redimensionamento das vias e formas polifônicas, tecidas *in melodia*. Então Artusi estava imediatamente enganado quanto à sua arte – assinala o compositor – porque é insciente de que seu contraponto é urdido *a partir* e *em função da melodia*, concebido nas entranhas de uma *nova* orgânica melódica, que a tudo transmuda e sela. De modo que seu ajuizamento é improcedente porque radicado numa ignoração de fundo – no não "conhecimento da melodia" *seconda*, condição que lhe interdita sem mais o reconhecimento da lógica da sua sonoridade e de seus movimentos formantes. Numa palavra, desentender ou negar a lógica de sua práxis melódica, afirmara Monteverdi a Doni, é manietar-se frente à alma da polifonia de seu canto, que positivada por *mélos* de nova natureza só se confessa pelo melódico, que acabaria por amolgar procedimentos estético-vocais anteriores.

E no fluxo do relato epistolar a argumentação sobre o melódico ressurge. Agora, por uma reflexão que não distingue apenas sua centralidade compositiva, mas que torneia aquilo que a melodia *é*. No interior da problemática da imitação, o que, aliás, Schrade reconhecera como o próprio cerne dessa epístola[118], Monteverdi ata em laço visceral melodia e mimese, alumiando – e assim roborando – a natureza de sua *Pratica*, uma vez mais. *Pratica* na qual o músico é literalmente reconhecido como "*imitador*". Imitador, ecoe-se, do sentir que os homens carregam na alma, pois a melodia toma do mundo, plasmando-a, a vida afetiva sentida, reordenando-a em canto, arte capaz de sensificar os sofrimentos dramáticos de Arianna. Ao aludir sobre a valia e necessidade de seu (desconseguido) tratado, pondera sobre esta monodia-lamento,

---

118 Cf. nota 11.

MONTEVERDI MIMÉTICO: MÚSICA E *MÍMESIS*   129

que se consubstanciou, como se verá na Parte Dois, e não poderia ser diverso em seara monteverdiana, enquanto a *interioridade* de Arianna:

Creio que [meu tratado] não será desvalente ao mundo. Provei na prática, quando escrevia o lamento de Arianna, o grande esforço que é necessário fazer para realizar o pouco que consegui no campo da imitação. Não encontrei nenhum livro que me abrisse a via natural *para a imitação*, nem que me iluminasse sobre *o que deveria ser um imitador*, a não ser Platão. Mas ele espargia uma luz longínqua, e então só tenuemente minha vista flébil discernia o pouco que mostrava. Por isso, espero que [o tratado] não desagrade, e vindo a público, como se deseja, ficarei mais satisfeito de ser pouco elogiado no novo estilo do que muito no estilo ordinário[119].

A consciência do compositor sobre a lógica de seu fazer novamente irrompe lúcida: ser um *imitador* é a finalidade maior de um artista, perspectiva cuja efetivação não lhe exigiu pouco empenho e trabalho. E, desdobre-se, criar o lamento da mulher abandonada à própria sorte por Ulisses – criar uma *melodia* que expresse suas dores, desalentos, seus momentos lânguidos e irados –, não é atividade arbitrária, de fluente realização espontânea, concebida por uma abstratizada subjetividade artística. Talvez, pelo custo criativo, o novo mimético que sua atividade consubstanciava se lhe afigurasse com nitidez. Monteverdi sabe que percorre caminhos que renunciam a procedimentos e lógicas precedentes, o que significou o entalhe de uma melodia de curvas intensas, ativas, dramáticas, ventre paridor de um tecido polifônico de contornos próprios, específicos. Nesse sentido, de sua polifonia emerge uma arte que é *mímesis della voce* não porque a consubstancia uma sonoridade abstratamente fundada numa "correta" condução das partes, na observância e respeito canônicos às formas ordinárias de manejo das dissonâncias, mas, inversamente, porque o artista torna as vozes – o melódico que as conformam e nutrem – propícias e livres para declamar, cada uma *de per si*. Suposto está por esta assertiva, advirta-se *ad locum*, que os atributos fundantes, o *modus faciendi* da verticalidade na

119 Monteverdi, op. cit., p. 34-35 (grifo nosso).

qual sua polifonia se radica – *modus* que se arma ou constitui a partir da harmonia triádica em terça e quinta –, marcam e intervêm na forma e dinâmica da melodia elaborada. Pois as necessidades físico-estilísticas desta verticalidade, específicas e incontornáveis, implicativas de uma determinada relação harmônica entre as vozes, de uma dada lógica e hierarquia entre consonância e dissonância, envolvem e condicionam, *lato sensu*, sonoridades e procedimentos horizontais. Exigências e especificidades, entanto, que não obstruem, impedem ou tolhem as da nova melodia recitativa – *porque os supostos ôntico-sonoros são os mesmos* –, melodia esta que, momento musicalmente predominante, como sustenta Monteverdi, para *ser tem* de se consubstanciar *in expressividade*, porque *expressão*. Melodia pela qual o contraponto é urdido, e então se remodela, com o que se engendram, harmonicamente, novas relações e textura, como atestam as palavras de Giulio Cesare Monteverdi, na *Dichiaratione*, texto que entendeu dispor a plataforma dos procedimentos artísticos cunhados por seu irmão. Na letra que sintetiza, a lógica da nova melodia transmutou a lógica da polifonia, que se dinamizou, dramatizou, o que significou, do ponto de vista harmônico, a criação de formas historicamente distintas de tratamento da dissonância, próprias à orgânica musical da *Seconda Pratica*[120].

Seja como for, e fossem quais fossem as novas implicações postas pela melodia monteverdiana, seu canto, porém, não efetiva uma simples – e inartística – ruptura com a *triádica prima pratica*, *pratica* que encerra categorias melódicas e harmônico-polifônicas que por sua universalidade superam o terreno da "práxis primeira", fundando outras. De fato, e como se tentará demonstrar, Monteverdi a expande, humaniza, porque a vida, ao arrojar à individuação, *se humana in drama*, movimento que envolveria o forjamento de procedimentos estéticos respondentes. Em termos convizinhos, "Monteverdi ainda olha para a polifonia, e justamente para a polifonia porque esta se constitui em meio proveitoso para se elaborar, com uma agudeza especial, o caráter ou estado das afeições"[121]. Em verdade, não apenas a olha ou considera: Monteverdi, mor-

120 Cf. notas 127 e 129.
121 A. Einstein, op. cit., v. 2, p. 853.

MONTEVERDI MIMÉTICO: MÚSICA E *MÍMESIS*   131

mente, é um polifonista. Não obstante, e não poderia ser diverso, numa carta de fevereiro de 1634 – que como a anterior provavelmente teria Doni por destinatário –, o artista volta a tanger o problema de uma prática musical distinta, claramente referida como a sua. A afirmação de que seu campo estético-compositivo se descola de uma lógica pregressa – isto é, de uma elaboração concebida no interior de um contraponto onde a melodia, porquanto não declamada, não distendida, não o libertou, vertical e horizontalmente, de um procedimento ora inadequado porque *expressivamente* estíptico, que a Monteverdi é insuficiente porquanto falto – é uma vez mais explicitada. Efetivamente, a dinamização e vitalidade da melodia que a letra monteverdiana avoca e transpira, e que se impõem por necessidades humano-miméticas – a saber, constituir a alma dramática do homem quinhentista partícipe da *vida ativa* posta pelo Renascimento –, testemunham, *per se*, a existência de uma práxis polifônica *seconda*. Nos termos monteverdianos, tão claros quanto decisivos, históricos, mas menos filosóficos do que talvez desejasse:

encaminhei meus estudos por outra via, apoiando-os sobre o fundamento dos melhores filósofos escrutadores da natureza. E porque vejo pelas minhas leituras e na medida em que escrevo música a partir de tais observações, que os afetos concordam com as referidas reflexões destes filósofos e com as necessidades da natureza, e então comprovo que as regras musicais [do contraponto dominante] não podem de fato satisfazer as necessidades da natureza, denominei meu livro de segunda prática[122].

Denominação cunhada que assinala seu tino sobre o surgimento de um novo processo imitativo, que parture desconcertantes, veementes, teatrais manifestações do espírito. Artusi, arrimado e movido por espaço estético distinto, onde a música acolhe a lógica da polifonia zarliniana, não poderia, então, não acoimar o compositor, desconfortando-o, porquanto sua admoestação, pública, atingiria material editado. Material de uma prática segunda: prática da melodia declamativa, que desarrumava uma polifonia de talhe cartesiano, reacomodando-a,

---

122 Monteverdi, Carta de 2 de fevereiro de 1634 a G. B. Doni, p. 94.

mas exatamente pela qual, insistia a letra artusiana, o canto deveria, a despeito de tudo, ser plasmado.

De um Manifesto

Contra as críticas diretas do eclesial, como também para escrever seu tratado – declarada tarefa autoimposta cujo empenho e fôlego sem dúvida lhe consumiriam forças vitais –, Monteverdi parece jamais ter maneado sua pena. É Giulio Cesare que realizará um acerto de contas com Artusi, ação que naturalmente o conduziria a um delineamento mais específico e desdobrado acerca da natureza desta *seconda pratica* compositiva, algo que não se colhe da palavra monteverdiana. Palisca sublinha a relevância do texto arrazoado produzido:

> O comento de Giulio Cesare Monteverdi, publicado nos *Scherzi musicali* (1607), sobre a declaração de seu irmão [no *Quinto Livro*][123], é um dos mais importantes manifestos da história da música. Como um manifesto, é mais rico em *slogans* do que em ideias estéticas originais. Mas ilumina muitas das observações de seu irmão Claudio, ainda que não se possa assumir que o compositor estivesse atrás de cada uma das palavras do texto[124].

Assim, pela análise de alguns momentos da *Dichiaratione*, que distende as asserções epistolares do compositor, atam-se pontas teóricas não suficientemente conexas, ao mesmo tempo em que se corroboram categorias firmadas. De modo que o concluimento desse espaço exegético encontra seu caminho

---

123 No *Quinto Livro*, como informação aos "Studiosi Lettori" – texto anexo de não mais de quinze linhas, Claudio Monteverdi, além de reclamar a paternidade da expressão *seconda pratica*, menciona estar publicando essa coleção mesmo sem antes ter respondido às críticas de Artusi a passos de alguns desses madrigais; justifica: "não sou patrão daquele tempo que necessitaria"; mas afirma, outrossim, que em breve, sob o título *Seconda pratica, overo Perfettione della musica moderna* (clara alusão, ora invertida, ao título do texto de Artusi), publicaria a devida réplica àquele teórico, onde demonstraria que "existe uma outra prática do que a ensinada por Zarlino". Essa réplica, talvez por sua não familiaridade com problemas teóricos, a elaboraria seu irmão, sob o título *Dichiaratione della lettera stampata nel Quinto libro de suoi Madrigali*.

124 C. Palisca, The Artusi-Monteverdi Controversy, em D. Arnold; N. Fortune (orgs.), *The New Monteverdi Companion*, p. 152.

de objetivação pelo incurso nesse texto de ressonância histórica, que não casualmente concentra sua argumentação crítica sobre dois pontos, nucleais: *a melodia e a relação canto-poesia*. A partir do madrigalismo, do contraponto monteverdiano, esfera que traduz não apenas a lógica e procedimentos compositivos da esfera polifônica, mas também da monódica, na exata medida em que o substrato da solitária voz recitante funda a voz da trama madrigalesca, a *Dichiaratione* constrói a reflexão sequente.

Posto de chofre: para Giulio Cesare o que distingue e singulariza o canto monteverdiano é sua melodia, aquilo que ela *é*, ou no que se consubstancia, melodia que se positiva como categoria musical *determinativa*, ordenadora do tecido sonoro. O melódico monteverdiano, afirma, não pode se subordinar às necessidades internas de uma lógica e trama contrapontísticas (da *prima pratica*), que, se abstratamente condicionadoras da melodia monteverdiana, que *se expandiu, intensificou, universalizou*, limitariam seu ser e fluxo naturais ao adstringirem, necessariamente, seu movimento. É esta "nova" melodia, ao revés, que deve fundar – e de fato funda – a urdidura compositiva polifônica, que então igualmente se estreitaria expressivamente, aluda-se, se seu *mélos* entalhador fosse de jaez zarliniano. Ora, e este é um ponto que Giulio Cesare marca, o que distingue o melódico monteverdiano é que ele se põe e organiza no interior de uma extensa e intensa articulação com o poético, ou *a partir* dessa relação. A melodia, em Monteverdi, não se *autorrege* ou se *autoinstitui*; não nasce do puramente musical, não resulta, isoladamente, de suas próprias entranhas ou se radica nas necessidades verticais de um contraponto, mas se positiva, move, consubstancia, assenta a *Dichiaratione*, na vinculação intrínseca que com a palavra estabelece. Ao esboçar a diferença entre *Prima* e *Seconda* práticas, considera:

Por primeira prática se entende a que versa em torno da perfeição da harmonia [da música][125], isto é, que considera a harmonia não

---

125 Com o termo *prima pratica*, Giulio Cesare remete, genericamente, a um contraponto de talhe zarliniano, ou aquele que privilegia a lógica sonora de uma prática polifônica tradicional, ou cujos movimentos das vozes e o tratamento da dissonância não podem observar as necessidades de uma nova expressividade monteverdiana.

134   MÚSICA SERVA D'ALMA

comandada, mas comandante, não serva, mas senhora da oração [do texto]; [...] Por *segunda prática* [...] se entende a que versa em torno a *perfeição da melodia*, isto é, que considera a música comandada, e não comandante, e tem por senhora da música a oração[126].

Em termos correlatos: Zarlino denominou seu livro de

Istitutioni Harmoniche porque desejava ensinar as leis e regras da harmonia, mas meu irmão denominou [seu tratado] de *Seconda Pratica* – segunda em relação ao que [hoje] se pratica – porque quer se servir das considerações dessa prática, isto é, *das considerações melódicas e de suas razões*[127].

A letra teórica é diáfana naquilo que reconhece ser o cerne compositivo da *imitatione del parlare*: a segunda prática é uma *prática melódica*, a da *perfeição da melodia*. Perfeição que sc alcança, declara o manifesto, na medida em que se positiva enquanto torneamento e manifestação – *expressiva* – do poético, não quando parida por razões puramente sonoras, contrapontísticas ou não. Ao responder às exprobações artusianas em relação a procedimentos monteverdianos, seu argumento não poderia então não estar enraizado nesta determinação de fundo: Giulio Cesare assinala a improcedência de uma análise, como a de Artusi, que desatenda ao texto, esfera, insiste reiteradamente, a partir da qual esse canto – a *melodia* – se substantifica e opera. Vale dizer, a *Dichiaratione* marca a desrazão de um exame que desvincule a esfera poética da musical, que tome a melodia, as notas, a sonoridade engenhadas, no isolamento descarnador de si mesmas, ou sem seu contexto radicante, pois o canto monteverdiano é modulação da poesia, *sua expressão in sonu*. Nos termos do autor, patentes:

Artusi, um bom mestre, examina certas partes ou passagens (como ele mesmo diz) do madrigal *Cruda Amarilli*, de meu irmão, não cuidando da oração, omitindo-a de tal modo como se nenhuma relação tivesse com a música; apresenta então essas passagens privadas do texto, do todo de sua harmonia e de seu ritmo. Mas, se essas passagens, por ele tomadas como falsas, houvessem sido

126   Giulio Cesare Monteverdi, *Dichiaratione*, apud P. Fabbri, op. cit., p. 64.
127   Idem, *Dichiaratione*, em G. F. Malipiero (org.), *Tutte le opere di Claudio Monteverdi*, Livro x, op. cit. (grifo nosso).

MONTEVERDI MIMÉTICO: MÚSICA E *MÍMESIS*   135

expostas com seu texto, sem dúvida o mundo teria sabido onde
Artusi falhara em seu juízo, e assim ele não teria podido dizer que
tais passos eram quimeras e castelos de areia por não serem inteiramente observantes das regras da primeira prática. E bela compro-
vação disto seria feita se deste mesmo modo se procedesse com os
madrigais de Cipriano [da Rore] *Dalle belle contrade, Se ben il duol,*
E se pur mi mantieni amor, Poiché m'inivita amore, Crudel acerba,
Un'altra volta, e outros, cuja música serve exatamente à oração, de
sorte que essas obras seriam como um corpo sem alma quando da
oração despidas, oração que é a mais importante e principal parte
da música. De modo que censurar essas passagens sem sua oração
significa afirmar que o belo e bom está na observação exata das referidas regras da primeira prática[128].

Em necessário movimento especificativo. A tarefa do músico é
servir à oração, firma Giulio Cesare. Determinação que encerra, latente, este desdobramento, contornado na *Dichiaratione*: a
nova melodia, que instaura o canto monteverdiano, nasce das
necessidades expressivas da poesia, seu suposto e sustentação,
poesia que pela música se traduz em sons, que, pois, a intensam, porque assim consubstanciada *in affectu*. Canto, assim,
entremostra a letra declarativa, que ao vestir a palavra em melodia, ou melodias (polifonia), a acolita, duplicando-a. Isto é, a
música se positiva como sua segunda imagem, ou, o que dá no
mesmo, a poesia, renascida em som, atualiza-se numa segunda forma ou natureza – musical. Desatender ao poético no ato
da análise musical é, pois, em tal contextura, impropriá-la na
raiz, porquanto se desatende à função real da música monteverdiana, que se descola da *prima pratica*, firma Giulio, porque
melodia fundada na poesia, a ela visceralmente atada, atação
que é *Seconda Pratica*, ou poesia atualizada *in mélos*, que lhe
plasma e exprime afetivamente. As contundências díssonas
que Artusi agrava não podem, assim, ser ouvidas, então teoricamente pensadas e aquilatadas, sem o contexto que as incita e timbra, porque não se objetivam enquanto som, sentido
ou valor *de per si*. São manifestações miméticas, expressivas,
que é necessário enformar porque o verso as supõe, implica,
pede. Se o poético reclama expressividade pungente, agravada, a trama polifônica a tem de parir: seja pelos movimentos

---

128 Idem, *Dichiaratione*, apud P. Fabbri, op. cit., p. 64.

136   MÚSICA SERVA D'ALMA

de uma melodia "solitária", seja pela relação imediatamente polifônica entre vozes, ventre das dissonâncias harmônicas. Lógica que – escava-se da *Dichiaratione* – infligiria a procedimentos compositivos anteriores mudanças e reordenamentos, o que implicaria o distanciamento da polifonia monteverdiana do *modus* contrapontístico de talhe zarliniano, que desentende e amarra a melodia recitativa porque a *ativa* expressão ora perspectivada não lhe era horizonte composicional. Na nitidez do argumento concreto,

em relação à consideração determinada que versa sobre o modo de usar as consonâncias e dissonâncias, meu irmão conhece as regras do Reverendíssimo Zerlino [sic], encontradas no terceiro [livro] das suas institutioni [*Istitutione Harmoniche*]. Regras que tendem a mostrar a perfeição simplesmente prática da harmonia, não da melodia, como bem se vê pelos exemplos musicais dados, os quais, ao mostrarem em ato prático o conteúdo dos ditos documentos e leis, são postos sem a consideração da oração. Assim, mostram ser a harmonia senhora, e não serva; mas meu irmão provará a seus opositores e aos que os seguem não ser a harmonia, que é *serva da oração*, determinada, no uso das consonâncias e dissonâncias, pelo modo referido [de Zarlino][129].

De modo que tomar Monteverdi sem o poético é se interditar no entretecimento de um movimento teórico determinativo, canto que, sem texto, é corpo sem conteúdo, corpo que nessas condições não implica ou pode implicar arte, mimese, sentido. É na liga, que se fez primária e indissolúvel, entre as instâncias da palavra e da música que se armam e agarram as motivações de sua práxis, às quais Artusi, pela clivagem operada, contrapunha-se tal qual Quixote a moinhos de vento[130].

---

129 Idem (grifo nosso).
130 A palavra de Giulio Cesare melhor se silhueta, bem como a argumentação atinente, quando se examina um dos extratos monteverdianos censurados por Artusi. Em *Cruda Amarilli*, no compasso 13 da edição de Malipiero, a nona (*lá*, em relação ao baixo, *sol*), que *a súbitas* surge no canto, bem como seu salto sequente à sétima, *fá* – ambas as dissonâncias, pois, concebidas em desconformidade em relação ao tratamento contrapontístico tradicional –, vestem um passo poético – *ahi lasso* – de jaez dorido, pungitivo. Dor e pungimento poéticos que implicam uma melodia que os possa expressar, a qual, por sua expressividade, necessariamente desordena a lógica de uma arquitetura contrapontística tradicional: *lato sensu, Seconda Pratica*, ou a *Pratica*

Configurado este primeiro movimento determinativo, há que se pontualizar, ato contínuo, o enlace teórico irrazoável efetivado: a música monteverdiana é o que é por ser espelho da poesia, ou desta toma sua própria alma, firma a pena de Giulio Cesare, que sintetiza: a "oração é a principal e mais importante parte da música". A dinâmica ativa, a expressividade vital da melodia de Monteverdi que a *Dichiaratione* claramente avoca ao distinguir a *Seconda Pratica* enquanto arte da "perfeição da melodia", não se positiva e explica, porém, ontologicamente, por tal relação mimética. Nesse sentido, para que a proposição cesarina apresentasse um flébil sopro de abstrata plausibilidade – e ainda assim não mais seria do que uma tese improcedente, ou pelo menos estruturalmente imprecisa –, o madrigalismo monteverdiano deveria estar incontornavelmente atado a uma poesia que transpirasse expressividade veemente – fosse sob pulso dramático, nas palpitações de um lirismo predominante, ou a partir de qualquer outro influxo ou dinâmica; expressividade poética em função e no pulso da qual a melodia, então sorvendo-a, pudesse plasmar-se na intensidade expressiva apontada, e que de fato se consubstancia. Monteverdi, contudo, a exemplo de todos os seus contemporâneos, musicou poesia dos mais distintos matizes, o que implicava a variabilidade da natureza e densidade das pulsações e atos humanos poeticamente positivados, arco poético-expressivo inomogêneo que se deslocava de Petrarca a Guarini, de Tasso a Marini.

de uma melodia dominante, de uma sonoridade que serve à poesia, não aos regramentos de talhe zarliniano, firma Giulio Cesare. Eis o passo:

Ao que se deve acrescentar, pontuando, que o verso madrigalesco não encerra, tendencialmente, peculiar expressividade;
uma poesia madrigalesca não se especifica por tal inclinação.
Ora, e este é o ponto do qual não podemos descuidar teoricamente, a música monteverdiana destinada às obras desses e
de outros poetas, possuíssem ou não essas poesias a expressão
como seu atributo imediato ou próprio, irrompia *in expressividade*. Vale dizer, a vitalidade expressiva de sua melodia se consubstanciava sobre *toda e qualquer* poesia, fosse mesmo um
madrigal ligeiro ou um soneto datado. De modo que, e isto se
deve assertar em traço contundente, o canto monteverdiano se
descola e separa das entranhas poéticas. Armar-se a partir e no
interior da poesia não significa, *em momento algum*, seu mero
decalque ou abstrata duplicação: isto porque a melodia não é
nem sentimento poético transfundido em sons, o que o ato
cantado simplesmente não pode substantificar, mesmo porque
sentimentos não são plasmáveis *per si*; nem, por outro lado,
mimese dos pulsos anímicos que eventualmente da poesia es-
corram, como a Parte Dois denotará concretamente. Numa
palavra, se um poema não particularmente dotado de energia
expressiva funda um canto que é expressão vital, imediatamente ganha forma a não linearidade da relação. Relação esta que,
se condição da objetivação do canto, não significa simples duplicação, mas distinção numa unidade em mutuação.

Seja como for, porém – e é isto que se deve destacar uma
vez esboçada a impropriedade teorética –, a despeito dessa er-
ronia, ou mesmo a partir dela – a qual, ecoe-se, renitente ressoa acatada em nossos dias –, Giulio Cesare atina e testemunha
sobre a fundante e distinguível expressividade do canto monteverdiano, de sua melodia, culminância de um *modus* compositivo *in expressione*, nascido do ventre da palavra, asseverava
em desacerto a letra *Declarante*. Intrínseca imbricação palavra-
canto reconhecida e proposta que, embora conceitualmente
urdida em irrealismo porque irrealizabilidade artística, guarda
latente a *especificidade mimética* pela qual esta arte se entece –
o que da argumentação sequente se colherá –, como também
dela se colhe, *in limine,* a ingênita dimensão imitativa do *actu*
monteverdiano. Colige-se da pena de Giulio Cesare, enfim, a
objetiva determinação de que a matéria do canto não é a sono-

MONTEVERDI MIMÉTICO: MÚSICA E *MÍMESIS*   139

ridade, mas aquilo que por ela se manifesta, *in mímesis*. Mimese que, dos afetos, da expressão, entrelaça na *Dichiaratione* canto e vida afetiva, expressividade e sentimento, voz e interioridade, de tal modo que a palavra cesariana, ao defender um determinado *modus faciendi* artístico, em esteira aristotélica coliga o que é coessencial: música e mundo da sensibilidade.

Traçado este quadro, incontornável precisar um ponto em seu interior que, se superficialmente tomado, descolore a dimensão do *Manifesto*, interditando tanto a compreensão real das palavras de Giulio Cesare, como a individuação da arte que se deseja destramar.

A proposição cesarina de que a *Seconda Pratica* se consubstancia enquanto uma práxis cuja relação poesia-música faz da *melodia servidora do verso* implica desnaturação teórica. Implica porque esta não é a forma que rege a mutuação compositivamente fundante. No entanto, advirta-se, o "mote, posto como fundamento da "segunda prática", de que "a oração seja senhora da música e não serva" (como se lê na *Dichiaratione* dos *Scherzi Musicali*) deve ser tomado no espírito, não na letra, recordando-se que *tal 'prática' é 'aquela que versa sobre a perfeição da melodia'*"[131]. Vale dizer, e para além de Fabbri: conquanto a célebre *frase da servidão* – no mínimo obscura e que causou *histórica confusão teorética* –, não espelhe a lógica da arte monteverdiana, desentendendo orgânica e procedimento desse fazer, nela pulsa um fundamento real, uma determinante categorial que, elucidando seu próprio substrato, positivo, ato contínuo ilumina o alicerce do canto analisado, e não apenas dele. Em novo movimento de escavação ideal, que alenta elaborações anteriores.

Posto de pronto: o que, latente, estua nesta frase, ou o fundamento que lhe engendra, estatui – frase, de fato, que se tornou a própria imagem e definição da lógica monteverdiana: "*a música* [é] *serva da oração*" –, é uma aludida categoria do canto, reiteradamente tangida neste estudo. A saber: para se objetivar, alcançar pulso mimético real, a melodia necessita da palavra, do texto, isto é, do mundo objetivo que pela língua se atualiza, plataforma do ato cantado. Nesse sentido, a contradição

---

131   P. Fabbri, op. cit., p. 74 (grifo nosso).

involuntariamente afigurada e sustentada na *Dichiaratione* – a *Seconda Pratica* é *propriamente* o espaço do melódico, que se *subordina* à palavra, é a arte da melodia, "perfeita", porém esta se realiza como simples duplicação da poesia, como *apendiculada serva mimética* – parece ser uma (falsa) decorrência teórica desse *modus faciendi* da voz, dessa sua dimensão categorial. Dimensão que, se abstratamente considerada, pode induzir à determinação cesarina de uma mera subsunção, ou aquela que faz da música monteverdiana mimese da poesia. Determinação esta, porém, que efetivamente reflete aquilo que está visceralmente atado (melodia e palavra), conquanto não na forma como essa imbricação se atualiza em Monteverdi. Ora, sons musicais sem texto, assevera Giulio Cesare – assertividade que a meu ver revela que sua posição quanto à lógica da mimese monteverdiana deriva, pois, de um real fundamento categorial que entanto é tomado na sua imediatidade –, positivam-se enquanto sonoridade cega, indeterminada, aquela que não se supera enquanto sonoridade, ou melhor, que não pode ir além de uma abstratividade – expressiva – que naturalmente irrompe. Por si, solitária, pura, a música tende à inespecificidade, ao apoucamento de sua ingênita condição mimético-expressiva; em última instância, nega-se artisticamente. Ressoando Doni, considera:

se tomamos a música sem lhe atar uma outra coisa não terá nenhum poder de realizar qualquer efeito extrínseco. Se caminha para o mais grave prepara e predispõe, de um certo modo, intrinsecamente à alegria, ou à tristeza, *mas não induz a expressão de qualquer efeito extrínseco*[132].

De modo que, se assim pensa Giulio Cesare, a "servidão sonora" tão corroborada argumentativamente denota a existência, em seu substrato, do enlace *necessário* à atualização da melodia, sem o qual não há ou não pode haver canto, ao menos aquele positivo, talhado *in mímesis*. Enlace incontornável que radicando o ser e ir-sendo imitativos da *Seconda Pratica*, não significa, porém, domínio do poético, ou sua imitação pelo canto – como na *Dichiaratione*, onde a relação simpléctica se transforma em irrazoável servidão imitativa –, mas, sim, a

---

132 Giulio Cesare Monteverdi, op. cit. (grifo nosso).

condição de possibilidade desta práxis segunda. Isto é, essa atação é seu suposto, ponto de partida, sua plataforma, itere-se. Enfim, e em delineamento sucinto, Giulio Cesare formula um reconhecimento teorético basilar, sem dúvida polêmico: o canto, a música, supõe a esfera da palavra, é nessa conectividade que se efetiva *in concreto*, que se consubstancia na concretude de sua expressividade humana efetiva e possível. Assim, e toque-se o cerne do problema estético, talvez em razão da *específica proximidade* entre palavra e melodia no canto monteverdiano, proximidade radical porque de uma *imitatione della voce* se trata, onde *as formas da fala são genericamente preservadas pelas formas do canto*, a *Dichiaratione* as tenha vinculado na irrealidade ideal de uma melodia que reproduz a poesia, que a serve, vínculo irreal porém teoricamente pétreo, socializado.

Não obstante, e isto se deve frisar, dessa *impotentia concipiendi* se escava não apenas o universal e fundante enlace palavra-canto, voz-poesia, mas também que em Monteverdi essa essencial mutuação se forja em termos viscerais. Ou ainda, da historicamente ecoante frase cesarina se colige não só o intrínseco e determinante pulso mimético e expressivo do canto monteverdiano, claramente estabelecido por Giulio Cesare a partir da afirmação reiterativa da existência de uma vital relação melódica com a palavra; o que significa, sublinhe-se, o reconhecimento e indicação da compositiva centralidade da melodia em seara monteverdiana, não casualmente declarada como esfera musical intrinsecamente *expressiva, dominante,* "perfeita"; mas, ainda, dessa frase de fôlego histórico se captura uma questão estética mais pontual – a *natureza* do *mélos* monteverdiano. Ao assinalar que a *Seconda Pratica* é a arte da melodia, ou que a música monteverdiana se constitui e positiva a partir e em função do poético, da expressão do texto, sua letra permite vislumbrar, rigorosamente, que esse canto consubstancia uma *mímesis della voce*, pois tal vínculo estrutural com a palavra entremostra que o *mélos* se modela *na* e *pela fala*, isto é, *na e pela voz: ad imitatione del parlare, ad mímesis della voce,* avoque-se. Em proposição mais concreta, posta a *carnalidade* pela qual a *Dichiaratione* relaciona as esferas da melodia e da poesia, que quase as unitiza, daí se toma, como de fato ocorre, que a melodia monteverdiana se plasma ao modelar a palavra, isto é, que o canto se positiva a partir de uma ação modulante enraizada no dizer. Ação, pois, que supõe e envolve as formas da fala, envolvimento este que é a forma de ligação mais próxima, efetivamente carnal, que o canto – a melodia – pode estabelecer com a palavra[133]. Então, se atina, ainda que por um movimento mediato, que Monteverdi engenha uma *mímesis della voce*, pois num canto mimético, se da fala se trata, de uma mimese da voz se trata. Enfim, conquanto a *Dichiaratione* torne servo aquilo que de fato comanda, por este movimento abre espaço à captura da alma de um fazer sonoro, proporciona a entrevisão da lógica de uma prática compositiva, que imbricada está à poesia porque à voz, não imediatamente à palavra e seu significado. De sorte que se a afirmação de uma "servidão musical" perde ou confunde substância mimético-determinativa, ato contínuo descortina um sentido artístico, porque "servidão" significou, de um lado, a determinação da expressividade *in mímesis* de um canto, de outro, e mais importante, de que este se entecera na palavra, isto é, *in voce*.

Um passo especificativo: *ad "perfeição da melodia"*, com o que se amarra o exposto. Giulio Cesare é categórico: a música monteverdiana é a esfera da prevalência do melódico, da *"perfetione"* da melodia. Plenificando o sentido apenas esboçado dessa expressão historicamente repercutida.

Monteverdi entende e perspectiva fazer do canto *expressão dramática*[134]. Se este é o *télos*, implicada está a existência de uma melodia dinâmica, que assume natureza multíplice. De fato, a *Seconda Pratica* consubstanciou, historicamente, uma ampliação, uma intensificação da instância melódica, sem o que o fim estético pretendido não se realizaria: se não multímoda, a melodia, *instrumentum mímesis*, estaria organicamente inabilitada ao canto dramático, à arte monteverdiana. Em última instância, retome-se oportunamente, é esta intensidade melódica *desregrante* o atributo compositivo que engendra a denegação artu-

---

133 Pontualizando: no e para o canto, palavra é sempre palavra *falada*. Monteverdianamente, porque *vox in voce*, palavra tecida no interior da dinâmica da fala, o que subentende, *lato sensu*, a conservação de sua orgânica sonora, lógica que engendra mutualidade intrínseca entre *mélos* e palavra.

134 Cf. nota 6, onde da letra prefacial se escava esse horizonte dramático, abstratamente silhuetado. Abstração que a Parte Dois concreta.

MONTEVERDI MIMÉTICO: MÚSICA E *MÍMESIS*   143

siana face aos madrigais, embora disto o teórico pareça não ter
se dado efetivamente conta. Quando Giulio Cesare firma que a
Pratica de Monteverdi é a da *"perfeitione de la melodia"*, estabe-
lecendo para a sustentação da propositura que a "perfectibilidade" significa *expressividade* do poético, ou, mais rigorosamente,
"perfeita" expressividade da poesia, reconhece e inscreve, antes e
acima de tudo, que este fazer musical exprime as paixões humanas com *vitalidade* e *meios inauditos*, desconhecidos da *Pratica*
anterior. Lógica musical que se arrojara a tal veemência porque
o sentir, nos espaços do Renascimento tardio, requeria vias expressivas vigorosas, do que nasceria uma melodia intensa, *in
dramática extensividade*, "perfeita", isto é, apta à *mimese dramática* que à música, agora, impendia elaborar. Canto este que,
prática segunda, ao criar o melódico, que se expandiu, parture
uma melodia que, voz *in voz*, engendraria uma expressividade
que não poderia não se realizar como força artística vigorosa,
incontrastavelmente *dominante*. *"Perfeita"*, portanto, esta a efetiva razão, porque *visceralmente expressiva* – porque *expressão
ampla*, porque *melodia veementizada*, que, *mímesis della voce*,
fez-se "vívida imediatidade", vívida expressão anímica, até então musicalmente insabida. Nesse sentido, e distendendo esta
questão musical de fundo, a melodia se fez categoria fundante e
prevalente na *Seconda Pratica* pelo simples fato de que sua expressividade, vital, assim a consubstanciou na urdidura compositiva. Numa determinação de talhe tautológico, que sintetiza,
é prevalecente porque aquilo que a melodia é a faz imediatamente predominante na orgânica sonora em que se insere. Ou
ainda, porque *imitatione del parlare, vox in voce*, do predomínio do melódico se trata, posta sua ingênita força expressiva,
compositivamente ordenadora. *Seconda Pratica*, arte da perfeição da melodia porque a música, a práxis polifônica, se organiza e arma pela *melodia*. "Música serva da oração": de fato, e
rigorosamente, *canto, servo da melodia*. Melodia que se objetiva *in expressividade* não porque extrai do poético o conteúdo a ser substantificado, mas porque a subjetividade medrou,
in drama. Alargamento que em música se fez mimese do dizer, canto de dominância melódica porque melodia ativa, justa
mediação artístico-vocal de um mundo dramático que se sabe
dramático. Em roborante determinação negativa, que interdiz a

Dichiaratione: a música monteverdiana *não* é poesia *in affectu*, mas voz *in affectu*, de modo que a expressividade de sua melodia não provém imediatamente da poesia, mas da voz que se toma *in arte*, a qual, incluindo em si formas do dizer, ou carnalmente atada à palavra, parece insinuar que o canto nada mais é do que poesia em sons, embora outro seja seu substrato e mimese: a própria vocalidade. *Voz que se toma in mímesis, então arte da melodia, por excelência.* Itere-se, porque ato clarificativo: que *imitatione del parlare* se transfunda teoricamente em mimese da poesia não pode causar espanto; a voz que se imita é voz que modula a palavra poética, de tal forma que os pulsos afetivos externados aparentam ser sentimentos da poesia objetivados em sons. Não obstante, ao estabelecer que da poesia a música é serva ao lhe reproduzir os afetos, a *Dichiaratione* enseja a entrevisão, sem saber que o faz, de que esta arte é uma *mimesis della voce*. Ora, ao descolar as causas e procedimentos da melodia monteverdiana de um plano puramente sonoro, assentando-as sobre razões poéticas, assinalando que esse canto, da "perfeição" e domínio da melodia, molda-se em forma e conteúdo na e pela poesia, conecta em liga vital *Seconda Pratica* e melodia *in* palavra, isto é, enlaça *canto* e *mimese da voz*. Liga da qual escorre, ao menos num gotejar genérico, o objeto e resultante do madrigalismo – a subjetividade que sente, *in vehementia*. Da *Dichiaratione*, então, escava-se que a *prima pratica* diverge da *seconda* não porque esta expresse a poesia, mas porque sua melodia – e, assim, toda a sua estrutura compositiva – assume uma conformação singular, incabível na trama e procedimentos da *Pratica* musical anterior, posta a expressividade artisticamente elaborada. Numa palavra, a *Seconda Pratica* não é serva da poesia, mas *da alma*, que em Monteverdi se fez canto *in voce* – alma nua, arte que da própria mediação artística colheu a matéria de sua mimese, humana melodia.

Seconda Pratica, polifonia consubstanciada *in melodia dominante* porque melodia *in recitatione*: *Seconda Pratica, Pratica della voce*, que é então engendração de uma urdidura polifônica plasmada pela e na plena *autonomia* das vozes *in* contraponto, porque vozes recitativas, isto é, *intrinsecamente expressivas, naturalmente ativas*. Dominância melódica, porém, que não pode ser entendida abstratamente – no sentido de que esse canto a tenha historicamente criado. A polifonia, da qual Monteverdi é epígono, se urde e arma pela imbricação de vozes distintas, o que significa, *lato sensu*, a prevalência da melodia, pela qual o tecido polifônico se constitui e ordena. A polifonia monteverdiana, nesse sentido, não difere de outras porque priorize a melodia ou por ela a engendre. Não obstante, e isto se deve destacar, essa predominação se diferencia, especifica-se. Isto na exata medida em que sua melodia irrompe por uma forma e força singulares, o que significa, artisticamente, que tal predominação se consubstancia em fundante *dominância compositiva*, contraponto, pois, que surge concretamente *in melodia*, contraponto, avoque-se, que o artista preferia como meio compositivo, tendo dele se servido para escrever a quase totalidade de sua música[135]. Predomínio, de talhe singular, que envolveria transmutações nas formas e procedimentos do contraponto "tradicional" de seu tempo, o qual, a seu turno, fundaria a polifonia de grande parte do século XVI. Onde a melodia, então as vozes, conquanto musicalmente instauradoras da textura sonora, se diluíam na trama polifônica, no interior de uma verticalidade dominante: despida de uma vitalidade veemente, de uma orgânica ativa, o melódico não predomina, ou não predomina *in concreto*. Isto é, porquanto abstratas, as vozes se abstratizam *in polifonia*, que as absorve, de tal modo que o todo prevalece sobre a parte, o contraponto e suas necessidades sobre a melodia, subsumida, a qual, não obstante, o engendra e funda. Nessa contextura, a verticalidade, suas relações e procedimentos, assumem precessão compositiva, logo, prioridade sonora, verticalidade dominante porque as vozes não se individuaram, não se singularizaram, não se projetaram, verticalidade que então se sobreleva.

Individuação, inversamente, e eis a distinguibilidade de fundo, que timbra a prática melódico-polifônica monteverdiana. Aqui, diferentemente do contraponto de talhe zarliniano, o

---

135 Essa contextura, por si, torna a revelar quão imbricados estavam os gêneros monódico e polifônico. Uma mutualidade, concreta, marca o pulso estético-musical, de tal forma que a contraposição entre polifonia (madrigalismo) e monodia só é positiva ao se pensar uma distinção estilística, ou melhor, de esferas, que se entecem, porém, pelo mesmo *modus faciendi* compositivo.

canto se consubstancia pela dominância efetiva do *mélos*, que então se faz esfera compositiva positivamente ordenadora. Vale dizer, com a *Seconda Pratica*, *voz in voce*, prorrompe uma nova forma de objetivação da polifonia, porque a expressividade ativa da melodia autonomizou as vozes, que, assim intensadas, substanciadas, substantificadas enquanto melodias autonômicas, rompem regrantes necessidades do contraponto. De sorte que este, monteverdianamente reordenado, se plasma em textura outrossim ativa: as vozes plasmam uma *polifonia in drama*. Polifonia intrinsecamente expressiva porquanto vital, positivamente melódica porque tecida por vozes recitativas, individuadas, que assim parturem um contraponto distinto. Trama contrapontística parida *por todas as vozes e por cada uma delas* pois, atualizando-se em *recíproca autonomia* e *distinção*, então se concretaram enquanto vozes. Trama que, vozes em mutuada *independência recitante*, se fez intrinsecamente dramática, então gestualidade *in potentia*. Em argumentação compositiva, que desdobra e sintetiza. Quando Giulio Cesare sustenta a valência das dissonâncias monteverdianas censuradas por Artusi em função das exigências *da melodia* – de suas exigências e necessidades porque a esta cumpre, e nada mais, expressar –, testemunha rigorosamente sobre a consubstanciada predominância do melódico. Destrinçando os supostos dessa determinação, tão essencial quanto implexa. Ora, o que arrasta o madrigalismo de Monteverdi à dissonância harmônica que punge, ofensiva à razão e sentido artusianos, é o fato desse canto ser *mímesis della voce*, arte da melodia radical, da expressão radical, melodia que se realiza na plenitude de suas imanentes possibilidades expressivas se a textura polifônica – que a radica, contextualiza e projeta –, urde-se também em expressividade, necessária. Lógica de um ser e ir-sendo melódicos que pressupõe uma dissonância contrapontística veemente, em projetação, que, potenciando a melodia, concreta sua ingênita orgânica dramática. Vale dizer, no canto monteverdiano é o *mélos* que concita à dissonância contrapontística, que a enseja, porque a encerra: na arte que é dramática voz humaníssima, o díssono está implicado *in limine*, consubstanciando-se como ato de uma potência (melódica) intrínseca. Então, é a partir dessa contextura que se deve pensar e escavar a aparentemente ambígua asserção cesarina de que as

MONTEVERDI MIMÉTICO: MÚSICA E *MÍMESIS*   147

dissonâncias – geradas por uma relação harmônica, não melódica – são fruto e se justificam pela melodia, ou melhor, por um
canto que é *perfeita melodia*, como o próprio Monteverdi o entendia[136]. Em suma, a dissonância polifônica é parida do ventre
da *necessidade melódica*. Uma melodia dramática – fator mimético fundante – pressupõe e engendra uma polifonia dramática,
que se consubstancia outrossim por uma dissonância dramática, dissonância cuja forma veemente, expandida, se descolaria
das práticas contrapontísticas anteriores, que se reordenariam.
Seconda Pratica, arte da melodia, melodia que funda o dissonoro, firma Giulio Cesare, a saber: a nona e a sétima, em *Cruda
Amarilli*, dissonâncias intensificadoras da expressividade, são
"respostas" verticais às necessidades de uma esfera melódica *in
vehemente declamatione*. Não nascem, primariamente, do ventre polifônico, embora paridas de si, mas como ação respondente à expressão anímica que à garra mimética impende plasmar.

Em pontuação estético-histórica, que funda o dito, arre-
matando-o. No curso dos anos quinhentos, particularmente
nos finais de sua segunda metade, onde um canto recitativo assume formas historicamente plenificadas, a vida anímica surge em música a partir de um descolamento cabal de supostos
e práticas pregressas, que se dramatizaram. Consubstanciada
a melodia enquanto arte da *perfeita melodia*, a alma humana
se plasmou de maneira tão ampla, acentuada, alcançou tamanha expressividade, que essa intensidade ativa no sentir foi o
fator distintivo do novo instaurado no cenário artístico. A arte
da voz sempre sensifica a subjetividade. Com a *imitatione del
parlare*, porém, a interioridade se positivou num pulso e fluxo
desconhecidos, que enteceu o polifônico *in drama*, posta a expansão melódica rompida. Expansibilidade que, engendrando
e tipificando a arte monteverdiana, não nasceu de demandas e
determinantes abstratamente musicais, mas mediatamente parida do fato de que o homem, nessa quadra histórica, vê lar-
gueado seu mundo objetivo e vivência interior que, estendida,
desdobra a alma, universalizando-a. Interioridade que pulsando nesse batimento dinâmico e movente pressupôs música *in
expressione*, uma *melodia dinâmica*, na qual a subjetividade

136 Cf. nota 116.

que então se individuava encontrou sua mais concreta contrapartida ou plasmação musical. Subjetividade que, se afetivamente potente, intensa, ativa, ato contínuo em dor dramática revolvia-se, dor da individuação, que empurraria a verticalidade a sons de monteverdiana acerbidade declarada, pois acerba estava a voz do homem ativo, seu sentir, sua melodia, da alma, humana melodia, *in voce*.

Mas, que se interrompa este fluxo! Tal complexo problemático não encontra aqui seu lugar próprio de tematização. As relações e desdobros analíticos que a questão põe e demanda, respectivamente, bem como as reverberações estético-musicais que implica, conduzem a um tratamento teorético específico, que pela Parte Três se constitui. De sorte que a escavação categorial monteverdiana que aqui encontra desfecho apenas reconduz, e entende radicar, a letra do compositor, tão determinativa quanto concreta, tão musical quanto humana. Letra que consubstanciando a de seu irmão, qualifica seu fazer, melódico porque ativo, dramático porque mimético, tecido na palavra porque voz em tomadia de si. A Striggio, e à história, reflete Claudio Monteverdi, reflexão da qual, quiçá, ora se alcance com mais profundez tomar tudo aquilo que envolve, e em prospectiva artística e humana acena:

Observei [em Le Nozze] que os interlocutores são ventos, cupidos, zéfiros e sereias, de modo que muitos sopranos serão necessários. E deve ser dito ainda que os ventos têm de cantar, isto é, os zéfiros e os bóreas. *Como, caro senhor, poderei imitar o falar dos ventos, se estes não falam? E como poderei, com estes meios, mover os afetos? Arianna moveu-nos por ser mulher, e Orfeo também nos moveu por ser homem, não vento.*

Por serem homens, vozes; não vento! Homens!

CANTO E POESIA

Considerações Aproximativas

Porque a palavra conserva formas prosódicas, a *mímesis della voce*, recitante, parece ser sua *mímesis*. A determinação da relação

MONTEVERDI MIMÉTICO: MÚSICA E *MÍMESIS*   149

canto-poesia, na música quinhentista, como efetivação de um espelhamento expressivo da palavra pelo som, deita raízes no pensamento do século XVI. Firme-se, o entendimento da *Seconda Pratica* como mimese da poesia não é um movimento pontual ou isolado de Giulio Cesare, mas concepção historicamente fundante – a *Dichiaratione*, um elo a mais de um ideário determinante. Ideário que igualmente reconheceu o canto grego como imitação da poesia. Ademais, pelas mãos de Girolamo Mei, e Doni referendaria, esse canto assumira o estatuto de medida estético-musical universal, de arrimo estrutural na validação artística – a arte grega, fosse qual fosse, assim irrompia em tempos renascentistas, ou como ponto de partida de uma emulação estética –, de sorte que, se de canto se tratasse, avaliava-se, de imitação da poesia então deveria se tratar, fosse qual fosse esse canto, ou a época[137]. A Vincenzo Galilei, em carta de 1577, Mei silhueta o substrato da melodia dos antigos, por ele assim entendido[138]: "a virtude da sua música consistia em fazer da melodia expressão adequada daquele afeto que, com as palavras, se queria manifestar"[139]. Em carta anterior, de 1572, para o mesmo Vincenzo, considera-lhe criticamente, a partir dos gregos, ou do espelhamento da poesia como medida:

nem se poderia deixar para trás o inopinado descuido de nossos músicos face ao número e ritmo das vozes, seja considerando cada uma por si, seja tomando-se todo o corpo [polifônico], o qual, infinitas vezes, para não se dizer sempre, por tudo isso é contrário *à expressão do conceito que a palavra significa. Conceito, justamente, que se deveria, sobre qualquer outra consideração, [musicalmente] seguir*[140].

Também no *Trattato*, pontue-se, de onde se toma a determinação dos registros vocais como expressão dos pulsos subjetivos, escorre, em passos claríssimos, a intelecção do *mélos*, coevo, como poesia em som. Na imbricação imediata entre canto e mimese da poesia, Doni assinalava:

---

137 Cf. Ibaney Chasin, op. cit.
138 Cf. nota 24.
139 Girolamo Mei, apud C. Palisca (org.), *Girolamo Mei (1519-1594): Letters on Ancient and Modern Music to Vincenzo Galilei and Giovanni Bardi*, p. 132.
140 G. Mei, Carta de 1572 a Galilei, em Ibaney Chasin, op. cit., p. 19 (grifo nosso).

150 MÚSICA SERVA D'ALMA

Faremos agora alguns recordos que são comuns, em sua maior parte, a toda sorte de música, e não apenas à cênica. Um dos quais é importantíssimo – e talvez hoje não observado por ninguém. Isto é, não se deve imitar as palavras, mas todo o sentimento da poesia, porque nisto consiste a verdadeira expressão musical [...]. [Trata-se de] insinuar na alma dos auditores, com decoro e juízo, os afetos que o poeta exprime[141].

E no mesmo pulso desta inverossimilidade que amalgama e mistura *subjetividade que sente* e *espírito poético*, a letra doniana volta a conceber a mimese do canto coevo; a determinado momento, considera:

O erro [coevo] consiste no fato de que ao invés de se exprimir ou imitar todo o conceito, concebendo-lhe uma melodia apropriada, [os músicos] se põem a exprimir palavras separadas, e creem que nisto consista a verdadeira imitação das palavras[142].

De sorte que de Mei e Doni se colige, respectivamente, uma genérica positivação teórica da colagem canto-afeto da poesia, e uma específica, canto cênico e polifônico coevos-afeto da poesia. Positivação teórica doniana pela qual não se alcança, com a nitidez necessária, o *como* e *o que* da *mímesis della voce*: amalgamando música e poesia, esta, então duplicada em canto, ou quase isso, se transforma, donianamente, no próprio resultado da mimese sonora, mimese que Doni parece então entender enquanto a expressão dos pulsos afetivos da poesia, ou, quiçá, como a (impossível) corporificação de seus afetos. De fato, o *Trattato* não nitidiza *o que é* e *como* se efetiva essa *mímesis in poesia*, que, conquanto afirmada, permanece num limbo teorético, contradizendo, aluda-se, determinações que fundam a própria obra, de onde se escava ser a voz afeto exteriorizado, e o canto, assim, expressão da interioridade. Avancemos, um pouco, por este problema categorial, passo ôntico que ao buscar desamalgamar canto e poesia ilumina e reafirma não apenas a plataforma e substrução da *Seconda Pratica*, mas do canto em geral, bem como concreta o porquê

---

141   G. B. Doni, *Appendice*, XII, p. 29.
142   Idem, *Trattato della Musica Scenica*, XXV, p. 73.

MONTEVERDI MIMÉTICO: MÚSICA E *MÍMESIS* 151

e lógica da relação poesia-música, pontualizados em diversos momentos, porém até aqui não efetivamente demonstrados. *A música se urde no e pelo sentir dos homens.* Esse reconhecimento, basilar, ordenou, na diferenciação e nuanças históricas concretas, a reflexão musical até Hegel. Reconhecimento que Lukács, a partir de Aristóteles, reabilita em seara contemporânea, reconduzindo a raiz do pensamento sobre a arte dos sons à fundante gênese mimético-afetiva da música. Que a composição, a partir de meados do século XVII, paulatinamente se afastasse desta sua vocação genética, e/ou formalizasse o ato imitativo (a constituição de *formas fechadas*, preestabelecidas, é disto sinal e decorrência), é um problema que não pode aqui ser contornado nem mesmo em traço abstrato. Curso de distanciamento e/ou formalização, entanto, que não desmente ou desvale a ingênita dimensão mimético--afetivo da música. Em verdade, a destaca *in negatio*. Quando Doni exproba a relação imediata e simplista entre palavra e música, remete, a rigor, a esta sua ingênita dinâmica afetiva, e, mediatamente, ao fato de que a voz é manifestação anímica[143]. Referindo-se ao canto cênico – mas pelo caráter dos argumentos a admoestação com endereço específico acaba por se fazer própria a qualquer gênero musical coetâneo, do mesmo modo que a vigência categorial da argumentação transcende a época e procedimentos que a motivam, universalizando-se, necessariamente –, Doni assinala a danificação artística que significa a busca musical por uma mimese pictural – conceitual – da palavra, música à qual não cabe pintar, enformar palavras em sons, cunhar o *desenho sonoro* de seu significado. Este é um caminho desnatural à arte sonora, que, nessa pretensa condição, marca o *Trattato*, se desencontra de si, perdendo-se na sua própria incompossibilidade, pois via infecunda, porquanto negamento da orgânica e efetividade da voz. Nos termos donianos, oportunos:

quase todos os músicos acabam por cair nisto [num modo grosseiro e afetado de imitação], acreditando contudo mostrar um grande artifício. Se modulam palavras que signifiquem longor, duração, continuação e similares, usam notas muito longas, algo que é mortal

143 Cf. notas 30 e 32.

ouvir. Se surge alguma palavra que denote altura e disposições semelhantes, ou quando se fala de céu, estrelas e coisas símiles, imediatamente buscam as mais agudas e altas notas da paleta. Ao revés, ao se falar de baixar, descer, cair e similares, ou se o inferno é nomeado, farão descender a voz, a súbitas, até as mais graves notas do sistema. E o que é pior, se na voz ocorrem suspiros, ou um suspirar, não terão escrúpulos de interromper esta palavra com aquela espécie de pausa conhecida como suspiro [pausa de mínima], o que de modo algum pode ser perdoado, ainda que o próprio príncipe [de Venosa – Gesualdo] a tenha utilizado. O qual não parece que mereça louvor também por ter realizado este passo no madrigal *Tu che con varj accenti*

onde mistura o cromático e o diatônico, o bequadro e o bemol só para exprimir esta harmonia mista. E ainda que tal mistura apareça em espaço tão curto – não havendo mais do que cinco semitons contíguos, a harmonia se faz antes uniforme do que mista ou variada, e os ouvidos (para os quais é feita a música) não compreendem aquilo que se quer representar. Não censuro porém aquele passo

que se serve de notas muito velozes [semicolcheias] para representar o que se diz, embora a matérias graves talvez não convenha. E a tal ponto chegou esta afetação viciosa, que até nos cantos eclesiásticos – que deveriam ser graves e livres destes imbróglios, e nos quais aquela confusão de palavras que hoje se usa parece ocultar todo artifício – busca-se contrafazer estas bufonarias, e tanto mais aquelas que não podem ser disfarçadas. Como ocorreu, não faz muito tempo, numa das mais solenes igrejas de Roma. Quando da celebração da sexta principal, ao se cantarem as palavras *Cuius Regni non erit finis*, repentinamente todas as vozes articularam uma velocíssima nota de colcheia, ou semicolcheia a fim de se exprimir *finis*. Assim um duplo erro foi cometido: de um lado, imitou-se afetadamente as palavras; de outro, fez-se o contrário do que se pretendia a partir de uma tal imitação, pois as últimas sílabas foram alongadas de modo que o canto demonstrava quase não querer jamais findar[144].

---

144 G. B. Doni, *Trattato della musica scenica*, xxv, p. 73-74.

No *Dialogo*, discorre-se igualmente sobre o absurdo e esterilidade em se modular a palavra no intento – irrazoável – de apresentar sob forma sonora sua significância. Alfred Einstein, a propósito, nota que

a crítica de Galilei [aos contrapontistas] pode ser sintetizada ao se dizer que a coisa realmente importante no ato compositivo de um texto não é a pintura musical de imagens individuais ou palavras [que segundo Galilei os madrigalistas entendiam, em vão, configurar], mas o núcleo dramático do poema, tal como expresso por uma pessoa que manifesta este ou aquele espírito. Esta é sua resposta à questão *"Da chi possino i moderni pratici imparare l'imitazione delle parole?"* (*Dialogo*, p. 89). Agindo nesta perspectiva [isto é, dispondo o "núcleo dramático"] os músicos escapariam à ingenuidade de uma representação literal e estariam mais próximos da correta manifestação "di qual si voglia concetto che venire gli potesse tra le mani"[145].

Eis o passo da página 89, referido – cuja formulação se inicia na página anterior –, passo que ao roborar a exemplificação doniana, expande-a, iluminando o problema em análise, do que se escava, ato contínuo, a avizinhação de Galilei ao núcleo do ideário de Mei e Doni:

Trato agora, como prometi, da principal e mais importante parte da música, que é a imitação dos conceitos que se tomam das palavras. Questão que uma vez se desembarace, virei a discorrer em torno das observações dos músicos antigos. Os práticos contrapontistas creem de fato haver expresso os conceitos da alma convenientemente, como também terem imitado as palavras quando, ao musicarem um soneto, uma *canzona*, uma romança ou madrigal em que o verso diga, por exemplo, *áspero e selvagem coração* ou *vontade cruel* – que é o primeiro verso de um soneto de Petrarca –, tenham disposto entre as vozes muitas sétimas, quartas, segundas e sextas maiores. Assim, com estes meios, geram apenas um som rude, áspero e pouco grato aos ouvidos dos auditores. [...] Outras vezes pensam imitar quando palavras como *fugir* ou *voar* são proferidas com tal velocidade e tão pouca graça quanto se possa imaginar. E em relação às palavras como *desaparecer, faltar, morrer, morto*, estas seriam ditas com vozes que repentinamente se cala-

---

145 A. Einstein, op. cit., v. i, p. 242-243.

154 MÚSICA SERVA D'ALMA

riam com tal violência que ao invés de induzirem alguém àqueles
afetos, moveriam os ouvintes ao riso ou ao desdém, ouvintes, então, que se considerariam, antes, como que burlados. Quando dis-
sessem, ainda, *solo, duo*, ou *em conjunto*, teriam feito cantar, [res-
pectivamente], apenas um, dois, ou todos conjuntamente numa
galanteria inusitada. Outros – exemplifica Galilei – ao cantarem
este verso de uma das sextinas de Petrarca – *E com o boi coxo irá
caçando Laura* – pronunciaram-no com notas solavancadas, on-
deadas, e sincopando, como se estivessem com soluço. E fazendo
menção – como às vezes ocorre – ao conceito do rumor do tambor
que têm entre as mãos, ou ao som das trompas, ou de outro instrumento similar, buscaram representar estes sons com o canto,
sem estimar que isso conduzisse a um modo muito estranho de
pronunciar as palavras. Quando se deparam com termos que de-
notem diversidade de cores, como *moreno*, ou *branca cabeleira*, sob
eles dispõem notas brancas [mínimas] e pretas [semínimas] para
exprimir com garbo e astutamente, avaliam, tais conceitos. Deste
modo, sujeitam o senso do ouvido aos acidentes das formas e cores, objetos próprios à vista[146].

E complementa Vincenzo, alargando o campo de exemplos do
musicalmente desnatural, contrafeito, inverossímil:

Quando um verso disser *No inferno descende ao regaço de
Plutão*, [os músicos] terão feito descender de tal forma algumas
das vozes da cantilena, que o cantor, antes, representará ao ouvido
aquele que, lamentando-se, quer apavorar e espantar os meninos,
e não alguém que *cantando, fala*. E ao revés, o ascenso numa frase
como *Aspirarei às estrelas* será de tal ordem que todo aquele que
grita por uma excessiva dor interna, ou externa, jamais o alcançaria. Palavras como *chorar, rir, cantar, gritar*, ou ainda, *falsos enga-
nos, ásperos grilhões, duras insídias, monte alpestre, rígido escolho,
crua mulher* etc. [...]serão proferidas de modo a *colorir seus desenhos* vãos e impertinentes[147].

O sentido do argumento, pois, é transparente: "pintar" palavras não é a direção pela qual se deva orientar o canto. A
descrição sensível de termos ou expressões – ainda que de alguma forma, tosca, se os possa configurar em contornos abs-

---

146 V. Galilei, op. cit., p. 88-89.
147 Idem, p. 89 (grifo nosso).

tratos – não é seu destino próprio. Se eventualmente se possa assentir, considera Doni, no uso de notas velozes numa passagem como *Ahi come tosto passa!* (nota 144), ou num tremular de voz quando a palavra avoca ou enseja – como

neste passo da *Euridice*,

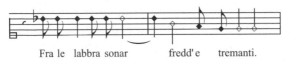

Fra le labbra sonar   fredd' e   tremanti.

onde não seria impróprio, no ato de representar, tremular um pouco a voz nas últimas notas[148],

isto não significa que o som musical esteja se atualizando na efetividade de suas potências humanas concretas, reais. Em suma, "exprimir" palavras é tornar superficial o ato sonoro, é interditá-lo: é abandonar a interioridade dos afetos e "desenhar" a exterioridade do mundo, opção que descompõe o *mélos*, traga-lhe a força, a própria imanência, esboçam o *Trattato* e o *Dialogo*.

Não obstante o entendimento doniano e de Galilei de que o canto (coevo) não se deve alentar das carnes da palavra, de que não a deve atualizar como pintura sonora, de que a relação é mediata, urdida *in affectu* – então a relação é tomada como poesia *in mímesis* –, restam porém entrepensadas, nessas e nas demais páginas desses autores, tanto a *necessidade* e *razão* efetivas em função das quais melodia vocal e palavra, canto e poesia, atam-se, como *aquilo que esta atação produz*; indeterminação que interdita o reconhecimento ôntico do vínculo. A pena teorética que se desloca de Mei a Doni, de Vincentino a Vincenzo, de Monteverdi a Giulio Cesare, estabelece, em homogênea verossimilhança categorial, que o canto é uma mimese afetiva, e que esta mimese se urde a partir e no interior da poesia, esfera imprescindível à música. E, nesta contextura teoricamente verossimilhante, firma também homogeneamente, mas apenas num *entrepensar*, que o ato musical coevo se consubstancia – ou a isto deve tornar quando disto se afasta – enquanto corporificação sonora do afeto poético, como

---

148 G. B. Doni, *Appendice*, xii, p. 30.

uma espécie de pintura afetiva dos sentimentos da poesia. Evoque-se, "não se deve imitar as palavras, mas todo sentimento da poesia, porque nisto consiste a verdadeira expressão musical". Se, por sua vez, a pena tratadista de Zarlino não se enquadra nesse pulso teorético, isto não significa que no seu ideário a música não deva buscar um senso afetivo comum com o texto, e assim Zarlino pontualiza uma reciprocidade palavra-canto. Reciprocidade que, de um modo ou de outro, faz da música tardo-renascentista, no pensamento zarliniano, esfera derivada ou, mais rigorosamente, aquela que imita afetos poéticos. Objetivamente, na especificidade que marca e desacorda cada pena reflexiva, este é o espírito e sentido teórico entrepensados, dominantes de Mei a Pirrotta.

Imperatividade teorética, contudo, não significa verdade determinativa. Então, ao arrepio da teoria prevalecente é preciso dizer que não é a poesia que oferece e determina imediatamente o pulso anímico posto pela música, mas, inversamente, *é a música que confere afeto à poesia*. Tal determinação, que permite atinar de modo mais concreto com a específica função estética do canto – e não apenas a de que trata este estudo –, ecoa, consolidando, a argumentação tecida. Com o que se realumia a lógica da trama do tecido constitutivo da mimese monteverdiana. De sorte que num movimento reflexivo que subverte o entendimento da relação poesia-canto teoricamente prevalente face à música de Monteverdi, movimento demonstrante de uma categoria central do canto, ordena-se a letra que conclui esta Parte.

Principiando pela categoria de fundo. O canto, o *mélos*, porque voz, atualiza e projeta o pulso afetivo – o sentir da interioridade –, não se objetivando ou podendo se objetivar como mimese afetiva da poesia: voz é subjetividade – vida interior sensificada. Vale dizer, porque a palavra cotidiana, então a artística, são mediadas, consubstanciadas, pela voz – exteriorizada subjetividade que sente –, é esta que, naquela, imprime o afeto sentido, não o inverso. Isto é, a música não dá forma aos afetos da poesia simplesmente porque a voz toma, envolve e embebe a palavra *de si*. Ao torneá-la e fazê-la melódica, a voz entranha no poético um sentido anímico, antes abstrato, indeterminado, ou mesmo inexistente. Ao vestir a poesia em canto, a voz *o subjetiva* porque o invade, fazendo-o portador de uma carga (vocal) anímico-afetiva, dominante porque voz dominante. Significa que a voz do canto, que se interverteu em relação à voz da fala, ao modular o dito forja-lhe seu pulso anímico, cunha-lhe uma subjetividade, que "sobreposta" ao texto faz dele orgânica músico-verbal. De modo que o *mélos* pelo qual a palavra agora se articula, que assim se substantifica por um som cantado, a determina afetivamente. Em argumento conexo: porquanto esfera dos sentimentos, ao transfundir a palavra textual em palavra sonora, o canto, *que predomina sobre a palavra porque voz predominante*, torna o poético, ou a prosa, plataforma à manifestação da interioridade, que necessariamente a melodia substantifica. Como expressão das paixões sentidas, a voz, que se ata aos versos atualizando-os como palavra melodizada, faz do pulsar das paixões da subjetividade – não da imitação dos afetos da poesia – sua matéria estética. Ou ainda, o poético é atravessado e posto por uma voz que lhe toma e *plasma*, voz que lhe imprime *in limine*, de fora para dentro, uma afetividade *dominante* e *determinada*, que a melodia, pois, parture. De modo que na esfera musical, porque *vida subjetiva*, não poderia se tratar de dar carne sonora a sentimentos poéticos, ou de enformar, simplesmente, o pulso anímico que em algum momento da poesia emane, ainda que esse pulso interfira do ponto de vista compositivo, e em certa medida seja mimeticamente tomado, como a análise de *Hor ch'el ciel* denotará. Um asserto hegeliano, que reverbera Mei, Doni e Galilei, parece consubstanciar esse campo determinativo ao descerrar os fundamentos do canto, sua gênese e raízes. Fundamentos que se amarram e vinculam – e não seria diferente – aos sons da voz humana, voz que na vida cotidiana é mediação primeira à positivação da interioridade. Afirma o filósofo, em proposição claríssima:

> Mesmo fora da arte, o som, como interjeição, como grito de dor, suspiro ou riso, constitui *a expressão imediata e mais viva dos estados de alma e dos sentimentos*, aquilo que eu chamaria os *oh!* e os *ah!* da alma. Estamos em presença de uma objetivação da alma por e para si mesma[149].

---

149 Hegel, *Esthétique*, v. 3, p. 335.

Numa palavra, sintetizadora, que desloca a determinação hegeliana para o terreno da música: canto, vocalidade intervertida, é *subjetividade em sentir* (tipificado), e somente como subjetividade a sonoridade se ata à palavra, isto é, como interioridade, que se apossa do dito, que então se positiva, dominantemente, enquanto pulso e expressão do interno.

Por ser a voz o que é, e o canto voz *in* dominância, há valência nesta assertiva: toda matéria textual melodizada, todo ato cantado, desvela e manifesta, em plano predominador, a esfera espiritual, o interno humano. No batimento de uma alusão, que a Parte Dois concretará. Em *Hor ch' el ciel*, a natureza (que a quadra inicial afigura) irrompe *antropomorfizada*: o canto lhe cola um espírito – antes ausente, ou ao menos indeterminado –, *cria* e *crava-lhe* um sentir, isto é, a faz alma *in affectu*, interioridade que sente. Dinâmica ou forma de objetivação própria à música que manifesta e robora, de um lado, o primário e fundante atributo anímico-mimético do som humano; de outro, que essa mimese monteverdiana não traduz afetos vertidos pela poesia, mas, sim, que *forja, engendra*, sua vida anímica. Se de fato se tratasse de enformar tais afetos textuais, de constituir *in* canto os pulsos afetivos tomados da poesia, como então compor uma melodia – *que Monteverdi compõe* – para uma natureza poética que não tem paixões concretas, sentimentos, sentir? Questão, ecoe-se, que ocupava o centro da carta de Monteverdi a Striggio, já examinada. Em análogos termos perguntantes, como se daria forma anímico-musical a um contexto ou personagem, como naturalmente ocorre no madrigalismo, que não transpiram uma afetividade ou o fazem em indeterminação? Assim, assume forma sensível o fato de que a música não é poesia *in sonu* – a melodia, ao revés, conquanto radicada no poético, age por sua própria conta e risco. Em proposição distinta, o canto não puxa simplesmente da prateleira das mimeses o anímico-subjetivo, elegendo-a para si por mero voluntarismo: enquanto ato melódico, vocalidade intervertida, atualiza, expressa e faz dominante a subjetividade, o pulso subjetivo do homem, *o que é algo completamente distinto do que se efetivar enquanto mimese dos afetos da poesia*, itere-se o que agora se pode divisar em contorno concreto.

Isto estacado, a saber, o canto, positivo, é alma humana, é preciso então firmar que mais ainda se enraíza e arma nas terras da subjetividade a música que é *imitatione del parlare*, não se consubstanciando, sob nenhum ângulo, como sentimentos poéticos substantificados. Num canto que se materializa enquanto *mímesis della voce*, melodia e subjetividade estão atadas visceralmente na exata medida em que a melodia se arma *in voce*. De modo que esse canto, a despeito do compositor e de suas inclinações, não enforma uma abstrata afetividade poética: seja em função de que a música simplesmente não pode corporificar afetos, seja porque essa *imitatione*, ecoe-se, não é a reprodução de pulsos anímicos tomados da poesia, conquanto os absorva. Ora, não é sentimento poético simplesmente porque é *mímesis della voce*, isto é, *imediata* e *vigorosa anímica*. A termo que, talvez com a música grega – pois na ausência de obras sobrevivas não se pode assegurar –, mas de fato com a do renascimento italiano tardio, se está diante de uma *subjetividade in affectu*.

Apropriado associar a este contexto uma reflexão que por determinação negativa indica que a arte vocal não se positiva enquanto pintura sonora de sentimentos. Suposto que o canto os pudesse, sim, conformar enquanto tais, numa espécie de corporificação pura; suposto que à melodia fosse possível desenhar, com pincéis sonoros, o amor, o ódio, a alegria ou tristeza, o desespero ou lenidade; de tal situação emergiria, *in limine*, a questão: como enformar o ódio, o amor ou a tristeza *em si*? Ou melhor, o amor, o ódio, o mesto, podem ser sonoramente pintados? Isto é, tais sentimentos, pudesse a música os configurar *de per si*, poderiam assumir contornos sensíveis? Ora, se a música corporificasse sentimentos; se à voz não fosse movimento oco e bizarro afigurar, descrever, traduzir o sensível, ou sua mediação, a palavra; se, ao contrário do que se mostrou, ela pudesse pintar a amargura, o contentamento, a dor, a tenacidade humanas em si, ainda assim esta pintura sonora não poderia ser realizada. Isto por um simples motivo, com o que se responde às perguntas autopropostas: os espaços anímicos da subjetividade – as afecções, os sentimentos – não possuem formas sensíveis. Vale dizer, qual a face ou forma da tristeza, do desespero, da alegria, da dor? Destarte, mesmo que hipoteticamente factível à música engenhar uma pintura sonoro--descritiva ou sonoro-conceitual, não lhe seria possível criar, com as curvas da modulação, os sentimentos que uma poesia ou personagem poético transpira: essas paixões, sensível imaterialidade, não possuem curvas, carnes, corpo. A música não enforma os sentimentos enquanto sentimentos: não só porque à sonoridade não é própria tal substantificação, mas na medida em que, pois, sentimentos não podem ser afigurados. Numa palavra, que conclui e repõe a reflexão em trilhos categoriais: ainda que a poesia que se melodiza expressasse com toda vitalidade e vigor o espírito anímico do sujeito poético – tome-se por exemplo uma obra lírica –, a música, por sua própria constituição, não enformaria esse espírito em si: por ser canto, ao tomá-lo, o faria manifestação de um *estado d'alma*, fluxo do sentir da subjetividade, expressão sensificada desse sentir. O canto não pode ser sentimento poético em som porque é voz, som que *in mélos* se faz interioridade *in affectu*, *mas não affectus*, mesmo porque estes não se materializam em formas que se possam plasmar.

Das Relações entre Poesia e Canto e da Especificidade de Cada Arte

A clarificação desta contextura argumentativa implica o sobreter das bases e necessidades da imbricação canto-poesia, com o que se funda, desdobra e concreta a determinação constituída de que é o canto que confere afeto à poesia, que engendra o sentimento que a palavra poética verte, ao embebê-la em som. Tal é o passo que se cunha a seguir.

Das Mutuações

Os sentimentos, os pulsos afetivos que a música elabora e entranha na poesia, têm por fundamento e solo inspirador, *lato sensu*, a própria poesia, ou mais especificamente, o *homem poético* (o "personagem", mais ou menos determinado) criado pelo poeta. O canto é o *mélos* do "ser poético" que vivencia as relações, tramas e contradições postas pelo poema, ou que ele engendra (orgânica que a Parte Dois denotará por via compositiva). Sim, o canto veste a poesia com a pulsação da vida anímico--subjetiva, que, parida das entranhas dos sons vocais, se atualiza em fluxo dominante. Porém, esse vestir se arma a partir e no interior das experiências, ações e acontecimentos *que o poema* contém e expressa, na exata medida em que o canto se urde e constitui na palavra, no poético. Em termos distintos, o canto substantifica uma subjetividade artisticamente autônoma e predominadora, nascida, pois, do próprio canto; mas isso não significa, de um lado, que o poético não possua e evoque o lado subjetivo da vida, logo, de outro, que a melodia seja concebida à revelia da dinâmica humana que a poesia verte, isto é, que a esfera textual não lhe exerça influxo. Em verdade, se tal clivagem se consubstanciasse, a melodia se desnaturaria do ponto de vista de seu conteúdo, porquanto abstraída e alheia do solo que lhe permite e impulsa. A criação de uma melodia efetivamente mimética, então, não é produto de uma subjetividade compositiva voltada sobre si, de um compositor que engenha *in abstracto*, concebendo uma modulação que desatendendo ao plano da letra atende abstratamente a si mesma. Ao revés, o nascimento e estrutura de uma melodia se atam intrinsecamente à esfera verbal, literária, e não poderia ser diverso. Liame em nada contingente, inatural, mas basilar. Vejamos.

Na trama ativa que a poesia constrói, onde se narram atitudes, reflexões, sentimentos, destinos, emergem personagens – mais ou menos concretos a cada caso – que agem, reagem, sentem, assumem posturas, manifestam perspectivas. Sujeitos que se felicitam e infelicitam, avançam e retrocedem na urdidura humana que protagonizam e vivenciam. E se esta é a dinâmica da poesia, em sua matéria constitutiva estão presentes e tomam forma tanto a vida objetiva – relações humanas, um entorno, um contexto situacional, como a subjetiva. Na pena filosófica lukácsiana, que se toma a propósito: a poesia

reflete o decurso temporal concreto como tal – precisamente em sua historicidade, em sua dialética objetiva de nascer e perecer, de continuidade e descontinuidade, e de tal modo que sempre tomam forma a realidade objetiva e seus reflexos subjetivos na vida interior humana. É sabido que as diferenças quanto ao peso específico de cada um destes componentes assumem grande importância para a diferenciação dos vários gêneros poéticos. Por isso nos limitaremos a recordar brevemente que a lírica não se diferencia nisto dos demais gêneros poéticos por nenhuma razão de princípio: nela

162   MÚSICA SERVA D'ALMA

também aparece a representação da realidade na viva inter-relação de suas forças motoras objetivas e subjetivas. A natureza específica da representação na lírica, por mais importante que seja para uma teoria dos gêneros literários, não é decisiva para a presente consideração. Pois sempre se trata de um processo unitário de refiguração dos fatores objetivos e subjetivos da realidade humana em suas concretas interações, cuja homogeneidade contudo é sempre diversa. Isto é, sempre se trata de reproduzir poeticamente os fatos objetivos da vida que desencadeiam os reflexos na vida interior do homem, e as refigurações subjetivas produzidas por estes fatos na interioridade do homem representado[150].

Vale dizer, o poético inclui, intrinsecamente, os espaços objetivo e subjetivo da vida. À arte da palavra é ingênito um "estado de espírito", um transpirar de movimentos e pulsações anímicas, de modo que a substância humano-afetiva que a música engendra, se efetivamente mimética, não poderia deixar de se alentar da poesia, captando-lhe a atmosfera psicológica, que inexoravelmente transpassará e marcará a melodia. Em termos mais específicos, o homem que adquire vida afetiva sensível através do canto é justamente o homem poético – aquele que vive no interior de um madrigal, de um soneto, de uma oitava –, então o melódico, que parte e se enraíza no chão da poesia, será necessariamente banhado por estes sentimentos, pela dinâmica afetiva poeticamente estilada. A música, entalhe-se a menção de sentido literal, *dá voz* a este sujeito, movimento que implica um *mélos* que forçosamente sorve as tendências anímicas – explícitas e/ou implícitas, declaradas e/ou subentendidas – postas pelo texto, que então se faz esfera *orientadora* na substantificação do canto. Expandindo esta determinação. Como um canto, uma melodia *in arte* é uma *manifestação afetivo-subjetiva sobre o vivenciado*, é uma *reação anímica frente à vida*, parida da vida vivida – da voz do homem-poético *em função do contexto e experiências que a poesia o arroja* –, a poesia influirá na construção melódica não apenas por seu pulso anímico; também, a *situação, contextura* e *fatos* que o texto narra implicam, mediatamente, uma dimensão anímico-subjetiva. Isto é, as vivências objetivas do

---

150 G. Lukács, op. cit., v. 4, p. 34-35.

MONTEVERDI MIMÉTICO: MÚSICA E *MÍMESIS*   163

homem-poético afiguradas pela poesia encerram e envolvem, *de per si*, determinadas reatividades emocionais, reações de sua anímica; ou tais vivências poeticamente estabelecidas o lançam, *in potentia*, a campos afetivos específicos, lógica que o compositor necessita atinar e não pode descurar – de fato, deve necessariamente considerar ao compor seu canto. Em termos que fundam a reflexão. O indivíduo atualiza sua subjetividade, enforma sua interioridade, constitui sua anímica, a partir e no interior dos atos pelos quais responde à realidade concreta que vive. O homem substantifica-se afetivamente, cria-se *in affectu*, nas e pelas ações que tem de levar a cabo na construção social de sua vida individual: o indivíduo faz-se interioridade em função daquilo que experiencia, vive, em função das relações que trava com o tecido humano-social que o enraíza. Significa que a criação de uma melodia – *indivíduo in affectu* – verossímil tem de atender a essa objetiva e mutuada relação ôntica, que marca e funda a esfera afetiva, então, o canto. Nesse sentido, mesmo que uma poesia seja ampla e vária, fugidia em seu conteúdo ou tecido humano, a música não pode negar os reflexos afetivos que, ainda que abstrata ou mediatamente, dela emanem: tal inobservância a faz som da desnecessidade, *mélos* infecundo, porque sentir abstrato, ou não fundado em seu solo propulsor. Ao se desvalidar a plataforma humano-poética da qual musicalmente se parte, os pulsos afetivos engendrados pela modulação não se constituem em conformação real, não se conectam, com efetividade, às "demandas" anímicas implicadas pela poesia, pela realidade. Num canto mimético, portanto, a mutuação humano-afetiva entre texto e sonoridade é atributo imanente, mutuação que, mais ou menos mediata, não por isso deixa de se positivar e viger, determinado o *modus faciendi* compositivo, porque este toma fôlego no terreno da palavra. Apropriado o exemplo, especificador. Se a poesia fala de morte, perda, ou se a semântica de uma palavra ou frase denota ou inspira tais conteúdos, sem dúvida que esse batimento determinará, ou ao menos ordenará em real medida, a sonoridade, o canto, a anímica que ao compositor empende cunhar. Isto quer dizer que uma poesia carrega em si, latente, insonora, uma sonoridade, ou determinadas sonoridades, encerra, implícita, uma "cor sonora", ou algumas "cores". De fato, e historicamente mutáveis, aos diferentes espaços da vida humana, da vida objetiva e subjetiva dos homens, correspondem e se associam sons que os avocam, ainda que o façam no jaez da abstratividade, insuperável à sonoridade pura. Num tal poema – de morte, de perda – acordes menores, alterações cromáticas, intervalos, harmonias e movimentos dissonoros se fariam ouvir em monteverdiana copiosidade; mas seriam escassos em versos urdidos com as fibras de uma temática leve, prazenteira ou cômica, contextura que empurraria a melodia de talhe imitativo a regiões rítmico-sonoras mais suaves, cônsonas, ligeiras, menos intensas, pungentes, cortantes. Significa, em suma, que do contexto e vida postos pela poesia, que radica o homem-poético, pulsa e escorre, *lato sensu*, um sentir humano, escava-se um estado espiritual, ou mais de um, entreve-se, como tendência, espaços anímicos; de sorte que a melodia que a modula, *a voz da alma do homem poético* que se positiva em imbricação agregativa, de um modo mais ou menos mediato tenderá a acolhê-los, reverberá-los, pois uma melodia, em sua real *potentia* objetivada, nada mais é do que um *sentir humano*, sentir que se positiva *in vita*.

Para o aclaramento deste quadro determinativo, o que significa, ato contínuo, a concreção do *porquê* e *como* da relação fundante entre palavra e canto, passo necessário é dispor, ainda que com fios breves e modestos, as bases categoriais dessa relação, já desfiadas ao longo do estudo, que ora se especificam.

Posto de chofre, canto implica texto; é na e pela palavra que a melodia se substantifica. Efetivamente, desde os gregos, portanto desde o início da história da música ocidental, sua substantificação subentendeu textualidade. Nos termos de uma determinação vital: o canto necessita da palavra porque a positivação da alma, a existência e curso da subjetividade, da interioridade e de seus afetos, supõem e implicam uma objetiva ambiência humana e situacional, que a palavra, em prosa ou em verso, concretamente lhe provê. Em letra que radica a proposição, a ausência da contextura social é ausência do indivíduo. O canto, pois, por aquilo que é – subjetividade *in affectu* – pressupõe e impõe, incontornavelmente, o contexto, a plataforma genérico-objetiva, o fundamento humano-social, que o permite, arrima, possibilita e projeta. Então, a conformação do canto envolve o poético, que, musicalmente, é este mundo objetivo, contextual, fundante, ou onde a interioridade, o homem poético, se enraíza e realiza, existe, age, e sente. Interioridade, voz, que embebendo a poesia de si a faz pulso subjetivo, pulso que a partir e nas carnes deste som letrado predomina. Na sustentação ôntica do argumento: é necessário

sublinhar a vinculação de todo ato emocional com o mundo externo que o desencadeia, o fato elementar que as reações humanas emocionais estão originária e concretamente vinculadas à ocasião do mundo objetivo circundante que as desencadeia. Mesmo que não tenham porque conter afirmações acerca dos objetos que as suscitam, estão intensamente ligadas a eles quanto a seu conteúdo, sua intensidade etc.; nunca se tem imediatamente um afeto, um sentimento de amor ou de ódio sem motivo, mas sempre amor ou ódio de uma pessoa determinada em uma ocasião determinada[151].

Significa que:

Esta relação geral entre a vida interior do homem e o desenvolvimento de seu destino externo é o que oferece a possibilidade de determinar mais precisamente o lugar específico que ocupam os sentimentos e as impressões. Pois, ainda que se tenha que sustentar firmemente o princípio de que também os sentimentos, como os demais elementos da interioridade humana, nascem exclusivamente da interação do homem com seu mundo circundante e só no marco deste podem influir eficazmente na sua vida, não obstante há que marcar, com não menor insistência, que ocupam um lugar muito específico no complexo total da interioridade, que constituem, sem dúvida, a parte mais subjetiva da psique humana[152].

Se assim o é, voz sem palavra, canto sem texto, é subjetividade falta, sem *télos*, abstrata, sem por quê. É anímica desafastada de si própria porquanto foiçada do mundo sensível, que funda ser e dever-ser do indivíduo. A melodia plasmada pela voz implica a palavra, pois, na carência do dizer, voltando-se sobre si, forja-se na abstração de sua própria incompletude, nascida

151 Idem, p. 17.
152 Idem, p. 35-36.

da ausência do substrato que a estatui: o sensível, plasmador mediato da interioridade, do seu universo anímico. Se o canto fosse só voz, apenas sonoridade iletrada, não faria ouvir, de fato, a própria alma que sensifica. Pois, voz solitária, é alma sem terra, afeto sem motivo, subjetividade sem morada, que na vacuidade de um fluir etéreo sente sem razão ou necessidade, num sentir misterioso, vago, indeterminado, metafísico. De fato, dessente, porque sentir é movimento no mundo sensível. Significa que a palavra é intrínseca ao canto, à melodia, não em função de sua semântica, que se deveria imitar (e então melhor se distingue o fundamento – não consciente – da crítica de Doni e Galilei àqueles que insistem na imitação literal das palavras), mas porque o poético é este mundo objetivo, motivação do sentir, do *mélos*. Na culta pena musical iluminista, sem dúvida polêmica, que ecoa Mei, Doni, Galilei, Monteverdi, Giulio Cesare:

A harmonia sozinha é, em si mesma, insuficiente para as expressões que parecem depender unicamente dela. A tempestade, o murmúrio das águas, os ventos, as borrascas não são bem transmitidos por simples acordes. De qualquer modo que se faça, somente o ruído nada diz ao espírito, tendo os objetos de falar para se fazerem ouvir e sendo sempre necessário, em qualquer imitação, que uma espécie de discurso substitua a voz da natureza. Engana-se o músico que quer reproduzir o ruído pelo próprio ruído. Desconhece tanto a força quanto a fraqueza de sua arte, formando juízos sem gosto e sem discernimento. Ensinai-lhe que precisa produzir o ruído pelo canto[153],

pois o som musical, que se aparta da palavra, projeta-se na indistinção de si, em pulso inartístico, som que, improgressivo porquanto despegado do fundamento que o concreta, agrada mas não remete; nos move, mas para os labirintos encantadores de seus próprios volteios, mais ou menos expressivos.

Sadoleto, oportuno referir, "membro da comissão pontifícia para a reforma da Igreja e do Concílio de Trento", em *De liberis recte instituendis*, livro sobre a educação dos jovens, de 1533, enuncia a conexidade indestrinçável entre voz e palavra, enunciação da qual se escava, mediatamente, que música sem

---

153 J.-J. Rousseau, *Ensaio sobre a Origem das Línguas*; no qual se fala da melodia e da imitação musical, p. 197.

palavra – não apenas canto – é sonoridade que se abstratiza. Na esteira filosófica de pulso platônico, sustentava a necessária existência desse enlace de fundo, pelo qual a vocalidade intervertida, voz feita melodia, poderia expressar a alma. Assim o bispo Jacopo considerava a natureza do ato cantado:

> Um coro é constituído por três elementos, o sentido das palavras, o ritmo (que chamamos de número) e o som. As palavras são a primeira e mais importante dos três, pois a verdadeira *base* e *fundação* dos outros. Por si próprias, as palavras não têm nenhuma influência sobre a mente, seja para persuadir ou reprimir. Acomodadas com ritmo e metro elas penetram muito mais profundamente. Mas se a elas é aditada uma composição melódica tomam posse dos íntimos sentimentos e do homem como um todo[154].

"Base e fundação", sem dúvida. Pois os sentimentos não são filhos de si, e sim das relações que o indivíduo vivencia e plasma na contextura que o acolhe e possibilita. De modo que o efetivo ato cantado mimético não é jamais a relação mais ou menos positiva entre melodia e palavra, uma recíproca acomodação entre esferas meramente distintas que em simples sobreposição se realizam autonomicamente, numa espécie de dualidade sáfara; mas, sim, mantida a distinção que as singulariza, uma mutuação de fundo, orgânica necessária para que nasça uma *subjetividade que sente.* Canto: palavra cunhada em voz dominante; subjetividade, que para ser, tem de estar no mundo social, que a poesia modela; voz que na ausência da "fundação" se afigura na inobjetividade de si, porque dessubstanciada da realidade que lhe possibilita e radica. Na letra arrematante, que robora a mutualidade entre vida afetiva e mundo objetivo, reflexão que ao determiná-la entremostra, ato contínuo, a necessidade de que *mélos* e palavra convirjam, sintetizem-se, pois momentos distintos de uma dinâmica humana que os imbrica, a saber:

> É perfeitamente possível que sentimentos desencadeados por um determinado acontecimento do mundo externo logo se independentizem dos posteriores efeitos deste mundo no sujeito e nele assumam existência própria, independente das demais impressões

---

154 Jacopo Sadoleto, *apud* Claude Palisca, The Artusi-Monteverdi Controversy, p. 154 (grifo nosso).

do mundo externo, e até "nadem contra a corrente", em certo sentido. Isto pode ter como consequência que os estímulos externos cobrem cada vez mais o caráter de mera ocasião, e que a adequação entre o agente desencadeador dos sentimentos e os próprios sentimentos empalideça e até pareça desaparecer. Por isso os sentimentos e as impressões são, enquanto manifestação da realidade, muito mais subjetivos e distantes de uma tendência aproximativa do que todas as demais reações dos homens [...]Assim [conclui o autor afirmando a não fixidez ou linearidade dessa relação], o avigoramento dos movimentos próprios dos sentimentos e impressões enriquece a vida interior dos homens, sobretudo porque torna mais amplas, profundas, graduadas e complexas suas inter-relações com o mundo circundante; não obstante, um relaxamento muito intenso destas relações [face ao mundo exterior] pode fazer com que os sentimentos, enroscados sobre si mesmos, percam-se sem rumo, e por isso caiam no vazio[155].

Do Modus Faciendi do Canto e da Poesia

Melodia e palavra se compartem: o sangue social alentador desta possibilita o canto, que a embebe de si, transfundindo o poético em subjetividade apaixonada. Este vínculo recíproco, porém, e como aludido, está radicado na autonomia de ambas, na diferença de suas funções, o que faz do canto orgânica intrinsecamente entranhada e descolada do texto que o enraíza. Como o canto mimético, seja ele qual for, se positiva a partir e no interior da palavra – liga que no madrigalismo e no canto cênico é estreitíssima, posto o pulso recitativo –, tal liame e mutuação podem sugerir, enganosamente, uma aderência mimética linear e imediata da sonoridade à palavra. Do que se pode derivar a igualmente falsa ideia da existência de uma duplicidade funcional entre essas esferas – a música reproduziria em sons os afetos já presentes e manifestos na poesia –, o que deságua, por sua vez, num baralhamento teorético entre os respectivos atributos, formas de objetivação e resultantes artísticos. Necessário pontualizar, neste momento que caminha para o fim desta Parte, a especificidade estética da música, algo que, se possível escavar do longo fluxo argumentativo exposto, não foi ainda clara e sinteticamente elaborado. Inexistência determinativa que obscurece o reconhecimento

---

155 G. Lukács, op. cit., v. 4, p. 38.

mais conclusivo do papel artístico particular que lhe impende. Arme-se, como ponto de partida da argumentação, a justaposição entre poesia lírica e canto.

Dos fluxos anímicos, dos sentimentos, das paixões, este gênero poético extrai seu motivo e substância. Do mais imo da interioridade humana a lírica colhe a matéria que artisticamente enforma. E a música? A música, já reconhecia a filosofia grega, tem nesta mesma porção da vida sua substância mimética. Então estamos diante de uma unissonância ou coessência artística? Não obstante essa genérica identidade de fundo, que as vincula *in abstracto*, a música, e este é o elemento categorialmente diferenciador e determinante, é a manifestação *concreta* do estado de espírito, dos pulsos anímicos, forma de objetivação que a especifica. Sublinhe-se: o que distingue sua orgânica, singular, da poesia, é o fato de que é a manifestação *in concreto* dos sentimentos sentidos. Desdobradamente. Na poesia, lírica ou não, os movimentos afetivos urdidos, os sentimentos sentidos, vivenciados, a vida anímica dos personagens, tomam forma por meio da letra – consubstanciam-se *in* palavra, que os constitui. Vale dizer, os pulsos anímicos-afetivos se substantificam em *mediatidade*, ou *através de*. A palavra – porque não o pode fazer – não os forja numa *objetivação concreta*, em corporatura sensível, objetivação que os faria sobressubstanciais, logo, singularmente intensos. Na literatura – bem enquanto na pintura e na escultura – os pulsos afetivos se positivam enquanto afetividade indeterminada, porquanto mediata. Positivação *in mediatidade* que é interioridade não sensificada, ou vida anímico-afetiva a cuja orgânica é próprio um nível de abstratividade ingênito, pois anímica indicada, descrita, narrada, isto é, não sensivelmente objetivada.

Ora, para tal finalidade, a saber, para fazer dos afetos sentidos pulsação explícita, sobressubstancial, concreta, concreta expressão – condição que faz desse sentir esfera imediata e dominante –, a melodia, o canto – e aqui surge límpida a distinção de fundo entre música e poesia – é a via específica, incontornável, rigorosamente porque música é sentir *sensível*. Significa que a esfera musical se diferencia das outras artes não simplesmente porque é a arte dos pulsos anímicos, dos sentimentos – pois todas, de um ou de outro modo, os envolvem e manifestam –, mas porque é a dos sentimentos – dos pulsos anímicos – *sensificados*. Em proposição distinta. No canto, a substantificação *"material"*, *"carnal"* dos afetos sentidos implica a palavra, mas, especificamente, aquela que se *melodizou*, afetos que a poesia, isoladamente, não alcança plasmar numa musical materialidade sensível, ainda que os possa tomar – e o faça – legítima e produtivamente enquanto matéria e seiva artísticas. Assim, a poesia conforma a vida anímica numa abstratividade – ou se quisermos, numa concreção possível – que não dispõe ao leitor sua apropriação mais pronta, ativa, real; o canto, ao revés, porque *voz dial intervertida*, interioridade manifesta, sensificada, torna o sentir plena e *sensível vivência imediata*, vida subjetiva imediata; tal como a voz cotidiana, dentro de suas possibilidades naturalmente adstritas, menos determinativas, porque não tipificadas, o faz. Ecoando reflexão recém-enunciada, "por si próprias, as palavras não têm nenhuma influência sobre a mente, seja para persuadir ou reprimir. Acomodadas com ritmo e metro elas penetram muito mais profundamente. Mas se a elas é aditada uma composição melódica tomam posse dos íntimos sentimentos e do homem como um todo[156]". A melodia, então, por sua natureza, substantifica uma *singular* pulsação afetiva, produz algo artisticamente próprio, *inexistente* na poesia sem sua existência, que à palavra se ata, ocupando-a. A música, ao poético conexa pela mais indesmentível necessidade, segue por via artística diversa, porque arte diversa, isto é, arte da alma sensificada, porque a voz, ao ser, sensifica a interioridade, as paixões sentidas, musicalmente irrompidas *in* dominância, em *concreta* sensibilidade. Na pena hegeliana, convizinha, que transpira Sadoleto:

> A poesia exprime ela mesma e diretamente os sentimentos, as representações e as intuições, e é mesmo capaz de nos oferecer as imagens dos objetos exteriores, ainda que não possa atingir nem a plasticidade da escultura nem a *interioridade* da música[157].

Não atinge, pois só na música a interioridade aflora em formas categóricas, porque *sensíveis*, ainda que o pulsar das

---

156 Cf. nota 154.
157 Hegel, op. cit, v. 3, p. 332 (grifo nosso).

paixões seja imanente à esfera poética. Ou ainda, *ad mélos*: "O coração humano e as disposições da alma constituem a esfera na qual o compositor deve evoluir, e *a melodia*, essa *ressonância pura da interioridade* é a *própria alma* da música"[158]. E distingue, em consonância ao menos parcial com Mei e Doni, ainda que em tracejado mediato: a melodia se ata, em laço imo, à poesia, que a alenta e propulsa. Entanto, se pelo *mélos* os pulsos anímicos assumem *sensibilidade*, então sentido, força e plasticidade artisticamente singulares, se a melodia plasma a palavra, a tomando e enformando, esta voz que canta do texto se descola; e sobre ele – em aparente contradição, pois é a palavra que lhe confere condição de efetividade –, predomina, fazendo predominante, em qualquer circunstância, o sentir humano que ela própria cria:

a música não se contenta com esta independência em relação à poesia e seu conteúdo espiritual, mas frequentemente se associa – e mesmo na maior parte dos casos – a um conteúdo feito e elaborado pela poesia, formado por uma sucessão de sentimentos, de considerações, de acontecimentos e ações. Mas quando é o lado musical de uma obra de arte que se deseja relevar e iluminar, não é necessário que a poesia, seja poema, drama etc., ocupe um lugar proeminente[159].

Predomínio, em suma, que a um só tempo revela a existência de um enlace e de uma autonomia, que em música é *sensificação*, *modus faciendi* que a desgarra das formas e maneiras do poético, de seus sentimentos e pulsos anímicos. Desgarre que não é negação, mesmo porque a forma de uma poesia concerne ao ato compositivo, implicando-o, ainda que não o determine ou simplesmente o condicione.

Por este quadro teórico, que projeta lógicas e orgânicas, assume forma vital o reconhecimento, apenas silhuetado no curso desta Parte, de que o canto, em relação ao poético, envolve, expressivamente, um *novo*: ao transmutar a palavra poética em musical, a melodia, que crava o poético de si, o faz manifestação de uma interioridade *concreta*, porque *sensível*, melodia

158 Idem, p. 373 (grifo nosso).
159 Idem, p. 332.

que, por ser o que é, distingue-se *in essentia* de uma (possível) interioridade poética pulsante, *sobreexcedendo-a ao transfundi-la em* canto. Em termos que generalizam, e arrematam. Nas terras do poético-musical, a melodia é o fator artisticamente generante da esfera dos sentimentos. Melodia que, dominante interioridade sensível, engendra a alma do homem poético, que ora age e se arrebata, se compraz e desvanece, sente e dessente *in concreto*, em sobressubstancialidade anímica em relação à poesia. Homem poético que a música torna *sensível* homem *in affectu*, sensibilidade que escorre do canto, que transmuta o dito (a poesia), objetivado *in mélos*, que é nascimento de uma dimensão estético-afetiva insabida ao poético, e que lhe predomina e ordena, porque a voz, *in* melodia lhe predomina: *o sentir sensificado no contexto poético é sentir dominante*. Canto que, poesia afetivamente redimensionada, reelaborada porque *mélos* predominante, é acrescento anímico à plataforma poética, que a música, porque *sensificadora*, não toma *in mímesis*.

Posto este contexto categorial, clarificativo esboçar, ainda que num patamar de abstratividade que não se pode aqui superar, mas que a Parte Dois, na escavação do caso singular, constitui em determinação concreta, as implicações poéticas desse predomínio musical em seara monteverdiana, com o que se enceta, em última análise, a exegese da partitura. Implicações que testemunham *de per si*, marque-se, aquilo que este estudo sustentou *in limine*: canto é subjetividade *in mímesis*. Por esta via, então, constrói-se o argumento final deste largo percurso mimético.

O reconhecimento teórico da predominação do canto não guarda em si, em latência, a ideia irrazoável de que, quando plataforma musical, a qualidade ou dimensão do texto é fator insignificativo. (Como também não é insignificativo, do ponto de vista compositivo, sua forma, a qual, mesmo que o artista remodele por necessidades musicais, encerra e implica certo batimento rítmico, um determinado "*modus*" sonoro que não se pode simplesmente transubstanciar). De uma poesia escassa, insubstancial, como já aludido, não emerge um homem e contextura humanamente densos, generosos, plano poético de onde, e este é o ponto, o canto toma pé e fôlego para sua auto-plasmação. Na pena hegeliana:

De um texto insípido, frio, banal ou absurdo jamais se poderá tirar uma obra musical profunda e sólida. É verdade que nas obras melódicas propriamente ditas, o texto como tal desempenha um papel menos decisivo; não é menos verdadeiro, porém, que elas também exigem um conteúdo impresso pela verdade[160].

Ao distinguir a expressividade como característica e fim da música do Renascimento italiano tardio, Pirrotta, a partir do caso concreto, corrobora o jaez determinativo dessa assertiva. Isto é, ao pontuar que o canto, a música, rege a confecção das obras, não a palavra, sendo o ato sonoro, em si, o fim artístico desejado e declarado[161], refere, pois, que "a invenção musical sempre deriva das sugestões textuais"[162], derivação, assinale-se, musicalmente mediata.

Incontornável ponto de partida, o poético, entanto, tem menos força e relevância artísticas que sua veste sonora. Ao dispor sobre a articulação poesia-música na fase final do madrigalismo italiano, Petrobelli assinala que o texto não exerce papel artisticamente ordenador, determinação cuja valência está implicando, *mutatis mutandis*, um longo arco sobre a história da música. De fato, em seara musical, o que está em jogo não é o texto enquanto tal, mas o texto como fundamento para o subjetivo. Na tradução material da assertiva: o poético-musical é regido pela sonoridade iletrada que ordena a letrada. Ainda que este importante pesquisador encare a arte madrigalista como expressão de afetos poéticos, ou conclua sobre seu caráter "pictórico", no eco de um ideário monolítico, de sua argumentação se toma, e este é o elemento a se distinguir aqui, que o som não pode deixar de ser substância determinante. A saber, se de madrigal se fala [ou, se quisermos, se de canto se fala], de afeto se trata, firma Petrobelli, então a música – predominante sentir sensificado –, necessariamente modera o plano textual, determinando-o espiritual e carnalmente. Ao elaborar sobre os horizontes

160 Idem, p. 380.
161 Cf. N. Pirrotta, *Scelte poetiche di musicisti*, p. 94.
162 Idem, p. 128.

e inclinações estilísticas que o madrigal de finais do século xvi ia assumindo, com o que alumia a prática monteverdiana, firma que esse gênero é marcado, particularmente nessa fase,

pela prevalência não mais da simples palavra ou da imagem que lhe está por trás, mas da frase (independentemente de sua coincidência ou não com a estrutura métrica); aliás: pelo sentido da frase; especificamente, e em plena sintonia com as poéticas contemporâneas, pelo absoluto predomínio do "afeto", ou dos "afetos" *que determinam a articulação* [musical] *do texto poético*. A exasperação do madrigal clássico (que encontra sua plena versão nos últimos livros de Gesualdo da Venosa) termina por abocar nas mesmas margens a que tendiam, por vias diversas, os Florentinos, isto é, na expressão confiada a uma única voz, geralmente a mais aguda. O contraste de vários "afetos" pode ser realizado não apenas abstratamente na declamação de uma voz solo, como puro exercício estilístico, mas através de um confronto preciso, isto é, de um conflito entre momentos e situações "afetivas"; numa palavra: no diálogo e depois no teatro musical[163].

A esfera musical, dominante, conduz a textualidade, o que não poderia ser diverso: a relação entre música e poesia, marca o autor, tem de promover a irrupção do afeto, o que implicou uma reordenação formal da poesia, que assim, em todas as suas instâncias ou dimensões, é regida pelas exigências da música. Regência sonora e reordenação formal postas pelo madrigalismo que não desqualificam ou empobrecem artisticamente a poesia tomada, como também não devem fazer pressupor a não importância de seu teor, pois o poético encerra uma dinâmica anímica, *melodicamente interferente*; mais: os sentimentos sentidos germinam nas vivências concretas dos indivíduos, são paridos na realidade vivida, realidade que a poesia atualiza, de modo que a predominância musical não pode implicar a inobservância de seu conteúdo por parte do compositor. Regência e reordenação significam a tomada da esfera literária numa interação onde se dá a dominância do interno, vale dizer, onde a poesia é o solo da radicação do canto, que para se pôr como solo necessita de ajustes, mudanças, adequações, sem os quais a interioridade não pode se consubstanciar efetivamente. Na letra de Petrobelli, que desdobra sua reflexão anterior:

163 P. Petrobelli, Poesia e Musica, em *Letteratura Italiana*, p. 238 (grifo nosso).

O compositor que recolhe e coordena na sua obra todas estas aspirações e tendências, e a elas confere, nos termos que lhe são próprios, uma forma final, é Claudio Monteverdi. E isto porque Monteverdi compreende que para realizar uma expressão musical dos "afetos" adequada àqueles intentos culturais e teóricos é necessário estabelecer um novo, mais amplo código de duração dos eventos sonoros; em outros termos, ele dispõe a linguagem musical numa dimensão temporal não mais ajustada à forma do texto poético, mas à tensão emotiva nele contida, assim como à relação que se estabelece entre diversas tensões emotivas, internas ao texto, e entre os diversos momentos "afetivos" que se sucedem no tempo[164].

Em Monteverdi, pois, atina e pontualiza Petrobelli, a música engendra as formas de consubstanciação da poesia. É a partir dessa predominação musical ordenadora – que reordena agudamente o texto porque arte positivada em função de uma "tensão emotiva" fundante –, que palavra e som, cada qual a seu modo, ou mantidas suas respectivas possibilidades e limites, se jungem em liga estética. Atação que é uma nova orgânica textual, uma nova forma. Música que, seja grega, medieval, renascentista ou moderna, se faz esfera necessariamente determinativa, porque o som toma a palavra a partir e em função de si. No exemplo monteverdiano, que concreta:

> *Anima mia, perdona,* no *Quarto Livro* [de madrigais de Monteverdi] é basicamente declamado não porque considerações de clareza e rapidez seriam necessárias à expressão do texto, mas porque *a música faz sua a palavra,* a intensifica com repetições, com saltos melódicos, com harmonias nas quais vibra a dissonância, a sublinha seja com uma repentina imitação das exclamações implorantes, seja com recolhimentos inesperados[165].

Tecida a urdidura que delineia a dinâmica de uma conexidade, consentâneo ampliar o argumento, com o que se ilumina com luzes mais generosas o metabolismo do canto em terras monteverdianas.

Ao firmar que a afluência de obras de Torquato Tasso tanto no *Segundo* como no *Terceiro Livro* de madrigais Monteverdi

---

164 Idem, ibidem.
165 N. Pirrotta, *Scelte poetiche di musicisti*, p. 95 (grifo nosso).

se dá em função de que essa poesia, inclusive a "menor", como a madrigalista, "exigia uma música séria, grave, empenhada em conseguir o vigor da expressão mais que a venustidade formal, caracterizada pelo uso imaginoso das licenças contrapontísticas mais do que pela regularidade e divícia polifônica"[166], Fabbri pontualiza a existência do influxo poético. Influxo musicalmente objetivo que é, escave-se da letra do autor, fundeadouro nutriz à elaboração compositiva. Aí enraizada, na poesia, a pena musical, entanto, medra livre, ou como sustentava Giulio Cesare, na consubstanciação de uma arte que é a da *perfeição da melodia*, perfeição, pois, que a um só tempo é radicação e expansão, raiz e autonomia. Numa reflexão de caso, Fabbri comparte e robora esse reconhecimento. Ao analisar o madrigal de abertura do *Primeiro Livro*, assinala a não imbricação imediata ou mecânica da música em relação à poesia. Ou, mais concretamente, refere que a primeira "impõe-se" à segunda, dominância que é sua condição primária e intrínseca, atributo de sua orgânica, não capacidade ou opção compositivas. A partir de *Ch'io ami la vita mia*, manifesta a divergência artística entre texto e som, ou o caminho aposto que este trilha, a saber, "mesmo que sugerido pelo texto poético, o revestimento sonoro não é simplesmente talhado na medida do verso, mas acaba *por se impor* à morfologia da composição literária, da qual o compositor oferece uma leitura própria sem se render a simples automatismos"[167]. Prolongando-se analiticamente sobre a relação entre material poético e material musical, desdobra a asserção anterior: em *Ch'io ami la vita mia*, a

coincidência entre sujeito musical e – geralmente – verso não me parece que signifique necessariamente subordinação a este último: de fato, tenderia a ver a acoplação mais como um óbvio equilíbrio entre os dois sistemas, que sobrepõem os respectivos segmentos significativos fazendo-os encaixar perfeitamente. Talvez se pudesse realmente suspeitar de uma vantagem do compositor: a completude do sujeito sonoro é bem percebível, mas não se pode dizer o mesmo do verso, que é apenas parcial; o romper da *clausula* impõe

---

166 P. Fabbri, *Monteverdi*, p. 42.
167 Idem, La parola cantata, em *Claudio Monteverdi – Studi e Prospettive*, p. 517.

MONTEVERDI MIMÉTICO: MÚSICA E *MÍMESIS* 177

dispositivos rítmico-harmônicos deliciosamente musicais que fazem momentaneamente descarrilhar o correto decurso métrico do texto, com ulterior exacerbação, dentre os dois pratos da balança, sobre aquele do musicista[168].

Numa palavra, nesse madrigal existe um texto que, "se aparece poeticamente definido e completo, em contato com a música se dinamiza, pondo-se em evolução, ou no mínimo é alumiado de vários pontos de vista"[169]. A música, então – pontua Fabbri num sutílimo constrangimento, latente, de quem vê na música, em última instância, poesia *in mímesis* –, *reordena* o texto poético: reinstitui o verso. O faz, por esta nova orgânica, mais "dinâmico", pulsátil – *emotivo*; o canto o "ilumina": concretamente, este é o fato, *projeta-lhe nova dimensão humana*. Em termos que sintetizam, com e para além de Fabbri: entranha-se na poesia um estuar subjetivo, um universo anímico sensificado; movimento compositivo que implica "descarrilamentos", deformações textuais, contextura que manifesta a ação e efeito determinantes da música, da sonoridade em relação à *matéria* e *materialidade* literárias, a seu conteúdo e forma, que se transfundem, como também a prosódia, posto que a palavra se positiva *in voce*, ou numa voz predominante que a determina sonoramente. Negação formal do poético que é positivação de uma subjetividade sensível, que se lhe agrega e lhe toma. Em frase que substancia: poeticamente, o pulso ordenador da música é sua necessária reconfiguração, *modus faciendi* do madrigalismo monteverdiano, e não apenas; *modus* indicante da induvidosa dominação da música, do sentir, sensificado, engendrado pelo canto. Na roboração de Bianconi, generalizante:

A organização formal do madrigal poético, assim como da estrofe da canzona, e ainda da balada ou da oitava, do soneto ou da sextina *não deixa traço perceptível* na composição madrigalista polifônica, aparecendo *dissolvida* numa espécie de *prosa poetizada*, que é entoada longamente, segmento por segmento (não sem copiosas repetições de palavras e versos)[170].

168 Idem, ibidem.
169 Idem, p. 518
170 L. Bianconi, Il Cinquecento e il Seicento, *Letteratura Italiana*, p. 323.

A música, pois, perpetra-lhes reordenações formais de fundo. Reordenações estas que criam as condições fundantes da buscada plasmação compositiva de um fluxo de expressividade multíplice. Verso que se repetiu, fragmentou, a outro se sobrepôs etc., postas as necessidades do canto, que o fez servo de si. Rigorosamente, *poesia, serva della musica!*

Ao tomar *L'Orfeo*, De'Paoli elabora uma reflexão acerca do enlaçamento poesia-música que reafirma, em sentido geral, a argumentação elaborada. Conquanto de sua pena ressuma insuficiência determinativa – a música em exame é tomada como imediato espelhamento do texto –, dispõe-se, simultaneamente, que o canto *não é* simples sonoridade "emprestada" do poético, uma espécie de segundo pulso anímico da poesia. Em termos concretos, De'Paoli reconhece a independência da esfera musical, conquanto este reconhecimento se enteça nas fibras de uma contradição, de uma ambiguidade flagrante, o que não surpreende posta ser a monteverdiana atação entre música e poesia entendida como mimese de uma pela outra. "Independência", pois, que na letra desse estudioso não se atualiza por sua lógica e forma reais, pelo seu modo concreto de objetivação, mas que, não obstante, manifesta o reconhecimento, conquanto vacilante, de que o canto tem na música a esfera artisticamente predominante e ordenadora. Ora, *a voz, intervertida, predomina: a melodia rege o texto, não o texto a melodia.* Considera De'Paoli:

> Monteverdi, dramaturgo de raça, não esquece que, antes de tudo, é um "musicista", e como tal não poderia certamente ter pensado (a despeito do modo que tenha se expresso) em "submeter" a música a qualquer outro elemento que não a si própria, nem a mortificar sua força expressiva. Um confronto entre o texto de *Orfeo* como aparece no libreto e aquele [posteriormente] publicado com a partitura (deixando-se de lado a mudança final e os diversos cortes), pode nos ajudar a ver melhor. Tal confronto foi feito por Angelo Solerti em *Gli albori del melodramma*, mas apenas do ponto de vista literário. Porém, a realização de umas quarenta modificações – sílabas, palavras, por vezes frases, por uma vez três versos inteiros – num libreto com menos de setecentos versos, deve ter uma razão de ser não somente literária. Em verdade, observando-se o caráter dessas mudanças se nota que todas têm por objetivo obter uma melhor sonoridade, uma estrutura rítmica mais clara, uma distribuição de acentos mais eficaz e harmo-

MONTEVERDI MIMÉTICO: MÚSICA E *MÍMESIS* 179

niosa – em suma: uma expressão verbal apta a ser, mais do que sublinhada, "absorvida" pelo som e pela articulação da frase musical[171].

E prossegue, donde nasce a contradição determinativa:

A palavra – já o recordamos a propósito de alguns madrigais do *Quinto Livro* – interessa Monteverdi sob dois aspectos: a estrutura verbal e o "símbolo expressivo". A primeira se adapta ou condiciona a estrutura da frase musical; a outra sugere (ou "inspira", segundo uma terminologia romântica, se se quer, mas eficaz e insubstituível) o próprio caráter "expressivo" dessa frase. Assim se explica a admirável "identificação" da prosódia musical em *Orfeo*, e podemos compreender o êxito desse "recitativo" que parece nascer da palavra, das inflexões da frase, onde a própria poesia gera a música, mas onde a música, uma vez criada, por uma espécie de milagre, adquire vida e expressão "autônomas"; onde as frases e períodos musicais, visivelmente modelados sobre a estrutura verbal, equilibram-se de modo inteiramente independente desta[172].

Destarte, para além das incoerências determinativas e categoriais, dessa longa ponderação embaralhada – posto o embate entre argumentos opositivos – escorre o reconhecimento, objetivo, do pulso não serviente da música em relação ao poético; aliás, da reflexão escava-se uma servidão inversa. *L'Orfeo, de per si*, o evidencia: *é o poético, por razões musicais*, compositivas, *que se remodela e reordena*, refere De'Paoli. Mas, é preciso dissentir claramente: o "milagre" de uma dependência (aparente) que se transmuta em liberdade generosa, longe de ser obragem divina, nasce mesmo do ventre laico do canto monteverdiano. A determinação, incompossível em seus termos, de que *a música, parida do corpo da palavra e imitando sua alma, às súbitas se autonomiza* – asserção, não obstante, que de um lado afirma essa real autonomia, e, de outro, mais vital, a imbricação existente entre fala e canto, do que então se colige que essa arte enforma uma *mímesis della voce* –, descende da impercepção da lógica mimética da *Seconda Pratica*. Isto é, se está frente a um canto onde a melodia absorve a palavra em semântica e formas sonoras, como aponta De'Paoli,

171 D. De'Paoli, op. cit., p. 188-189.
172 Idem, p. 189.

de tal modo que ela parece nascer da esfera verbal, dever-lhe existência e pulso. Porém, essa absorção se substantifica não porque a música toma a palavra e/ou a poesia em imitação, derivando-lhes, *sabe-se lá como*, substrato e forma; mas porque o canto de *L'Orfeo* é uma mimese da voz. Mimese onde a melodia se enlaça imanentemente à palavra – à fala – porque é *vox in voce*. Canto, pois, que não se consubstancia na e por uma relação imediata e simplista entre *mélos* e poesia, seja do ponto de vista da absorção do conteúdo, absorção que é sempre mediata, seja em relação às formas prosódicas. Assim, a determinação de De'Paoli de que a música de Monteverdi é uma engrenagem fundada numa unidade íntima entre palavra ("estrutura verbal"/"símbolo expressivo") e melodia – que para ele parece converter-se em plena identidade –, unidade, porém, que se atualiza numa necessária disjunção "milagrosa", é reconhecimento verdadeiro, que distingue uma das categorias estruturais dessa arte. Entanto, tal situação artística se engendra por ser a arte monteverdiana uma *imitatione del parlare*, orgânica que implica a palavra declamada, silabicamente ordenada, porque canto *in voce*. Palavra que, posta a aderência *genérica* do canto às formas da prosódia – conquanto dela se *distancie* essencialmente[173] –, parece se consubstanciar no ventre gerador da melodia que a modula. Em suma, nenhum milagre da transubstanciação. Se milagre há, este é imanente, humano: voz *in mímesis* de si!

Da asserção de De'Paoli, ainda, como também da reflexão de outros autores citados, colhe-se um batimento teórico que conduz a pena exegética a uma determinação que se deve silhuetar: a arte de Monteverdi subentende a mais intrínseca relação entre externo e interno, objetividade e subjetividade, palavra e melodia. Se num canto de talhe mimético, seja ele qual for, externo e interno se enlaçam, porquanto compor é operar subjetivamente a partir e sobre a poesia (tenham seus artífices mais ou menos consciência disso), em Monteverdi essa atação se fez historicamente singular. O plano objetivo que a poesia atualiza coexiste lado a lado com o pulsar anímico-subjetivo, na medida em que a melodia é silábica, o que sig-

---

173 Cf. Anexo.

MONTEVERDI MIMÉTICO: MÚSICA E *MÍMESIS* 181

nifica um texto em mutuação *extensa* e *dinâmica* com o canto; por sua vez, a notável reordenação formal que a poesia sofre em mãos monteverdianas – reordenação que enervou todo o madrigalismo, particularmente o da segunda metade do século –, igualmente estila essa extensividade relacional, realista mutualidade externo-interno imediatamente configurada. Nesse sentido, distenda-se a questão, não é casual que a poesia tomada por Monteverdi fosse aquela animicamente vital, ou melhor, a que encerrasse *consequências à vida anímica* – a que a promovesse, motivasse, gerasse. Textos que projetam situações e homens dramáticos ou, se quisermos, dramático-líricos, fizeram-se a mediação literária predominante do seu canto. Ora, textos dramáticos lhe são favoráveis porque aos conflitos e colisões são inerentes desdobramentos anímico-afetivos extensos, vigorosos, profundos, vitais, às vezes plasmados pela poesia, outras não. Nesse caso, à pena compositiva impende extrair-lhe esses desdobros, sensificando uma concreta *potentia* humana.

De fato, Monteverdi escolhia suas poesias, que de Petrarca se deslocavam a Marini, de Tasso a Guarini, posta uma potencial expressividade anímica a ser musicalmente descavada. Em termos que radicam ontologicamente a tomadia poética monteverdiana: ao indicar que na tragédia grega o canto irrompia apenas em momentos patéticos, de Doni se colige que a poesia natural à música é aquela prenha do sentir, ou onde o sentimento está ou deve ser. Schrade é preciso quando deixa entrever que o compositor italiano seleciona seus textos em função das paixões (*in actu* e/ou *in potentia*) que contêm, do "pulso humano" que nelas estua, ponto de partida à configuração sonora da vida interior. Contornado em termos mais gerais, e quase poéticos:

A predileção monteverdiana pela obra do infeliz poeta que o duque Vincenzo liberara do manicômio de Ferrara não é somente devida aos favores que sua obra gozava na corte mantuana. Para Tasso, *poesia é equivalente de vida*, e Monteverdi se sente atraído por este grande infeliz[174].

---

174 D. De'Paoli, op. cit., p. 374.

Da poesia, pois, capturam-se sentidos, tendências humanas e psicológicas. O poético é o mundo – objetivo e subjetivo – nutriz do canto, sua plataforma porque a da subjetividade, o solo inspirador da melodia, que ao se pôr desordena o verso ao ordenar – afetivamente – a obra.

É a isso, assim parece, que a letra de Fabbri alude quando marca a centralidade da poesia na arte monteverdiana e sua predisposição a desagregá-la, desagregação que a torna efetiva alavanca objetiva do mundo subjetivo. Algo que não conduz à perda de seu sentido, à sua insonoridade conceitual, não obstante suas mutações e fragmentações. Sentido este, de um lado, que o compositor necessita para criar a subjetividade que o *mélos* constitui, de outro, que o ouvinte carece à intelecção concreta do plano subjetivo-musical: *como compreender e possuir o lado subjetivo in concreto sem sua mediata condicionante objetiva – o texto?* Com Fabbri, então, remata-se, onde a poesia se distorce e desdobra, "curva-se" inteiramente ao canto porque a expressão ativa da subjetividade plasmada implica-o, e desta união tão visceral de seres tão carnais – som e palavra – parece nascer uma descendência dessemelhante, mas que é, sim, filha parida de suas entranhas: *a alma* do homem do Renascimento tardio; na palavra anunciada:

Nos madrigais do *Quinto Livro*, com a obrigatoriedade do baixo instrumental (e também nos livros seguintes, e o discurso poderia se estender à música sacra, especialmente a monódica), superada graças a este [baixo] a exigência de um tecido de vozes e versos suficientemente coeso e contínuo, o compositor pode se voltar mais livremente para o texto poético: palavras individuais se expandem ao desmedido graças à abnormes eflorescências vocais ou por iteração, a atenção se orienta insistentemente sobre porções selecionadas do verso, e com frequentes pausas – mais do que com cadências – o verso é secionado em unidades breves. Em outros momentos, inversamente, uma escritura musical que por momentos mais ou menos extensos faz operar uma interna lógica melódico--rítmica, toma o texto, sotopondo-o a tratamentos que desarranjam suas coordenadas formais. Num caso a atenção se volta ao sintagma isolado ou verdadeiramente a um lema singular; no outro, de forma mais geral – ou talvez mais profunda – à essência expressiva de uma passagem, senão de uma inteira composição. Mas em ambos, ao centro da construção está, uma vez mais e como sempre,

MONTEVERDI MIMÉTICO: MÚSICA E *MÍMESIS*   183

o ditado verbal mais que o efeito musical, às vezes até sugerindo ao músicista soluções que se diriam pertencer mais ao campo da eloquência do que ao da técnica compositiva[175].

NUM DIZER A MACHADADAS, QUE SUBSTANCIA E CONCLUI

Ad voce umanissima: *ad voce in voce*, mimese do dizer: alma em recitação, alma que escorre plena pela voz, tornada paixão; expressão imediatíssima, pungente, da interioridade; canto falado, declamado, não simplesmente porque palavra silábica, que se avizinha da fala, mas porque voz *in mímesis* de si, porque canto com alma de voz, que declama porquanto das formas da fala se afasta ao imitar a voz; então, arte *in expressione*: voz que, natural via das afecções da alma, em dupla tipificação se faz sentir dinâmico, vívido, ativo; sentir que se consubstancia numa tal vitalidade que é o que particulariza a *Seconda Pratica*, prática da *perfeitione de la melodia*, *modus* compositivo que a expande e veementiza.

Quiçá por isso, Matteo Caberloti tenha dito o que disse nas solenidades de morte de Monteverdi. Se um necrológio tem por fim a dolorida tarefa incompossível de falar e exaltar a vida no instante da morte, e nesse caminho reconstituir o sentido e rumo da existência e obra daquele que se foi, e fica, *expressivo* tomar-lhe um trecho. Movimento pelo qual se sublinha a delicada e valiosa determinação de que Monteverdi foi "um 'homem' que viveu entre os afetos humanos, dos quais teve profundo conhecimento"[176], bem como se avoca o fato que este compositor não escrevera apenas, mas deixara impresso nos sons da história o ser e dever-ser anímicos de um tempo. Porque a música desse renascentista tardio é desvelamento do tônus, tendências e perspectivas do homem: *mélos ad hominem*, expressão da interioridade *in humano* e *verossímil poderia ser*. Na singelez da assertiva: seu canto é servo da alma, melodia humaníssima, e isso Caberloti jamais contraditaria; jamais.

---

175 P. Fabbri, La parola cantata, em P. Besutti; T. M. Gialdroni; R. Baroncini (orgs.), *Claudio Monteverdi – Studi e Prospettive*, p. 521.
176 D. De'Paoli, op. cit., p. 453.

184 MÚSICA SERVA D'ALMA

Somente Claudio [...] possuía a comunhão de todas as afeições, e parturia tais disposições, a seu beneplácito, nas mentes humanas, movendo assim os sentidos na direção daquele prazer que lhes propunha. [...] Quem tem forças para reter as lágrimas quando se detém para ouvir o justo lamento da infeliz Arianna? Que alegria não se sente ao canto de seus madrigais e compostos scherzi? Quem escuta suas composições sacras não é tomado por uma devoção verdadeira? Não se dispõe a um viver mais composto aquele que frui seus [madrigais] morais? E na variedade das composições para as bodas dos príncipes, ou nos teatros desta sereníssima cidade [Veneza] representadas, não variam de momento em momento os afetos? Pois, te convidando ao riso, por um impulso violento és levado ao pranto. E quando pensas em tomar armas à vingança, neste exato instante, em metamorfose miraculosa, alterando-se a música, se dispõe teu coração à clemência; subitamente te sentes tomado pelo temor, quando, com a mesma urgência, te assiste a confiança. Dizci!, e acreditai senhores, que Apolo e todas as musas concorreram para engrandecer a excelência do engenho de Claudio; pois Clio lhe ensinou a cantar as vitórias, Melpomene os acontecimentos trágicos, Tália os amores lascivos, Euterpe a acompanhar o canto com a doçura das flautas, Tersicore a engrandecer e mover os afetos, Erato a manejar o plectro, Calliope a compor matérias heroicas, Urânia a emular os movimentos celestes, Polihinnia a medir os tempos, e finalmente Apolo, como mestre, ensinou-lhe a lidar numa ordem infalível com esta multiplicidade de ofícios[177].

Ofício monteverdiano: *oficio da voz*, voz que, sempre e sempre, expressa a interioridade; "Mesmo um homem bruto tem a faculdade natural de comunicar com a sua voz, ainda que a seu modo, o prazer e a dor do corpo e da alma"[178]. Então, o canto não poderia deixar de ser expressividade, e Monteverdi um homem *in affectu*, amplos e intensos e vitais afetos porque a vocalidade plasmou-se a si, arte que é *vis viva* porque *voce in melodia, voce umanissima*.

---

177 Caberloti, apud P. Fabbri, *Monteverdi*, p. 344. Este texto de Caberloti, *Laconismo delle alte qualità di Claudio Monteverde*, abre um pequeno volume – *Fiori Poetici raccolti nel funerale del molto illustre e molto reverendo signor Claudio Monteverde* (G. B. Marinoni (org.), Venezia, Francisco Miloco, 1644) – que é uma coletânea de líricas em homenagem ao compositor.
178 V. Galilei, op. cit., p. 89 (grifo nosso).

Parte Dois

Canto em Corpo e Alma

Hor Ch'el Ciel e la Terra **e**
Lamento di Arianna

*Toda a escala de sentimentos de nossa alma encontra
na voz e no canto o justo temperamento, arcana, exci-
tante correspondência.*

SANTO AGOSTINHO,
Confissões

Introdução

1.

Analisar os procedimentos compositivos e estéticos que fundam *Hor ch'el ciel e la terra* e *Lamento di Arianna* é a finalidade desta Parte. Se, na anterior, o espaço teórico encentrou-se sobre a letra categorial, agora, o exame dos meandros de uma prática sonora, da orgânica de uma textura, do *ser-precisamente--assim* de uma trama musical, é o *télos* divisado. Se, no campo precedente, intentou-se esboçar o solo estético e os atributos que arrimaram e orientaram a música de Monteverdi, esboço que abriu caminho à determinação dos fundamentos de sua música, da lógica e perspectiva de suas melodias, esta etapa da investigação entende dissecar o tecido compositivo, examinar--lhe elementos, formas e articulações. A termo que, se a exegese realizada alumia as categorias e finalidade da arte monteverdiana, a análise das partituras corporifica esse momento categorial, que se concreta. Vale dizer, ambas as obras, *Hor ch'el ciel* e *Lamento*, enformam uma *mímesis della voce*, positivação que esta Parte buscará denotar a partir e no interior do terreno eminentemente sonoro. Denotação que, ao substanciar as determinações teóricas precedentes, efetiva um passo teórico vital, a saber, sensifica o canto de Monteverdi, o substrato de sua prática, as engrenagens de seu *modus faciendi*. Pois o escavado, agora, são as notas, que devem falar por si, manifestar por si seu pulso, aflorar sua lógica por suas próprias carnes.

Esboçados contexto e fim deste momento que se inicia, necessário referir os fundamentos da escolha das duas partituras. Delineemo-los.

Refira-se de saída: tomam-se duas obras porque o talante é examinar tanto um madrigal como uma monodia. Ao se examinar uma composição polifônica e outra monódica, se quer pontualizar a inexistência de um abismo estético e compositivo entre as duas esferas. Em verdade, e como referido, a substância e procedimento artísticos que nutrem o madrigalismo monteverdiano são os mesmos que urdem a monodia acompanhada, isto é, a *subjetividade que sente substantificada pela voz em mimese de si*. Este é o substrato de sua música, seja esta destinada à cena, às vozes de um madrigal, ou a de uma singela *canzonetta*. De modo que os meios e caminhos melódicos dispostos na construção de uma monodia são estruturalmente os mesmos que tramam um tecido contrapontístico, conquanto distinções técnicas e estilísticas existam necessariamente. Uma voz solitária, liberta das exigências e necessidades do intrincado polifônico, pode abandonar-se a si mesma, mover-se apenas em função da soltura e desembaraço de suas próprias curvas e dobramentos, contextura que lhe confere uma natureza expressiva difícil de ser atualizada por uma voz que flui e se desdobra ladeada por outras. Do mesmo modo que, inversamente, a coexistência simultânea de melodias distintas oferece ao compositor um tecido sonoro de textura multíplice, que parture configurações humano-expressivas interditas à monodia. Fortune alude à preferência de Monteverdi por essa sonoridade implexa, preferência imediatamente espelhada pelo número de obras escritas para voz solo, diminuto[1].

Mas, insista-se, se a dessemelhança estilística entre polifonia e monodia é realidade musical, não menos concreta é a identidade de fundo que entrelaça os dois instrumentos compositivos. E pontualizá-la é reconhecer a lógica da

---

1 Sobre a questão, cf. D. Arnold, N. Fortune (orgs.), *The New Monteverdi Companion*, p. 186, 189-190.

CANTO EM CORPO E ALMA: INTRODUÇÃO

mimese monteverdiana, porque aquilo que as avizinha e imbrica é o fato de serem voz imitada em canto. Logo, tomados em separado, *Hor ch'el ciel* e o *Lamento* revelam o jaez do gênero madrigalesco e cênico, respectivamente; justapostos, que a sonoridade monteverdiana é *imitatione del parlare*. Pirrotta, como indicado, manifesta a similitude teleológica entre as esferas monódica e polifônica posta no século XVI. Em assertiva que dispõe sobre Monteverdi, salienta a intersecção de fundo, a interconectividade na distinção, com o que mediatamente avoca, para o leitor deste estudo, a matéria e substrução de sua arte:

> Os estudos monteverdianos mais recentes diminuíram a importância que há algum tempo se atribuía à introdução do contínuo no *Quinto Livro*, e reagiram justamente ao erro de se ver aí o sinal de uma fratura e o advento de um novo Monteverdi, monodista e cantante, no lugar do polifonista e madrigalista do período precedente. Esta contraposição, a quem, como eu, vê na polifonia e na monodia do tempo expressões paralelas e não contrastantes de exigências expressivas análogas, só pode parecer absurda[2].

Fabbri, igualmente, manifesta a unicidade estética que se engendra entre monodiar e compor em esfera polivocal:

> Com *L'Orfeo*, pela primeira vez Monteverdi podia experimentar em campo monódico, com maior comodidade e de forma mais radical, aquela inclinação a uma escrita persuasivamente eloquente que já havia produzido os madrigais do *Quarto* e *Quinto Livros*. Destes retomava, adaptando-os ao gênero do canto a uma voz, também os traços mais característicos do estilo patético e as tendências a estruturar a composição segundo linhas de desenvolvimento não decalcadas de maneira supina e mecânica sobre a letra mais exterior da forma poética[3].

A expressão patética, a manifestação da alma vitalmente comovida é típica substância madrigalesca monteverdiana. *L'Orfeo*, pois, "apropria-se" de um *modus faciendi* inerente ao madrigal, de sorte que da reflexão verossimilhante de Fabbri

---

2 N. Pirrotta, *Scelte poetiche di musicisti*, p. 118-119.
3 P. Fabbri, *Monteverdi*, p. 115.

se extrai, ato contínuo, que o fazer cênico-monódico e o madrigalista se instituem por uma mesma matéria, materialidade e orgânica. Por outro lado, e posto em completação, é também de forma *declamada*, ou a partir de um procedimento monódico-recitativo, que Monteverdi, e de uma maneira geral a música de finais do século XVI, engenhavam as vozes de uma obra em contraponto, ou aquela de um "palco ideal", indestinadas à cena, para a qual era *L'Orfeo*. Logo, este é o ponto fundante, a partitura monteverdiana será sempre tecida com o fio de intensificadas pulsações anímicas, que irrompem então numa única voz que lamenta ou implora, ou no interior de um madrigal, que se urde na multiplicidade de vozes intrincadas em mutuação. Ao traçar as bases compositivas do *Sétimo Livro*, Schrade denota o jaez do contraponto monteverdiano. Dado a pertinência da asserção, e o fato de que uma vez mais se insiste sobre a natureza humano-afetiva da trama polifônica, retomar a pena desse autor parece efetivamente oportuno, pena que ecoa claramente Pirrotta e Fabbri, não deixando dúvidas quanto à *alma expressiva* de sua polifonia; dispõe:

> O tratamento dos motivos varia de um madrigal para outro; um dos mais eficazes consiste em dar um conteúdo dramático, ou expressivo, à imitação contrapontística dos motivos, como em *S'el vostro cor Madonna*, para tenor e baixo. No início, cada voz apresenta o motivo, separadamente, em imitação; e a cada vez ele ascende; Monteverdi procede frequentemente assim e consegue conferir à figura mais simples uma expressividade de grande intensidade. Os motivos ascendem em imitação até as vozes se unirem. O processo funciona por sugestões, alusões, mais do que diretamente. Este tipo de contraponto tem verdadeiramente o caráter de uma improvisação, e a espontaneidade parece ser sua maior força; mas assim que se chega ao fim da peça se compreende que ela percorreu uma série de etapas, muito controladas. Essa técnica de imitação se encontra em todos os duos e trios desta coleção[4].

---

4 L. Schrade, *Monteverdi*, p. 274-275.

2.

Explicite-se que a escolha das obras analisadas, que dão corpo, respectivamente, ao madrigalismo e ao monódico monteverdianos, teve por arrimo, e não poderia ser diverso, sua intrínseca valência artística, que universalmente ecoa. Ao considerar *Hor ch'el ciel*, obra a seis vozes, com dois violinos e contínuo, Schrade não poupa paixão no ressalto de seu ser e significado:

> Dentre todos os grandes madrigais [do livro Oito], *Hor ch'el ciel e la terra*, e sua segunda parte, *Così sol d'una chiara fonte viva*, são os mais perfeitos. O soneto de Petrarca foi musicado da maneira mais engenhosa possível. Monterverdi se apossa da imaginária do poeta, de seus contrastes, de seu potencial expressivo; mas ela não se limita a lhe fornecer uma linha formal; ela lhe inspira uma imaginária musical correspondente e igualmente potente[5].

Pouco à frente, remata a ponderação, evidenciando o substrato mimético da peça, ainda que o faça a partir da colagem irrazoável entre afetos poéticos e música:

> A primeira parte [do poema] oferece três *affetti* que Monteverdi explora na estrutura da peça: a calma, a agitação e o sofrimento, e a guerra [...] "A guerra" fornece o motivo da parte seguinte, inteiramente escrita no *stile concitato*, com violentas repetições que acrescem a agitação. Mas este estilo guerreiro é reequilibrado pelo motivo musical "da paz", posto por acordes cheios, lentos e doces [...] Graças a esse poder dramático as ações são vívidas, os sentimentos audíveis, e a forma musical devém numa tragédia cuja energia e realismo parecem superar a natureza da música. Monteverdi foi o primeiro a descobrir esse potencial, sem o qual não se poderia imaginar a existência de uma música dramática[6].

Em *The Monteverdi Companion*, a veemente vitalidade artística desse madrigal guerreiro do *Oitavo Livro* é analogamente afigurada. Conquanto cunhada em metáfora duvidosa, o reconhecimento de sua qualidade e importância, cujo argumento evoca aquele de Schrade, é vigoroso. Lê-se: *"Altri canti di*

5 Idem, p. 321.
6 Idem, p. 321-322.

192   MÚSICA SERVA D'ALMA

Marte e *Hor ch'el ciel e la terra*, ambas composições sobre so-
netos, são trabalhos de proporções quase sinfônicas, e dentre
as melhores de Monteverdi"[7]. Ajuizamento que por Eistein,
mencione-se ainda, é plenamente corroborado[8].

Lamento di Arianna. Doni é categórico ao afirmar tratar-
-se do exemplo mais insigne de seu gênero. Ao alinhavar sobre
o nascimento da música cênica, nomeando as primeiras reali-
zações e seus artífices, sua pena esboça este quadro:

Depois do Sr. Giovanni Bardi, foi o Sr. Iacopo Corsi que, por
amar a música, a favorece, e a seus professores, antes de qualquer
outra nobre e virtuosa profissão. Sua casa, enquanto viveu, foi um
albergue contínuo das musas e um abrigo cortês de seus seguidores,
não menos estrangeiros que italianos. Foi a ele ligado por extrema
amizade o Sr. Ottavio Rinuccini, a qual só costuma durar quando
existe grandíssima simpatia de humores. E porque, como se sabe,
ele foi um formosíssimo poeta (possuindo suas obras, admiravel-
mente, o natural, o patético e o gracioso, o que na música bem resulta), e a poesia e a música são irmãs e consortes, deu-se a ele ocasião
para aperfeiçoar uma e outra reciprocamente, e assim prover o prazer àquela virtuosa assembleia. A primeira Ação representada neste
novo estilo foi *Dafne*: fábula pastoril de Rinuccini, modulada por Peri
e Caccini, recitada na casa do Sr. Iacopo, e que obteve acolhimento
indescritível de toda a cidade [Florença]. Depois foram recitadas outras pequenas Fábulas, e Ações completas; nas bodas da cristianíssi-
ma rainha da França, a *Euridice*, do mesmo Ottavio [Rinuccini], foi
realizada com aparatos régios. Esta obra foi modulada em sua maior
parte por Peri (que também recitou um personagem, assim como
na *Dafne* havia representado Apolline), mas também por Caccini.
Isto ocorreu no ano de 1600, onde, em função das mesmas festivida-
des nupciais, foi representado ainda o *Rapimento di Cefalo*, da qual
Caccini escreveu a maior parte da música. Obteve igualmente grande aplauso *L'Arianna* [1608], do mesmo Rinuccini, vestida de apropriada melodia pelo Sr. Claudio Monteverdi, hoje *Maestro di Capella*
da República de Veneza, que publicou sua parte principal, o lamento
da própria Arianna, talvez a mais bela composição neste gênero que
tenha sido feita nos nossos tempos[9].

---

7   D. Arnold, N. Fortune, op. cit., p. 246.
8   Cf. A. Einstein, *The Italian Madrigal*, v. 2, p. 864-865. No curso da argumentação, Einstein alude, refira-se, ao *laceramento* textual de *Vago augelletto*.
9   G. B. Doni, *Trattato della musica scenica,* IX, p. 24-25.

CANTO EM CORPO E ALMA: INTRODUÇÃO

E se estas palavras, categóricas, não podem ser simplesmente desatendidas, posta a relevância do formulador, não menos ouvidos se deve dar ao juízo de Marco da Gagliano, que no prefácio de sua *Dafne* oferece um testemunho da vitalidade e força artísticas de *L'Arianna*. Pessoalmente envolvido nos festejos para os quais a obra também tinha sido encomendada, presenciara *in loco* a reação dos convivas. Ressaltando sua dimensão humano-expressiva, a condição movente dessa obra cênica – então, necessariamente a do *Lamento*, que de *L'Arianna* era o momento central, como, sublinhe-se, considerava o próprio Monteverdi (o Lamento "é a parte mais essencial da obra"[10]) –, condição movente pela qual afirmava sua proximidade da música grega, ou da força que presumia tivesse possuído, relata:

entre as muito e admiráveis comemorações que pela S. Alteza foram ordenadas para as soberbas núpcias do sereníssimo príncipe, seu filho [Francesco Gonzaga], com a sereníssima infanta [Margherita] de Savoia, quis que se representasse uma fábula em música, e esta foi *l'Arianna*, composta para tal ocasião pelo senhor Ottavio Rinuccini, feito vir a Mântua especialmente para este fim pelo senhor duque; o senhor Claudio Monteverdi, músico celebríssimo, chefe da música de S. A., compôs as árias de modo esquisito, com o que se pode verdadeiramente afirmar que se renovasse o prestígio da antiga música, pois visivelmente moveu todos do teatro às lágrimas[11].

É exatamente essa força humano-afetiva observada, sentida e grafada por esse importante artista, a dimensão compositiva pela qual, reiteradamente, a obra é evocada. A pena de Aquilino Coppini corrobora a de Gagliano, indicando o poder conducente da arte monteverdiana, logo, mediatamente, a veemência humana dessa imitação, que toma o espírito de quem a ouve, plasmando-o. Pena que transpira a artística ventura alcançada por *L'Arianna*, mas, antes de tudo, seu intrínseco *vigor expressivo*. Assim refere:

A antiquíssima e belíssima cidade de Mântua foi sempre [...] fecunda mãe e benigna nutriz de elevadíssimos engenhos, dentre os

---

10 Monteverdi, Carta de 20 ou 21 de março de 1620 a Alessandro Striggio, em D. Stevens, *The Letters of Claudio Monteverdi*, p. 199.

11 Gagliano, apud P. Fabbri, *Monteverdi*, p. 143.

194   MÚSICA SERVA D'ALMA

quais Claudio Monteverdi. Hoje dedicado ao serviço da sereníssima casa de Vossa Alteza, atingiu na música tal excelência que não mais devem parecer estranhos aqueles efeitos da harmonia que com grande admiração encontramos nas páginas dos antigos. Disto, entre muitas outras composições, faz clara fé *L'Arianna*. Obra que, representada nas felicíssimas bodas de V. A. com a sereníssima infanta de Savoia, com as notas novas e suaves de Monteverdi – para não mencionar a expressão dos outros afetos, extraiu com viva força dos olhos do famoso teatro, e, depois, de qualquer um que a escutasse, lágrimas e mais lágrimas piedosas[12].

Reverberando Gagliano e Coppini, Schrade entece uma consideração que parece consubstanciar suas disposições, expondo à luz a genérica substância estética do canto monteverdiano, mediatamente a alma do *Lamento di Arianna*. Canto que nos comove porque é *voce umanissima*, expressivíssima alma *in* drama, a saber, "O segredo da música [de Monteverdi] é o elemento humano como fundamento de todos os afetos. É isto que explica seu sucesso. O tema central permanece o homem, suas paixões, suas experiências, ao que a composição musical confere valor universal"[13]. Na antecipação de uma argumentação ventura, a *mímesis della voce* é anímica *universalizada*, lógica que consubstancia o tecido sonoro enquanto um aristotélico *poderia ser*. *Universalidade plasmada numa voz in mímesis de si* que, sem dúvida, fundou tanto o êxito imediato como a perenidade histórica do *Lamento*. De'Paoli manifesta em tintas fortes sua veemência, seu atributo *movente*. *Expandidas paixões expandidas* é o sentir de Arianna. Arianna, anímica sensificada na verossimilitude humana do desdobramento interno de si: sua sensibilidade é musicalmente forjada com os fios de uma substantificação *mimético-crítica*, naturalmente universalizadora, que expande, tipifica o sentir, e assim nos move, ou pode mover, porque comove, prure, ou pode prurir. Numa palavra, à qual se retornará em momento específico, Monteverdi *universaliza* a alma *intrinsecamente expressiva* parturida pelo Renascimento: *como, então, não ser arte expressiva*, ou melhor, *in expressione*? Este é, em última instância, o coração irrevelado e insabido da ponderação

12   Coppini, apud P. Fabbri, *Monteverdi*, p. 153.
13   L. Schrade, op. cit., p. 226.

CANTO EM CORPO E ALMA: INTRODUÇÃO 195

sequente, com o que se marca o sentido, ainda que em patamar genérico, do "valor universal" de Schrade, e se ecoa, em conclusão, a natureza da obra. Considera e firma De'Paoli:

A situação dramática é conhecida: Nunzio anuncia a partida furtiva de Teseo. Arianna entra em cena, olha os navios que se afastam com as velas estendidas e se lamenta: "Lasciatemi morire!" Arioso? Declamação? Palavras vãs. Aqui é a palavra, enquanto expressão de um sentimento profundo que se faz música, canto: música de uma verdade humana e de uma potência dramática que têm algo de quase miraculoso. "Que dor sobre a terra provoca um pranto assim?" Depois do *Lamento* posto num amplo recitativo (mas também aqui a definição é díspar face à coisa), interrompido pelas exclamações do Coro e exortações da confidente, Arianna desabafa a própria dor: chora, invoca, recorda, impreca... ama ainda, sobretudo. Se o fragmento dramático de Rinuccini é de fato belo, a recriação musical de Monteverdi é de uma verdade e potência não mais alcançadas: as mínimas nuanças desta cena de complexidade psicológica moderna – o desabafo apaixonado, a dor, o desejo de morte, o abatimento, em seguida a revolta e a invectiva tremenda, a obsessão, o orgulho e a humildade – são recriadas musicalmente com uma simplicidade e uma potência, com uma variedade e uma intensidade na expressão dramática – onde palavras e música se coordenam reciprocamente em períodos precisos, movidos por um ímpeto pulsante – que, após três séculos, têm ainda o poder de subjugar o ouvinte, como naquele tempo, e sem a necessidade do aparato cênico. Não por acaso essa página foi definida (e não só por um estudioso) como a mais alta expressão de drama musical em sentido absoluto: e a afirmação não parece pecar por entusiasmo excessivo[14].

3.

Dispostos e iterados valor e significância de *Hor* e do *Lamento*, ao menos num contorno geral, é importante pontualizar, por fim, que a ecoada veemência expressiva das obras, que a vitalidade humana ingênita que as projetou historicamente, guarda em si o fato de que ambas são frutos maduros de uma estética compositiva, de seus procedimentos e perspectivas artísticas, condição que as consubstancia enquanto exemplos típicos de

14 D. De'Paoli, *Monteverdi*, p. 223-224.

uma prática determinada. E, se pela coisa desenvolvida, maturada, consubstanciada em sua tipicidade, medrada em seu ser-assim, mais efetivamente se toca o imo de um fenômeno, com maior tino se discerne a motivação que orientou a opção por essas partituras. Em termos desdobrados, o caminho da investigação, a via metodológica a ser percorrida se radica no exame da obra típica porque esta, urdida positivamente nos atributos e substâncias estruturantes e especificativas de uma lógica estética, por contê-las em si as desvela *in concreto*, ou a natureza de um *modus faciendi. Hor ch'el ciel* e o *Lamento di Arianna*, como manifestações artísticas monteverdianas plenas em seus gêneros, denotam, em plenitude, o pulso e substrato composicionais que as arrima e nutre, logo, são instrumentos protagonistas na escavação das categorias e estrutura do canto examinado, justa via à elucidação da *Seconda Pratica, Pratica della voce*.

E justamente porque se trata de uma arte que é *imitatione del parlare*, remate-se esta argumentação contextual, a análise construída encontra na orgânica da voz, em suas formas – e não poderia ser diverso –, o sentido e lógica humano-musicais das modulações, das melodias: a voz em seu *ser* e *ir-sendo* – a ascendência, a detença e descendência, suas curvas, dobrações, seus movimentos – revela as entranhas desse canto. Quando Coppini afirmava que a música do *Quinto Livro* era "regolata dalla *naturale espressione* della voce"[15], com o que esboçava o jaez desses madrigais, evocava, lucidamente, que a chave de sua compreensão passava pelas categorias da voz. De sorte que se o corpo e alma desta Parte transpirarem as vias analítico-musicais donianas dantes explicitadas, não se tratará de imbricação passageira, de avizinhação fugidia, mas de aproximação musicalmente consciente e incontornável.

Que a Parte Um, então, se faça canto.

---

15   Cf. Parte Um, nota 99.

1. Hor Ch'el Ciel e la Terra

A PRIMEIRA ESTROFE

A análise da quadra inicial de *Hor ch'el ciel* poderia incorrer de saída e inadvertidamente num dislate, dispondo como verdadeira uma determinação irrazoável. Posto que no exame do fenômeno poético-musical monteverdiano, e madrigalista em geral, a música é dominantemente entendida enquanto corporificação sonora da poesia, não seria de se estranhar a assertiva que tomasse a modulação inicial enquanto pintura do silêncio e quietez que o poeta sugere. Assim Petrarca consubstancia a estrofe inceptiva do soneto, que enforma a natureza:

> Hor ch'el ciel e la terra el vento tace
> e le fere e gli augelli il sonno affrena
> notte il carro stellato in giro mena
> e nel suo letto il mar senz'onda giace[1]

---

1 Quando o vento cala o céu e a terra/e as feras e os pássaros despertam/noite, o carro estelar se move/e no seu leito o mar sem ondas jaz (tradução livre).

Um tempo musical compassado, de fato, que se substantifica estruturalmente por semibreves, mínimas e semínimas num compasso quaternário, veste os versos iniciais[2]:

---

2 Este e todos os demais exemplos musicais são extraídos de C. Monteverdi, Prefácio do Livro VIII, em Gian Francesco Malipiero (org.), *Tutte le opere di Claudio Monteverdi*, v. VIII/1t.

Exemplo 1

A lenteza rítmica daí nascida, que se arma pela repetição de uma mesma nota melódica e acordes imutáveis – gerada, pois, por um "imobilismo" sonoro, pode sugerir, aparentemente, que Monteverdi entendeu pintar a quietude e fixidez que o poema transpira. Quando Schrade, a respeito desse quarteto, refere que "A *imagem* do silêncio de morte *é realizada* por acordes graves, escuros, noturnos: uma declamação harmônica"[3], afirma justamente que a música cumpre tal função: pictórica. No entanto, se indagariam Doni e Galilei, se as notas estão imóveis e o registro vocal é grave, isso significa que a música engendrou um silêncio profundo – de morte, ou um não movimento, uma fixidade? Certamente, responderiam ambos: não! Ao dispor o grupo vocal em tessitura grave, movido por uma rítmica arrastada, refreada, e numa reiteração harmônica e melódica, Monteverdi não elabora como um pintor.

3 L. Schrade, op. cit., p. 321 (grifo nosso).

Modulando a estrofe com tal sonoridade, o que faz é entranhar na poesia petrarquista sua própria alma. Esta textura declamada – silábica, fundada na gravidade de dilatados sons insistentemente repetidos, não dá corpo, como se isso fosse musicalmente possível, ao silêncio, à imperturbabilidade, à "mortal" calmaria que envolve a natureza do poema, mas, objetivamente, engendra seu *pulso anímico*: *plácido*. Placidez de um pulso, porém, pontualize-se desde já, que não é plasmada em termos incontrastáveis. A dilatação prosódica, a escansão das palavras imposta pelas figuras rítmicas, que amolenta uma declamação cujo talhe se poderia então metaforicamente caracterizar como o de uma melopeia em tons profundos, gera, sim, uma sonoridade calmosa, plácida, mas, outrossim e simultaneamente, que é estuar tenso, apreensivo, latejante. De sorte que ao se tomar o canto monteverdiano não se ouve, absolutamente, a pintura da imobilidade de um momento – o desenho do sereno silêncio dominante, de uma noite calmosa que cala e sopra, mas, diversamente, a pulsação de uma interioridade. Em suma, posta a específica modulação que torneia a palavra poética, à narrativa se ata uma *brandura tensa*, que se consubstancia, concretamente, enquanto o *espírito* da natureza petrarquista-monteverdiana. Espírito, pulsação afetiva, portanto, que, como se atinará no curso desta análise, é criação musical.

Encentrando a argumentação no campo das mutuações entre música e poesia, é necessário firmar, em função do parágrafo anterior, com o que este se concreta, que da natureza cunhada pelo poeta escorre um estado anímico de tranquilidade, de placidez. Da pena de Petrarca, essa dimensão pode ser genericamente escavada, divisada, postas as características com as quais o poema a silhueta: toma forma na brisa que *cala*, com pássaros em *suave* murmúrio, numa noite de mar *imoto*. Pulsar *interno*, este, que não deixaria então de incidir e influir sobre o canto concebido, o inspirando, orientando. Não obstante, e é isto que se deve sublinhar e firmar, essa serenidade da natureza poeticamente esboçada é, atine-se, apenas o ponto de partida do canto, sua abstrata e guiante radicação objetiva, que é monteverdianamente superada, ou melhor, que não se faz música. Nesse sentido, e dispondo a reflexão por

CANTO EM CORPO E ALMA: *HOR CH'EL CIEL E LA TERRA* 201

determinação negativa, que à música impendesse corporificar afetos poéticos, ou que Monteverdi perspectivasse sensificar os pulsos afetivos pulsantes na trama poética, em *Hor*, nenhuma dessas alternativas poderia ser objetivada. Isto, de um lado, porque a placidez poeticamente transpirada *não se caracteriza* efetivamente, em talhe real, concreto, com o que não toma forma uma anímica plácida a ser potencialmente imitada, ou sensificada enquanto batimentos da interioridade; antes, o pulso plácido da natureza irrompe na abstração de uma sugestionabilidade. Em determinação positiva, a *serenidade* que se atualizará em solo poético-musical é, *primariamente*, uma *opção*[4], logo, uma *criação* musical, uma adjetivação ou qualificação (anímica) parida das entranhas compositivas, ainda que fecundada pelo poético. Então, criação que a este ventre deve ser adequado, intrínseco, conectividade, assim, que enganosamente pode aparentar ser pulso afetivo nascido do poético, isto é, não gerado – *ideal* e *praticamente* – pela modulação. E também não se consubstanciaria, de outro lado, porque o canto, a despeito ou para além do poético, faz desse abstrato estado plácido da poesia pulso *simultaneamente tenso*. Dimensão tensiva, e este é o ponto a fortemente se distinguir aqui, que *em momento algum poeticamente sugerida*, é Monteverdi que a projeta e acopla a um latente batimento calmoso, este sim *abstratamente* absorvido e atualizado pela música, que o concreta, sensifica, isto é, o engendra, de fato. Em verdade, e expandindo o argumento, inexiste, em termos poéticos reais, a configuração *interna* da natureza: aos versos é estruturalmente faltante tal plano. A letra petrarquista não lhe concebe uma anímica, de modo que, e isto não é mais do que uma consequência natural e imediata, o estuar afetivo que escorre das notas monteverdianas não teria como provir da poesia: ainda que Monteverdi assim entendesse, em *Hor ch'el ciel e la terra* a música não poderia se realizar enquanto expressão das pulsações internas do mundo natural, pois estas não se enformam.

---

4 Pontualize-se, em exemplificação fugaz: Cipriano de Rore, em seu *Hor ch'el ciel*, diferentemente de Monteverdi, não cola à quadra inicial um pulso afetivo sereno. Significa que a modulação, *lato sensu*, é sim ato de escolha dentre possibilidades anímicas distintas, ainda que, para serem escolhas concretamente artísticas, estas devam se radicar no texto.

202 MÚSICA SERVA D'ALMA

No máximo, estão abstratamente implicadas. Então, silhueta-se a determinação de que é a sonoridade, no haurir do solo textual, a esfera generante da anímica da estrofe, de sua alma. De tal forma generante, atualizadora, que mesmo se Petrarca tivesse colado à natureza uma anímica concreta que Monteverdi pudesse colher e sensificar como pulsos anímicos, ainda assim seria a música, por ser esfera *sensificante*, então a que *predomina*, que criaria, realmente, o espaço anímico, tenha disto ou não o compositor consciência. Que as análises sequentes tornem mais palpável esta implexa argumentação categorial, que funda e enceta o exame da partitura.

Ao modular a palavra, Monteverdi tem de atentar tanto a seu significado no contexto que a acolhe quanto à sua forma, fundamentalmente no que tange à acentuação. Numa *imitatione del parlare*, o conteúdo e a sonoridade da palavra (e da poesia, *lato sensu*) são instâncias artisticamente fundantes e ativas. Se não observados, o melódico se desnatura. De um lado, porque na inobservância do sentido da poesia o *mélos* é urdido em abstração mimética, ou na indiferença da esfera que lhe radica e permite; de outro, porque a melodia monteverdiana, recitativa, implica a carnalidade sonora da palavra. Conexidade carnal entre palavra falada e cantada, entanto, que não se traduz numa avizinhação linear, como antes contornado: o *mélos* transmuda a prosódia, porquanto essa transmudação é via à positivação do *télos* buscado: a expressividade, da voz. Em termos concretos, a semibreve, em *Hor*, articulada em compasso quaternário, realiza essa palavra num dizer – numa *declamação* – muito alongado, distendido, que contraria sua dicção dial. Mas, desta expansão rítmico--sonora, nasce uma rarefação da velocidade verbal, que faz do termo, imediatamente, portador de uma carga emotiva que, antes, lhe era *inexistente*. Da opção pela semibreve descende e desponta, antes e acima de tudo, um determinado pulso anímico, de sorte que da articulação entre ritmo musical e palavra não nasce mera intensificação do discurso, um abstrato avigoramento expressivo do dizer: a lentidão de *Hor* – e de todo esse trecho – consubstancia uma *tensa brandura* (porque essa lentidão se associa, pontue-se desde já, a um registro grave; fosse outro o registro, diferente o sentir plasmado pela lenteza). Pulsação lenta que agrega ao poético, então, uma dimensão afetiva que, sem a música, lhe seria desconhecida; se tanto, percebida *in abstracto*.

Tace e *affrena*, como *mena*, ainda que sua segunda sílaba apresente uma mínima, são também musicadas numa rítmica de refreamento extremo – em semibreves, igualmente. E como, de um lado, estas são palavras que finalizam seus respectivos versos, e, de outro, se articulam imediatamente a pausas, essa ingente dilatação silábica, sucedida pelo *silêncio em si* manifesto pelas pausas, positiva uma sonoridade que medra e acentua a *serenidade espiritual* da natureza musicalmente plasmada, a *placidez palpitante* da alma da noite poética, que assim se constitui. *Giace*, por sua vez, palavra que remata a estrofe, não poderia, nesse contexto, deixar de ser disposta por semibreves, como de fato ocorre; e *mar*, analogamente, é modulada nos mesmos moldes rítmicos: estira-se por seis longos tempos. Dilação pela qual irrompem ainda *terra e notte*, que procrastinam, outrossim, o dizer, *a voz*, ainda que o façam sustentadas pelos valores mais curtos das mínimas. Procrastinação sonora que tomando e plasmando os versos, é ação *criadora de anímica*, que se amalgama à natureza petrarquiana, que assim se faz, com e para além de Petrarca, pulsos anímicos sensíveis, sensificados.

A argumentação tecida, musicalmente demonstrante que o madrigal guerreiro não se realiza no ato (impossível) de pintar uma anímica textual, sentimentos da poesia, logo, que o arrastado, demoroso mover-se das vozes objetiva algo novo em relação ao poético (pois sensificar implica o novo, porque é um ato de *concreção* [anímica], e o implica ainda porquanto essa ação não se alenta em termos adstritos da poesia, mas se autonomiza, em verossimilhança, do conteúdo anímico do qual parte, como se toma da análise elaborada), permite ainda distinguir algo estrutural; a saber, que o ritmo não se ata à palavra como elemento coadjuvante ou simplesmente reprodutor da dinâmica que desempenha na fala. Em terreno poético--musical, cumpre função imediatamente expressiva, e somente no interior desse reconhecimento é possível uma aproximação à sua lógica artística de fundo. Em termos mais específicos, roborantes. A rítmica monteverdiana dá forma a uma morosidade que se sobrepõe e absorve a sonoridade da palavra dial, que assim se remodela sonoramente. Remodelação que significa espaço poético subsumido, ou ordenado *pelo sentir*, porque tomado pela melodia, predominante. O que faz aflorar uma dimensão humano-afetiva que a estrofe contém apenas *in potentia*, dimensão, pois, que a música torna *actus*, de fato engendra, consubstancia. É desse enquadramento que se alcança o sentido de um ritmo e de seu movimento – na dação de forma que configura o *estado interior* dos homens, ou das coisas, que então se antropomorfizam. Em termos análogos, no canto monteverdiano, e em todo aquele de talhe mimético, o ritmo – ao penetrar e reordenar a palavra, porque vocalidade intervertida – é força anímica, é *expressividade*. Então, a ritmicidade que se cola à palavra e a faz soar em som novo não é simples fluxo temporal ou prosódica variados, que simplesmente intensam o dizer, mas, primariamente, estuar da interioridade, na exata medida em que o *tempo da voz*, a velocidade de seu movimento é, *in limine*, batimento anímico, alma que sente. Num canto que é *imitatione del parlare*, a esfera rítmica, advirta-se, faz-se imediatamente expressiva, porque voz *in mímesis* de si.

Na música, ritmo e altura não se manifestam e atuam desenlaçados, como instâncias autônomas. Intrinsecamente atados, sua indissociabilidade é a própria condição da mútua objetivação. Vale dizer, a corporificação de sons – das alturas – demanda uma dinâmica rítmica, temporal, do mesmo modo que o tempo musical implica diversidade e relação entre alturas. A apartação aqui consumada, portanto, é puramente ideal; surge como mediação analítica, cujo fim foi apontar, de forma imediata, a lógica desempenhada pelo ritmo monteverdiano. Nesse sentido, no movimento determinativo que se segue, dispõe-se a lógica musical configurada a partir do elemento não tomado: as alturas. Alturas, firme-se, que somente *in* ritmo se fazem, concretamente, alturas, expressão.

Estabelecer que o não movimento das alturas ordena musicalmente essa primeira quadra, que a imobilidade marca o *modus faciendi* das vozes nesse espaço artístico, sintetiza o ser-assim sonoro desses versos. Da inexistência de notas que se deslocam, iteradas em registro grave, descende uma paralisia pulsante, um latejamento sonoro, uma brandura que se faz outrossim tensão. Ou ainda, a insistência melódica sobre um mesmo *mi grave* por dezessete compassos (que se faz acompanhar da gravidade de todas as vozes), articulado em rítmica lenta, ecoe-se, implica uma ressonância a um só tempo calma e sombrosa. E o canto que assim se corporifica infunde no seio da dormente natureza petrarquiana o atributo humano da *serenidade desinquieta*, de uma serenidade que parece conter e vaticinar destinos vindouros, que, de fato, surgirão na estrofe ventura. O registro grave da voz, como o *Trattato* esboçara, reverbera o sentir mesto ou, mais rigorosamente, calmo, languente. Não obstante, e desdobrando a palavra doniana, é legítimo referir, em função daquilo que *Hor ch'el ciel concretamente imprime nos ouvidos que o escutam*, que este canto posto na gravidade enforma não apenas o estado triste, talvez mais soturno, prostrado da alma, mas, igualmente, um pulsar perturbado, sombrio. De modo que o improgressivo caminhar de uma sonoridade que se projeta na profundez da voz substantifica nos tons do sombroso os pulsos anímicos da natureza, que nas mãos de Petrarca irrompera apenas silente, como que suspensa, calmosa. Longe, então, de lhe tracejar uma silhueta, de pincelar em sons suas formas exteriores – o que, vale instar, é tarefa irrealizável –, o canto *lhe confere* uma *interioridade*, entranhando-lhe o *novo*, que a faz alma em sentir sensificado. E assim o é, evoque-se, porque voz é anímica sensificada, então, somente como afetos sentidos um canto mimético pode tomar forma.

No atinente à conformação musical deste primeiro quarteto, necessário tanger ainda a esfera harmônica, com o que se esclarece, ainda por esta via, a lógica da música monteverdiana, os fundamentos e *télos* deste fazer. Somente no compasso 12 o acorde de *lá* menor, ininterruptamente ouvido desde o início, cessa, sucedido pelo de *mi* maior. O efeito anímico do encadeamento é efetivo. Sendo que a harmonia menor de *lá* se repunha iteradamente por onze compassos, e que a entoação da dominante fora antecedida, ou preparada, por uma expectante pausa de mínima, à irrupção desse acorde ouve-se um revelar-se mais concreto da tensão, da inquietude, latente, que pulsa musicalmente posta a cadenciada gravidade reposta das vozes. Tensão que, sempre presente, ora se projeta porque toma forma um deslocamento harmônico movente (tônica--dominante), com o que *notte* encarna e externa um recrudescimento anímico. Ato recrudescente que se mitiga quando se torna a *lá*, rarefação tensiva que não significa, porém, pura e simples descompressão anímica, mas a conformação de uma nova dimensão emocional. No intento de reconhecer e determinar esse passo compositivo, o exame da melodia que enforma o último verso da estrofe é passo fundante.

O único momento em que a melodia renuncia a um *mi* imarcescível é aquele sobre o hendecassílabo *e nel suo letto il mar senz'onda giace*. O semitom que então se entoa e pelo qual *fá* é alcançado, a reiteração desta nota ainda em rítmica lenta e em região vocal grave, e o fecho deste fraseado com um decrescimento das alturas que se positivam nas profundezas vocais do soprano, decrescimento que inclui uma mesta terça menor, deslocam a obra do espaço anímico analisado, empurrando-a ora à manifestação incontrastável de um sentir recolhido, doloroso. A modulação engenhada, antes de ser a incompossível pintura sonora de um mar imoto, reitere-se, sensifica o batimento mesto da natureza, de sua alma, que a pena monteverdiana pode verossimilmente urdir porquanto no verso petrarquiano toma forma o jacente. O tônus desvigorado e languente, escuro e umbroso que das notas descendem, infunde um sentir que é langor, dor da alma, a termo que se a música pode ser determinada enquanto um traçado pictórico, só o é se reconhecida enquanto uma *"pintura" sensificada da interioridade*. O *mélos* que se arma, sublinhe-se, produz e projeta um pulso espiritual antes inexistente na poesia, embora ele dimane da pena poética, ou nela Monteverdi se inspire para plasmá-lo, pois é do dormir de um mar que não mais acorda que provém o desalento da perda que a música substantifica. Desalento d'alma, então, que a natureza, *monteverdiana*, constitui e expressa. De sorte que a sonoridade desse verso cola à natureza petrarquiana seu estado de espírito, abatido, resignado, porquanto marcado pelo mar que jaz. Numa tal contextura, a volta ao acorde de *lá menor* não denota pura mitigação anímica, ao que se poderia teoricamente ser levado em função da mecânica – e comum – imbricação entre rarefação tensiva e o encadeamento dominante/tônica. Nesse contexto, o encadeamento surge, concretamente, como o alicerce que incoa uma inflexão subjetiva que em nada é lenitiva, inflexão que continua e se desdobra com a subdominante (*ré*), acorde que, menor, intensifica o caráter pesaroso do movimento melódico *mi-fá*, logo, o pulso humanamente lastimoso, minguante, da passagem como um todo.

Positivada tal sonoridade, há que se pontualizar, e com tintas marcadas, o solitário *lá* do compasso 20, com o que Monteverdi expande a palavra *mar* por três longas mínimas, orgânica compositiva que positiva, por este sutílimo movimento, a acentuação da tristura, já dominante: um som longínquo, isolado e contínuo, conduz a obra, atente-se, a um momento de profunda expressividade lírica, que é intensa placidez desolada, prostrada. Significa que a solitude de uma nota, emersa de forma a um só tempo reservada e ativa, produz no tecido poético-musical uma rarefação sonora extrema, que, gravidade impassível do contralto, intende a dor da natureza, provocada por águas que languescem. Languir poético que, musicalmente, se faz recolhido sentir doído, sentir cunhado pelas entranhas das notas, da melodia, que sensifica, pois, uma alma *in affectu*.

Pela argumentação tecida, que reconhece no canto a espiritualidade da paisagem petrarquiana, especifica-se, ao menos em linhas gerais, a determinação aludida na Parte Um de que o canto é esfera que antropomorfiza, categoria que, intrínseca à arte, assume no canto, quiçá, sua consubstanciação estética mais plena. Plenitude, a seu turno, que transpira e assinala que é a modulação monteverdiana, *strictu senso*, que concebe a vida espiritual plasmada. Mesmo quando partindo da alma poética, a sonoridade criada não sensifica, *ipsis verbis*, o pulso anímico colhido, mas atua, então se constituindo, para além desse fundamento, como se verá. O que não poderia não se consubstanciar, posto que o ato de sensificar implica concreção, especificação da vida afetiva configurada pela poesia, movimento que pressupõe a superação daquilo que se sensifica (o anímico poético). Reconhecendo e radicando a questão antropomórfica a partir de três momentos teóricos significativos.

Giovan Batista Passeri, no prefácio em que apresenta o *Trattato della Musica Scenica*, manifesta e marca essa conatural engendração do canto. Tendo em vista o *modus faciendi* de uma arte que é mimese do dizer, modela a incontornável antropomorfização que essa orgânica realiza, engendração, *mutatis mutandis*, própria de qualquer ato cantado mimético. Afirma Passeri:

> Suponha, como exemplo, que a [música] tenha necessidade de expor os movimentos da tempestade, do raio, de um rio violento, de um horrível escolho, ou de qualquer outra coisa que tenha forma. Deve-se então extrair da própria coisa sua natureza, observá-la nas origens, nos efeitos, nas características, e assim imaginar *de que modo falaria se tivesse alma*, com que voz, em que tom, andamento, e isto justamente deve ser expresso pelas notas do Professor imitante, a verdade em sua luz mais forte[5].

E pouco à frente, em acreção: se uma música não move seus auditores "é porque não consegue exprimir as coisas com aquela linguagem com a qual *falariam, e falando cantariam, se tivessem voz*"[6]. Ora, o que Passeri assenta é o fato de que a esse canto mimético, quando envolto com o mundo inanimado, impende dispor sua "*natureza*", sua "*alma*" – afigurar sua *interioridade*. Precisamente por isso *as coisas* devem se pôr a partir de uma fala própria e movente, pois canto em fala, entreluz a pena passeriana, é alma que se substantifica. Às notas do compositor, esboça, cabe constituir um espírito, mesmo que o espírito do rio ou da tempestade, que se sensificam com verossimilhança quando se captam as características que os forjam, a maneira como se atualizam, a dinâmica pela qual o poeta os instaura. Cantar, pois, é *interno objetivado*, logo, e a despeito das intenções compositivas, ato intrinsecamente antropomorfizador: sejam homens, sejam coisas, ambos se positivarão como pulso subjetivo. Ao examinar um dos madrigais do *Quarto Livro* de Monteverdi, Pirrotta tange justamente esta questão. Ainda que sua análise não a tome e explicite especificamente, escava-se da assertiva que qualquer porção do mundo sensível ao se pôr em canto – no caso a natureza – transpira

---

5 G. B. Doni, Prefácio do *Trattato della musica scenica*, escrito pelo abade Giovani Batista Passeri, p. VII (grifo nosso).
6 Idem, ibidem (grifo nosso).

CANTO EM CORPO E ALMA: *HOR CH'EL CIEL E LA TERRA* 209

anímica, de um modo ou de outro. Assim, não obstante entenda encontrar nos procedimentos monteverdianos uma dimensão sonora descritiva, capta a estrutural dimensão antropomórfica da música:

> *A un giro sol de bell'occhi lucenti*, do *Quarto Livro*, recorda, pelo porte descritivo da primeira parte, a aurora de *Ecco mormorar l'onde* [*Segundo Livro*]; não há um crescendo orquestral porque o texto de Guarini associa ao crescendo de luminosidade que emana dos olhos ridentes da mulher amada o efeito que estes têm de um súbito abrandar do vento e do mar. Monteverdi, então, descreve positiva e sucessivamente o sussurro do vento e o murmurar das ondas com um procedimento que foi o alvo dos críticos do madrigal; mas ele não se preocupa com isso, tal como outros madrigalistas antes dele, tanto mais que o efeito visado é, desta vez, nem tanto a descrição, mas o contraste entre a *serenidade* da primeira parte e a nota de *sofrimento* da conclusão[7].

A termo que a modulação sobre o mar e as ondas engendra, em última instância, manifesta Pirrotta, não um contorno objetivo-fenomênico, mas um estado anímico – de serenidade, consubstanciação indicante de que a música produz, constitui, positiva os espaços da subjetividade que sente, conferindo ao não humano, mesmo a despeito de um *télos* compositivo, dimensão psico-afetiva.

Fabbri, no comento de *Zefiro torna e'l bel tempo rimena*, do *Sexto Livro*, igualmente distingue que nesse madrigal a natureza manifesta sua própria anímica, do que se toma que a música é projetação, por seus sons modulantes, das paixões, projetação que faz da objetividade plasmada em som dominante substância humano-subjetiva. Em dicção musical:

> A antítese entre "*natureza feliz* – eu infeliz" já tinha sido praticada por Monteverdi, por exemplo, num par de madrigais do *Terceiro Livro* ("*O rossignuol che in queste verdi fronde*" e "*O primavera, gioventu dell'anno*"), mas sem aquela aspiração às simetrias e à regularidade formal que caracteriza "*Zefiro torna e'l bel tempo rimena*"[8].

---

7 N. Pirota, *Scelte poetiche di musicisti*, p. 98 (grifo nosso).
8 P. Fabbri, *Monteverdi*, p. 196 (grifo nosso).

Significa, desdobre-se a argumentação no interior do caso singular, que, por esse intrínseco atributo da sonoridade, ao modular a primeira quadra do poema Monteverdi instaura, tenha disto consciência precisa ou não, um personagem, uma *natureza-personagem*, um *contexto-personagem*. Ao manifestarem uma subjetividade, *céu, terra, vento, noite* e *mar* enformam um *ser anímico* determinado, que, pontualize-se desde já, se distingue da interioridade do homem poético, o qual, na estrofe seguinte, irrompe num pulsar musical dramático. Ou ainda, a lírica placidez da natureza é a contrapartida de uma individualidade *in* drama, que, pois, encontra nesse contexto-personagem sua antítese espiritual. Aquele que em desesperação *"arde"* e *"se desfaz"*, ou em estado languente *"chora"*, colide com os batimentos da noite ventosa, que, se desinquieta, branda está em sua tristeza. Nesse sentido, a relação entre a natureza e o homem poético consubstancia, *de per si*, uma teia dramática, uma textura onde, em oponibilidade, duas tendências anímicas se atam, dramaticidade que necessariamente destaca e intensa as cores sonoras fortes e claras, vitais, das paixões daquele que se consome *in* drama. No argumento urdido no coração da partitura, expondo-o:

o quedo da natureza é posto por uma declamação coral, em acordes rebatidos, plana e ininterrupta, imota também do ponto de vista harmônico, enquanto os volteios intensamente líricos [e dramáticos, advirta-se] da segunda ("veglio, penso ardo, piango...") rompe aquela serena unanimidade se valendo, dentre outros, de um proceder quebrantado, por saltos asperamente descompostos (com quintas e oitavas paralelas), que reproduz e amplifica a segmentação em parataxe do verso petrarquiano: fragmentos, ou melhor, lascas de um discurso poético-musical retrocedido a níveis praticamente interjetivos, que são depois espaçados e sobrepostos – distribuídos a todas as vozes e aos instrumentos – no fluir expositivo de dois tenores emparelhados, como uma pontuação expressiva à sua patética eloquência[9].

De modo que, e compendiando a reflexão determinativa, a natureza petrarquiana logra sentido e densidade do ponto de vista musical na medida em que se constitui enquanto

9 Idem, p. 307.

CANTO EM CORPO E ALMA: *HOR CH'EL CIEL E LA TERRA* 211

uma subjetividade anímica: o *natural* contrai função quando as notas, ao engendrarem sua espiritualidade, sua humana quietez tensiva, assim lhe conferem razão-de-ser artística. Espiritualidade da natureza que, não se realizando simplesmente em função de si mesma, atualiza-se enquanto instrumento dramático, como força que alavanca e projeta, posta a distinguibilidade mutuada, a interioridade do homem poético. Então, cantar é antropomorfizar, e não poderia ser diverso. À poesia, Monteverdi sobrepõe vida afetiva sentida *in concreto*, que se concreta porque sensificada, e, nas curvas do *mélos*, a objetividade se faz subjetividade predominante: a natureza, manifestação de uma anímica. O último verso da quadra tomada é disso um exemplo vigoroso. Sua vitalidade expressivo-musical peculiar nada mais é do que a força de sua emotividade, de sua alma, movente. A música monteverdiana, pois, é um ato que não enforma a poesia *in affectu*, tornando esse conteúdo, ou palavras, sonoramente audíveis, sensíveis. Diferentemente, a partir e no interior da objetividade poética posta, concebe *aquilo que por verossimilhança e necessidade poderia suceder no atinente à interioridade* de quem ou daquilo que vive nos versos. A natureza petrarquista, em ato cantado, não poderia, então, permanecer a mesma: transfundida, faz-se personagem dramático, personagem que canta, e sente, expondo, por isso, não as linhas, curvas ou atributos de sua exterioridade, mas sua alma, que imediatamente a antropomorfiza. E se o canto antropomorfiza, isto é, se cantar implica subjetividade, sentir sensificado, responde pelo pulso humano-afetivo que se arma e se prende ao poético. E assim as "coisas" do mundo não são "coisas" quando postas em voz cantada, mas escolhos ou campos ou estrelas com espírito, porque o canto, vocalidade intervertida, nada mais é do que interioridade dominante.

A SEGUNDA ESTROFE

Disposições Preliminares

À natureza Petrarca acrescenta o homem: ao contexto sobrevém o episódio, a ação do sujeito poético. Marcado pelo desfazimento, que faz da ira e dor agudas motivos dominantes de sua alma, seu unguento, flébil, está apenas na ideia, no espírito que pensa:

> Veglio, penso, ardo, piango, e chi mi sface
> sempre m'è innanzi per mia dolce pena
> guerra è'l mio stato d'ira e di duol piena
> e sol di lei pensando ho qualche pace[10]

Musicalmente, este segundo quarteto surge em contornos radicalmente diversos. A agitação e sofrimento humano-subjetivos entrevistos na letra poética assumem formas sensíveis, mas a melodia monteverdiana se realiza, aqui, para muito além de uma concreção. E então se faz muito nítido que é a esfera compositiva que engenha os estados subjetivos do sujeito, pois ainda que estes latejem nos versos e possam ser coligidos, seu sentido, forma, significado, são claramente engendração musical, ainda que, e não poderia ser diverso num canto mimético, a melodia se radique na poesia, que a alenta, incita. Melodia, pois, que de forma mais ou menos explícita a cada caso é a esfera que constitui a vida anímica em campo poético-musical, porquanto o melódico, predominante, é ato que sensifica.

Então, porque a realidade humana deste momento é de consternação e tormento, a figuração rítmica e as alturas se fazem mais movidas, vigorosas, serpenteantes, textura que se contrapõe à anterior, que, não obstante, a parture: a um andamento compassado e à imutabilidade das alturas e harmonias, ata-se o tecido sonoro próprio daquele que, embebido pela ira e dor pungentes, existe em tormento, em *"duol"* e *"guerra".* Articulação, pois, que plasmada numa antinomia, faz da "entrada em cena" do sujeito poético um momento de nítida dramaticidade. Antes da imersão na partitura, porém, necessário, no intento de torná-la mais clara em sua lógica, remontar a alguns atributos da voz, assinalados no curso da Parte Um. Na ausência dessa avocação, *in nuce*, o exame de *Hor ch'el ciel* não alcançaria determinar, efetivamente, as razões

---

10 Velo, penso, ardo e choro, e quem me desfaz/sempre me está à frente para a minha doce pena/guerra é o meu estado de ira e de dor plena/e apenas nela pensando tenho alguma paz.

da melodia, o *porquê* de seu ser-assim, elaborando em desclaridade analítica.

Como movimento inicial deste passo teorético, firme-se que nada mais se realiza aqui do que uma brevíssima síntese de disposições escavadas em Mei e Doni. E sendo isto o que se opera – a consubstanciação de algumas categorias vocais fundantes, portanto musicalmente referenciais –, é preciso advertir, com devido vigor, que não se trata de abordar a partitura monteverdiana, e sobre ela proceder, de fora para dentro: a partir de categorias vocais que se atualizam como via à escavação e reconhecimento da obra. Em termos convizinhos, a análise que se urdirá não pensa e cava a partitura de Monteverdi enquanto simples expressão dessas categorias gerais, conquanto estas fundem, *lato sensu*, sua própria alma. Tal pensamento e tomadia abstratos contradiriam o fato de que as categorias que a reflexão reconhece e formula são cunhadas no ser singular, dele extraídas, nele consubstanciando-se em seu pulso real, em sua forma ativa, enquanto aquilo que são. De sorte que decalcar uma generalização sobre o caso concreto significa a desnaturação da singularidade – artística – que se examina. Tais referenciais sonoros, pois, não podem ser tomados e dispostos enquanto mediação linear à captura e determinação da lógica das obras. Intenta-se, isto sim, por esta mediação que se elabora, constituir pontos de ancoragem – mutáveis e flexíveis em função do contexto artístico concreto em que estão imersos –, a partir dos quais perspectivar uma aproximação efetiva a um complexo artístico que é *vox in voce*. Não se dá forma, então, a um construto ideal que, sobrepondo-se às notas monteverdianas, determina (falsamente) a análise tecida, dinâmica que se mostraria caminho teorético estéril porque destorcedor. Distintamente, o movimento que descava e sintetiza categorias reconhece e firma os pulsos afetivos que natural e tendencialmente dimanam da voz dial que fala, e que então não podem ser negados ou desconsiderados analiticamente quando a música que se investiga é a que configura uma imitação da voz. Categorias que assim se fazem legítima e necessária esfera de referência estética. Em suma, na medida em que no canto monteverdiano as paixões da alma são expressas por uma melodia que é *mímesis della voce*, o exame musical tem de se assentar sobre a orgânica da vocalidade, logo, e sobremaneira, sobre o registro da voz, que expressa a alma ao se fazer *mediano*, *agudo* ou *grave*. De fato, qualquer canto, compositivamente, leva em conta o registro, porque canto é voz; mas quando se trata da *imitatione del parlare*, médio, grave e agudo desempenham função ativa, vital[11]. De modo que a aproximação à *Seconda Pratica* não deve desconhecer ou desatender as formas da voz, suas categorias, que, centro e referência dessa arte, não são, entanto, a obra, a partir da qual se as deve considerar e por *in actu*.

Esboçados fundamento e horizonte da consubstancialização pretendida, principia-se pela questão da ascendência e descendência da voz. Posto de chofre: o movimento ascendente, ou aquele que tende à *agudez*, que se expande, gera uma locução caracterizada pela intensidade, vigor, incisividade. Toma forma uma subjetividade entalhada na veemência, porque substantifica-se uma voz em pulso conflituoso, pungente, desesperado, arrebatado, agudo, uma voz que expressa um sentir dramático. O movimento descendente, ao revés, é encolhimento ou rarefação vocal, deslocamento diminuente, desagravativo, que empurra a voz, então o canto, para o terreno das comoções recolhidas, da dor íntima, do sofrimento imo, recôndito. Sensifica, pois, tristeza abafada, introspecção, abrandamento da alma, enfim, destaca e expressa o lado lírico da interioridade, vale a expressão[12]. E pontuado este ser da vocalidade, distinga-se, de um lado, que os estados d'alma aludidos não esgotam ou abrangem todas as possibilidades expressivas nascidas da direção ascendente ou descendente da voz, e do *mélos*; de outro, que os pulsos anímicos citados não se atam aos respectivos movimentos ascendente ou descendente de modo indissolúvel, mecânico, estreito, no sentido de que um moto descendente não

---

11 Com efeito, vale o contraexemplo, o cantochão não encontra no registro fator musical ativo: a dominância de uma mesma altura que raro se desvia de si silhueta esta lógica; em tal orgânica, pois, é uma categoria que atua passivamente, porque, se *imanentemente* presente, como em todo canto, não ordena o *mélos* que se elabora.

12 Doni assinala o sentir dramático que a voz manifesta na agudez, bem como a dimensão languescente que a gravidade tendencialmente implica. Cf. Parte Um, nota 51.

CANTO EM CORPO E ALMA: *HOR CH'EL CIEL E LA TERRA*   215

possa manifestar certa ira e possança, e um ascendente ternura e delicadeza. Não obstante, uma determinada direção vocal funda um campo anímico-humano que lhe é próprio, diverso daquele gerado pelo movimento que lhe seja opositivo. Assim, e mesmo que não se positive uma clivagem humana rígida e simplista entre as regiões vocais, e então se possa descender em conflito e ascender liricamente, da voz, portanto do canto, dimana uma oposição entre as implicações anímicas que cada um dos dois movimentos engendra. Numa palavra, na vida, o terreno lírico não se atualiza com vozes moduladas a plenos pulmões – em região aguda, da mesma forma que num sentir tonante, veemente, o esforço e tensão da voz que se eleva, se agudiza, é *modus faciendi* natural. Quem, intenso, sente e assevera, tende ao vigor da agudez, mas aquele que sente liricamente ou, no desalento d'alma, desvigoriza a voz, que desliza e se recolhe a um tom apoucado, não dramático, remisso, pois se desalentado ou recolhido é o sentir, desvigorosa se lhe faz a voz[13].

No interior desta argumentação, mais um ponto deve ser explicitado. Intimamente conexo ao anterior, trata-se de indicar o que consubstancia a inexistência de uma articulação entre alturas, a ausência de um deslocamento, ou quando a voz, nem ascendente nem descendente, é fluir na invariabilidade dos intervalos, na permanência de um mesmo tom. Ora, tal modulação uniforme, improgressiva em aparência, sensifica, entanto, estados anímicos, de modo que a imutabilidade é expressão, e efetiva. Este ressoar contínuo, quando em registro agudo, seja fala seja canto, faz da voz sentir intenso, conflitado. Por exemplo, um sentimento tonante, de exasperação, de desesperação, manifesta-se por e nesta vocalidade: sendo esse o estado anímico de um indivíduo, sua voz se lineariza na agudez, projetando-se na sua própria invariância, arrastando consigo a prosódia, necessariamente, onde todas as sílabas, agora, apresentam a mesma altura,

---

13 No atinente à questão, para além da Parte Um deste estudo, cf. P. Fabbri, *Monteverdi*, p. 82, 143, 226 e 251; D. Arnold, N. Fortune (orgs.), *The New Monteverdi Companion*, p. 206; A. Einstein, *The Italian Madrigal*, p. 133. Aqui, o fragmento de uma obra de Bernardo Pisano é eloquente ao manifestar que a esfera da tristeza humana se ata, vocalmente, ao grave e ao descendente.

cor, força, dinâmica. Isto é, a voz desesperada se homogeneíza nos e pelos tons agudos, com o que se anula a distinção entre sílabas tônicas e átonas, graves e agudas, próprias da dicção, que assim se veementiza, sensificando uma alma *in* drama. Se isto ocorre, notas em repicada agudez engendram, em Monteverdi, um tônus anímico de incisividade, de sentir pungente, o que assim deve ser reconhecido dado o que sua arte é. Sensificar a veemência, a desesperação, a dor afligente, entranhas pungidas, uma anímica dramática, enfim, implica uma voz que as possa constituir. Esta subentende agudez reiterada, de sorte que se o canto monteverdiano insiste sobre a agudeza de uma voz, a voz da dramaticidade se corporifica, incontrastável. Agora, se um mesmo som repercute seguidamente em região medial, médio-grave, ou grave, o pulso humano – e artístico – instaurado será outro. Dessa vocalidade brotará uma "alma" tendente ao lânguido, à tristeza, ao recolhido e pesaroso. Nascerá um espírito que se faz e projeta gentil ou mesto, sereno ou dorido, não pungentemente dilacerado, como nos tons agudos repostos na insistência, mas languidamente pulsante, ou num sofrer de matiz íntimo, talvez mais brando, contido, como a voz dial desvela *de per si*. Logo, conquanto não se deva tomar estas determinantes abstratamente, aplicando-as de chofre sobre a partitura, imputando significado artístico-humano à obra ao invés de o desentranhar de seu interior, igualmente descabido é não as distinguir como bússola analítica. Tais generalizações se arrimam nas formas concretas de objetivação da voz, sinalizando assim o sentido anímico dos miméticos caminhos melódicos monteverdianos. Desatender à dinâmica da voz, pois, é interditar a captura mais essencial da lógica de partituras moldadas *in voce*. De modo que o exame da composição tem necessariamente de reconhecer e considerar sua estrutura, como fizera Doni, suposto que o fez engendrar uma análise musical radicada na vocalidade. Porque o canto em tomadia se ordenara em seu interior, ou pelos registros. Na reavocação do prefácio monteverdiano, com o que se arremata este momento determinativo, prefácio que, atinando com a matéria de sua arte, testemunhava: "Três são as principais paixões ou afeições da alma. Assim considerei,

CANTO EM CORPO E ALMA: *HOR CH'EL CIEL E LA TERRA* 217

bem como os melhores filósofos. São elas a ira, a temperança e a humildade ou súplica, como mostra, aliás, a própria natureza da nossa voz, que se faz alta, baixa e mediana [...][14]".

Os Versos Um e Dois – Primeira Seção

O segundo momento musical de *Hor*, concebido em duas seções, é armado a partir do primeiro e segundo versos do segundo quarteto. Do ponto de vista estrutural, ou dos fundamentos que possibilitam e impulsam o canto, se deve sublinhar que o que arrima a construção monteverdiana é a reiteração dos versos, ou de seus fragmentos. Reiteração que se positiva em função e no interior de reordenações sonoras, de sorte que a reiteratividade poética não implica simples reiteratividade: as modulações que vestem os versos e seus fragmentos, postos e repostos, distinguem-se, distinguindo-os reciprocamente. Tal iteração poética, pontualize-se, é atributo da composição monteverdiana. Recalcar palavras, frases, sobrepô-las, inverter a ordem original de um verso e então imbricá-lo com aquele que lhe precederia, ou com suas frações, são procedimentos que fundam sua textura madrigalista, engendrando-a. Solo este que, iterado, é sêmen fecundador da música, a saber, cada ressurgimento, sobreposição ou alteração supõe e envolve uma nova forma melódica, uma nova plasmação sonora, contexto poético multiplicado que, rigorosamente, estabelece as condições à configuração do pulso subjetivo do homem poético em orgânica *intensa* e *multíplice*, *télos* artístico monteverdiano. Significa que esta estrutural e movente reposição poética, que se faz categoria compositiva – característica não apenas da música de Monteverdi, mas do madrigalismo em geral –, não se esgota em si mesma, ou tem causa menor. De fato, estabelece as possibilidades à expressão da vida afetiva que se deseja forjar. A propósito do exame de madrigais do *Livro Sete*, Fabbri aponta a este comportamento monteverdiano, recorrente:

---

14 Cf. nota 6, Parte Um.

218   MÚSICA SERVA D'ALMA

Em "*Tornate, o cari baci*", ao ponto de "Voi di quel dolce ama-ro/per cui languir m' è caro/pascete i miei famelici desiri,/di quel dolce non meno/ nettare che veleno..." o segundo tenor se intro-mete com violência na ordenada exposição do texto, inserindo an-tecipadamente o terceiro verso e insistindo sobre ele com pertiná-cia até que o outro tenor que o havia evitado também o entoa em imitação conjuntamente com o primeiro, de modo que ambos ter-minam por se incitarem somente sobre "pascete"[15].

E acresce, ampliando a argumentação exemplificante:

Grande tensão erótica este procedimento [de repetitividade] cumula em "*Vorrei baciarti, o Filli*", onde o primeiro contralto pou-co depois do *incipit* cuida apenas de ressoar as concupiscíveis be-lezas da amada, engajando com o *partner* vocal um duelo amoroso de extraordinária intensidade, que só se aplaca no uníssono reso-lutivo. Por causa da transtornante intervenção monteverdiana, o texto de Marino sai profundamente modificado em função de uma copiosa bateria de pequenas repetições. Isto que o poeta havia pen-sado assim – "ma non so come, ove 'l mio bacio scocchi, / nella bocca o negl'occhi", nas mãos de Monteverdi, torna-se:

primeiro contralto	segundo contralto
	ma non so, non so come,
	non so come, ove 'l mio bacio,
	ove 'l mio bacio scocchi,
	nella bocca
nella bocca	
	o negli occhi
	nella bocca
negli occhi, negli occhi	
	nella bocca, nella bocca,
nella bocca	o negli occhi
	nella bocca
negli occhi, negli occhi	
	nella bocca, nella bocca, o negli occhi
o negli occhi	o negli occhi[16].

Na prossecução, demonstra que a repetitividade e reordena-ção textuais são procedimentos imanentes a seu madrigalis-mo. Em muitos dos madrigais a duas vozes do *Sétimo Livro*, por exemplo:

15   P. Fabbri, *Monteverdi*, p. 229.
16   Idem, ibidem.

CANTO EM CORPO E ALMA: *HOR CH'EL CIEL E LA TERRA* 219

Monteverdi nada mais faz do que reinventar para este arranjo polifônico mínimo técnicas já adotadas nas composições a cinco vozes (do *Terceiro* ao *Sexto* livros): de um modo mais geral, obviamente, a imitação ou a simultaneidade das partes, a declamação homorítmica, *a manumissão do texto literário com a insistência sobre um sintagma-chave* (veja-se *"Ohimè il bel viso, ohimè il soave sguardo"* e *"Qui rise, o Tirsi, e qui ver me rivolse"*, do *Sexto* livro, *"T'amo, mia vita la mia cara* vita", do *Quinto*), ou ainda o turbamento da preestabelecida disposição dos versos (*"Rimanti in pace a la dolente e bella"*, do *Terceiro* livro e a contenda que conclui o *Primeiro*). Quase sempre diversa, porém, é a relação que no *Concerto [Sétimo Livro]* se instaura entre texto e música: ao lado da declamação oratória que alcança seu cume em *"Interrotte speranze, eterna fede"* ou da descomposição do ditado poético num mosaico de imagens canoras (maximamente em *"O come sei gentile"*), que constituem entanto comportamentos minoritários no volume, a mais normal e difusa segmentação dos versos em porções significativas, entoadas e permutadas entre as vozes (por tudo se veja *"Soave libertate"*) dá lugar *frequentemente* a *cadeias de copiosas repetições*[17].

E arremata assinalando que a iteração promove profundas distorções formais na poesia. Determinação que ao implicitamente reconhecer que no texto cantado a música é esfera ordenadora entremostra, ato contínuo, que os movimentos iterativos nascem de injunções eminentemente musicais, ou que nada mais são do que motivação ou estrutura à criação de novas modulações, meio à expressão musical, que assim se amplia e aprofunda ao desregrar a esfera da palavra; ainda a partir do *Sétimo Livro* considera: se de algum modo estas cadeias de copiosas repetições

equivalem à dilatação *imposta* ao texto em função da versão tradicional a cinco vozes, por causa da redução do orgânico[18] e de uma consequente expansão mais horizontal e linear que vertical, e então pela maior obstinação a replicar sintagmas eloquentes ainda que exíguos, estas reafirmações acabam por provocar desarranjos profundos na base literária escolhida[19].

17 Idem, p. 230 (grifo nosso).
18 Fabbri alude ao fato de que no *Livro Sete* os madrigais são predominantemente compostos para um efetivo de vozes menor do que o tradicional agrupamento *a* cinco. Das vinte e nove obras, vinte são *a* duas e três vozes.
19 P. Fabbri, *Monteverdi*, p. 230 (grifo nosso).

A reiteração, enfim, é o pretexto do canto, que só pode operar na e pela urdidura textual. Canto monteverdiano que demanda um repisar poético porque as repetições verbais fundam e possibilitam a ampla e vital anímica que se deseja sensificar. Amplitude e vitalidade sempre tencionadas por Monteverdi, como se atinará pela exemplificação e análise sequentes.

A primeira seção se organiza nesta subdivisão poético-sonora: a) *veglio veglio penso ardo piango/* b) *e chi mi sface – chi mi sface/* c) *chi mi sface sempre m'è innanzi per mia dolce pena/* d) *sempre, sempre m'è innanzi – sempre m'è innanzi per mia dolce pena/* e) *chi mi sface sempre m'è innanzi per mia dolce pena.* Divisa-se de pronto a existência de um processo reiterativo sistemático, onde a modulação se atualiza num dramático sentir multíplice. Vejamos.

a)
Entre os compassos 24 e 29, a voz que toma o verso caminha na direção da pungência, do acirramento, da dramaticidade, mas seu concluimento, inversamente, mitiga o fluxo sonoro que gradualmente se intensou, assim:

Exemplo 2

Se da letra petrarquista se pode escavar, em verossimilhança, um movimento crescente de tensão e veemência interiores que se remata no retraimento daquele que chora, o canto monteverdiano, então, sensifica, portanto substancia, concreta, consubstancia, enfim, o que antes dormia implícito, pulsava apenas *in abstracto*, entreluzia *in potentia*, entremostrava-se enquanto uma possibilidade, certamente não unívoca ou necessária. Nesse sentido, a modulação articula as ações poéticas num *crescendo sonoro pungitivo*, movimento melódico por quartas que, arrimado sobre um deslocamento blocado das vozes constituído por sucessivos saltos do mesmo intervalo, atinge tessitura aguda (tenores). Cunha-se, então, um canto cujo estuar se torna a cada novo encadeamento mais intenso, enérgico: do registro grave do compasso 24, a sonoridade se desloca a passos ardentes à tessitura da veemência. Neste progredimento, a interioridade daquele que *vela, pensa* e *arde* se atualiza num sentir que, inicialmente recolhido, sereno, num átimo se agrava e expande. Impulso musical intensificador que, ao assim vestir a palavra poética, se faz voz que vai se desesperando, pulsando em agonia crescente, que verte perturbação crescente, um sentir que se inflama. Intensificação, enfim, veementizada ainda posta a ansiedade e expectativa criadas pelas pausas de mínimas, que ao clivarem a textura infundem vãos silenciosos, que, silentes, estuam *in drama*. Tal sopro sonoro acirrante atinge sua culminância imediatamente antes da estrutural inflexão anímica que irrompe com *piango*. *Ardo*, que lhe antecede, é o acme tensivo da ação, fato que se reconhece atinada a sonoridade que o embebe e realiza: esta culmina a intensificação progressiva do processo humano-sonoro engendrado, pois o abrupto e ingente encadeamento harmônico ascendente – ou "descomposto", como pontua Fabbri – alcança sua dramaticidade pungente, e final, no *fá* agudo dos tenores, nota que, simplesmente, atravessa a textura, rasga sua orgânica ao impor-se, incontornavelmente, como *mélos*. Isto é, este *fá* da agudez se projeta em instantânea dominância melódica pela força conatural de seu registro, que se sobrepõe a tudo, apoucando assim o *dó* feminino, melodia que nesse momento o deixa de ser, subsumida pela força imanente de uma agudez relativamente mais potente, ativa, dominante. Dominância, e isto importa frisar, que significa a positivação cabal de uma voz tomada pelos tons próprios da paixão dramática, que, ao agravar a dinâmica sonora construída pelo alçar conjugado e contínuo das vozes, a consolida. O desfecho musical do verso, porém, não robora esse estado psicológico. *Piango*, às súbitas, reorienta opositivamente a direção melódica e o registro vocal, transmutação que radicada numa desaceleração rítmica parture uma textura que nesse instante estila claro languescer, tristeza d'alma que se recolhe a si. Em rítmica lenteada, melodicamente elaborada *in* descendência, esse movimento desacerba dramaticamente a sonoridade, nascendo daí a interioridade de um homem que, ora mesto, abatido, recolhido, chora. Lágrimas moduladas na meia gravidade da voz melódica (onde o contralto toma para si a continuidade da cunhagem da nascediça melodia em *lá* do soprano, interrompida), que ao transfundir a disposição humana precedente, transfixa o sentir veemente com a substância do langor. Então, o arder dramático da alma tomba, sem forças, ou, no cume do arder lancinante, a alma se faz lamento dorido. Numa palavra, a serenidade no velar, a dramaticidade no arder, e a tristeza no chorar, sensificam-se pela e na voz do homem petrarquista-monteverdiano, que nesse sentir implexo incoa sua vivência poética-afetiva.

Uma última pontuação neste contexto, abstrata, mas a serviço exegético. A palavra *piango* poderia, ao revés do que Monteverdi configura, atualizar-se em voz vigorosa, e, isto, sem que nenhuma inconsistência estética rompesse. Tal modulação em nada contradiria o fundamento poético. Som e palavra não estabeleceriam nenhuma contradição recíproca, que, se nascida, aluda-se, dessubstanciaria o canto em função da inverossimilhança mimético-humana produzida. Em termos mais concretos, o choro que o homem poético verte poderia se positivar, diferentemente do que a pena monteverdiana concebe, num estado de veemência subjetiva, de desesperação análoga àquela pela qual *ardo* se plasma. Um choro atônito, tenso, e não este amargurado, retraído, alcançaria plena legitimidade artística caso enformado. Logo, e isto é o que se quer aqui pontualizar, o simples fato de que duas possibilidades composicionais opositivas possam modular *piango* revela e reafirma que é a esfera musical, de fora para dentro, a forjadora real da dimensão anímica. Do que se escava que esta, elaborada pelo

CANTO EM CORPO E ALMA: *HOR CH'EL CIEL E LA TERRA* 223

canto, não deriva linearmente da poesia, logo, que a melodia não é sentimento poético (miraculosamente) transfundido em som, e nem mesmo, outrossim, seu pulso anímico objetivado, sob nenhuma hipótese. Se assim o é, a gritante inverossimilhança, a incompossibilidade determinativa do ideário que reconhece no canto monteverdiano a transmutação da poesia em som, *in affectu*, ou em imagens sonoras, surge *in concreto*. Em letra análoga, se *piango*, apropriadamente, pode assumir esta ou aquela feição melódico-afetiva, se lhe são próprias modulações que dissentem, significa que a palavra não carrega, como atributo inato, um estado anímico, um sentido afetivo que lhe determina e caracteriza ingenitamente, estado que para existir, pois, *deve ser engendrado* e *aposto*. Canto, então, como descrição afetiva da palavra? Impossível, até mesmo em função da natureza da palavra, que só adquire expressão subjetiva *concreta* pela fala, isto é, pela voz, que sensifica o sentir da alma!

Por outro lado, e com esta reflexão se distende e completa a determinação em curso, ao justapor um arder tonante a um chorar lírico, languente, Monteverdi faz ressoar, em termos compositivos, o que manifestara teoricamente no prefácio do *Oitavo Livro*: a seu estilo é próprio a contraposição de afetos. Contraposição a que se almeja porque "*o que move efetivamente nossa alma são os contrários*". Contextura que permite roborar, uma vez mais, que é a música a esfera generante do pulso anímico, porque a subjetividade cunhada por Monteverdi surge em clivagem radical: clivagem *por nada* e *em nada* transpirada pelo poema. Em arremate, a partir de um novo argumento que o anterior parture: do mesmo modo que *piango* acolheria canto diverso daquele talhado, o movimento que se acirra dramaticamente entre *velo* e *ardo* tampouco é possibilidade única. Efetivamente, não transpiraria qualquer inverossimilitude de um canto que animicamente contrapusesse o primeiro ao segundo *velo*, ou estes, então avizinhados em calma anímica, a um *pensar* ora sentido *in vehementia*. De onde deparamo-nos com um reconhecimento de fundo: as notas monteverdianas não operam como *servas da poesia*, embora assim parecesse entender o artista, ou ao menos seu irmão; ao revés, são elas que engenham – a partir dos versos – os pulsos afetivos do sentir do homem poético, não colhidos, pois, imediatamente da poesia, ou da palavra, afetivamente abstratas, ou melhor, às quais é conatural uma indeterminabilidade anímica. Sentir que, como se elucidará em passo teórico específico venturo[20], não se arma e positiva na subordinação à realidade afetiva fenomênica de um tempo ou de uma poesia. Sentir que não se consubstancia, pois, abstratamente, mas que, *a partir do anímico real*, se realiza enquanto projeção daquilo que afetivamente essa anímica *poderia ser*. A arte atualiza-se *criticamente*, lógica que deve conduzir o compositor a descolar e distanciar a melodia da poesia, distanciamento que não é sua condição mais ou menos necessária, mas a própria alma do canto, que, para agir mimético-catarticamente no concreto humano, para *poder ser*, precisa ir para além do poético.

b)
O segmento *chi mi sface*, modulado pelos tenores, coliga-se, imediatamente, a esta urdidura. Reiterado duas vezes, na terceira, c), ressurge articulado ao verso seguinte, onde a pena compositiva observa o *enjambement* que a poesia constitui:

20 Cf. Parte Dois, 3. Conclusão: Algumas Considerações Categoriais.

Exemplo 3

Com um par de vozes masculinas, que se perenizam – e assim assume forma mais concreta o sujeito poético, atente-se –, Monteverdi elabora a primeira modulação de *chi mi sface*, a saber, tenores sobrepostos em tessitura aguda, alicerçados, de saída, por um ritmo de expressão humana tensa e intensa – semicolcheias. Mesmo que atravessado pela latência da tristeza – a terça que os conecta fundada sobre um acorde de *lá* menor (contínuo), de um lado, e as inflexões descendentes *mi-ré* e *ré-dó*, de outro, matizam com substância languente, desvigorada, o caráter veemente de um *mi* repetido na agudez –, esse tecido sonoro é predominantemente enérgico, afirmante, posto seu registro. O sujeito poético, sem dúvida, se positiva inicialmente em clara incisividade: da agudez de *mi*, a semínima pontuada em *ré* prolonga e acentua a sílaba tônica de *sface* (compasso 30), dramaticidade vocal que a relação dissonora entre a terça dos tenores (*si-ré*) e o contínuo (*lá*), substancia e expande. A réplica de *chi mi sface* não se realiza, entanto, sob o mesmo estado de contundência, ou em registro exaltado, arrebatado, do sofrimento pungente. Numa rítmica mais lenta (colcheias), e em região vocal mais grave, onde Monteverdi cunha um movimento melódico por grau conjunto *descendente*, *dó-si-lá*, esta modulação empurra o canto para o espaço mesto, recolhido, lírico da vida. O pulso anímico--afetivo que nasce dessa entoação sensifica não mais a indignação, exaspero, aflição, estilados pelas primeiras notas, mas um desalento frente à condição de ser *desfeito por aquela que se ama*, desalento que se agrava, ou incorpa, à medida que a melodia descende, recolhendo-se em registro medial. Assim, e vale porfiar, *chi mi sface*, ao assumir diferentes batimentos, evidencia *in limine* a função e lógica da melodia: é esta que qualifica, especifica animicamente o fragmento do verso, que *a priori*, ou *de per si*, não encerra qualquer sentido ou tendência afetiva concretas. Senão, e ecoe-se reflexão anterior, como entender que manifeste musicalmente sentimentos contrapostos, contraposição que lhe falta?

c)

De *chi mi sface*, reposto em nova ambiência sonora, é agora observado o *enjambement*. A melodia, aqui, retoma talhe mais decidido, enérgico: o repetir de um mesmo *dó* em campo médio-agudo articula o meio-verso. Repique que se faz comoção mais acentuada em *sfa* posta a colcheia pontuada, que prolonga a voz, então agravada, de modo que o caráter do fragmento se remodela: de um desalento em b), o canto se desloca para disposição humana mais enfática, exacerbada, conquanto o vigor anímico nesse contexto seja menor do que em a), onde *mi* é a nota rebatida, som, para um tenor, da agudez plena, da pungência. Significa firmar, pontualize-se, que as alturas de uma determinada voz, de uma melodia, carregam em si uma orientação anímica: *dó* e *mi* plasmam uma alma exacerbada. Contudo, tão importante quanto reconhecer a lógica dessa plasmação, é atinar com a distinção de vigor que as singulariza, porque esta diferença se consubstancia na própria (diferença da) anímica que se engendra, no concreto tônus afetivo da interioridade que se arma. De sorte que se a veemência dos *dós* sensifica, sim, incontida aflição d'alma, acresça-se que manifesta também certo lirismo ou enfreamento do espírito, pois seu registro, no limite agudo da região medial, expressa outrossim essa pulsação emotiva. Nos termos de um oxímoro, que talvez repercuta o teor da vida afetiva expressa por estas notas: na insistência de *dó*, *chi mi sface* se faz manifestação de um *lirismo dramático*. E, prossiga-se, no fluxo melódico incessante, esse estado subjetivo de *dó*, de dominância dramático-lírica, cede lugar a outro pulso humano. *Si* é a nota da sílaba *ce*, em *sface*, movimento descendente que mitiga a incisividade, a desinquietação; que desagrava, em alguma instância, a alma, principiando um desenho que separa *sempre m'è innanzi* – de perfil musical mais contido, suave, interno – tanto do movimento anterior (*chi mi sface*), como de *per mia dolce pena*, onde movidas semicolcheias transmutam o tônus lírico que lhe precede em substância antes aflitiva. Em palavra mais concreta, *sempre m'è innanzi* é torneado por um encadeamento em graus conjuntos descendentes. Da entoação, positivada entre as regiões médio e médio-grave, nasce, então, um som flébil, moderado, que manifesta a um só tempo as naturezas do mesto e da brandura, esta aparentemente estranha àquela. Mas, sublinhe-se, vinculá-las é movimento autêntico, com o que se alude que o brando se consubstancia também como uma "segunda natureza" do entristecimento, pois esse ânimo contém e implica, não secundariamente, um desvigorizar, um languescer, um esmorecer, um *abrandar* que lhe é ingênito. O movimento de descenso que modula *sempre m'è innanzi*, porém, não é linear, porquanto inclui um impulso vocal ascendente de segunda, *sol-lá*, que se projeta através de uma figura mais longa (semínima + semicolcheia) sobre a sílaba tônica de *innanzi*. Modulação que então inocula num *mélos* dominantemente recolhido, lampejo intensificador, porquanto uma inflexão vocal ascendente esforça a sonoridade. Movimento que ao inverter o descenso e avigorar *nan* – acento que se intensa, a seu turno, por meio de um ritmo distendido –, entranha em seara branda os sons mais decididos de alguém que, por um instante, parece assim se agravar, ainda que o faça vagamente, ou no tom da grave-mediania, tendencialmente ademônico.

Tal fluxo da subjetividade se desdobra e altera ainda: em função do sentir aflitivo que nasce de um *sol* agitadamente rebatido em *per mia (dolce)*, e posta a interrupção desse rebatimento pela "longa" colcheia pontuada, em *dol(ce)*, adjetivação de *pena*. *Dolce* estanca esse brevíssimo desenho musical que se silhuetava *in* pulso *concitato*. Estancamento que implica tanto alteração rítmica – no lugar das semicolcheias surge um tempo mais pausado, ou menos desinquieto – enquanto das alturas, à repetitividade sobrevém um passo descendente, e com o semitom *sol-fá#* Monteverdi veste suas sílabas. E se o surgir de um ritmo mais dilatado desmonta o fugaz agitamento atinado, o semitom que conclui o passo, sempre em região médio-grave, confirma-o. Intervalo que conduz a melodia a uma expressividade de fundo lírico, íntimo, um tanto dorida, substancialmente diversa daquela que se instaurara com a iteração de *sol*, onde um batimento de substância humana conflitante entreluzia.

Ora, desta contextura, porquanto já desponta a lógica de um fluxo melódico, escava-se um atributo compositivo que se deve aqui, consentaneamente, distinguir: a melodia monteverdiana se objetiva a partir e no interior de uma descontinuidade de fundo, ou, é fluxo plasmado na inter-relação de estados subjetivos justapostos. O *mélos* monteverdiano se põe e evolui de maneira tal que caberia firmar, evocando o drama shakespeariano, que em *Hor ch'el ciel* o lírico se faz imediatamente

CANTO EM CORPO E ALMA: *HOR CH'EL CIEL E LA TERRA*   229

dramático, da mesma forma que a dramaticidade exposta pelo sujeito poético guarda as marcas da mais profunda intimidade. Neste *enjambement*, os *dós* de uma alma veemente *face àquela que o desfaz* dissolvem-se na descendência aplacadora de um tom que assim transpira o entristecer-se e languir daquele que sabe ou reconhece que quem o desfaz *sempre à sua frente está*. Tristeza que, ato contínuo, faz-se lamento, fugidiço (*sol-lá*), e ainda disposição concitada – aflição por sua própria *pena*. Aflição, enfim, remitida por uma segunda menor descendente, que, disposta no registro de mediana gravidade, e alicerçada sobre um ritmo calmoso, liriciza a melodia, projetando sobre *dolce* os sons da alma mesta, contida. Dor sentida por um *penar* que, se *dolce* em algum momento na evocação poética, nas notas de Monteverdi irrompe nos tons da dolência. De modo que neste espaço madrigalesco desiguais pulsações da alma, articuladas em completação mutuante, se descontinuam e imbricam, pulsações que desnudam a vida afetiva de um homem posto e reposto no movimento *multíplice* de sua interioridade. Desnudamento que fragmenta, repete, reordena o verso, que não por isso se desnatura, perde substância, ou é negado. Antes, esse incontornável ponto de partida da plasmação vocal, essa contextura objetiva que funda e arroja aquele que sente, preserva sua inteira substancialidade e força poéticas.

d)
Enquanto nos compassos anteriores *chi mi sface* fundava a iteratividade poética, *sempre m'è innanzi* é o segmento que ora se rediz, arrimando a pena compositiva do compasso 33 (terceiro tempo) ao 35 (primeiro tempo). Encetado esse espaço poético-musical com a reiteração do advérbio, sua rítmica é, frente à precedente, mais lenta, o que faz da voz, então do dito, fluxo mais arrastado, compassado. E se esse ritmo alicerça um descenso que se substantifica predominantemente em vocalidade médio/médio-grave, onde um languente e pesaroso semitom *sib-lá* se projeta fortemente dado a mínima *lá*, que expande o intervalo, rompe, em dominância, uma anímica *liricopatética*, ainda que da semínima pontuada escorra exasperação. Sentir tensivo, este, não obstante, que se dissolve de

pronto, sem, pois, timbrar efetivamente a sonoridade, posto o fluxo melódico-anímico mitigador que se lhe coliga e sucede. Assim, se um batimento subjetivo sofrente prevalece nesses compassos, há valência em se firmar que por essa linha melódica se escava uma outra dimensão do sujeito poético, a saber, sua *postura resignada*. Vejamos. A voz cadenciada que modula em descendimento *sempre me está à frente*, não sensifica apenas um entristecimento, que ressoa e se escuta *in prima facie*: do interior desse sentir, na concomitância de sua reverberação, silhueta-se, ainda que em batimento mediato, a *aceitação serena* de um destino inexorável. Ora, o canto de *sempre sempre m'è innanzi* consubstancia um *recolher-se* do sujeito a si próprio, ou uma triste serenidade anímica, do que se extrai, posto o conteúdo do verso, o acatamento da sorte que a vida impõe, isto é, "*sempre* me quebrantará aquela a quem defronto e amo". Vale dizer, o *mélos* conforma um apoucamento vocal que atualiza uma placidez d'alma, de modo que ao ser entranhado por tal melodia, *sempre, sempre me está à frente* não pode deixar de expressar uma *aceitabilidade* que, *triste*, pulsa latente. Determinação que se substancia quando se atenta que este segmento poético ressurge, ato contínuo, na extrema agudez das vozes, ou numa reafirmação troante, em pungência humano-sonora ainda não configurada pela obra: *sempre m'è innan(zi)* é modulado pela segunda *sol-fá* (compasso 35), sonoridade que é voz, *mélos*, marcados por veemência duríssima, positivados nas cores da desesperação, cores que contrastam, na raiz, o passo sonoro do qual tomam impulso. Então, pela oposição gerada, confirma-se enquanto placidez, como mesta aceitabilidade essa anímica que se ata a seu inverso, que então a especifica e destaca. Em proposição que concreta, a exacerbação melódica do compasso 35 nada mais é do que o sentir, ora conflitado, terminante, vitalmente pungitivo, *inconformado*, dramático enfim, motivado pelo mesmo e ineludível reconhecimento de que *sempre e sempre me consumirá aquela que desejo*. Agravação anímica que ilumina e projeta seu contraposto, porquanto por uma contraposição as partes colidentes tendem a seu autodesvelamento: na e pela relação opositiva, a lógica e significado das forças conflitantes emergem em contorno mais nitente, concreto. De modo que a força

CANTO EM CORPO E ALMA: *HOR CH'EL CIEL E LA TERRA* 231

da voz em *sol* e *fá*, ao mitigar, relativamente, ainda mais o seu contraposto, o faz, necessariamente, revérbero de carnes brandas, que testemunham de si numa clareza que, sem contrastes, não alcançaria tal nitidade. Nitidade que se consubstancia, em suma, como alma matizada, imane mosaico afetivo.

A esta extremada agudez do compasso 35, porém, é imanente um pulso descendente. Conquanto a melodia se mova nas forças dramáticas de *sol* e do rebatimento de *fá*, tal descendimento inocula nesse cantar cortante seiva de outra natureza. Pois a voz que, num *mélos* que é *mímesis della voce*, se conduz na direção de sua mediania ou gravidade, sensifica uma alma que se aplaca, recolhe, liriciza. Ao revolver-se abrupto e enérgico da interioridade, entremeia-se, então, a mitigação desta dor e indignação pungitivas, com o que a voz dramática avoca tristeza compungida, estado que se repõe e alastra por uma nova segunda, *fá-mib*, descenso que modula *innanzi*, e que prossegue, intercalado, até *dolce*. Vale dizer, se uma melodia desliza de *sol* a *dó*, um sentir em *dor que se interioriza* não poderia deixar de ser ouvido. Com efeito, e refinando a determinação, deve-se reconhecer que esse passo se projeta enquanto *veemência conservada que se desagrava*, isto porque o descenso é plasmado na *agudez* de uma voz, na repetitividade de *sol*, *fá*, *mib*, *ré* e *dó*, agudez que se *dó*, ao final, abranda, é, entanto, plenamente dominante. Em palavra análoga, *a voz in drama se desagrava in drama no caimento gradual*. Assim, e ainda que *sempre m'è innanzi per mia dolce pena* manifeste, pouco a pouco, dor mais íntima, de fundo lírico, o *mélos* conserva, por suas alturas, dramaticidade fundante, dinâmica que faz do homem poético anímica complexa: simultaneamente tenso e lírico, pungente em pulso que abrandece, a um só tempo terminante e languente no viver e sentir as impossibilidades e contradições da paixão[21]. Monteverdi,

---

21 Porfiando, pela oportunidade de um cotejo entre c) e d): em seara poético-musical, sem dúvida, a música determina o anímico. Ora estilando tristura, ora disposições dramáticas, a sonoridade *confere* a *sempre m'è innanzi diferentes* pulsos afetivos, inexistentes sem a música, situação *de per si* indicante que não é a poesia, linear e imediatamente, que move a pena monteverdiana, mas demandas e necessidades que lhe são extrínsecas. Do mesmo modo que *chi mi sface* e *piango, sempre m'è innanzi* não contém em si afetivamente aquilo que a música lhe faz, lógica roborante de que o mimético enlace canto-poesia, em Monteverdi, é mediato.

232 MÚSICA SERVA D'ALMA

entanto, não se detém nesse espaço humano, já variegado. Pela
iteração poética do mesmo verso, expansões e reordenações da
interioridade se desdobram ainda.

e)

Novamente a partir do segundo verso, agora integralmente disposto e na observância do *enjambement*, o compositor elabora
um último canto para a dupla de tenores. Em região aguda –
compasso 37 (terceiro tempo) – *chi mi sface* assume, assim,
caráter veemente, mas que não se iguala ao dos compassos 35-
36. A insistência sobre *mi* dá forma, sim, a uma dinâmica inci-
siva, mas que não logra o mesmo vigor porque *mi* não é *sol*, e
a melodia que se segue, a qual uma vez mais toma o caminho
descendente (mas pontuada por dramáticos gemidos ascendentes *si-dó* – *m'è innan(zi)* e *mia dol(ce)*), ora enraíza-se em
região medial, movimento que desagravando essencialmente
a dramaticidade inicial conduz a alma do homem poético a
espaços decididamente languescentes. Não obstante, o que se
deve efetivamente distinguir neste passo é que o *mélos* desse
verso, concluído no compasso 41, substantifica-se pela apropriação das curvas sonoras dos compassos 31 e 32. Em última
instância, está-se diante de uma transposição, cujo ritmo é alterado: disposto em aumentação, as colcheias e semicolcheias
anteriores dão lugar a semínimas e colcheias. Entre os dois
trechos, portanto, não poderiam inexistir intersecções humano-expressivas de fundo, pois ambos partem de tom veemente – a transposição em particular, porque a nota iterada é *mi*,
não *dó* –, e se projetam num descendimento de análoga natureza. No entanto, e há que assinalar em tintas marcadas, não se
consubstancia uma simples identidade anímico-afetiva entre
os segmentos, que, se engendrada, dessubstanciaria a obra. A
proximidade que se observa se rarefaz posto, predominantemente, a indicada dessemelhança rítmica que os constitui. A
desaceleração do andamento provocada pela aumentação, que
se traduz em voz distendida, cria um tecido musical onde as
marcas do lirismo são agora muito mais acentuadas, embora
a substantificação de um pulsar de teor dramático, afligente,
também pulse, como indicado. De modo que a transposição,
reciprocamente aproximante, é efetivada nessa diversidade

CANTO EM CORPO E ALMA: *HOR CH'EL CIEL E LA TERRA* 233

que cabe atinar, a saber, enquanto na primeira vez o ritmo é mais revolto, inquieto, intranquilo, a "morosidade" da segunda torna a voz mais pausada, escandida, mastigada, talvez por isso mais reverberante de paixão, ou, mais rigorosamente, de lirismo. Ao repor em outros tempos rítmicos uma determinada melodia, Monteverdi *transfunde seu espírito*, fazendo predominar, como nunca antes nos versos, a alma lírica, que se arrasta em semínimas lassas, após *mis* pungitivos, cedentes. Dessarte, mesmo que as relações intervalares e os registros se equivalham, o ritmo diferencia *in limine* esses segmentos avizinhados, que partem de análogo solo poético e musical. A termo que o pulso rítmico mais intenso dos compassos 31 e 32 lhes confere um canto que não sensifica em forma tão destilada e dominante a dor de talhe mesto, que se insinua; antes, avoca uma dinâmica humana que, no todo, rompe mais dramática. Numa palavra, na identidade se arma o diverso, que se singulariza, identidade que é dessemelhança, isto é, pulsos anímicos distintos, que urdem, pois, um tecido musical imanentemente movido, *ativo*.

Delineados matéria e espírito musicais de *e chi mi sface/ sempre m'è innanzi per mia dolce pena*, especificar argumentos, sintetizando o quadro analítico tecido, é o passo sequente, pelo que se intenta compendiar a lógica da trama sonora examinada.

Em encetamento, firme-se algo já divisado: as melodias atadas às diversas reiterações poéticas têm raízes em um solo comum e convergente. Todas se armam a partir de uma quinta descendente e estão fundadas no modo menor[22], orgânica

---

22 No atinente à questão da utilização do modo menor, oportuno pontualizar o *modus faciendi* dos tenores. Monteverdi opta por um canto dual, sobreposição que nada mais faz do que acentuar a tristeza, o languir, o lirismo que o descenso melódico constitui. O canto forjado em terças projeta com maior clareza, portanto intensidade, o modo menor de *lá, sol* e *dó*, sobre os quais a melodia se arrima e desdobra. Isto é, ao se acoplarem os tenores cria-se uma harmonia vocal radicada no menor, mediação sonora vivamente ecoante do lirismo e/ou tristeza sentidos que se visa produzir. Significa que a opção pela aposição das vozes masculinas se enraíza no terreno da expressividade, ou em função do talante de formular uma sonoridade que sensifique de forma mais imediata um pulso anímico. Numa palavra, e que transcende o problema em foco, a modulação em terças, generante de um fluxo sonoro maior--menor, é, *de per si*, amplificadora da expressividade.

que, posta e reposta em iteração, engendra, necessariamente, vinculações e intersecções sonoras mutuadas. Ora, como se colige do exposto, o mundo anímico positivado é tendencialmente pulso que, vigoroso, incisivo na partida, vai se mitigando (na maioria dos casos) na medida em que a voz segue caminho descendente, pelo que se descola da agudez incoativa. Significa, *lato sensu*, que os versos, ou seus fragmentos, se deslocam de um sentir dramático para outro que se liriciza. Ou ainda, uma subjetividade agravada, em colisão com a vida e consigo, no curso da descendência reflui frente à própria veemência, abandona-se a si, a comoções mais íntimas, movimento que recolhe a alma à interioridade de sua interioridade. De sorte que pungências que deságuam em introspecções timbram a subjetividade do homem poético, que, colidente, é também liricamente *rimessa*.

Neste contexto que sintetiza, é preciso então firmar que a estrutural vinculação e convizinhança entre b), c), d) e e) não instauram, como das análises se colige, mera e artisticamente supérflua identidade musical recíproca. Mesmo porque, não fossem musicalmente desiguais, a copiosa e insistente repetição poética elaborada por Monteverdi seria irrazoável. Posto diversamente, se tal orgânica, onde se verifica uma repetitividade textual tão extensa, estivesse fundada num canto invariável ou linearmente reposto, a obra se faria estéril redundância, desnaturando-se por tal dinâmica inartística. Entanto, aluda-se oportunamente e de passo, uma repetição que se realiza enquanto plena identidade é algo musicalmente irrealizável: a contextura torna funcionalmente distintos o original e sua imitação literal, de modo que a mais pura ou simples repetitividade não parture mera duplicação sonora, o que mais à frente, pelo exame de outros passos do madrigal, se poderá captar *in concreto*. Seja como for, e isso é o que importa roborar, Monteverdi opera uma iteração melódica na não identidade, ou uma repetição concebida a partir da distinguibilidade entre os fragmentos poéticos, o que significa configurar um *complexo* de atributos anímico-subjetivos. Assim, das melodias criadas a partir de versos repostos nascem intrinsecamente atados o símile e o diverso. Similitude musical que tem de *existir* e *fundar* as partes distintas que se articulam na medida em que nesta e por esta

CANTO EM CORPO E ALMA: *HOR CH'EL CIEL E LA TERRA* 235

semelhança objetiva-se a *imanente inclinação de fundo* a que uma subjetividade, *na vida*, então *na arte*, propende em função de uma situação vivida. Concretamente, se o homem poético se *desfaz por aquela que à sua frente está*, tal condição humana o moverá a um estado anímico que, contrastante e mutável, incontornavelmente será marcado, contudo, por um pulso cêntrico, ou melhor, por um *momento predominante* que à música então, ao preço de não perder seu sentido e verossimilitude, impende configurar. O fato de Monteverdi reutilizar sempre um mesmo caminho melódico a partir do qual as diferentes melodias se armam – a quinta descendente, introduzida por notas em registro agudo –, desvela justamente esta (ôntica) *unidade psicológica interna* que funda, ordenando, a subjetividade anímica plasmada. Por outro lado, e mesmo que intrinsecamente conexa ao símile, a *diversidade* é categoria determinante em *Hor ch'el ciel*, porquanto meio, igualmente, à expressão de uma interioridade entecida com os fios da verossimilhança. Pois a unissonância da subjetividade moderna, parida pela *vida ativa* da sociabilidade burguesa, implica sua fundante mobilidade ou batimento vário[23]. Essa distinção entre os fragmentos poético-musicais, não efetivamente nitente no fluxo argumentativo no exame da partitura, a seguir se esboça.

b), embora iniciado em pungência, é, no todo, mais lírico que c); este, em dessemelhança, projeta-se dominantemente em pulso mais agitado, conquanto o verso seja modelado em registro mais grave que b); ocorre que a gravidade tem seu ponto de chegada e efetivação cabal num ritmo concitado, bem como *nan* sofre um impulso em *lá*, orgânica que faz do trecho antes subjetividade aflita que branda, contida, languente, pulso este, por sua vez, próprio ao segundo *chi mi sface* do compasso 30, que assim se consubstancia. Em d), onde *sempre m'è innanzi* é ora o fragmento poético que arrima o canto, a textura ecoa, em traços genéricos, anímica sensificada pelo espaço sonoro b)-c), do que não nasce, porém, simples paridade, como demonstrado. Esses compassos, 33 e 34, de teor marcadamente languente, são seguidos por uma radical inflexão à pungência, à dor aguda ou desesperação, com o que prorrompe

23 Cf. Parte Três.

uma orgânica substantificada na colisão agravadíssima da alma. Por fim, e) confere à poesia andamento humano-melódico mais compassado, positivando como nunca dantes o sentimento lírico da subjetividade. Significa, pois, que cada segmento se realiza a partir de uma vocação afetiva dominante, que os especifica e assim ao fluxo poético-musical, fluxo multímodo que é a interação do diverso unívoco.

Se a análise dos segmentos poéticos b), c), d), e e) mostra a existência de uma especificidade anímica que os funda e caracteriza, dissemelhando-os reciprocramente, não menos real é o fato de que todos são internamente entecidos pela relação de batimentos psicológicos *não unívocos*. Vale dizer, em Monteverdi, dramático e lírico se entrelaçam não apenas enquanto campos linearmente articulados, avizinhados, mas *um no outro se transmuta* no desdobrar-se melódico. Com efeito, e como na Parte Três se esboçará, na sociabilidade tardo-renascentista italiana, o conflito indivíduo-gênero consubstanciado, o *drama individual*, objetivo e subjetivo, era a vida interior e exterior dos indivíduos, ser e ir-sendo do universo anímico do homem. Nesse sentido, o lírico da alma seria forjado em solo dramático, que fundaria a interioridade de um homem que se expandia animicamente, implexa dinâmica subjetiva que atravessaria a sonoridade monteverdiana, radicando-a. Em termos mais concretos, suas melodias não se deslocam simplesmente de um patamar dramático para outro lírico, numa espécie de fenomênico *mélos* maniqueísta. De fato, esses espaços se entranham de tal forma em Monteverdi que o oxímoro atualiza a natureza da alma que se constitui: um *dramatismo lírico* tipifica o sentir do homem desse soneto. *Lirismo in drama* que não se realiza aqui, então, como categoria ideal abstrata pela qual se forçam e torcem as formas do ser musical monteverdiano: ao revés, é concreto pensado de um canto que, no dramatismo fundante da voz, da melodia, ato contínuo se faz lírico, na veemência languesce, no langor se arroja à agudez, que desagravada é imbricadamente recolhimento d'alma. A esse *modus faciendi*, que se alude porque necessário à síntese elaborada, se tornará no curso desta Parte, porque espírito de uma melodia, que jamais ressoará à revelia de seu tempo, tempos de sangue e alma. Mas tornemos às notas, retomando o fluxo analítico.

CANTO EM CORPO E ALMA: *HOR CH'EL CIEL E LA TERRA*   237

Uma última consideração acerca da estrutura compositiva deste *enjambement*. Entremesclando-se ao movimento dos tenores, o verso da ação, segmentado, renova-se: *veglio* (compassos 31 e 33) atravessa, respectivamente, *sface* e *pena*; *penso* (35) invade *innanzi*; *ardo* (37) alui *pena*. Arquitetura sonora que significa a consubstanciação de uma textura musical *em perspectiva*: o sentir da alma, sensificado pela dupla vocal em primeiro plano, é contextualizado, ao fundo, pelo ato de *velar, pensar* e *chorar*. Verso que, reproduzindo a dinâmica sonora de a), ao se intensar progressivamente deságua em profundo pranto mesto. E a esse percurso que sulca a trama artística com as "lascas"[24] de uma poesia a análise deve volver-se mais detidamente. Pois, se uma ação e anímica ressoam em pano de fundo, delineando a contextura onde as vozes masculinas se realizam, a expressividade dessas vozes protagonistas será necessariamente implicada. Ou ainda, o pulso humano-musical dos tenores, a lógica de sua melodia, passa pela vinculação com esse atravessamento, porquanto a ele está atado, sofrendo as consequências de sua dinâmica. No intento de esclarecer o argumento, examina-se um desses momentos que valam a textura, aclaramento que para se objetivar não pode deixar de se acostar ao campo da interpretação musical.

Ardo, (37), tem de ser cantado com intensidade extrema, e não só pelo fato da tessitura do acorde assentar sobre a relativa região aguda das vozes, mas porque o segmento poético-musical que o antecede alcança maior expressividade por essa entoação vigorosa. *Sempre m'è innanzi per mia dolce pena*, que se move pelo descendimento *sol-dó*, ao empalidecer sonoramente de vez posta a súbita veemência de *ardo*, avulta-se em sua palidez precisamente por isso: a colisão entre disposições humanas distintas imprime ao canto dos tenores – logo, também a *ardo* – mais densidade, isto é, maior expressão. Significa que a energia lacerante do brado de *ardo*, em função dessa contextura opositiva, supera-se enquanto pura veemência ao fazer do todo *todo in drama*. O acorde atassalhador não se adstringe a si, a um efeito pontual que irrompe

---

24 É Fabbri que utiliza o termo ao pontualizar *Hor ch'el ciel*. Cf. P. Fabbri, *Monteverdi*, p. 307.

ao seu irromper e se dissolve em seu extinguir-se, mas inter-fere expressivamente na anteposta modulação dos tenores. Modulação, assim, que deve realizar, executivamente, um decrescendo tão radical quanto a pungência de *ardo*, pois a contradição e contraste que a força explosiva do acorde pode substantificar depende, em medida nada desprezível, de seu inverso, ou do apoucamento da frase anterior, e esta, incontornavelmente, da uma pungência executiva em *ardo*. Por outro lado, se o movimento melódico que se pospõe a esse grito d'alma não supera ou se compara ao pungimento do acorde de *dó* maior, inevitavelmente, porém, contagia-se *in limine* por ânimo tão ativo. Ora, a se retomar, no terceiro tempo do compasso 37, o fluxo asperamente interrompido, os tenores terão de manifestar incisividade mais intensa do que se efetivaria na inexistência do acorde, porquanto inatural e inverossímil que o homem poético não absorvesse o pungimento que está às suas costas, o qual, rigorosamente, é o ponto de partida afetivo do canto dual que então se repõe e prossegue. De modo que a abrupção desse acorde, como a de todos que atravessam os tenores, não se atualiza como pontuação dramática de epiderme, salpicando a textura com pulsos desse jaez. Concretamente, simplética, afeta os segmentos antepostos e sequentes ao interatuar, dramaticamente, com o canto duplo. Numa palavra, essas colunas sonoras, que rasgam o discurso poético-musical, agravando-o, engendram ou acentuam contraposições anímicas, exceção àquela sobre *piango*, que robora, intensificando, um *penar* já languescente. Invasivas "lascas" acórdico-poéticas, pois, que dramatizam, tomando e envolvendo toda a textura musical na qual se radicam e movem. Então, a alma dominantemente padecente daquele que se desfaz se consubstancia em projetação, e assim, mais nua, expressiva, reprofunda-se em seu sentir e expressão. Atente-se.

Os Versos Um e Dois – Segunda Seção

A rigor, inexiste uma *segunda seção* que se possa assim caracterizar ou formalmente dispor. Avoca-se uma "divisão" somente como mediação analítica, ou no talante de possibilitar uma visualização mais nítida da obra, dos formantes basilares que a ordenam. Seja como for, Monteverdi retoma integralmente os dois versos da estrofe, agora repostos em sua orgânica poética original – sem um recorte que destaque e isole fragmentos. Portanto, na medida em que ressurgem "intactos", e numa orgânica musical distinta, tomar este "novo" momento como segunda seção é recurso de análise que, não se descolando da obra por um arbitrarismo teórico, espelha, se não a lógica auditiva, a compositiva.

Isto posto, refira-se que a distinguibilidade entre as "duas seções" se positiva na conservação estrutural do material sonoro. A energia, *in drama*, que marca o verso inicial reposto é claríssima: *veglio penso ardo piango* fundam um fluxo anímico que, incoativamente remisso, se veementiza abruptamente, e se abate, 42-44. Em termos concretos, um agitadíssimo arpejo ascendente condensa em um compasso o que se estendia por quatro: partindo da região vocal grave, o tenor é ativamente arrojado à tessitura extrema (*sol*), de modo que *ardo*, comparativamente, é agora entoado com ímpeto e força singulares. O peculiar caráter dramático da inflexão se objetiva ainda pela velocidade do deslocamento, que, ademais, cobre praticamente os limites da extensão vocal do tenor. Então, a modulação verte impulso humano ainda mais intenso do que em sua forma inicial (24-27), colando ao *parlar cantando* do homem poético dramaticidade desconhecida ao verso, ainda que a melodia, porque dispõe cada ação por saltada intensidade crescente, diferenciando-as assim em vigor, jaez, decalque seu "original". Dramatismo que alcança culminância quando as vozes femininas, sobrepostas ao vozeio monódico, modulam *piango*, canto que ao materializar langor d'alma, a dor de um pranto triste, entranha-se, colidente, na terminante voz masculina que opositivamente grita, em desesperação. Eis o corpo desse canto, cuja alma se descreveu:

Exemplo 4

Esse intróito, simétrico aos compassos que imita, é seguido, porém, não por tenores solistas, mas por uma *declamação coral* disposta pelos sopranos, contralto e tenor um. Verticalidade sonoramente menos encorpada, porquanto lhe são ausentes vozes graves, que se constrói no *enjambement* dos versos: *chi mi sface sempre m'è innanzi per mia dolce pena.* Sua estrutura melódica, igualmente descendente nos limites de uma quinta e alicerçada em harmonia menor, guarda, contudo, diferenças com a "primeira seção", conquanto uma identidade de fundo ate suas orgânicas. Na melodia, como nas demais vozes porque a textura é acórdica, intensifica-se, à predominância, a repetitividade de notas, já dantes distinguível: em *e chi mi sfa(ce), si* veste cada uma das sílabas; *sol* é entoado por quatro vezes em *sempre m'è innan(zi)*, e *fá#* modula *(innan)zi per mia dol(ce)*:

Exemplo 5

E se essa reiteração de notas é armada em região dominantemente médio-grave, com rítmica compassada, refreada, toma forma um espírito mesto, lânguido. Um matiz humano sombroso se sensifica, e se acentua posto um deslocamento descendente, estrutural e contínuo. Então, este ensamblamento pulsa anímica cujas cores líricas se atualizam isoladas, incontrastáveis, onde um cansaço espiritual se faz batimento humano-sonoro em projeção incontradita. Cansaço daquele que parece se render às impossibilidades da vivência da paixão, que parece assumir, quiçá, que o ser amado, sempre e sempre à sua frente, *lhe desfaz*.

O momento sequente, 52-58, opera a transposição da frase anterior:

Exemplo 6

Os dois segmentos, articulados em contiguidade, harmônica, melódica e ritmicamente são semelhantes, plenamente semelhantes: configuram, respectivamente, um deslocamento de *sol* maior para *mi* menor (com terça de picardia), e de *dó* maior para *lá* menor; dispõem acordes díssonos sobre *sfa-ce*, e sobre as sílabas *(in)nan(zi)* e *dol(ce)*, como ainda sobre *pe(na)*; e a melodia, descendente em notas rebatidas, disposta em terça pelas vozes femininas (canto e quinto), é rigorosamente a mesma. Porém, essa similitude esconde divergência de fundo: o segundo bloco recitante substantifica outra

CANTO EM CORPO E ALMA: *HOR CH'EL CIEL E LA TERRA* 243

anímica. De um lado, do tecido vocal agora tomam parte todas as vozes; baixo e segundo tenor, inseridos na gravidade de suas próprias vozes, tornam a textura mais pesada, enfática, intensa. De outro, e este é o elemento decisivo, Monteverdi desloca a melodia para o registro agudo do soprano, deslocamento que transfunde em pulso dramático o que antes era recitação íntima. Voz veemente que, em sequente caimento gradual, é sentir dramático cedente, que se converte. Entanto, o vigor gerado por um canto posto por todo o corpo vocal, que insiste sobre a agudez repetida de um *mi*, agudez melódica que se desdobra e afirma por *ré* e ainda *dó*, faz do passo dramaticidade dominante. Dramaticidade, veemência incessível, que de fato não desiste de ser, dado os *rés* do tenor um. *Rés* que de súbito (55) rasgam a textura no curso de um movimento melódico que, a esse rasgamento opositivo, descende, esmorecendo a alma do homem poético em *dó-si-lá* mediais (soprano um). Alma, pois, que Monteverdi faz sentir em colidente anímica dramática.

Justapostos então os dois blocos da "segunda seção", sensificada está uma subjetividade que em seu imanente sentir variegado é, não obstante, coesiva, portanto plasmada em verossimilhança. A relação entre um sentir banhado na tristura, na languidez (primeiro bloco), e a dominante voz dramática, da pungência (segundo), ao parir sentimentos aparentemente desatados, desvinculados, mutuamente desobrigados, engendra ou entalha, sim, uma unicidade anímica. Ora, em Monteverdi, o predomínio de um sentir não é ausência, nesse mesmo sentir, de outro que se lhe entranha. Os sentimentos recolhidos, íntimos, líricos, de um lado, e aqueles dominantemente veementes, tensos, plasmados na agudez de um sentir, de outro, corporificam-se em inerência recíproca. Concretamente: no bloco dramático-lírico, ou aquele que *agudo descende*, estua, outrossim, um pulso mesto, exatamente o batimento que o primeiro sensifica. Primeiro e segundo blocos, em mutuação intrínseca, substantificam uma una interioridade multímoda, porque, monteverdianamente, a veemência é atributo do imo, que é atributo da veemência. Pulsos distintos, que se distinguem, opõem e contrapõem, positivados numa orgânica que os enastra. Entrelace que é pluralização anímica do homem poético, pluralização de uma interioridade una, então concreta, real. Onde, pois, os campos lírico e dramático se enlaçam imanentemente, ou ainda, se interpenetram, imbricam, algo muito distinto do que se fossem plasmados numa mera justaposição dual, dicotômica, que humanamente abstrata abstrairia a alma sensificada pelo canto.

E, precisamente por este implexo movimento homorítmico, consubstanciação de uma subjetividade conflitada, em recolhimento e transbordo das paixões, Monteverdi remata a seção, que é canto *in drama*, drama que, ao implicar o diverso colidente, funda o sentir do homem poético. Remate que a análise não pode acompanhar, dado que a uma questão se deve, no contexto, ainda atender: por que repor, uma vez mais, poesia e música cuja identidade com os segmentos da "primeira seção" é estrutural? Na perspectiva de cunhar uma resposta, firme-se desde logo que o impulso generante dessa *reiteração conclusiva* – pois é nisso, em última instância, que se consubstanciam estes quatorze compassos verticais –, é o desejo de atar ao longo solilóquio dos tenores, distendido entre os compassos 30 e 41, um *tutti*. Talante que, não parido de mera volição, sugere deitar raízes na história, avocando uma lógica artística que parece ter sido efetivamente consubstanciada pela arte de Claudio Monteverdi.

O compasso 45 é o fim da textura esculpida a tenores: o segundo verso, antes disposto em terças, é agora modulado *a 4*. Ao invés do sujeito poético, encarnado pelo duo masculino, no lugar das carnes anímicas de um personagem dramático que o par declamativo enformou, da pena monteverdiana nasce, agora, a figura de um narrador ou, mais rigorosamente, toma forma a voz de um *coro*. Coro, e este é o ponto artisticamente decisivo, cujo papel em *Hor ch'el ciel* não é vago, indeterminado. De fato, Monteverdi substantifica um *coro dramático*, um *tutti* que, *mutatis mutandis*, resgata função análoga à que desempenhava na cena trágica grega. Na tragédia, pontue-se, e sem desdobros argumentativos, "o coro deve ser considerado como um dos atores, tomar parte do conjunto e concorrer à ação"[25]. E "o Coro,

25 Aristote, *Poétique*, 8, 1456 a, p. 57.

CANTO EM CORPO E ALMA: *HOR CH'EL CIEL E LA TERRA* 245

sem deixar de ser verdadeiro ator, interpretaria os sentimentos dos espectadores"[26], e também "sendo sempre e antes de tudo personagem e ator no drama, o Coro não deixa de cumprir as funções de *moderação, comentário e sabedoria*"[27]. Ora, Monteverdi, numa real tomadia da estrutura coral do teatro antigo, dá voz a um *grupo* que em declamação homorítmica expõe, narra, manifesta os caminhos, as agruras, a interioridade de um personagem, embora o faça em primeira pessoa, ou nas roupas do próprio protagonista, encarnando-o. Vejamos. Nesta "segunda seção", ao derradeiro canto masculino articulado em três compassos, 42-44, sobrevém um *todo* vocal que, conquanto armado em discurso direto, ou sob a pele do próprio homem poético, entende *comentá-lo*; mais precisamente, este *todo* se *autocomenta*. Não por acaso, apenas um único tenor modula o primeiro verso da segunda quadra, compassos que antecedem e se coligam ao coro: essa textura *"em solo"* personifica de forma mais nítida o homem poético, substantifica-o com maior "materialidade", evoca a existência de um personagem de modo mais imediato, portanto, reciprocamente, e isto é o que se quer distinguir, faz do coro que lhe segue, em sua função e significado, um *coro dramático*. Vale dizer, ao justapor um *tutti* a um canto *solitário*, Monteverdi faz do bloco vocal o *"agente manifestante"* da *causa* de um pulsar anímico tão *pungente* e *desesperado* que, pelo canto de um personagem, *"veglio, veglio, penso, ardo, piango"* expressam. Pungência neste verso, ecoe-se, que parida pelos abruptos saltos que culminam num *sol* troante, finda em abrupção inversa: os pulos à agudez se rematam no angurriado descendimento de quinta que veste *pian(go)*, movimento dramaticamente potenciado pelos sopranos que anteciparam a tristura do choro masculino, 42. Delineado de modo mais específico: o homem poético está convulso, transpira veemência e pesar intensos nestes brevíssimos compassos "solísticos" (como transpira, aliás, em todo o fluxo dos tenores, aqui sintetizado por este tenor solitário que então "prepara" o coro), precisamente porque *chi mi sface sempre m'è innanzi per mia dolce pena – assim comenta,*

---

26 A. Freire, *O Teatro Grego*, p. 99.
27 Pemán, apud A. Freire, p. 99 (grifo nosso).

reconhece, ou *literalmente afirma o tutti*. Ou ainda, o coro nada mais faz do que manifestar as razões de uma anímica que se põe em tons tão pungitivos e também tão langorosos: a saber, a alma do personagem monteverdiano bate em desespero e consternação, pois *"aquela a quem venero* – talham as vozes corais – *me desfaz"*. De sorte que, se a esta contextura imbrica-se a assertiva de que um coro trágico é *um todo genérico* que se relaciona com *personagens específicos* e sobre eles se manifesta em canto, a determinação de que essa homoritmia cumpre tal função aflora. De fato, nesse madrigal guerreiro este canto blocado se objetiva enquanto *comento explicativo*: *"responde"* a um ente que se põe em vociferação e, ato contínuo, dor íntima. Redarguição, assente-se por fim, que antes de mais nada, *por ser canto*, verte a alma, sensifica a interioridade. Então, este bloco de vozes, no mesmo instante em que cria ou avoca um palco ideal, rearticula, no interior desta "resposta cênica", a dinâmica lírico-dramática, o contraste que tipifica o homem poético plasmado por Monteverdi: é compungimento em *si* e na sequente descendência por grau conjunto, e dor tonante, dramaticidade d'alma em *mi-ré-dó*. Reposição que expande e acentua, torna culminante – dado o vigor e expressividade desta massa vocal – as inflexões anímicas que os tenores, em obstinada iteração, dantes manifestaram. A pena monteverdiana, então, ao atar uma textura coral à voz solitária, a um evidentíssimo personagem que *vela*, *pensa*, *arde* e *chora*, forja um canto onde o batimento teatral lhe é atributo concreto: um *tutti* em comento – cujo movimento, ademais, expande, num último respiro, o universo afetivo consubstanciado ao longo do percurso dos tenores-personagem –, é realidade dramática. Substância teatral que radicada em solo madrigalesco não deve causar espanto ou estranheza. Monteverdi fundou seu madrigalismo na recitação própria do teatro cantado, e os personagens deste, por sua vez, apascentou com as curvas sonoras mais generosas do canto polifônico, pois elaborou uma *mímesis della voce*. Então, legítimo é reconhecer a existência de um "coro grego" em *Hor ch'el ciel*, mesmo porque este *tutti*, tal qual nas tragédias, aparece como passo conclusivo, ou semiconclusivo. A termo que esse madrigal guerreiro,

CANTO EM CORPO E ALMA: *HOR CH'EL CIEL E LA TERRA*   247

por tudo, é um madrigal dramático; que se especifica nessa condição, intrínseca, posto um tecido musical que, declamativo, é palco, teatro, porque vida afetiva ativa, então gestualidade, corpo inteiro, ao arrepio de Artusi.

Os Versos Três e Quatro

O verso três, com o qual se enceta um novo momento da obra, enforma um homem em *"guerra"*. Petrarca declara, terminante: *"guerra è il mio stato d'ira e di duol piena"*. Assim, Monteverdi não pode mais estar apenas às voltas com o ardor, que langue, ou com um pranto, que se incandesce. Um homem cujo espírito se revoluteia em ira e dor ferinas irrompe, então o canto se transmuta, e um *mélos* que se retorce em conflito desabrido, incontido, toma forma, embora ressoe também, e não poderia ser diferente em Monteverdi, atento à dramaticidade fundante de seu tempo, doce e mesto lirismo, imo sentir. Musicalmente, o ponto de partida deve ser o reconhecimento de que a melodia que ora se tomará é um intrincado de elementos e articulações anímicas. A palavra poética é realizada a partir de uma sonoridade emaranhada, entressachada, embaralhada, convulsão humana que, geneticamente concebida por Petrarca, ao se tornar pulsação *sensível* é reconcebida, recriada, *efetivada*. Significa que a música, animicamente, é mais poderosa que a poesia, pois, não mediato, é sentir sensificado.

Sobrepostas figuras musicais, distintas, armam o terceiro verso. *Guerra è'l mio stato* objetiva-se, inicialmente, pelo rebatimento de um *sol* médio-agudo em rítmica pausada – mínima/semínimas/mínimas:

Exemplo 7

Rebatimento que consubstancia um pulso essencialmente declaratório, enfático, que, pois, funda o principiar deste novo passo compositivo. Solitariamente disposto no baixo, o segmento poético ressurgirá, em modulação análoga, nas outras vozes. Os compassos 61 e 62, por sua vez, torneiam *guerra* a partir de um movimento em colcheias pontuadas e semicolcheias, ritmo marcado que produz um estuar humano aguerrido, intrinsecamente agitado, que se intensa e reflui em função do movimento ascendente e descendente que o efetiva. Figuração que ao se pospor à tonante afirmação *guerra è il mio stato* dela se distingue porque não declara – ou expressa – um estado de espírito veemente; antes, sensifica a inquietude interna, recolhida, do homem poético, inquietude que é latejo d'alma, posto o sobe e desce da melodia que conduz uma voz oscilante. Esta inflexão guerreira ressurge em imitação, truncada, no tenor um, 63, soprano dois, 63, e soprano um, 64. E ao ser reposta, divide a textura do compasso 63 em dois blocos, que se sobrepõem, como já ocorria no compasso 62: soprano dois, contralto, e tenor dois, 62-63 (o baixo a esta textura se acopla no 64), ao sustentarem em homoritmia medial a repetitividade outrossim medial do *si* entoado pelo soprano um – em região vocal distinta, pois, daquela que o *baixo* estabelecia ao iniciar a "seção" (59) –, manifestam, a partir do sentir inspirado pelo verso *guerra è il mio stato*, o acabrunhar-se ou entristecer-se daquele que está em guerra intestina; e *guerra*, a seu turno, repicada ascendente-descendentemente pelo baixo, 61 e 62, e ascendentemente pelo tenor um e soprano dois, entrelaça a esse estado predominantemente recolhido, mesto, inquietação pulsante. Arranjo, pois, que sensifica *in polifonia* a alma do sujeito poético: a um batimento em desalento se lhe enrosca outro, que é agitação da interioridade; eis o passo, dramático:

Exemplo 8

MÚSICA SERVA D'ALMA

Peculiarmente revelador da expressividade dramática que envolve esse espaço guerreiro é o vozeio sobre *guerra* modulado pelo tenor um na segunda metade do compasso 63, que os sopranos repõem. Na contramão da acentuação prosódica, Monteverdi destina a nota aguda não à sílaba tônica, mas à átona, mutação instauradora de uma expressão humana urgentíssima, posta a disformidade verbal nascida. Vale dizer, opera-se um deslocamento acentual, que implica a distorção sonora da palavra. O vigor humano desta desnaturação não dimana, porém, do simples fato de que se perfaça um deslizamento do acento prosódico, o que, *de per si*, não garantiria especial impulso expressivo, mas, sim, do caráter ou forma da deslocação. Ocorre que a nota *ré*, que modula a sílaba átona, é, no caso, altura de tímbrica vocal gritante, nota, pois, que atualiza a entoação de *guerra* num *grito torto*, torturado, porque a sílaba não acentuada irrompe não apenas em acentuação desnatural, mas, dada a agudez, com força desmedida, troante. Voz, desse modo, que desfigura na raiz a dicção da palavra, fazendo-a singularmente expressiva, isto é, vociferação, perturbação anímica. Palavra que, assim dita, entoada, ao ser e produzir uma sonoridade e efeito gravosos, intensa a *guerra* subjetiva vivida, o conflito interno sentido. Ou ainda, esse *grito torto* se projeta esteticamente, porque humanamente, enquanto um espasmo do espírito, uma contração lacerante, então, o pulsar já aturdido da interioridade se reprofunda e expande. Em proposição semelhante, o colidente tecido contrapontístico que Monteverdi plasma é perfurado pelos golpes de um brado deforme e deformante, e a sensificada alma aturdida por este vozeio manifesta, numa expressão sintetizada, seu sangramento ingênito, vale dizer, em *duol piena*, explode em *guerra*. E entranhando os sopranos, 64, nesta dinâmica encetada no terceiro tempo do compasso 63, as vozes femininas, então intrincadas em imitação alternada, desdobram essa voz deformada que desordena o falar. Falar abnorme que do homem poético é voz, sentir, visceralmente desesperado, convulso, que se repete:

Exemplo 9

Ora, a sílaba não acentuada de *stato*, como antes em *guerra*, projeta-se num *ré* agudo, que se impele de nota mais grave, *si*. Logo, do compasso 63 em diante não cessam de emergir e ressoar dicções desnaturais, exclamações laceradas, que cravam no tecido polifônico os berros pungitivos daquele que está eivado por sofrer inestancável[28]. Nesse sentido, à trama contrapontística é ingênita uma tensão aspérrima, ou onde a imitação de gritos tortos – imitação, de *per si*, sempre tão

---

28 No atinente à imitação, note-se que o contralto é também partícipe. O é como elemento apoiador, que intende a deformidade prosódica do soprano um: nos compassos 65 e 66, *stato* é modulado com um deformador salto prosódico ascendente de quinta; no compasso 64, esse torneamento surgia sotoposto à *guerra*, logo, o soprano fora igualmente arrimado, ainda que no interior de uma dissimilitude verbal.

apta à substantificação de pulsos movidos, turbulentos – crava a textura com os sons de uma alma atassalhada, alma *in* expressividade. Expressividade – ativa – que funda e marca a orgânica de seu contraponto, algo que, a despeito de qualquer ponderação que se possa elaborar, é testemunhado pelo *corpus* de sua obra madrigalista, como observam seus comentadores. Madrigalismo, pois, e assim reconhecia Monteverdi, que é canto dos afetos, polifonia de brados informes, contraponto intrinsecamente expressivo, porque o mundo anímico de seu tempo se expandira, intensava, mundo que Monteverdi fez *télos* compositivo, como o seguimento da análise continuará a fazer emergir.

A expressividade dos compassos 64-66 não dimana, entanto, isoladamente, da voz dramática que demuda a palavra. A partir do 64, sob e em concomitância a este intrincado imitativo feminino, baixo e tenores (inicialmente o dois; o um, antes de vincular-se, participa da imitação dos sopranos) passam, outrossim, a interagir imitativamente. Imitação que se arma com material diverso daquele que forja os sopranos. Embora o fragmento polifônico e os procedimentos imitativos adotados pelas vozes masculinas apresentem similaridade com os dos sopranos, tenores e baixo não incorrem, de um lado, em desnaturações de locução, bem como uma nova palavra – *ira* – é por eles emaranhada no espaço imitativo. Ao invés de *guerra è il mio stato*, o segmento poético de base é *guerra è'l mio stato d'ira*, o que conduz, *in limine*, a uma necessária distinção melódica, que, ademais, não é a única, situação pela qual se atina que a proximidade entre o fragmento sonoro dos sopranos e o das vozes graves se positiva, essencialmente, em termos rítmicos. Mas, seja como for, neste emaranhado musical que se produz, aquilo que se deve tomar e reter não é o problema, em si, do maior ou menor grau de convizinhança entre dois planos imitativos que se imbricam. O que reclama exame e explicitação, porque estruturalmente influente do ponto de vista composicional, é o fato de que a imitação articulada pelas vozes masculinas tem por função reprofundar a congênita indiscernibilidade melódica e textual que timbra a seção. É no interior desta questão que a maior ou menor avizinhação melódica assume sentido e alcance musicais, como agora se delineia.

CANTO EM CORPO E ALMA: *HOR CH'EL CIEL E LA TERRA* 253

Com esta assertiva – *o canto masculino reprofunda a indiscernibilidade* – assinala-se que o contraponto monteverdiano iniciado no compasso 63 tem por fim engendrar uma textura vertical e homorítmica, ou, mais rigorosamente, criar um tecido de sobreposição emaranhada, que pretende fundir, tornar indistintos, vozes e fragmentos melódicos. Isto é, as imitações elaboradas geram, antes e acima de tudo, indistinção recíproca entre as vozes (entre os sopranos, de um lado, e entre tenores e baixo, de outro). Por serem constituídos a partir de clara parcimônia rítmica – tanto o das vozes femininas como o das masculinas se armam através de colcheias e semínimas –, os fragmentos temático-imitativos geram uma imediata homogeneidade entre as linhas vocais que se imitam, o que, incontornavelmente, conduz à fusão radical entre as vozes que se combinam no fluxo polifônico, pois semínimas se sobrepõem – ou sotopõem – a semínimas, ou no máximo a estas se misturam colcheias. Fusão que significa a engendração de uma textura cabalmente coesa, algo que se colhe, de imediato, dos exemplos analisados. Se a isso se agrega, por sua vez, que a imitação elaborada, seja no caso das vozes femininas seja no das masculinas, observa um cerrado e continuado acavalamento, a resultante musical fatalmente provê, como de fato ocorre, uma simbiose absoluta entre as partes vocais mutuadas. Por outro lado, enfim, ao se atar a este reconhecimento compositivo o fato da mencionada identidade entre as melodias imitativas feminina e masculina, identidade que, similitude rítmica, amalgama de pronto estas duas melodias avizinhadas, de forma ainda mais clara se atina que o compositor buscou e concebeu uma textura polifônica de natureza homorítmica. Porquanto todas as vozes que entecem o contraponto, então amalgamadas (incluindo o alto), não podem surgir se não interpenetradas, reciprocamente fundidas, do que nasce uma indiscernibilidade que é a própria trama e *télos* deste canto polifônico.

Mas, por que o forjamento de tal textura? O que move Monteverdi à elaboração dessa sonoridade? Qual a função de uma pseudopolifonia? Responder a isto envolve o enlace teórico com a esfera textual, pois essa *polifonia da verticalidade* deita raízes em solo literário, reconhecimento de que a teia contrapontística guerreira tem por finalidade a plasmação de uma *indistinguibilidade verbal*. Vejamos.

254 MÚSICA SERVA D'ALMA

Ao se entranhar, uma na outra, as vozes em imitação, que se fazem assim reciprocamente indistinguíveis, o talante compositivo primário é, posto o imediato e desejado intricado das palavras, que se emaranham radicalmente, enformar uma indeterminação textual. A verbalização que se encavala significa a mistura inextricável de sílabas, radical sobreposição e desencontros silábicos que fazem do texto palavra estruturalmente quebrantada, da sonoridade, então, pulso desarmônico porque desarticulado, intrinsecamente dramático porque tecido intrinsecamente colidente. Assim, a dicção simultânea de palavras diferentes substantifica uma espécie de polifonia verbal – palavras que pulverizam a sonoridade do dito ao se confrontarem. Pulverização que ao truncar e convulsar estruturalmente o dizer do homem poético, eis a questão musical a se distinguir, sensifica um desarranjo capital, fundíssimo convelir interior, mesmo porque um canto de jaez dramático a tudo envolve e timbra. Conferindo carnes a um ingente e culminante tormento da interioridade, a música de Monteverdi se faz barafunda, *guerra in anima*, numa necessária e mediata mutuação com a pena poética, que é *guerra, ira, duol*. Ou ainda, engendrando um canto instaurador de uma poliverbalidade cacofônica, que se tece por aflita e pungitiva sonoridade em imitação, sensifica-se uma alma que parece mesmo ensandecer. Enfim, a politextualidade monteverdiana *se faz* vocalidade, porque a palavra assume, predominantemente, valor sonoro, perdendo-se enquanto identidade semântica. Contextura que embaralhando o dizer no dizer o consubstancia enquanto sonoridade iletrada, insignificativa conceitualmente. Consubstanciação pela qual a voz, a expressividade do som puro, se intensa, que, assim substanciado, arroja o homem poético às terras da desesperação avassalante[29].

---

29 Desesperação que os violinos agravam pelo *concitato* posto, figura que acompanha e estrutura instrumentalmente o verso. Nesse sentido, oportuno pontualizar que o par de cordas, no curso da obra, corrobora, *lato sensu*, o sentir sensificado pelas vozes; sua função, de fundo: apoiar os pulsos afetivos da vocalidade, que então se substanciam ainda mais. Função que se desmente, transfunde, quando, em *mille volta il dì moro*, os violinos, em ascendência (compassos 49, 51 e 52), acirram-se no interior de uma melodia vocal que se recolhe: instrumentos e *mélos*, num diálogo sobreposto, se atam *in drama*. Dinâmica ressurgente, *mutatis mutandis*, nos compassos 39 e 71 – nestes, a gravidade das vozes masculinas, e depois a extrema gravidade do tenor (*lunge*), são contraponteadas pela agudez dos sons puros.

CANTO EM CORPO E ALMA: *HOR CH'EL CIEL E LA TERRA*   255

O compasso 67 é o último momento desse verso, e ainda que as vozes sejam partícipes e estejam imersas no mesmo enovelamento textual, a inflexão do soprano dois se avulta no imbróglio ao se realizar em relativa dominância melódica. Significa, concretamente, que a voz feminina instila, num predomínio que não cobre mais do que três tempos, os sons de tristeza ou dor mais contida, íntima. A saber, o fragmento *duol piena* é produto de um movimento melódico que, de um *ré* veemente, se interioriza, entristece pelo fluir descendente a *lá*. Então, a desventura lírica de uma *dor plena* brota, dominante na fugacidade, em solo de teor eminentemente guerreiro. Não obstante, em clara sintonia com sua prática, a esta expressividade íntima a pena monteverdiana sotopõe um novo grito disforme (tenor um), grito que, se não anula esse sentir menos torvado, o atravessa entanto, apoucando-o: *piena*, na voz masculina, é modulado pelo movimento ascendente *si-ré*, o intervalo que demudara em vozeio *guerra* e *stato*. Logo, ainda que um sentimento não convulso nasça da voz feminina, um dizer deforme, um grito torto, que desnatura *piena* ao desordenar sua prosódia, talha o tecido sonoro, e neste enredado humano multiforme o espírito do homem poético se põe *in* polifonia. Polifonia *espiritual* que é a última face anímica do verso, verso e música interrompidos a súbitas. Estancamento abrupto que deixa no ar, em vibração surda, os sons de uma alma *concitata*, e que aqui, por um momento e a um só tempo, polifonicamente brada e languesce: humana melodia.

A continuidade de *Hor ch'el ciel* traz à cena poético-musical o verso final da estrofe, onde se opera uma transformação subjetiva de fundo. Escreve Petrarca: "se tenho alguma paz, é nela pensando". Então configurada esta reviravolta humano--afetiva no eixo poético – da guerra à possibilidade de paz, a música não poderia desconhecê-la. E se assim é, as miméticas notas de Monteverdi, tomando esta serenidade que se silhueta no homem petrarquiano, têm de renunciar ao desencontro vocal. Se o homem não está mais em guerra, e a esgarçadura da alma, ao menos por um átimo, se rarefaz, a sonoridade, a preço de se desnaturar, tem de cessar seu turbilhonamento. Com efeito, Monteverdi o interrompe. O espírito, agora, vivencia *alguma paz*, abranda-se em interna harmonia, reconforta-se em si mesmo, ou na amada, pulso anímico que então move o canto, ou melhor, faz-se canto.

A tranquilidade espiritual disposta na letra implica, nesse sentido, rítmica mais pausada, menos agitada, como também sonoridade menos tensiva, mais linear, justamente o que se constitui. A palavra de Petrarca, nesses versos, é animicamente explícita: colara ao homem seu estado de *guerra*, e ora o forja *in pace*, com o que move de forma mais efetiva a mão composicional. Como delineado, porém, desdobre-se a questão, a despeito da existência de um objetivo pulso anímico orientador, como aqui, o patamar poético de concreção do sentir resta sempre genérico, porque a vida humana, portanto a afetiva, são atualizadas mediatamente, com o que o campo anímico-literário, indeterminado, determina-se *in música*, criadora de afetos porque *mélos*, predominante. Para o compositor, pois, a mão guiante do poeta sempre será abstrata, a poesia, para a música, ponto de partida que necessariamente se supera. Em palavra que exemplifica. Ainda que outras possibilidades anímico-musicais pudessem ser plasmadas pelas notas monteverdianas, não é, entanto, pura e simples opção compositiva envolver parte do primeiro verso da segunda estrofe (*veglio penso ardo*) com um *abrupto movimento ascendente*, e o *enjambement* com um *fragmento descendente*: a latente tensão humana sugerida no primeiro, em função das ações que se sucedem, e a tristeza que bem pode assumir o segundo, impulsam a pena monteverdiana nestas respectivas direções, opositivas. Contudo, e seguindo nesta argumentação através de *sol di lei pensando ho qualche pace*, nem mesmo o canto deste verso – verso que, explícita serenidade sentida, assim contagia e ordena, imediatamente, a trama sonora –, enforma e manifesta a alma anímica disposta por Petrarca: porque o canto sensifica, necessariamente sensifica uma *outra* alma. A genérica paz experimentada, a tranquilidade poeticamente vivida, bem como antes a *guerra*, aluda-se, quando substantificadas em canto se ampliam, transfundem, porque concretadas, recriadas. Vale dizer, a interioridade que o canto objetiva frente à vivência de *sol di lei pensando ho qualche pace* não é a mesma que a posta pela poesia. Canto que, se com notas "lentas", compassadas, torna sensível uma postura espiritual branda, uma tranquilidade d'alma que o poeta inocula no homem poético – como antes também concretara a abstrata "anímica de guerra" –, expressa para muito além desta dimensão subjetiva que do texto colige, como igualmente se dera no verso guerreiro. Numa palavra, posto que na poesia o homem se põe mediatamente, e, mais decisivo, porque a música sensifica, esta, conquanto radicada no poético, dele se descola, sempre e incontornavelmente. De sorte que o canto monteverdiano não é poesia *in affectu*, pois nem é pintura dos afetos poéticos (configuração musical e artística impossíveis, avoque-se), nem decalque de pulsos afetivos dos versos. É, sim, sentir sensificado, logo, arte autônoma, *que engendra*. Examinemos, em movimento sucinto, a lógica musical de *sol di lei pensando ho qualche pace*.

Este verso se arma através de dois eixos anímicos contrastantes ou simetricamente inversos: uma melodia inicialmente recolhida que caminha no sentido de um arrebatamento d'alma, à qual se articula uma voz ainda veemente, dramática, que ato contínuo se faz sentir de talhe lamentoso, suspirante, posto o semitom descendente, que ainda desliza para *si*, desta forma:

Exemplo 10

A melodia que consubstancia o primeiro momento, compassos 68-71, é moto que partindo de um *si* medial, reiterado, desloca-se a uma terça menor através de um *si-dó* gemente, isto é, de um semitom. Ascendência que, basicamente sustentada por mestos acordes menores, quando alcança a agudez de *ré* a rebate. Altura esta, atine-se, que no tenor, 68, atravessa a homoritmia, imprimindo no incoar da frase o pulso da veemência, da agudez, imediatamente dissolvido, pulso que, haurindo o *lá* melódico do soprano dois, empurra para *si* o princípio efetivo do movimento ascendente da melodia. O segundo momento parte, melodicamente, de um mesmo *ré* dramático, que, porém, toma a via vocal do abrandamento. Abrandamento, tristura, desagravo anímico, inacabados, longínquos, contudo. Pois o soprano dois não se descola da vocalidade médio-aguda, de tal forma que o descimento estua batimentos humanos de natureza abertamente conflagrada (os violinos, atente-se, corroboram por seu registro este pulso *in vehementia*, dominante). Então, posto aquilo que é esta contextura sonora, o que o canto projeta sobre o verso não é apenas quietação psicológica, mas, diversamente, uma multifacetada vida psico-afetiva, implexa dinâmica anímica. De modo que, se a *qualche pace* petrarquiana implica, *lato sensu*, a música que se lhe veste, não menos objetivo é que esta a transcende. Subjetividade cujo apaziguamento nascido de um pensamento que se encentra na figura amada é eivado, dada a melodia monteverdiana, por uma desarmonia de fundo, devassante e maculadora do conforto que a poesia declara: conquanto se sensifique determinada tranquilidade espiritual, as notas embebem o verso de um sentir entecido outrossim em compungimento e dramatismo. Então o assossego petrarquiano se transmuta pelo canto em alma a um só tempo agravada e sofrente, ainda que a lentidão rítmica não deixe de entranhar no tecido compositivo, importa insistir, um pulsar humano calmoso. Desarmonia de fundo que se revela em silhueta mais nitente pela harmonia que sustenta e marca a melodia do soprano. Logo, a investigação aproveita o momento e se volta, mesmo que sucintamente e sem pretensões maiores, à análise de procedimentos harmônicos, os quais, por suas implicações, devem ser tomados. Na verticalidade, pois, estes compassos de paz flébil, bem como alguns outros passos compositivos, são observados, com o que se entende esboçar, ainda que em termos genéricos, o sentido e motivação de determinados acordes e encadeamentos de *Hor ch'el ciel e la terra*.

Um Passo Harmônico na Dissonância

Nestes compassos de *qualche pace*, de certo modo mais a harmonia do que a melodia expressa a natureza do sentir da subjetividade. Dito com maior rigor, o tecido vertical, por sua expressividade, atravessa e arrima em termos mais positivos o fluxo melódico, implicando-o vitalmente. Função ("apenas") reforçativa, *contextuante, especificadora*, que, em última instância, é a forma de objetivação e papel da esfera harmônica. Na letra de Hegel, oportuníssima, que radica este reconhecimento determinativo, e nisto, porque também dispõe sobre a esfera melódica, substancia e reafirma o pulso teórico-categorial deste estudo, que reconhece a melodia como a fundante *garra mimética* da música:

A harmonia, a saber, abrange apenas as relações essenciais que constituem a lei da necessidade para o mundo dos sons, mas tampouco como o compasso e o ritmo ela abrange a música propriamente dita, e sim apenas a base substancial, que são o fundamento e o terreno regulares sobre os quais se move a alma livre. O poético da música, a linguagem da alma, que derrama o prazer interior e a dor do ânimo em sons e nesta efusão se eleva suavemente acima da força natural do sentimento, na medida em que faz da comoção [*Ergriffensein*] atual do interior uma percepção de si mesmo, um demorar livre junto a si mesmo e dá ao coração, desse modo, igualmente a libertação da pressão advinda da alegria e do sofrimento – o livre soar da alma no campo da música é primeiramente a melodia. [E em completação, pouco à frente considera:] o compasso, o ritmo, e a harmonia, tomados por si mesmos, são apenas abstrações, que em seu isolamento não possuem nenhuma validade musical, mas apenas por meio da melodia e no seio dela, como momentos e lados da melodia mesma, podem chegar a uma existência verdadeiramente musical[30].

30 Hegel, *Cursos de Estética*, v. III, p. 315-317.

O encadeamento do segundo segmento, compassos 72-75, torne-se imediatamente ao ponto, articula cinco acordes: *sol* maior /*mi* menor com sétima/*dó#* diminuto com sétima/ *fá#* maior com quarta, que descende à terça (segundo tempo), e *si* menor. Se uma vinculação de acordes dissonoros não resolvidos substantifica o campo das harmonias, suscitando olhos analíticos, mais importante do que meramente chamar a atenção sobre este movimento, tomando-o como uma espécie de protomodernidade, é disto expor sua resultante estético-humana.

Impróprio seria afirmar, nesse sentido, que por tal verticalidade se trata da mimese de um tormento ou dor do espírito simplesmente mais pontiagudo, pungitivo. Conquanto isto seja verdadeiro, tal abstração determinativa apouca a dimensão que o plano acórdico assume e projeta. Tomemos o passo em mãos que especificam. Os acordes efetivados dissonam *qualche pa(ce)*. Pronome e substantivo se materializam através de harmonias de expressividade vigorosa, e que, encadeadas em contiguidade, potenciam-se reciprocamente, então, o lado atormentado, importuno, aflito da vida, enforma-se com vigor peculiar. Não obstante, *qualche* sensifica para além deste pulso humano genérico. A palavra toma forma a partir de seu próprio autodesencontro e reiteração: inicialmente no tenor, 73, é rearticulada pelas vozes superiores, alto/ sopranos, movimento defasado que, sobrepondo suas sílabas, dilata, desdobra sua verbalização, com o que se cria um solo fecundo, propício ao revérbero positivo das dissonâncias com as quais Monteverdi a modula. Assim, *qualche* se estende num expressivo encadeamento entre acordes de sétima, onde o languescente semitom descendente *ré-dó#*, por sua vez, atualiza um passo melódico que faz do ativo acorde de *dó#* diminuto expressão densamente acerba. Acerbidade que se entranha na veemência que *dó#*, nota e harmonia, vertem concomitantemente. A pulsação humana engendrada por este encadeamento harmônico díssono se faz, pois, a um só tempo, pungente e minguante, veemente e languente, lírica e dramática. Dramaticidade que o próprio rebatimento melódico de *dó#* intensifica, embora esta nota aguda, alcançada em descenso, destile incontrastável lirismo, lirismo *in drama*.

Logo, o que já se escavaria da análise musical anterior, aqui aparece em carnes ainda mais palpáveis, a saber, ao engenhar a anímica de um homem em quietude de alma, o estado subjetivo consubstanciado por Monteverdi inocula nesta quietez petrarquista o manto da *fragilidade*. Ora, o canto deste verso positiva um fundo turvamento d'alma, condição mediatamente transluzente que a paz anímica é incerta, que sua natureza é transitória, porque se tormento, tristeza e lamento irrompem da voz daquele que afirma sentir alguma paz, este sentir implica paz vivenciada na sua própria parcialidade, ou impossibilidade. Vale dizer, a substância sonora que substantifica a paz de espírito petrarquiana sensifica, antes, a estreiteza, a precariedade, a dor e drama desta paz, sentido e sentimentos estes que *pace*, num acre acorde de quarta, robora. De sorte que a monteverdiana *qualche pace* verte a alma daquele que reconhece a efemeridade da quietação experimentada: um canto forjado por notas a um só tempo tensivas, aflitas e entenebrecidas isto expressa, dispondo uma subjetividade que não está simplesmente em paz, ou aliviada, mas que *in pace* lamenta, sofre dramaticamente. Assim, este passo poético-musical é testemunho claro, e sintetizador, de que a música se sobrepõe animicamente à poesia, que a refunda porque esfera predominante. Música que dela se afasta e de si lhe entranha no processo de constituir-se, ainda que, nada obstante, seu fundamento e impulso se enraízem no verso, que radica o homem e seu destino, mediatamente, sua vida afetiva, seu canto.

Igualmente, a força vertical medra a expressividade na modulação de *piango*, já examinada:

Exemplo 11

Como *qualche*, mas de forma ainda mais distendida, *piango* se sobrepõe a si mesmo, reiterando-se. Conformação que ao possibilitar a presença positiva dos acordes à sua expressividade, engendra um canto que torna a voz melódica portadora de intensidade que se distingue. Concretamente, em *piango*, que se desdobra, a força humano-sonora da verticalidade nasce de um fluxo harmônico díssono: ao acorde de sétima de *si* bemol o diminuto de *mi* se encadeia, também com sua sétima, que ao fugaz *sol* menor se ata, o qual, por fim, é seguido por um 6/4 cadencial. Verticalidade que, capitaneada por uma melodia em mesto registro médio-grave – *mélos* que descende uma terça (*fá-mi-ré*) desalentada, a retoma por salto (*ré-fá*), e torna a descender em lamentante semitom (*fá-mi*) –, faz deste pranto manifestação de um homem profundamente combalido, que parece sofrer no mais imo da alma. Verticalidade, por outro lado, da qual se pode escavar com clareza o *modus faciendi* harmônico de Monteverdi. Escavação, por sua vez, que permite o reconhecimento das razões e substrato da harmonia monteverdiana. Nesse sentido, por ser o que musicalmente importa, a investigação se faz exame da *lógica* monteverdiana no tratamento das dissonâncias. Ao invés da discriminação exemplificante que entende simplesmente marcar o específico poder dramático do díssono, a reflexão toma via exegética. Dissonâncias que se realizam enquanto *sentir humano*, algo que os acordes e encadeamentos sobre *piango* e *qualche* já evidenciaram. Na direção do reconhecimento do ser-assim das formas harmônicas avança, pois, a argumentação sequente.

Ao se imbricar dissonância e vida afetiva, a tenção é indicar, de pronto, que a força e sentido das dissonâncias cunhadas *não dimanam de seu valor sonoro fenomênico*, não provêm do som dissonante *de per si* – de um choque abrupto ou saliente entre sons, não descendem de uma simplista ardidez explícita. Seu vigor e significado positivam-se, ao revés, sendo esta a característica estrutural de sua objetivação, quando o díssono alcança manifestar um estado da alma. Este consubstancia-se em *piango* na exata medida em que expressa um lamento, a dor de um espírito languescente, não se tratando, do ponto de vista compositivo, de se fazer ouvir meros desencontros sonoros pontuais, mas, sim, sonoridades dissonoras que sensificam a interioridade. Em termos distintos, em Monteverdi a dissonância *não* transpira beleza, verdade, significado estéticos ao se fazer de uma potência ato: isto é, por se tornar ativa, exposta, imediatamente audível, perceptível, a fricção entre os sons que a constituem. Neste caso, o dissonante não assume efetiva expressão humano-musical; de fato, assim positivado tende mesmo a interditá-la, porque nesta condição sonora a dissonância *apenas destoa*. Isto é, destaca-se do todo tão somente por se projetar *sonoramente* de forma peculiar, autodestacada, num musicalmente infecundo, inexpressivo, inartístico, isolamento de si. Salienta-se, enfim, por produzir algum efeito que, como bem poderiam referir Doni ou Galilei, intenta levianamente corporificar, pintar, um afeto ou palavra. Efetivamente, seu papel e relevância monteverdianos se objetivam quando logra conformar tecido humano, quando, mimeticamente, escancara as entranhas do mundo subjetivo. Asserção que não quer simplesmente negar que o fricativo não possa pulsar expressivamente e atualizar uma mímesis de fundo. Entanto, a compositiva expressividade díssona em Monteverdi não nasce de um movimento que faça ressaliente o destom por si e sem mais, que por isso naturalmente se arroja para o centro de nossa atenção e audição, monopolizando-a; mas a que se chega, distintamente, por um forjamento implexo, enraizado em solo cônsono – que radica toda dissonância, como se notará pelas análises que seguem. De tal modo que a dissonância monteverdiana não tem por substrato a fricção sonora enquanto tal.

A delicadeza e sensibilidade com que o elemento dissonante é tecnicamente construído em *Hor ch'el ciel* – na *abolição de sua fricção natural, imediata*, demonstra que a dissonância não cumpre função epidérmica, que não se resume ou adstringe a um efeito fugaz, a uma manifestação sonora tópica. Tome-se *piango*. No soprano dois, 27, um *lá* melódico, em placidez e solitude, enforma-se; nota que ao se transmutar em sétima, fazendo-se nota harmônica, não produz mero desencontro explícito, desmedrada colisão escancarada entre sons, simples acridez superficial. Ao contrário. A incorporação da sétima ao acorde se atualiza enquanto *fusão, mutuação, amalgamação*. Isto é, o acorde se arma e projeta na evitação do natural choque físico entre *lá* e *sib*. Incorporação de *lá* e seu imediato amálgama, entanto, que produz uma harmonia *concretamente* dissonora, expressiva, dissonância que se consubstancia numa sonoridade, e este é o ponto artístico decisivo, onde o pranto vertido alcança manifestar amargor e desalento positivos, reais, profundos. Vale dizer, efetivamente comovido, o canto de *piango* atinge tal expressão no negamento de uma ressonância que simplistamente se destaca ou se faz momento auditivo epidermicamente áspero, duro. A força movente do dissonoro não se enraíza na imediatidade de sua rudez *in potentia*. Significa que a dissonância não é configurada no sentido de tornar a sonoridade que se elabora *sonoramente* mais

CANTO EM CORPO E ALMA: *HOR CH'EL CIEL E LA TERRA* 265

"expressiva", "ativa". Não é criada no propósito de gerar uma sonoridade que, fisicamente projetada porque seus sons formantes se confrontam e destoam reciprocamente, enforma um acorde que encontraria na fricção o objetivo musical da dissonância. Acorde então paridor de um *ser fricativo* que, necessariamente centrado sobre si, sobre o som enquanto som – pois a saliência sonora se impõe texturalmente, predominando –, seria estruturalmente *amimético*. O *télos* da plasmação díssona, diversamente, é dar forma à vida anímica, o que pressupõe seu uso e manifestação numa dimensão muito mais ampla do que aquela que a atualize enquanto pura rispidez entre sons infusíveis. Especialmente revelador da valência desta determinação vislumbrada em *la-sib* é o modo pelo qual se arquiteta, ainda em *piango*, o acorde de *mi* diminuto. Neste passo se atina, e com clareza, que *o dissonante porta em si a consonância* – que sua materialidade é urdida no consonante. Ora, o acorde se substantifica por um movimento tramado na consonância; a saber, e simplesmente, *fá-lá* descende e se transmuta em *mi-sol*, caminho intrinsecamente cônsono que, resultante de um *movimento entre terças*, parture a fundamental (*mi*) e a terça (*sol*) da harmonia diminuta, com o que se substantifica o acorde dissonante, pois a quinta (*si bemol*) e a sétima (*ré*) já soavam, respectivamente nos tenores dois e um. O elemento forjador do dissonoro é, assim, rigorosamente o seu reverso. Dinâmica que indica a existência de uma relação não mecânica, imediata ou simplista entre dissonância e aspereza, dissonância e atrito[31]. Em termos análogos, por esta solução compositiva que elabora o dissonante por meio e no interior do consonante, se reconhece que o díssono guarda em si substâncias que transcendem a acridade. De sorte que o compasso 28 escava do sonoramente inarmônico conteúdos e formas da sensibilidade humana que positivam uma expressivíssima consternação íntima que dissona a vida, mas isso sem o fácil, inabilitado e improgressivo recurso do áspero enquanto áspero, do díssono enquanto aparentemente díssono. Numa palavra, por essa estruturação harmônica, Monteverdi mostra usar a dissonância numa dimensão estética mais generosa – como

---

31 A consubstanciação do acorde de *sib* com sétima implicou, igualmente, a consonância: *lá* se incorpora ao engendrar a *terça fá-lá*.

instrumentum mímesis complexo e abrangente, não limitado à epiderme de um efeito, fricativo, mas enquanto expressão. Destarte, o cônsono é momento intrínseco e constitutivo do dissonante, que não se objetiva, se mimético, na superficialidade do artifício sonoro: como som *per se*, enquanto *pintura* de uma expressão afetiva de natureza triste ou desesperada. A *dissonância positiva*, pois, distintamente, se perspectiva e orienta à interioridade. Interioridade que a invoca e necessita para projetar determinados sentimentos, pulsações afetivas que apenas a categoria do desarmônico alcança sensificar, pois rincões do espírito que ao consonante parecem interditos, reservados, custosos às suas possibilidades miméticas.

Numa lógica compositiva que assim concebe e trata a dissonância, a materialidade sonora que a arrima – a desconcordância fricativa entre sons – não é, então, um valor artístico. A força do díssono não nasce da vibração de uma sonoridade que, fenomenicamente desarmônica, ressai sonoramente; não descende da dimensão acústica implicativa da não hegemonia ou infusibilidade imediatamente audível entre sons – da sua ardidez; não provém, enfim, de uma insuave sonoridade de superfície e que apenas superficialmente avoca. Em *Hor ch'el ciel*, a dissonância não se realiza como ressonância física do acre, consumindo-se musicalmente a si mesma porque sonoridade – abstrata – que predomina, absorve; não se positiva como *fim* sonoro. Ao revés, o canto quando dissonante é subjetividade dissonante. Nos casos examinados, pois, não são ouvidas como fricções imediatas, enquanto projetado "som estranho" produto de uma maior ou menor incompatibilidade entre notas de um acorde, mas no interior de uma verticalidade que, ao incorporar e ocultar tais "estranhezas", assim atualiza seu mais legítimo papel, que é o de exprimir determinado espaço ou pulso do sentir. Significa, tendencialmente, que uma sonoridade é tão mais dissonante quanto menos sensível se fizer o entrechoque entre sons fricativos, porquanto seu sentido estético positivo se funda sobre a *sensificação* dos movimentos da alma. Desse modo, quanto mais a fricção díssona se faz saliente, notória, notável, menos a dissonância estila expressividade, sentido musical, porque assim se desvia de seu rumo natural, artisticamente ativo e autêntico, recaindo na epiderme do efeito sonoro por si, abstrato. Pela mediação de uma abstração razoável: quanto menos audível ou manifesta a acridez que timbra a dissonância, mais esta se objetiva esteticamente; quanto mais inaudível o díssono pelo díssono, tanto mais este revela o mundo da subjetividade, pois nesta dinâmica seu poder e densidade sonoro-expressivos contraem estatuto mimético[32]. E se isto é verossímil, a letra rousseauniana se faz verdade determinativa, aqui corroborada em termos cabais. Ao comparar música e pintura, assinala Rousseau que a primeira *não é som*, nem a segunda *cor*, palavra que firma a fundante dimensão mimética da arte, negando a esta esfera a função de promover apenas o deleite dos sentidos. Na reflexão do filósofo, que radica a argumentação tecida:

> Tal como os sentimentos despertados em nós pela pintura não vêm das cores, o império que a música possui sobre nossa alma não é obra dos sons. Belas cores bem graduadas agradam à vista, mas tal prazer é uma sensação pura. São o desejo e a imitação que conferem vida e alma a essas cores, são as paixões por elas reveladas que comovem as nossas, são os objetos por elas representados que nos afetam. O interesse e o sentimento não dependem das cores. Os traços de um quadro tocante também tocam numa estampa. Tirai os traços de um quadro e as cores nada serão.
>
> A melodia constitui exatamente na música o que o desenho representa na pintura – assinala traços e figuras, nos quais os acordes e sons não passam de cores[33].

Pian(go), a seu turno, 42-43, vestido pelo encadeamento *mi* menor/*dó* maior com sétima maior/*lá* menor, forja a dissonância em procedimento que reconduz a lógica exposta, reafirmando o *modus faciendi* monteverdiano, deste modo:

---

32 Com o que não se desconhece ou desconsidera, é preciso marcar, a real força expressiva dos desencontros fricativos monteverdianos, os quais, não obstante, não são ou representam a forma compositivamente fundante de suas dissonâncias, não consubstanciam a lógica essencial de seu *modus faciendi* quanto ao uso do dissonoro. Fricção, ademais, ecoe-se, que se arma *in* consonância.

33 J-Jacques Rousseau, *Ensaio sobre a Origem das Línguas*, p. 194.

Exemplo 12

À terça *sol-si*, articulada pelos sopranos, sotopõe-se, em passo sequente, a terça *dó-mi* (tenor/alto). Isto é, uma terça à outra se imbrica, e o acorde de sétima resultante, sensificando a asperidade, a profundez da dor sentida que se faz pranto, não torna efetividade sua natural aspereza *in potentia*. Inversamente, pela consonância – duas terças distintas que se enlaçam entre si – é urdido o acorde. Consonância que, por ser a substância generante da harmonia dissonora, atualiza a aridez e tristura da alma que chora, portanto as dissonâncias, em pulso mimético, pois nesta forma o díssono não se materializa fenomenicamente, como valor sonoro, absoluto, abstrato, que menos pode musicalmente, mas como uma intensa dor subjetiva, claramente posta e audível nas notas madrigalescas. Choro e dor d'alma que envolvem uma gama de sentimentos e comoções que uma *dissonância fenomênica* não pode objetivar, porquanto tal retorcedura do espírito, implicativa de recônditos, curvas e reentrâncias humano-espirituais, reclama uma *dissonância de essência*, ou aquela que a pode afigurar. Afiguração que envolve profundez humana, profundez que, quando consubstanciada em dissonância mimética, se substantifica, dissonantemente, para além da acridade fenomênica, a qual se esgota em si mesma, ou mais não pode positivar do que uma imediatidade díssona abstrata. Em suma, o desencontro sonoro sáfaro é opositivo à aspereza sonora que de fato tipifica e interessa à dissonância artisticamente positiva, a qual se atualiza enquanto substancialidade humana, expressão. Asperidade que se forja ao forjar o díssono não como elemento fisicamente destacado – que se assim efetivado é predomínio musical, logo auditivo, do som enquanto som, então abstração mimética do tecido – compositivo –, mas integrado, fundido na verticalidade, verticalidade que ao dissolver a colisão sonora fricativa – colisão que, antes, é som, não música –, por isso se intensa, faz-se pulsante, real, humana. Vale dizer, a *aspereza de essência* parture uma vitalidade expressiva em função de notas que, *não imediatamente conflitadas* na urdidura dissonante, mas preservadas da incompossível relação imediata, então produzem, no interior do acorde, reais vibrações sonoras contrastantes, dramáticas. Vibrações que ao gerarem uma sonoridade estuante, tensa, áspera, em profundidade – posto ser a inarmonia entre as notas entecida por uma relação *mediata* –, fazem da textura, e da alma, intenso mundo ativo das dores, dramas, pesares da vida. Por isso, o acorde radicado na conexão que desarma a acridade fenomênica jamais é tensão e poder expressivo mitigados. De fato, é a positivação da dissonância na sua condição musical e humana *concretas*.

Das dissonâncias do compasso 46 escava-se uma dinâmica que suscita reflexão, que robora a argumentação tecida.

Sface resulta da articulação entre os acordes de *sol* aumentado e *ré#* diminuto:

Exemplo 13

Ora, o ponto de partida do encadeamento que parture o aumentado é, ele próprio, a mediação da diluição do físico-fricativo latente. A saber, *sol* aumentado se institui a partir de *sol* maior, articulação que purga o desencontro sonoro proveniente de um acorde que é a sobreposição de duas terças maiores porque as tríades diferem em apenas uma nota, aqui alcançada por um deslizamento cromático no alto – *ré/ré#*, e pelo salto de quarta diminuta, no tenor. De sorte que o acorde díssono literalmente se desentranha de um consonante sonoramente avizinhado, o que é feito – e é isto que importa compositivamente distinguir e marcar – por um movimento musical que não engendra uma dissonância de talhe fenomênico. *Modus faciendi*, portanto, que destila a imanente acridez material do acorde, latente, não a projetando *de per si*, porquanto não possui, em seara monteverdiana, valor artístico de fundo. A passagem deste acorde para *ré#* diminuto, na sequência, é disposta por um movimento conjunto descendente dos sopranos, que ao se deslocarem de *si/sol* para *lá/fá#* substantificam a harmonia diminuta a partir de um movimento entre terças. Na evitação da inerente crueza acústica, então, radica-se a dissonância posta, que sobre *sface* acentua e reprofunda a dor daquele que se *desfaz*. Sentimento dorido e lírico, como antes referido, que encontra na iteração melódica de uma mesma nota em tessitura medial forma primária e essencial de substantificação.

Um último exemplo. Desnecessário referir que o acorde sobre *(in)nan(zi)*, 48, se arma na consonância. Como nos demais casos, desencontros da imediatidade que poderiam soar não despontam. Os intervalos entre as vozes apresentam uma disposição consonante: *fá#-lá/lá-mi/mi-sol*. Logo, a segunda, *sol*, e a sétima, *mi*, (ou se quisermos, a quarta e a nona), inarmônicas, surgem por relações cônsonas, forjadas numa asperidade de essência. Significa que o acorde é construído no talante de que as fricções *in potentia* assim permaneçam, de tal modo que o díssono toma forma a partir e no interior da seguinte sobreposição vocal: terça/quinta/terça. Eis o passo, que assim desdobra, contextua, intensa, concreta a expressividade da melodia, que em repetitividade e descendimento languesce. Harmonia que ao substanciar a *garra mimética* a faz *voz humaníssima*:

Posta tal lógica compositiva, analiticamente escavada, impõe-se assinalar, com o que se remata este incurso harmônico, que na argumentação desenvolvida inexiste a falsa sugestão de que Monteverdi engenhara um procedimento estruturalmente inusitado no atinente às formas de vinculação entre dissonância e consonância. O exame da partitura entendeu distinguir, sim, que as dissonâncias, em *Hor ch'el ciel*, implicam a consonância, por ela forjando-se, mas este *modus*, é preciso firmar, não é filho do ventre musical do século XVI. De fato, atravessaria toda a história da polifonia. Esta, em seu decurso histórico, aluda-se genericamente e de passo porque mais não se pode, absorveria o dissonante no e pelo consonante, plasmaria o díssono no interior de uma reciprocação, fundante, enraizada na consonância.

Exemplo 14

Com o que não se entende, por outro lado, porquanto descomposição da própria história da música, que as formas de vinculação e mutualidade não se tenham continuadamente reordenado no correr dos tempos. A trama polifônica monteverdiana, que, *mutatis mutandis*, acompanharia as tendências do madrigalismo da segunda metade do século, implicaria uma expansão e acirramento históricos das dissonâncias, como alhures apontado. Ecoe-se: a crítica movida por Artusi se apascentava neste terreno. Mas, sublinhe-se, esta expansão, filha de necessidades humanas, então compositivas, gestadas por um século dramático, armava-se no reconhecimento, que a faz tradicionária, de que no cônsono repousava a via artística à dissonância positiva, de essência. Monteverdi e o madrigalismo quinhentista, nesse sentido, são elos de continuidade e permanência. Em argumento que desdobra. As contraditórias relações recíprocas entre consonância e dissonância sempre ocuparam, no fluxo das épocas, uma posição, tanto compositiva como teórica, privilegiada[34]. Relações, sem dúvida, defrontadas e positivadas a cada etapa da vida musical de modo peculiar, o que não poderia ser diverso. Contudo, e se deve marcar, nenhum desses períodos polifônicos jamais perdeu de vista, a despeito de sua especificidade, que consonância e dissonância, conquanto distintas ou mesmo opositivas, são esferas intrinsecamente atadas e em mutuação. Com efeito, e transposto o problema para uma plataforma ainda mais universal: como não pensar e agir desta maneira se a consonância só pode se pôr concretamente em função da existência de uma dissonância, e vice-versa? Logo, se não é legítimo firmar que Monteverdi simplesmente inaugurasse um novo *modus faciendi* na elaboração do díssono, real é a determinação de que a substância *humana-expressiva* transpirada de suas dissonâncias as especificaram no próprio cenário

---

34 O *Discorso*, escrito por Galilei, é um exemplo claro de como o problema da dissonância, no século XVI, se punha como questão musical particularmente ativa. Sua lógica, e forma de utilização, se efetivavam enquanto preocupação estrutural da época, de modo que Vincenzo não poderia furtar-se, tal qual Zarlino, de seu enfrentamento teórico. Enfrentamento, e talvez seja este um dos pontos mais relevantes do *Discorso*, que reconhece uma vinculação fundamental entre dissonância e expressividade humana, elevando esta problemática e sua equação compositiva de um plano dominantemente técnico, ou natural, como o zarliniano, para um patamar humano, estético. Cf. A. Gianuario (org.), Discorso di Vincenzo Galilei intorno all'uso delle dissonanze, em *Rassegna di Studi Musicali*, p. 5-73.

coevo. Quando Pirrotta sustenta que "Monteverdi se inseria nas tendências musicais que até o final do século [XVI] teriam conduzido, de um lado, à violência expressionística de Gesualdo e à *audaz intensidade expressiva e harmônica* do próprio Monteverdi, e, de outro, às formulações monódicas dos florentinos e da ópera"[35], faz entrever, rigorosamente, que a busca da expressividade, ao fundar sua música, orientou sua prática harmônica. Prática cuja audácia expressiva caracterizante aponta, *de per si*, à força específica, à singular natureza da manifestação do dissonoro em solo monteverdiano, ou ainda, a uma distinção no manuseio e trato da textura díssona. Gesualdo, de certo modo, utilizou a dissonância numa dimensão que tendia ao *pictórico*, a uma lógica *expressionística*; Monteverdi, ao revés, pontualiza Pirrotta, a dispunha no talante de gerar expressão vital, vale dizer, mimética intensidade humana, ao que o cremonense chegou numa atualização historicamente particular. De sorte que este canto *in expressividade* teria de intrincar *singularmente* duas categorias sonoras aparentemente incompossíveis: dissonância e consonância. Inconciliabilidade, pois, inexistente enquanto tal, ou que não se realiza na simplicidade de uma mutuada relação *in negatio*: cônsono e díssono se imbricam ontologicamente. Atação que significa relação concreta, isto é, o transfundir-se duma em outra. Transubstanciação reveladora de que a música não é pura esfera sonora, como bem reconheceu Rousseau, mas vida, homem, alma, expressividade – espaço *próprio* da interioridade, onde o díssono não se faz mera rascância, mas mimese. Em Monteverdi, mimese multiforme e ativa de uma subjetividade multiforme e ativa, multiformidade e atividade que as intensas harmonias de *Hor ch'el ciel* refletem, porque são sua mediatizada consequência. Canto monteverdiano: voz em mimese de si, que é alma expandida em dissonâncias, que são sentir humano, não acridez dessentida.

---

35 N. Pirrotta, *Scelte poetiche di musicisti*, p. 93 (grifo nosso).

O Final

Com a reiteração musical e poética dos versos três e quatro, a *Prima Parte* do madrigal se conclui. Recondução que reproduz, *lato sensu*, a relação, dramática, entre os dois blocos corais afínicos modulados sobre *e chi mi sface sempre m'è innanzi per mia dolce pena.*

Guerra è il mio stato d'ira e duol piena não porta modificações que enformem figurações essencialmente diversas do "original". Algumas considerações, contudo, são oportunas. Enquanto nos compassos 62 e 63 um contido, recolhido *si* medial rebatia melodicamente *guerra è il mio stato*, nos correlatos, 79 e 80, esta porção do verso é arrojada para *ré*, soprano dois. Vive-se, assim, um pulso veemente, que faz do passo poético subjetividade dramática, distinta daquela inicialmente concebida, 62-63. Dramaticidade, firme-se, que estes compassos também transpiraram – embora em menor imediatidade, por força da inexistência da agudez de uma voz – posta a clivagem textural urdida, ora reposta. Dramatismo, e convulsão ademais, que se sensificam ainda por *gritos tortos* insistentes, onde *stato*, *ira* e *piena*, disformes, projetam-se *in drama*, ou melhor, numa voz *in drama*: baixo, 82; tenor dois e alto, 83; soprano um, 84; baixo, 84 e 85; tenor um, tenor dois e baixo, 86; tenor um e baixo, 87. Projetação que faz da alma humana, como dantes, desespero profundo, dor incontida, sofrimento lancinante, assim:

Exemplo 15

CANTO EM CORPO E ALMA: *HOR CH'EL CIEL E LA TERRA* 277

Dramaticidade do verso guerreiro que é transpirada ainda por outros poros compositivos. Precedentemente à agudez do soprano em *ré*, o tenor um, em tom médio-grave, 76 e 77, declama *guerra è il mio stato*: a voz masculina modula o fragmento poético na repetitividade de um *sol*, movimento que, imitado, reaparece na plena gravidade da voz do baixo, 78[36]. Então, estes compassos texturalmente cindidos – que se substantificam na justaposição de dois movimentos distintos –, se agravam posta a veemência da voz feminina que o compasso 79 torneia às súbitas. Incisividade que se expande ainda porque os compassos sequentes, 81 e 82, a reiteram. Voz da agudez que na relação opositiva com uma sonoridade que concomitantemente se faz lírica, mesta – em função, basicamente, da imitativa marcha sobre *guerra*, que substantifica registros médio e médio-grave –, vitaliza esta compositivamente fundante sobreposição das paixões, que, marque-se, o compasso 76 já consubstanciava. Assim, um pulso dramático é o batimento humano dominante, de sorte que toma forma, uma vez mais, a lógica monteverdiana de imbricar ou justapor o diverso. Então, de um lado, a interioridade se faz *multíplice*, de outro, expande-se a expressividade, que é *tormento lacerante no qual pulsa um langor que teima em existir*. Langor que a polifonia verbal, reconduzida e extremada, derrisca por seu curso.

Sol di lei pensando ho qualque pace. Em relação à sua forma musical primária, uma distinção de fundo: o verso é modulado em registro mais agudo e a partir de *todo* o efetivo vocal. Intensidade assim parturida que se faz particularmente veemente, especialmente dorida, no pungimento de *qualche*. Onde um *mi*, agudez desesperada de um grito torto (93), transpassa a textura em dramática subitaneidade, e assim, ao roborar a veemência melódica do soprano, também em *mi*, entranha de drama, incessível, o início do descenso que se afigurava. Portanto, o homem poético, lacerado, se sensifica num espasmo d'alma. Vozeio torturado que se esvai no mesmo espanto pelo qual surge: deixando a agudez por salto, o tenor conduz *pace* a *si*, medial, movimento que se ata ao descenso em curso, descenso que

---

36 E ao se sensificar, por esta modulação, langor, anímica a que se embaralham curvilíneas modulações ascendentes-descendentes sobre *guerra*, este início repropõe estruturalmente o "original". Cf. análise dos compassos 62 e 63.

deságua em *vocalidade* mais grave frente à modulação primeira. E se neste entristecer melódico entranha-se uma harmonia díssona, fundada na dilatação verbal que distende e acavala *qualche pace* – harmonia que reprofunda o lado escuro, entenebrecido que a sonoridade assume, posto o caminho à gravidade –, Monteverdi, no retorneamento do verso, não exacerba apenas, pela agudez e presença de todo o corpo vocal, a face dramática da subjetividade, mas igualmente a lírica, que se manifesta num pesar não encontrado na modulação dos compassos 72-75. Pesar, em suma, e como antes indicado, fruto musical do reconhecimento da tenuidade da paz vivida, sentida com fragilidade intrínseca, na desesperança que apouca a alma.

E ao coligar estes dois versos – uma *poliverbalidade guerreira*, textura que mais confunde do que orienta, mais mistura do que destila, a um sentir *in pace*, predominantemente lírico –, Monteverdi denota com nitidez indelével, disponha--se em conclusão, um atributo fundante de seu canto: a dimensão dramática. Dramaticidade que ao ser reconduzida, 76-96, positiva, *de per si*, ou pela iteração que consubstancia, a intensificação dos dilemas e contradições que marcam o personagem neste quadrante poético-musical. Contradição, por outro lado, que ainda é acirrada, desdobrada, em função da orgânica interna desta segunda modulação, na qual se opera um agravamento musical em cada um dos versos: torna-se mais pungitiva a guerra sentida, como mais intensa a anímica lírico-dramática da paz anímica. Agravamento que ao radicalizar a diversidade recíproca entre estes dois polos humanos complexos, necessariamente os afronta e contrapõe de forma mais enérgica do que sucedia na primeira afiguração. Confrontação anímico-sonora que o artista, dados seu estilo e *télos* artístico, conforma cruamente, isto é, simplesmente interrompendo uma textura (de "guerra") e lhe atando uma outra (de "paz"), pelo que contrastam-se vitalmente. Contraste, enfim, que é alma *in drama*, alma que sofre, se indigna, que se abranda e desespera, alenta e desalenta, que se recolhe e dramatiza frente às possibilidades e impossibilidades do amor. Alma daquele que morre e renasce a cada instante, que a um só tempo pulsa em *guerra* e *pace*. Alma dramática porque dramático é ser em tempos de individuação.

OS DOIS TERCETOS

Iniciemos este espaço analítico referindo que esta segunda metade de *Hor* se arrima nos tercetos. E o primeiro porta consigo uma reordenação de fundo na arquitetura compositiva. De fato, ao designar de *Seconda Parte* isto que se começa a examinar (*Prima Parte* aquilo que lhe antecedia), Monteverdi marca a natureza estrutural da mudança sonora que se realiza. Ocorre que o canto, daqui em diante, com exceção do último verso do segundo terceto, se atualiza a partir de uma fibra predominantemente polifônico-imitativa. Fibra que então urde um tecido sonoro mais homogêneo, porque necessariamente menos sacudido por quebrantamentos ou contraposições texturais como as que permitem a textura entecida homoritmicamente. Seja como for, três momentos, ou espaços, tomam forma no fluxo compositivo. O primeiro envolve os três primeiros versos; o segundo, os dois seguintes; o sexto verso funda o terceiro.

Nesta Parte, sem a intenção de constituir uma investigação entalhada na descrição do pormenor da curvatura melódica de cada passo, dinâmica que se reposta resultaria em redundância analítica, o *télos* analítico é dispor o sentido do sentir sensificado a partir de um procedimento menos exaustivo, que, marcando a lógica daquilo que se toma, evita maiores desdobros, desnecessários a esta altura. Que a *"fonte viva que me apascenta"* se faça música.

O Primeiro Terceto

Estes são seus versos:

> Così sol d'una chiara fonte viva
> move il dolce e l'amaro ond'io mi pasco
> una man sola mi risana e punge[37].

Così sol d'una chiara fonte viva, em descendência melódica enraizada no modo maior, reverbera, assim, uma placidez, uma

---

37 Assim como a clara fonte viva/move o doce e o amargo que me apascenta/a mesma mão me cura e punge.

brandura, mas também um certo vigor, "luminosidade", avocados pelo agudo *mi*. Anímica esta que cumpre uma função compositiva que vai além da expressão que de si dimana, conquanto nesta e por esta expressão. E, a este verso que se antropomorfiza, introduzido por um tenor solitário, Monteverdi articula o segundo, que se veste em notas de jaez radicalmente diverso. Num progredir que se substantifica por arrastado movimento ascendente em semitons, miséria e pesar de uma alma gemente se fazem voz, alma que se haure o *doce*, do *amargo* se eiva outrossim. Destarte, uma clara simetria se divisa, a saber: como o exórdio da *Prima Parte*, o da *Seconda* é também estruturado a partir de uma contraposição. A saber, engendra-se um *contexto-personagem* cuja anímica é oposta à do sujeito poético, que a este *contexto* se articula imediatamente. Orgânica musical, pois, que parture um canto intrinsecamente dramático, dramaticidade que, desdobrando-se, se consubstanciará não pela forma de uma justaposição, 1-6, mas por um processo imitativo conduzido pelo segundo verso, que em seu repor-se incessante é atravessado pelo primeiro. Eis toda a passagem:

Exemplo 16

Em termos que explicitam. O que da partitura se escava *in limine* no atinente ao movimento imitativo do verso dois é a conformação monteverdiana de um *mélos* cromático, que encetado pelo tenor, compasso 4, é reposto pelo contralto, 6, tenor dois, 7, e retomado uma vez mais pelo tenor um, 8. De outro lado, sobre e sob este fluxo, igualmente em imitação, irrompe o canto do primeiro verso – soprano um, 7; soprano dois, 9; baixo, 11. Assim, a relação dramática, colidente, entre contexto e homem, não nasce aqui de uma aposição, mas de uma superposição imitativa de versos e música. De sorte que *così sol d'uma chiara fonte viva*, sempre imitado em orgânica sonora análoga àquela que o instaura, e *move il doce e il amaro ond'io mi pasco*, também redisposto a partir de uma mesma curvatura – numa ascendência, lenta e graduada, que não ultrapassa registro medial (exceção feita ao início, que dramatiza por um átimo sua expressão ao alcançar *mi*, tenor, 7) –, estabelecem uma colisão humano-anímica *in polifonia*, na sobreposição de sentimentos sentidos. Logo, e isso é o que importa fundamentalmente distinguir, posta tal textura, o incessantemente iterado planger do sujeito poético, que funda a "seção", faz-se mais intenso, ativo, expressivo, dilacerado, pois enformando-se este lado sombroso, mesto da vida, na imbricação com um *mélos* de talhe luminoso e brando, a força expressiva do humanamente plangente é potencializada. Numa palavra, esta tristeza cromática e ascendente – então não apenas dorida, mas ainda orientada à intensão –, expande-se em contato com a brandura vertida pela *fonte da vida*, polifônica conexidade que é alma *in drama*.

No segundo tempo do compasso 13, o movimento imitativo deste fluxo cromático contínuo que o compasso 4 encetara, e que se interrompera por dois breves compassos, se reinicia:

CANTO EM CORPO E ALMA: *HOR CH'EL CIEL E LA TERRA* 283

Exemplo 17

Nesta textura de imitação dual se pode reconhecer, então, "duas partes", ao menos em sentido ideal. Monteverdi ora torna a reafirmar, e num maior número de entradas, a melodia gemente que por um momento se interrompera frente à homoritmia do verso um, compassos 11-13. Superada a interdição – que também se faz dramática ou cumpre função dramática, porquanto a contraposição entre os versos e suas sonoridades permanece como dinâmica vigente e ordenadora do espaço poético-sonoro, só que aqui disposta pela justaposição, opositiva, entre uma textura polifônica e uma textura harmônica –, superada, pois, a interdição posta pela verticalidade, tenor dois, baixo, tenor um, soprano dois, soprano um, baixo, contralto, soprano um, tenor um e finalmente tenor dois, ressurgem em reciprocidade imitativa. Imitação que dominantemente disposta na gravidade que liriciza, interioriza, guarda outrossim, latente, natureza agravante. Natureza latente de agravo – porque *mélos* ascendente –, que iniludivelmente aflora quando o soprano dois, 18, e o soprano um, 23, desdobram um canto que, progressivamente mais e mais agudo, alcança *mi*.

O gemido de uma alma doída que contingentemente se veementiza é, analogamente nesta "segunda seção", o cimento unificador das vozes que se imitam. Unidade anímica, porém, não incontrastável. Semelhantemente ao disposto nos treze compassos iniciais, este *mélos* iterado que funda a urdidura compositiva é transfixado por orgânica poético-musical diversa: desbancado o verso um desta função, é o três agora que se lhe enrosca em imitação, verso que musicalmente se atualiza por um movimento conjunto descendente. E neste novo contexto, Monteverdi efetivamente dá forma a um contraponto duplo, a uma polifonia em dupla figuração. A dualidade contrapontística dos compassos 7-10 não superara, em verdade, orgânica embrionária. Mas, *una man sola mi risana e punge* surge na totalidade, ou parcialmente exposto, no alto e tenor dois, 17 e 18; tenor dois e um, 21 e 22; alto, 24; soprano dois, 26, e soprano um, 27. Assim, na *vida que é doce e amarga* irrompe a *mão que sana e fere*. Vínculo e mutuação imediatamente configurados posta a imbricativa ação poética monteverdiana, que, fundada na letra petrarquiana, lucidamente entranha a *mão curadora e cortante na vida que promete e nega*, porque isto se escava da vida dial, enforma e sustenta o compositor realista. Então, ao se entranhar um tecido sonoro noutro e se insistir nesta relação – relação que também evoca a lógica da objetividade, não apenas a orgânica da subjetividade, pois os versos estão sobrepostos –, nasce um canto que, de modo singularmente expressivo, é a um só tempo gemente e dramático, soluçante e veemente, desesperado e triste e languente. Com isto não se afirma, implicitamente, que vozes ou versos armados a partir de figurações musicais dissímeis não possam engendrar pulsos afetivos convizinhos, semelhantes, e que então se potencializem reciprocamente. Tal convizinhança se observa, por exemplo, entre alto e tenor um, compassos 21-26, porquanto uma *analogia de registro* entrelaça animicamente as duas modulações distintas. De forma que o gemente, *que se intensa*, e o mesto, *que languesce*, acabam, a determinado momento, por convergir, se interpenetrar, amalgamar. O que se quer marcar neste contexto analítico, não obstante, é que por força deste contraponto duplo a alma do sujeito poético se faz visceralmente polifônica – sua multiplicidade irrompe em vigorosa concomitância dado a imbricação de figurações dessemelhantes, dinâmica que a dramatiza *in essentia*. Em argumento compositivo. No fluxo gemente do tenor um, 16, e do soprano dois, 18, prorrompe declarante o tenor dois, 18, textura revivida pela configuração do tenor dois, 21, que às·súbitas rasga a ascendência cromática que se costura na imitação entre baixo e alto. Nos compassos 24 e 25, analogamente, a veemência soluçante do soprano um é contraponteada pelo tônus humanamente empalidecido, minguante, que o alto sensifica. A termo que se a arte monteverdiana é *expandida alma dramática*, como ao final desta Parte se poderá escavar, o contraponto, pontue-se, tão apto à plasmação de tal anímica teria de se constituir para Monteverdi, como de fato ocorreu, no procedimento compositivo primário. Polifonia que assumindo a forma de uma declamação, de um recitativo, de uma *mímesis della voce*, assim se fez polifonia monteverdiana: melodias monódicas, silábicas, que, a um só tempo atadas e desatadas entre si, numa autonomia

CANTO EM CORPO E ALMA: *HOR CH'EL CIEL E LA TERRA* 287

musicalmente fundante, têm na voz sua mediação imitativa, sua segunda tipificação.

A alma *in polifonia* não se urde, entanto, apenas com os fios de uma textura dúplice, somente pela sobreposição de vozes constituídas a partir de desenhos musicais distintos. Ao se tomar o último verso do terceto atina-se com este fato, porque se reconhece que o contraponto – ainda que no interior desta trama dual –, é tecido também a partir de outros elementos e conexões. Ora, o que se afirma é que *una man sola mi risana e punge* atualiza-se no desdobramento de seu próprio autoconfronto musical. Vejamos. Modulado pelo tetracorde dórico, onde o soluçante semitom é intervalo final, um pulso dorido toma forma inicialmente (alto, 17-19): a voz medial e cadente do homem poético transpira um desalento incontornável ao sentir o fato de que na vida quem afaga igualmente contrista. Mas este estado anímico se avessa quando o tetracorde, agora incompleto porque o verso não se completa, ressurge em região aguda. Assim, se a tristura humana pulsa incontradita no alto, o tenor dois, 18-19, dramatiza o sentir da alma, veemência que, conquanto pontuada pelo recolhimento do descenso, não deixa de se firmar, e pura, dado a agudez de *mi* e o rebatimento incisivo de *ré*, registro que a voz não abandona, pois o ponto de chegada do passo é um *dó* médio-agudo. O imbróglio entre primeiro e segundo tenores, 21 e 22, configura orgânica semelhante: a natureza dramática do segundo – menos intensa do que a do tenor dos compassos 18-19, onde o canto permanece mais tempo sobre *ré* e não chega a *si* – é imbricada ao jaez recolhido, langoroso, do primeiro. Analogamente, ainda, o *mélos* cedente do alto, 24, é seguido por uma modulação – aqui não imediatamente sobreposta – que repõe no soprano dois teor incisivo. Por fim, o soprano um surge em registro médio/médio-grave, 27, e sotoposto ao dois progridem agregados em diversidade anímica, que progressivamente se dissolve, como antes, igualmente, se dissolvera a dos tenores. Faz-se transparente, pois, que a mimética substância humano-afetiva gerada por registros distintos que se imbricam engendra uma polifonia de afetos para além daquela estabelecida pela dupla figuração temática, do que se colige, concretamente, e isto importa marcar, que o registro vocal é categoria humano-expressiva vocalmente fundante. Então, um canto que é *imitatione della voce* não poderia nele não repousar seu fundamento e mola artísticos. De sorte que *una man sola mi risana e punge* realiza, efetivamente, o que *move il dolce e l'amaro ond' io mi pasco* configura de forma substantiva apenas uma vez (sopranos, 18-21), a saber, dispõe, *de per si*, o espírito numa superposição anímica: um mesmo fragmento melódico-textual consubstancia-se em diferentes patamares vocais, dinâmica compositiva que gera uma alma em polifônico sentir multíplice.

Se, portanto, o canto construído a partir e no interior dos tijolos sonoros dos registros gera uma multiformidade afetiva, o que desta análise, aliás, já se poderia tomar desde seu início, ela tende a se adensar, a se dramatizar ainda mais, disponha-se concludentemente, quando a textura, clivando-se, se articula em linhas melódico-temáticas dessemelhantes. Com efeito, tal orgânica exacerba, radicaliza os desencontros anímicos, como os exemplos musicais desvelam. Clivagem, aqui, imposta pelo acavalamento de versos, pois estes, sobrepostos, pressupõem tendencialmente melodias distintas, com o que se positiva, de pronto, uma expressividade dramática, intrinsecamente necessária a Monteverdi. Necessidade que significa imbricação de versos – o que por si tende ao colidente – em cantos reciprocamente distintos: nesta orgânica, o pulso dramático é fortemente sensificado. Enfim, na trama que emaranha versos, a alma se dramatiza *in limine*, porque neste contexto a polifonia, pela distinguibilidade melódica das linhas que se contrapõem, substantifica de pronto um batimento contrastante, conflitante, tensivo. Alma, ademais, que intensificada pela iteração de um contraponto imitativo, agravada por uma repetitividade que envolve mutação de registro, surge *ativa*, bela por sua humana verdade. Verdade em *Hor ch'el ciel* que a um só tempo a faz gemer, pôr-se em veemência e descender mesta.

E com o canto maciço do último verso, resultado da soma homorítmica de todas as vozes – textura que ecoa um coro trágico, atente-se –, Monteverdi arremata a seção. Remate que se substantifica em dinâmica análoga ao "fecho" armado pelos compassos 11-13, onde as vozes, corais, dispunham o verso inicial do terceto. Arremate cuja natureza dramática inicial,

28-29, é acirrada pelo tenor um, que articula a segunda sílaba de *sola* em *solitário* contratempo, voz que assim inocula,
em passo sutílimo, os sons da tristura através de um *si* medial em semínima. Configuração que ao contrariar animicamente o conjunto, distende sua expressividade e dramatismo.
Conjunto, por fim, que novamente se vê contradito em sua
tendência dominante – ora evocativa de lírico desalento, 30-
31 –, quando o tenor dois, às súbitas, transpassa a textura grave e declinante com a agudez de um *mi* tonante. De modo
que no interior desta homoritmia de quatro compassos vozes
relampeiam em desencontro a um todo, pontuando, em antítese, tendências prevalentes. E por esta ação compositiva uma
vez mais a subjetividade se esboça *in* polifonia. Afetos vários
sobrepostos que fazem do homem poético portador de um
dramático sentir expandido. De um sentir que, multíplice, o é
em univocidade, porque o lírico se forja *in drama*, que encerra, intrinsecamente, o lírico. Vale dizer, ecoando: em lirismo
dramático sente aquele que se move no doce e amargo que o
apascenta, e não poderia ser diverso nas terras da individuação renascentista.

O Segundo Terceto – Versos Um e Dois

A reiteração poética é, uma vez mais, o procedimento que estrutura o tecido musical. O segundo verso funda esta nova etapa,
de modo que os pulsos anímicos se sensificam a partir do movimento incessível de *morrer* e *renascer*. Movimento próprio de
um homem que se individua, ou daquele que, para ser, tem que
se despir cotidianamente de sua própria natureza, traindo sua
interioridade, que renasce em ser e não ser. Eis o terceto, final:

> E perchè il mio martir non giunga a riva
> mille volte il dì moro e mille nasco
> tanto dalla salute mia son lunge [38]

---

38 E porque meu martírio não chega ao fim / mil vezes ao dia morro e mil nasço
/ muito longe estou de minha saúde.

Monteverdi divide o iterado movimento de morte e vida em duas "seções", ambas precedidas pela homoritmia do primeiro verso (respectivamente compassos 32-34 e 45-47), seções que se desdobram, pois, a partir de *mille volte il dì moro e mille nasco*. Desdobramento efetivado numa imitação exaustiva, que ressoa a interioridade daquele que *sempre e sempre morre*, mas *sempre e sempre ressurge*. *E perchè il mio martir non giunga a riva* se arma melodicamente a partir de um *dó* rebatido. Que assentado sobre uma textura musical rarefeita, apoucada – que tanto mais assim deve ser reconhecida se atinado que um tecido sonoro repleno lhe antecipa –, sensifica, na aparente contramão de sua inclinação mimética, pois de um *dó* médio-agudo se trata, um estado, antes, de desalento[39].. Estado que mais se explicita e acentua com os semitons que rematam o passo. Desalento que o canto contamina com certa aflição de espírito através de semicolcheias concitadas; desalento, enfim, que Monteverdi constitui porquanto o martírio sofrido – afirma o homem poético – é infindo.

No atinente ao contraponto, deve ser referido, *in limine*, que *mille volta il dì moro* é o fragmento poético a partir do qual a "primeira seção" é fundamentalmente entecida. A polifonia estabelece a seguinte dinâmica imitativa: a) alto e segundo tenor, 35-36; b) primeiro tenor, 36-37; c) sopranos, 37-38; d) baixo, 38-39; e) segunda parte do verso – *e mille nasco*: tenor um, 40-41; f) tenores e alto, 41-42[40]:

---

39 Uma pontuação: exatamente por ser um *dó* médio-agudo, seu sentido mimético depende mais intimamente do contexto radicante, musical e/ou poético. Vale dizer, notas médio-agudas ou médio-graves, ou mesmo as médias, são naturalmente mais flexíveis, ou menos determinadas animicamente.

40 Os fragmentos e) e f) estão dispostos no Exemplo 19.

Exemplo 18

A sucessão apresenta esta lógica: c) e d) repropõem a) e b). Isto é, a um canto em terças segue uma entrada individual, respectivamente, tenor um, 36, baixo, 38. Porém, a imitação se realiza através de fragmentos musicais que, conquanto símiles, fundam-se em distinguibilidade recíproca, a termo que essa identidade é, em última análise, tópica. De fato, ainda que a), b), c), d), e) e f) se conectem geneticamente, cada momento é singular – animicamente específico. No talante de desvelar a lógica anímica que a "seção" estila, necessário tomar com maior detença as inflexões das figuras polifônicas.

Melodicamente, a) estabelece o tetracorde dórico *mi-si* em fluxo médio/grave (alto), canto descendente, com semitom *dó-si*, que cola ao fragmento poético vocalidade dominantemente sofrida. Mas b), distintamente, é uma sonoridade que substantifica um pulso de certa veemência, conquanto esta se desvaneça: o tetracorde *dó-sol*, descendente, rebate, *in limine*, um *dó* médio-agudo, que o timbra. Por outro lado, embora voz em recolhimento, sua constrição prescinde do arrematante semitom gemente de a), e não alcança, ademais, aquela gravidade; gravidade, em b), que de fato é apenas tom medial, que se desentranha, pois, de seu inceptivo pulso dramático, fundante. De sorte que no interior de uma semelhança melódica, toma vulto uma não identidade, ou, a proximidade entre a) e b) se atualiza na diversidade do anímico. Semelhantemente, c) contradiz b), contraposição que os intensifica mutuamente: c) articula o segmento poético em vozes femininas, e, o que é monteverdianamente fundamental, em registro *agudo*; de outro lado, *dì* não completa o tetracorde descendente, mas invertendo a direção o soprano um confere impulso vocal ao fim da dicção, movimento que acentua o ingênito caráter dramático da modulação, que, posta a descendência, ecoa outrossim, ainda que longinquamente, uma alma que se liriciza. Se, pois, a imitação monteverdiana do mesmo é multiformidade, a entrada do baixo forjaria expressividade própria, como ocorre. Concretamente, ao repropor, *ipsis verbis*, o movimento e alturas articulados antes pelo tenor, 36, a similitude que os vincula não os enlaça animicamente. Posto de chofre, em d), *dó* é agudez (a voz é a de um baixo, ou barítono), e o tetracorde como um todo enforma-se em tessitura dominantemente aguda. Em b), o tenor fluíra entre as regiões médio-aguda/médio-grave. Nesse sentido, mais avizinhado está o baixo do canto feminino, e distanciado afetivamente da voz masculina que parece reproduzir, conquanto se descole também do soprano porque se conduz sempre em descendência, fluxo que ao mitigar sua veemência, que jamais se dilui por inteiro, faz desta mitigação mimese de uma subjetividade em recolher-se mais positivo do que o pulsante em c); em c), o recolher-se anímico é diminutíssimo, ou mesmo, em última instância, ausente. Assim, por este lado, tenor e baixo acabam por se tocar, ainda que este, porque articulado dominantemente em registro agudo, manifeste uma tensão vocal ao tenor desconhecida, logo, se aproxime desta voz mais na abstração das formas sonoras, o que não deixa de implicar, sem dúvida, alguma reciprocidade anímica.

À análise deste tetracorde se deve atar um elemento a mais, já entrevisto, e que a concreta. Trata-se de indicar que *mille mille volta il dì* é musicalmente concebido a partir de sua própria segmentação interna. O *mélos* que Monteverdi lhe destina é constituído, em suas primeiras quatro notas, com os fios do afligimento, anímica nascida da repetitividade de uma mesma altura em ritmo movido, agitado, que veste *mille mille*. O pulso sofrente, ou o recolhimento do homem poético, sensificado pelo contíguo descenso em graus conjuntos, pulso mais ou menos ativo em cada fragmento, é, então, precedido por uma inquietação ou desassossego d'alma que não se deve descurar. Anímica do desassossego que sem dúvida adquire maior batimento em c) e d), posta a vocalidade da agudez, mas que não deixa de reverberar, como um desassossego contido, em a) e b). De sorte que o tetracorde monteverdiano, firme-se, é *de per si* intrinsecamente dramático, dramaticidade que, armando sua estrutura, é sentir *in drama*.

E estes sentimentos e posturas que o homem poético verte ao entoar *mille mille volta il dì* adquirem sentido humano, se explicam, inteiram e substanciam, posto aquilo que *"mil vezes ao dia"* lhe sucede: o *morrer* perene. Com isto se assinala que no interior da imitação dórica se projeta *moro*, verbo que desvela a motivação para a criação deste tetracorde insistentemente reafirmado, a saber, no pulsar humano de *mille mille volta il dì* há afligimento e tristura porque "mil vezes ao dia *morro*"!

294   MÚSICA SERVA D'ALMA

Desdobrando a questão. No movimento imitativo de *mille mille volta il dì*, desde seu início, emaranha-se *moro*. A partir do compasso 36, assim, a pena monteverdiana conforma um contraponto duplo: *moro*, plasmado em simples grau conjunto descendente, é o segundo elemento desta polifonia dualmente tecida. Uma única vez *moro* é expressão de dor desesperada (soprano, 38). No mais, transpira imo pesar, fanar cabal do espírito, onde o semitom *dó-si* faz-se gemido profundo e amargo d'alma, assim como, mais adiante, *sol-fá#*. Gemidos aos quais, pontualmente, Monteverdi imbrica – ou contrapõe – uma modulação que insinua alguma energia; tímida energia ou vitalidade – mínimas ascendentes em *sol-lá* (48/alto, 49/soprano, 54/soprano, 55/tenor). De sorte que *moro* será sempre voz recolhida, medial ou grave, mas por sua atação com o passo ascendente estila um pulso em drama, um germinal e lírico sentir dramático.

Na medida em que a urdidura poético-sonora faz ressair, posto o contraponto dual, o sentir de morte, sentir de quem reconhece, *in canto*, o amaríssimo de um fenecer cotidiano, os afetos sensificados por *mille volte il dì* se intensificam, *in limine*. Então, uma vez mais a textura urde a alma do homem poético na diversidade e superposição de texto e sonoridade, simultaneidade polifônica que é vida anímica em dramática multiplicidade sobreposta. Ou ainda, *mille mille volta il dì*, em imitação, se autossucede em brandura ou vigor, em tristeza ou incisividade, na pungência das paixões ou num pulsar lírico, fluxo humano que *moro* atravessa, e ao entranhar-lhe de si – de dor íntima –, verticaliza, amplia, redramatiza todo o conjunto[41] .

41 A partir de um exemplo concreto, oportuno insistir sobre a determinação antes aludida de que *repetir*, ainda que literalmente, não implica em redundância, inartística. No interior de uma argumentação de natureza interpretativa, a questão pode se nitidizar. Se, em *mille mille volta il dì*, 36, o homem poético manifesta uma interioridade essencialmente menos veemente do que a do compasso 37, *moro* (tenor, 36), não poderia se objetivar na mesma condição sonora que a do compasso 37, pois os sopranos, em função de seu pulso intenso, tendem necessariamente a vigorizar sua locução (do tenor um). Vale dizer, ainda que *moro* se realize a partir de um idêntico *dó-si* em mínima pontuada e semínima em ambos os compassos, e portanto sejam, *in abstracto*, animicamente idênticos, a força ou intensidade da dicção das vozes femininas, 37, faria do sotoposto tenor um voz desmedidamente rarefeita, pálida, ou mesmo inaudível, se este, diferentemente do tenor dois, 36, não "forçasse" seu canto, não o tornasse, dado o novo contexto, mais presente, vivo, veemente. Significa que a *contextura implica sua entoação*: necessariamente mais

Dramaticidade estancada ao soar do compasso 39, onde *moro*, solitário, é ouvido no grave das vozes graves, que assim substantificam a subjetividade enquanto alma escuríssima, pois a vocalidade é langor de contundência vital (a quarta descendente do tenor, que neste salto ressoa plena gravidade – movimento reposto no soprano, 53 –, o demonstra *de per si*). Contundência languente que apenas nos compassos 42-43, e, particularmente, no 56 e 57, irrompe em maior intensidade; especialmente nestes em função da profundez ainda maior da região vocal e do vigor da sonoridade, nascido do peso de todas as vozes, ora presentes.

E como esta alma, tão entenebrecida, prossegue na pena monteverdiana? No compasso 40, pesar e dor não se renovam, e ao *desfazimento cotidiano* sobrevém o *renascer outrossim dial*. Então, *e mille nasco* é entoado pelo tenor, *e)*, que intervertendo o caminho do tetracorde, articula o fragmento poético a partir da quinta *dó-sol*, assim:

---

enfática em 37, demanda, pois, seu avigoramento, ainda que o mesto e a dor determinem, nos dois casos, a natureza humano-musical de *moro*. Assim, e é isso o que importa e se pode concluir, o *igual* – o "repetido" – romperá sempre *distinto*: *alterando-se o contexto, altera-se a função e sentido das coisas*, repetitividade que se projeta aqui numa intensificação vocal, logo, no redimensionamento anímico de *moro*, que ora tende, distintamente de seu original, à agudez de *dó*.

Exemplo 19

E ao plasmar o arrebatamento experimentado por aquele que se regenera, a música monteverdiana se projeta, em verossimilhança, para muito além da poesia. Em termos concretos, a sentida dimensão arrebatante que da letra se escava, e que o compositor sensifica, se trunca. Isto é, a voz remata a veemente ascendência *dó-sol* com um largo salto descendente, intervalo que, dramaticamente, dessangra da alma o enlevo sentido, anuviando-a, a súbitas. Estado humano que se avulta quando o trio vocal torneia a mesma porção poética ora em *completa descendência* melódica. Melodia que, inceptivamente veemente em *mi*, descai, f), 41 e 42. A tempo: o *contraposto* movimento ascendente do tenor dois,

CANTO EM CORPO E ALMA: *HOR CH'EL CIEL E LA TERRA* 297

que deve ser entoado num *natural* intensificar de voz, dramatiza estruturalmente o passo. *Nasço*, então, prorrompe aqui numa ambiguidade afetiva à qual não se deve desatentar: é alma em ascenso, em positividade ainda que contida, *medial* (segundo tenor), e em recolhimento e ceticismo na descendência das vozes em terças. Contraposição melódico-textural que perdura até a última nota: o tenor um ascende, *si-dó*, descolando-se do alto; o dois, invertendo-se, salta à sua gravidade. E, neste momento, *moro*, em vocalidade muito grave, reaparece. Então, *morrer* e *nascer* se entrelaçam *animicamente*, porquanto paridos de um *mesmo e descendente ventre sonoro-afetivo*. O movimento incessante e incontornável de renascer implica, pois, monteverdianamente, uma interioridade que padece, sofre, que *mille volta il dì* languesce. Renascer, nesta lúcida pena musical, é também morrer um pouco, consumir-se a si, desfazer-se no cotidiano vivido. Destarte, *moro* ressurge entoado na triste soturnez das vozes, que em sentir semelhante vestem *nasco*. Numa palavra, no *mélos* que ata subjetivamente *nasco* e *moro*, o renascer, *in anima*, se faz morte, e esta, indesmentível condição da vida.

Esta imbricação, que remata a "primeira seção", é apenas prenúncio comedido desta convergência. Com efeito, na "segunda", a confluência entre *mille volte nasco* e *mille moro* é o próprio centro da configuração poético-musical. Principiado este novo momento pelo verso inicial do terceto, como aludido, *e perchè il mio martir non giunga a riva* é agora articulado por todo o corpo vocal, com o primeiro soprano a rebater insistentemente um *mi* agudo. Mas esta declamação dramática, posta a unitária esteira musical que estrutura *Hor ch'el ciel* – unidade que, se ausente, denega a própria subjetividade que se plasma –, desacerba-se passo a passo, e um descendimento é a forma da voz de *non giunga a riva*, que se atrista. Descenso cuja conatural consternação se intensa particularmente ao final, posto o tetracorde *mi-si*, terminante em semitom. Eis o canto, de complexo sentir:

Exemplo 20

E a este verso em homoritmia, que não se reitera, ata-se imediatamente o próximo. Assim, uma analogia face à "seção" anterior é clara. Analogia, em verdade, estrutural, então o segundo verso se faz novamente dominante, numa recondução, porém, que ora o implica na sua completude, isto é, *mille mille nasco* irrompe positivamente *no interior* de *mille volta il dì moro*:

Exemplo 21

No início, *mille volta il dì moro* surge incontradito, 47-49, como que fundando ou preparando a entrada de *mille mille nasco*. Mas, passado este momento breve – onde o mesto *mille volta il dì* do compasso 47 se dramatiza no 48, seja pela agudez do soprano, seja pela contraposição das texturas –, os dois pedaços do verso se entressacham. E nesta dinâmica de enlace e emaranhamento, *fenecer* e *revivificar* se substantificam como partes de um todo humano orgânico. Como experiências objetiva e subjetivamente não apenas confluentes, comunicantes, interdependentes, mas reciprocadas, interpenetradas em cabal mutuação. Nesse sentido – e é esta a modulação que efetiva a imbricatividade anímica –, ainda que *mille nasco* seja melodiado a partir de um movimento ascendente, e assim reverbere energia, vigor humanos (soprano dois, 50; baixo, 51; alto, 52; tenor dois, 53), o travo *do descimento*, abrupto, coliga o sentimento causado por este renascer perene ao provado

CANTO EM CORPO E ALMA: *HOR CH'EL CIEL E LA TERRA* 301

pelo infindo perecer, em *mille volta il dì*[42] *moro*. Com efeito, o fragmento *mille mille volta il dì moro* contextualiza e radica as inserções poéticas de *mille nasco*, de sorte que um perecimento d'alma, um pulso afetivo mesto, langoroso, atualizam-se em dominância, assim atualizando a textura sonora. Dominância que não poderia não entranhar de si o renascer cotidiano, renascer imposto, no fim das contas, por um morrer cotidiano humanamente incontornável, como da partitura se escava. E nesta contextura de complexa imbricação opositiva, cujos termos poética e musicalmente se atam e sobrepõem – onde *mille nasco*, sublinhe-se, é também um ascendente sentir positivo, apaixonado, de modo que seu pulso anímico é intrínseca alma dramática –, *moro*, em passo final, plasmado no mais grave dos cantos configurados, surge pronunciado por todo o conjunto. E das profundezas das profundezas das vozes aflora uma consternação capital, um sujeito poético cujo espírito se afoga no sentir da morte, renovada, 56-57.

A natureza humanista da arte monteverdiana, porém, conduz o canto à disposição isolada de *e mille mille nasco*. Entoado alternativamente por sopranos-alto, 58, tenores-baixo, 59, sopranos-alto, 60, o regerar-se se configura incontrastável, mas sob vestes essencialmente pesarosas: em melódico rebatimento de notas mediais que descendem; melodia esta sobreposta a um ascenso que, pulso dramático, ânimo, positividade anímica, ao negar assim a dominância (melódica) inversa verga-se não obstante ao final. Modulação esta que distante pouco mais de uma oitava da linha melódica, dela então se aparta, em alguma medida, individuando-se, ainda que em pulso longínquo, porque homoritmicamente sotoposta a outras vozes, dominantes[43]. Orgânica assim consubstanciada que enraíza no tecido compositivo uma polifonia d'alma, pois canto em clivagem. Clivagem inacentuada, flébil, que se resolve em tristura, em desânimo incontrariável, porque ascenso, impulso, que se trunca e inverte. Assim, o homem poético renasce em consumpção, de modo que o vaticínio do compasso 40 – renascer implica cavar-se – confirma-se:

---

42 Atente-se: este fragmento é aqui modulado numa descendência (tetracorde) que parte sempre de registro medial (exceção, soprano/48).
43 Como ocorre, igualmente, no compasso 41.

Exemplo 22

Renascimento consumptivo, enfim, confrontado a súbitas pelo tenor um, que, ao substanciar (e negar) o soprano, rasga a textura em *nasco*. Tenor que se faz vigor, afirmação, ímpeto vital, afirmativo, *e mille mille nasco*, em seu último respiro, é um homem poético que outrossim se fortalece, que se consubstancia no dever-ser de sua interioridade. Nestes sons monteverdianos, então, o nascimento dial é perspectiva e pena, conquista e desgaste, perda e futuro, pena e desgaste e perda que, intrínsecos ao caminho humano da individualidade, marca seus passos e escolhas, possibilidades e destino. Indivíduo que se individua no movimento infinito de *re-ser*, e se assim o é, a pena na positividade é dever-ser objetivo e subjetivo que a vida inscreve. Inscrição que o tenor, aqui, sintetiza na veemência de um *ré* insistido, assim:

Exemplo 23

Veemência, aluda-se ao final, que pontuara o espaço de vida e morte da seguinte maneira: ora 61-62 é arrebato; no tenor um (51) e no soprano um (52) é desesperação, ou vozes dramáticas em *ré*.

Drama que funda e se faz textura compositiva, textura da multiformidade humana, substantificada no e pelo curso da horizontalidade melódica – na aposição dos distintos sentimentos, e/ou na e pela trama vertical, que os imbrica. Dramática multiformidade que é verossímil porque tempos de anímica expandida. Em termos distintos, se há valência em se indicar que a vida subjetiva deste momento histórico é marcada por uma dimensão espiritual *ativa*, por uma expansão do indivíduo, é autêntico firmar que Monteverdi plasmou o atributo da vida anímica do tempo em sua justa forma artística, porque canto de uma interioridade lastrada, porque voz de uma alma que se atualiza no forjamento e vivência de novos espaços de positivação. Mas o reconhecimento deste complexo humano – o substrato da subjetividade renascentista – impende à Parte Três, que o faz centro temático, esboçando-o em alguns de seus traços e categorias determinantes. Logo, e sem mais, o concluimento analítico de *Hor ch'el ciel e la terra*.

O Fim: Verso Três

Uma declamação, a um só tempo abatida e aflita, que se transfunde em dizer pungente e que se faz ainda lamento, veste o último verso do soneto. Em termos concretos, a um prantivo *si* rebatido em colcheias afligentes ata-se um vozeio lacerante, catapultado de um dolente *mi* grave, vozeio que pouco a pouco se dissolve em lírica expressão de dor, em desalento, posto o fluir descendente que partindo do *sol* agudo desliza até o *si* gravoso. Descendência a uma gravidade limite que faz a voz concretamente delir, com o que se sensifica uma literal sucumbência anímica do homem poético – sua perda radical de forças, um sofrimento imo, ingente. *Lunge*, então, expressa o desespero que se faz abatimento tenso que se faz consternação profunda daquele que reconhece a lonjura que lhe separa de sua própria saúde, de uma condição humana mais plena. Eis a melodia, que percorre onze compassos:

Exemplo 24

E se o tenor, feito pelo solo personagem em imediatidade, expressa tal quadro afetivo, o canto de talhe cênico que lhe segue não poderia se pôr à revelia deste sentir humano visceral. De fato, o ativo mosaico anímico nascido de uma interioridade plural não o contamina apenas. Efetivamente, o *coro trágico*, ou o conjunto vocal que comenta o personagem[44], é por ele entranhado. E com esta textura trágico-coral Monteverdi conclui aquilo que foi, sem dúvida, o *drama in música* do homem petrarquiano:

Exemplo 25

Brevi manu. Fundada sobre uma homoritmia em *mi* maior, a voz melódica reconduz, sem mutações, o *si* medial modulado pelo tenor, 74-75. Mas se a melodia de *tanto dalla salute mia* repropõe o original, isto não ocorre com *son lunge*, cujo canto é essencialmente reordenado, conquanto a partir do mesmo eixo. Pura variação epidérmica? Não! Concretamente,

---

[44] A convizinhança entre esta parte final, 63-84, e a passagem que suscitou a argumentação sobre a existência de um *coro dramático* (*e chi mi sface sempre m'è innanzi per mia dolce pena*), substancia esta determinação analítica, a saber, de que se está novamente frente a um *tutti* com "funções cênicas". Atine-se que a articulação entre *canto solitário* e *todo vocal* reaparece e ordena a textura.

CANTO EM CORPO E ALMA: *HOR CH'EL CIEL E LA TERRA*   307

mutação humana de fundo, forjada numa textura em alma polifônica, em alma que se sobrepõe a si mesma. Os sopranos, atados, reproduzem a enorme projetação intervalar e a longa melodia destilada em graus conjuntos, contudo às avessas: antes ascendente, o salto inceptivo é agora descendente, e o movimento conjunto sequente atualiza-se, pois, em ascendência. E porque ascende radicalmente, a voz feminina se conduz a uma incisividade vigorosíssima, que alcança *lá quatro*, nota de extremidade. Orgânica assim concebida que é a contraversão da que lhe origina, ou caminho humano--sonoro claramente inversivo. Então, a melodia de *son lunge* é agravamento – visceral – da urdidura compositiva, intensificação subjetiva, sentir que se dramatiza. Melodia cuja força ingênita nutre-se tanto da sonoridade potente e replena produzida pelo movimento contrário entre baixo e soprano – que atingem seus extremos vocais, quanto da tessitura geral, que sempre nos registros médio/médio-grave (com exceção dos sopranos e de algumas poucas notas do tenor e baixo) engendra uma sonoridade cheia, intensa. À voz-personagem, que lançando um brado inflecte em dilatadíssima descensão, se ata, portanto, uma vocalidade coral que, movimento progressivo, é ora alma que se vai atormentando, desesperando. Gradação que responde, e não de forma secundária, pelo forte efeito dramático do ascendimento, como antes respondera pela expressividade do pulso languente. Pois que Monteverdi faz ouvir *passo a passo*, num canto impiedoso, saturado, seja o minguamento, 66-72 (onde o *mi*, 73, parece resgatar o personagem de um definhamento sem volta), seja a exacerbação da interioridade, que explodirá plenamente conflitada apenas no longínquo e troante *lá* agudo, que se adia e adia. Dilação ascendente, intenso gradualismo arrastado que, no seu nascedouro – no gravíssimo recolhimento compungido de *dó* (ponto de partida que, *de per si*, é também fator importante pela força expressiva deste movimento final, pois *se parte de* e *se chega* a extremos) –, não soa só contristação; a saber, a violação textural imposta pelo tenor um e pelo baixo, 77, bradantes de *lun(ge)*, destempera e faceta a grave sonoridade blocada com um falar dramático de quem sente em veemência, em desesperação. Em termos análogos, no interior do recolhido pulso de um agravamento que principia e se expande, eclode um movimento que o invade, ou a voz do lamento imo é atravessada pelos sons do transtorno, então a alma se faz polifonia do opositivo. E no cimo da tensão, esculpida grau a grau, o tetracorde descendente *lá-mi* mancha a pungência da sonoridade com a têmpera das dores íntimas. Mas apenas mancha, pois descimento que se sustenta em agudez cabal, e, num dramático-descendente semitom a *mi*, nota que se reitera, cala-se a música. Remate que robora uma melodia, ou melhor, um canto, a um só tempo mesto e veemente, pungente e que se recolhe, dramático e lírico – clara e essencialmente monteverdiano, tardo-renascentista, humano.

Um argumento final, com o que se arremata. Ao inverter a melodia do tenor, o coro reordena os afetos da alma do homem poético. Se a voz solitária ao final de sua modulação era voz sem voz, alma vencida, no *tutti* é espírito em desesperação, espírito que combate, porque dramático, ativo, porquanto em guerra, ima. E esta interversão é ato prospectivo. Forjado nas possibilidades humanas mais autênticas que o quadro vivido pelo homem poético permite perspectivar, projetar. Forjamento consubstanciado porque a arte concerne ao homem, aos caminhos que o constituem e o possam constituir. *Hor*, nesse sentido, não poderia terminar em equação oposta – tenor em veemência, coro em minguamento. Nesta condição, do momento conclusivo do madrigal se abstrairia um *batimento humano prospectivo*. Sem o qual o presente humano, cotidiano ou artístico, se desorienta e descaminha, pois contexto ou ação sem futuro *ad hominem* é vida humana adstringida, que nega a universalização humana possível. Em tal contextura, inecessário argumentar sobre a inexistência de uma redundância nascida da relação tenor-coro: este, em última instância, incita seus sentimentos, propondo um sentir *in drama*, porque humanamente movente.

Hor ch'el ciel e la terra, humana melodia que humana porque o canto, modulação declamada, em silabação, é *imitatione della voce*, mimese de uma alma expandida, que por isso impõe ao poético sua objetivação reiterada. Isto é, uma alma em drama, pulso anímico complexo, demanda iteração textual, pois a poesia, plataforma da subjetividade, quando solo de uma

CANTO EM CORPO E ALMA: *HOR CH'EL CIEL E LA TERRA*

multiformidade anímica será então, necessariamente, verso reposto, à exaustão. Melodia que, instrumento da expressão, jamais se consubstancia enquanto linha canora que entende comprazer. Se compraz, é porque manifesta, expõe, expressa, movendo-nos. Se ascende, dramatiza a interioridade; se descende, é alma que desce, que perde, que se entenebrece, liriciza. A melodia monteverdiana é voz que se toma a si em canto, e por isso Fabbri pode afirmar, corroborando esta determinação, que no verso *ahi, car'e dolce lingua*, de *Si ch'io vorrei morrire*, o ascenso de nona é movimento melódico *intensificador*, que expressa. Ascendimento que encerra intensificação porque voz na agudez, *voz em autoplasmação* – interioridade nua, dramática nudez. Neste verso do madrigal do *Quarto Livro*, pondera, "toda a eroticíssima invocação (que faz celeridade silábica a procrastinada interjeição inicial), se expande numa progressão que, pouco a pouco, se eleva até uma nona, dilatando aquela imploração extenuada com um efeito intensificador extraordinário e próximo ao delírio"[45]. Delírio da alma – *arte da alma*, arte que desveste e projeta o espírito humano ao vestir a poesia com uma dramática *voce umanissima*. *Hor ch'el ciel e la terra*, sentir ativo de um mundo ativo, que empurrou a alma para o paraíso infernal da individuação.

45 P. Fabbri, *Monteverdi*, p. 78.

2. Lamento di Arianna

Canto recitado é canto talhado *in voce, com alma de voz*, evoque-se a expressão. O contraponto monteverdiano é tecido, nas palavras de Bianconi, com fios recitantes, o que *Hor ch'el ciel* abaliza. Fios pelos quais, igualmente, Arianna sensifica seu lamento, que então não poderia deixar de ser melodia ativa, ampla. Canto cuja expressividade, mais do que qualquer outra alavanca, arremessou-o à fortuna alcançada. Avocando argumentação anterior: uma das razões precípuas de seu imediato reconhecimento e continuidade histórica é sua intensidade dramática, que o sobreleva em seu gênero. O intensíssimo conflito entre batimentos anímicos distintos é a substância humano-compositiva arrimadora desta monodia, que assim arroja Arianna de um para outro campo subjetivo. Arrojos postos e repostos, intensa carga dramática, que denotam, de um lado, a amplitude humano-subjetiva que o lamento contém e pulsa, de outro, a direção estética do artista, que caminha no sentido de um *realismo* – psicológico – *crítico*. Monteverdi plasma Arianna entranhando-lhe uma variegada e colidente vida afetiva, vida esta filha espiritual do ventre carnal do século XVI italiano. Porém, conquanto nutrido no solo anímico de seu tempo, no qual se radica e colige a matéria que o constitui, este canto não é subsunção às formas imediatas de sua matéria – o sentir dos indivíduos concretos. A partir do terreno nutriz da vida afeto-subjetiva concreta, que o ordena, é positivação humano-afetiva estendida, agudizada, vale dizer, urdida na e pelas fibras das *últimas consequências humanas* possíveis do sentir *in mímesis*. Significa que a elaboração musical implica uma *radicalidade, um poderia ser*, que é a própria alma e corpo deste sentir, *poderia ser* que o canto de Arianna, nos termos do gênero monódico, constitui e reverbera historicamente.

De fato, o que da obra escorre não é apenas uma sentida contristação de fundo, que as notas, sem dúvida, transpiram, sensificam. Ao considerar que o lamento "atrai a consideração admirada pela declaração absoluta da dor"[1], Gallico marca o caráter invulgar da consternação urdida. Não obstante, o que sustenta a valência da obra, e não poderia ser diverso, é sua cabal descontinuação anímica, que a engendra, que produz Arianna. Descontinuação, dramaticidade, por sua vez, que são e anunciam a existência social de uma subjetividade ativa, plural, infinitizada, que reage e sente em batimentos anímicos que se ampliaram, humanamente desconhecidos ao homem medieval, e que o século XVI viu romper em contornos maturados. Anímica individual expandida que a arte monteverdiana plasmará em pulso *universalizado*, enquanto subjetividade *universalizada*. Ora, o *Lamento di Arianna* venceu a história, fez-se referencial, porque consubstanciação de um agudo sentir ampliado, *positivação verossímil de potências humanas ingênitas*. Então, como não ser este canto intrinsecamente expressivo, se, portanto, *alma ativa elaborada in universalidade*? Lógica crítico-realista que fez dele espelho real da subjetividade de seu tempo: como pensar no sentir humano tardo-renascentista a despeito de Arianna, ou de Orfeo, que, animicamente convelida, é dramática alma multíplice? *Mutatis mutandis*, seria como escavar teoricamente a vida quinhentista sem Hamlet, Otelo, Romeu e Julieta, sem Shakespeare. Tomemos, pois, sob forma compositiva, tal como se procedeu em *Hor*, o que a Parte Três enformará em silhueta teórico-categorial.

---

1 C. Gallico, *Monteverdi; Poesia Musicale, Teatro e Musica Sacra*, p. 74.

CANTO EM CORPO E ALMA: *LAMENTO DI ARIANNA*   313

ARIANNA, DRAMÁTICA ALMA ATIVA

Fabbri, ao afirmar que "A excitação dolorosa desta monodia está, sobremaneira, nas alterações cromáticas, nas dissonâncias entre voz e baixo contínuo (por exemplo, imediatamente ao início) e nos intervalos ingentes, carregados de virtude patética"[2], distingue o desalento e a amargura intrínsecos que embebem a entoação de Arianna, pontualizando ainda a substanciosidade com que este sentir é musicalmente plasmado. Contudo, não sinaliza à sua dramaticidade, que no interior, e para além do mesto, arrima, ordena e impulsa o texto de Rinuccini, que se transcreve:

Lasciatemi morire	Deixe-me morrer.
E chi volete voi che mi conforte	E quem queres vós que me console
In così dura sorte	em tão dura sorte,
In così gran martire	em tão grande martírio?
Lasciatemi morire	Deixe-me morrer.
O Teseo, o Teseo mio	Ó Teseo, ó meu Teseo,
Si che mio ti vo'dir che mio pur sei	sim, quero dizer-te meu, pois meu já foste,
Benchè t'involi, ahi crudo a gli occhi miei	ainda que sumas, ai cruel, a meus olhos.
Volgiti, Teseo mio	Volvei, Teseo meu!
Volgiti Teseo, o dio	Volvei Teseo, ó deus.
Volgiti indietro a rimirar colei	Volvei para ver outra vez
Che lasciato ha per te la Patria e'l regno	aquela que por ti deixou a pátria e o reino,
E in queste arene ancora	e nestas arenas,
Cibo di fere dispietate e crude	presa de feras cruéis e desapiedadas,
Lascierà l'ossa ignude	deixará sua ossada descarnada.
O Teseo, o Teseo mio	Ó Teseo, ó Teseo meu,
Se tu sapessi, o Dio	se tu soubesses, ó deus,
Se tu sapessi oimè come s'affanna	se tu soubesses, ó deus meu, como se atormenta
La povera Arianna	a pobre Arianna
Forse, forse pentito	talvez, talvez arrependido
Rivolgeresti ancor la prora al lito	volverias ainda a proa à margem.
Ma con l'aure serene	Mas com os ventos serenos
Tu te ne vai felice et io quì piango	tu vais feliz e eu aqui choro.
A te prepara Atene	A ti prepara Atenas
Liete pompe superbe ed io rimango	ledas pombas soberbas, mas eu fico,
Cibo di fere in solitarie arene	presa de feras em arena deserta;
Tu l'uno e l'altro tuo vecchio parente	a ti, todos teus velhos parentes

2 P. Fabbri, *Monteverdi*, p. 143.

MÚSICA SERVA D'ALMA

Stringeran lieti ed io	abraçarão contentes, mas eu
Più non vedrovi o madre o padre mio	não mais os verei, ó mãe, ó meu pai.
Dove, dov'è la fede	Onde, onde está a fé
Che tanto mi giuravi	que tanto me juravas?
Così ne l'alta sede	É assim que me assentas
Tu mi ripon degl'Avi	no trono de teus antepassados?
Son queste le corone	São estas as coroas
Onde m'adorn'il crine	com que me adornas meus cabelos?
Questi gli scettri sono	São estes os cetros,
Queste le gemme e gl'ori	as joias e os ouros:
Lasciarmi in abbandono	deixar-me em abandono
A fera che mi strazi e mi divori	a uma fera que me martirize e devore?
Ah Teseo, ah Teseo mio	Ah Teseo, ah Teseo meu,
Lascierai tu morire	deixarás morrer
In van piangendo in van gridando aita	gritando em vão, chorando em vão
La misera Arianna	a pobre Arianna
Che a te fidossi e ti diè gloria e vita	que confiou em ti e te deu glória e vida?
Ahi che non pur rispondi	Ai, nem mesmo respondes!
Ahi che più d'aspe è sordo a miei lamenti	Ai, mais surdo que as víboras estás aos meus lamentos!
O nembi, o turbi, o venti	Ó nuvens, ó tempestades, ó ventos,
Sommergetelo voi dentr'a quell'onde	submerge-o nas ondas.
Correte orche e balene	Acorrei baleias e orças,
E de le membra immonde	e com seus membros imundos
Empiete le voragini profonde	cobri as voragens profundas.
Che parlo, ahi che vaneggio	Mas o que falo, ai, o que deliro?
Misera, oimè che chieggio	Mísera, ó deus, que peço?
O Teseo, o Teseo mio	Ó Teseo, ó Teseo meu,
Non son, non son quell'io	não sou , esta não sou eu,
Non son quell'io che i feri detti sciolse	não sou seu quem disse coisas tão terríveis;
Parlò l'affanno mio, parlò il dolore	falou meu tormento, minha dor,
Parlò la lingua si ma non già il core	falou a língua sim, mas não o coração.
Misera ancor do loco	Mísera, ainda abrigo
A la tradita speme e non si spegne	a esperança traída, e não se extingue,
Fra tanto scherno ancor d'amor il foco	apesar de tanto escárnio, o fogo do amor.
Spegni tu morte omai le fiamme indegne	Apaga, morte, agora, as chamas indignas.
O Madre, o padre, o de l'antico regno	Ó mãe, ó pai, ó antigo reino,
Superbi alberghi ov'ebbi d'or la cuna	soberbas moradas onde tive berço de ouro.
O servi o fidi amici (ahi fato indegno)	Ó servos, ó fiéis amigos (ai caso indigno!),
Mirate ove m'ha scort'empia fortuna	mirai onde me levou ímpia fortuna,
Mirate di che duol m'ha fatto herede	mirai de que dor me fez herdeira
L'amor mio la mia fede e l'altrui inganno	o meu amor, a minha fé e o logro de outros!
Così va chi tropp'ama e troppo crede	Esta é a sorte de quem muito ama e crê.

O passo que inicia do *Lamento* sensifica um sentir convulso. Ao gemente e langoroso *lasciatemi morire* incoativo, segue um segundo, que a súbitas expressa veemência d'alma, a qual, ato contínuo, se transfunde em novo langor, analogamente irrompido às pressas:

Exemplo 26

As carnes sonoras da modulação monteverdiana do primeiro verso são estas: a um íntimo gemido d'alma substantificado pelo semitom *lá-sib*, que se articula a um esvaído e mesto salto de quarta descendente que alcança *fá*, nota que ao deslizar a *mi* estabelece uma grave – e consternadíssima – segunda menor, ata-se repentina ascendência tensiva (*si-dó#-ré*), que precipita a voz no tom da pungência. Pungência que descaindo bruscamente em *mo(rire)*, desfaz-se, verbo que repondo o languescente semitom *fá-mi* escorrega ainda para *ré*, passo generante de uma terça menor grave, pesarosa. A pena compositiva, pois, cria uma orgânica anímica que se consubstancia enquanto agitada colisão entre espaços subjetivos opositivos. Contraposição, pois, que é 1) intenso abatimento e tristura, que 2) se dramatiza, e 3) torna ao pulso de partida. De sorte que por estas mutações justapostas, entalhadas na brusquidez, Monteverdi, de saída, cola à Arianna um colidente pulsar multímodo.

Passo analítico de fundo na elucidação e aclaramento da alma que Monteverdi sensifica é o exame de procedimentos que, análogos, são a própria inervação compositiva, a termo que tomá-los é tanger a estrutura da obra, sua lógica e pulso.

Não é por razão menor que já no compasso contíguo à *lasciatemi morire* toma forma um movimento que renova, distendendo, a descontinuidade textural. O fugidiço salto de quinta ascendente, 7, implicante de uma mudança de registro que projeta *chi*, é (continuidade da) objetivação de uma anímica convulsiva, porquanto arremesso súpeto e animicamente extemporâneo do pronome, da alma, para vocalidade mais intensa (mais intensa, bem entendido, com relação ao ré grave, seu ponto de partida). Intensão que com igual subitaneidade se desvanece, posto o refluxo anímico, ou a recondução da melodia à tessitura grave, assim:

Exemplo 27

Humanamente, significa que no interior de uma subjetividade eivada por uma tristeza de fundo irrompe um átimo agônico, um relampeante sentir intempestivo, clamante, que a sulca. Repentinidade e fugacidade que ao descontinuarem o fluxo vocal, fragmentando a textura, o fazem expressão de angústia e imoderação, voz que assim flexuosa não deixa, entanto, de estar radicada num renitente pulsar humano entenebrecido.

Dinâmica símile é modulada pelos versos *in così dura sorte* e *in così gran martire*: os saltos de quarta (ascendente, 11, descendente, 12), e o de quinta, que se engata, 11-12, engendram um pulso humano-expressivo que, ao roborá-la, assim ampliam e intensificam a dramaticidade anímica que timbra Arianna. A saber, da gravidade morrediça, a voz toma impulso in *vehementia* (*mi-lá*), descai (*mi*), e se renova em arrojo (*mi-si*), movimento sonoro fragmentário, quebrantado, que, nascido da articulação de registros distintos, sensifica tribulações e inconstâncias daquela que Teseo abandonara. Em pontuação sintética, o descarrilhamento sonoro, ou saltos abruptos que conectam vocalidades dessemelhantes, fundam uma alma essencialmente mudável, irregular, pulsante no baralhamento e extensão, notáveis, de seus sentimentos, deste modo:

Exemplo 28

E, pela recondução de *lasciatemi morire*, que a *in così gran martire* se articula, remata-se a primeira seção do lamento, verso que ao ser ouvido com as mesmas vestes sonoras repropõe a anímica inceptiva:

Exemplo 29

Objetivação igualmente clara deste sentir é o início da segunda seção, o que vai substanciando a incontrastabilidade do pulso dramático, por sua iteração incessível:

Exemplo 30

Na concretude das notas. *Lá*, 22, crava na gravidade de *O Teseo, o Teseo mio* um momento de bramosa energia anímica, que de pronto se esvai, momento humano-sonoro que ressurge intensificado, porque mais pleno, quando a palavra *si*, no interior desta longa modulação de talhe lírico, prorrompe na agudez de *ré*, 23, região imediatamente abandonada pelo salto ao registro medial, que ainda descende. E de maneira semelhante, numa clara avizinhação de procedimentos, a nona *ré-dó#*, torneadora de *si che mio ti vo' dir che mio pur sei*, é interrompida: ao inverter o longo aclive, Arianna o faz em fugente seccionamento textural, que nasce e morre subitamente, orgânica sonora que parture e contrapõe espaços anímicos distintos. Posto desdobradamente, ao se modular *che mio* em tessitura média, compasso 24 – então, Monteverdi confronta, e distingue, este fragmento poético-musical com a gravidade que se distende (*fá-mi-ré-dó#*) –, entranha-se, na interioridade em grave descendimento, um espasmo arrebatado, um lampejo de vigor. Vigor tão natural e próprio a quem parece viver, por um instante, a recordação prazente e arrebatante de que um dia Teseo *fora seu* (*che mio pur sei*). Ou ainda, com estas notas de interrupção a pena monteverdiana plasma um arroubo dramático: uma ascendência repentina e fugaz, *sollá*, que se despega timbricamente da contextura na qual se insere e engendra um instante sonoro que, no interior e para além da tristura vigente, avoca um batimento *in vehementia*, sem dúvida contida, porque vocalidade medial. Então, radicada numa tristeza humanamente desfazedora, um desencontro anímico torna a positivar Arianna, conflito que é seu sentir, sua interioridade, tal como as notas testemunham, porque voz na aposição brusca de registros, brusquidão que é subjetividade *in drama*.

Sentir colidente que se renova imediatamente, onde um *si* rompente descola *ahi* tanto daquilo que o antecede, *benchè t'involi*, quando do que se lhe pospõe, *crudo*. Isto é, o ventre da tristeza íntima, em *mi*, parture um quase-vozeio. E se vozeio, ou quase isto, o é, com a mesma repentinidade da nascença se esvai, e então torna a *mi*, de sorte que esta voz, ao se deslocar estamarradamente de um para outro registro, justapondo-os, faz da alma de Arianna humano *sentir ativo*, dramático:

Exemplo 31

Alma que, entrecortado *mi-si-mi*, nova descontinuidade anímica manifesta pouco à frente, e aqui a veemência se faz mais positiva, concreta. Nos passos anteriores, a voz dramática, dominantemente esculpida no registro da mediania, não poderia superar pulso reservado, como aludido. Mas agora, posta sua agudez, a voz se intensa, intensa sua dramaticidade, então também a cisão da alma se amplifica, porquanto a relação entre os registros se extrema. Concretamente: na lamentação dramática que começa em *O, si* alcança *ré, volgi(ti)* brada *mi*, e o restante do verso, *indietro a rimirar colei*, tem na repetitividade de *ré* seu desdobramento sonoro, deste modo:

Exemplo 32

Longa e pungente expressão veemente, e este é o aspecto humano-compositivo mais relevante, que clivada por um salto descendente que tomba para o médio-grave, em *dio*, assim transpira, repentinamente, dor recolhida, que é tragada sem mais pela agudez de *mi*. A ingênita conturbação de Arianna se repõe, então, uma vez mais, e com particular intensidade. Entressachar açodado de sentimentos sentidos que é dramática alma mesta, ou melhor, mesta alma dramática.

Em proposição que compendia, um animicamente multíplice canto partido é a voz recitante da poesia. Excessivo, no intento probante, a citação e o exame de cada uma das formas e objetivações desta interioridade intrinsecamente interrupta, convelida. Ganho determinativo maior provê o escavar mais detido de passos que sensificam esta sofrida colisão intemperante d'alma em termos mais generosos, substantivos. Opção que não implica a não tomadia de outras porções compositivas, porquanto as dispondo se corrobora, pela dimensão quantitativa das ocorrências, o reconhecimento que o tecido afetivo urdido flui *in drama*. Por estas se principia.

Em *cibo di fere in solitarie arene*, o salto de quinta diminuta *sib-mi* lança a alma para baixo, movimento que trunca o acirramento que se armava, reordenando-a:

Exemplo 33

Orgânica análoga atualiza a modulação final de *più non vedrovvi, o madre, o padre mio*: uma mutação brusca remata o ascendimento intensificador das notas, da voz, da alma, que tombam, sem mais, sobre a tristura de *fá*:

Exemplo 34

Movimento, símile, que se repõe, embora com sinais anímicos trocados, quando Arianna se projeta por salto à agudez. Salto que ao deslocar de súbito a vocalidade entalha *in drama* o espírito que se sensifica. *In drama*, se avoque e robore, não só porque a voz se fez aguda, mas dada a cisão textural, anímica, daí nascidas: *vecchio parente stringeran lieti ed io*, isto é, *lá-ré*:

Exemplo 35

Disposição de jaez análogo, *mutatis mutandis*, que também se substantifica em *dove, dov'è la fede*, bem como na passagem de *così ne l'alta fede* para *tu mi ripon degl'Avi*:

Exemplo 36

Aqui, tanto a chegada como a saída de *ré* clivam a textura, que por um instante arroja a voz à incisividade, ao grito, à desesperação. Engendrando um hiato entre o fluxo anterior e aquele que se pospõe a uma mínima concebida na agudez (hiato que *così*, 58, prenunciava na quinta *ré-la*), a melodia monteverdiana surge quebrantada, substantifica-se enquanto um complexo de fragmentos anímico-sonoros: o abatimento, a intimidade humana postos por *lá* é atravessado pelo vigor desesperado de *ré*, que se cala ato contínuo no pulo que volve à mediania, que ainda desliza a *sol* e, antes, se entristece mais no semitom. Semitom, pontue-se, que ressurge no compasso 60, onde *fá#* é também alcançado por salto animicamente remodelador. Estruturalmente, este é o caso de *parlò la lingua si ma non già il core*:

Exemplo 37

E também o do antipenúltimo e último versos. Em *mirate di che duol m'ha fatto herede*, *mi* é alcançado sem mais, e sem mais desaba uma quarta, com o que, novamente, se convele o fluxo melódico, que segue languente:

Exemplo 38

E em *così va chi tropp'ama e troppo crede*, tome-se por fim o passo, o *ré* de *co(sì)*, outrossim, é exigitada, convulsada subitaneidade que lacera, então, de pronto, a alma torna a *lá*, encontrando *sol*. Num sentir de dramaticidade incessível, um *grito torto*, pois, se silhueta ao se desnaturar na agudez da voz a forma prosódica do advérbio. Grito que se perde, no fluir de um recitativo que se descontinua, descontinua e descontinua:

Exemplo 39

Se destes passos se colige a enervação *ativa*, intrinsecamente dramática de uma anímica, os que ora lhes seguem manifestam de forma agudíssima a lógica humana que funda o *Lamento*, posta a iteração contígua de uma articulação fragmentada, a extensão da textura que se plasma em retalhos. Efetivamente, o puro contato visual com o canto de *se tu sapessi o dio / se tu sapessi oimè come s'affanna / la povera Arianna / forse, forse pentito* denota, por seu desenho cunhado na incompletação, a abrupção que o substantifica, onde saltos que arremessam a melodia a diferentes registros irrompem copiosos. Eis os compassos:

Exemplo 40

Ora, de *se tu sapessi*, entoado em desalentado *lá* iterado, desentranha-se uma voz que se intensa, desespera, ao repropor modulação anterior[3]. Ressunção que prossegue quando *dio* subitamente se derriba, recolhendo-se em *sol#*. Nota, por sua

---

3 Cf. compasso 29.

vez, que sem mais se propulsa à retornada agudez de *ré*, e, repetida, faz de *se tu sapessi* alma dramática, que se amplia e intensifica ainda por *mi*, que negado no salto de sétima arremessa o espírito de Arianna sobre *fá#*, voz medial em ritmo concitado que assim sensifica aflição contida, interna. Mas, retomando ascenso, a voz desta mulher abandonada se faz alma gemente no semitom *lá-sib*, voz lacrimosa que, em veemência súbita, amplificada pela pausa, irrompe em novo *ré*, que por fim, em abrupção, se verga sobre *fá#*.

Ah Teseo, ah Teseo mio/lascierai tu morire/in van piangendo, in van gridando aita/ la misera Arianna, manifesta dramaticidade igualmente memorável:

Exemplo 41

Se a interjeição dramática em *ré* substantifica uma ruptura textural – Arianna, ao se projetar à agudez, cliva o verso em três porções anímicas que se interrompem reciprocamente: 1) *ah Teseo* / 2) *ah* / 3) *Teseo mio* –, a modulação adjacente segue esta mesma destroncada orgânica encetativa. Orgânica que entenebrecida, *ah Teseo*, lacera-se, *ah*, fazendo-se lírico, íntimo sentir mesto, *Teseo mio*. Então, a esta gravidade de chegada conecta-se, em descontinuidade, um *dó* médio-agudo, que avança para *ré*, truncado, tal qual a gravidade de *mio*, logo atrás: um salto descendente lança a voz para *sol* e *fá#*, o que, abruptamente, reconduz a melodia à palente vocalidade dominante da obra. Mas esta região resiste pouco, e no deslizar de um movimento cromático Arianna, gemente em voz medial que ascende, acabará por gritar na pungência de *ré*, e *mi*. Grito este – fim dramático de um suspirar que se veementiza, aflige –, sufocado sem mais por *fá#*, e a alma, no desabe da sétima, de modo brutal uma vez mais se quebranta, tornando a um desalento recorrente, a uma tristeza, paridos *in drama*.

No curso de todo o lamento Arianna é interioridade colidente, colisão que nos dois passos citados assume forma acentuadamente vigorosa. Na aposição de registros agressivamente cambiantes Monteverdi lhe forja a alma, alma que nesses versos extrema sua dramaticidade, testemunhando, nas cores do incontrastável, sobre a natureza de seu sentir. Sentir – é oportuno destacar e polemizar em arremate – onde os saltos de sétima, de sexta, ou o trítono destilam notável expressividade não por uma suposta força ou qualidade mimética própria a cada um, mas porque substantificam um *deslocamento* de registro, posta a natural distância entre suas notas formantes. O registro vocal é o *momento predominante* na exteriorização dos estados de espírito, logo, dado que o salto de sétima e de sexta – e mesmo de quinta ou quarta, como se atina pelos exemplos analisados – implicam, tendencialmente, alteração da região da voz, é por essa via, *primária* e fundante, e não por um presumido e abstrato sentido expressivo congênito, que tais intervalos operam animicamente. Numa palavra, que sintetiza: *canto-voz*, conexidade vital que funda a arte monteverdiana. Arte da alma multifária, que neste *Lamento* dessangra, se veementiza, geme, se desalenta, clama, entristece, ama e desama visceralmente, numa melodia que é justaposição da descontinuidade, que é voz em mimese de si na atação convulsa dos registros, que fazem de Arianna um ser ativo, um ser *in drama*.

Alma dramática. Este é o estado anímico que Monteverdi cola à *mulher poética* do *Lamento della Ninfa*, de Rinuccini. Se historicamente não tão reverberante quanto o de Arianna (não se deve desconsiderar, nesse sentido, que *L'Arianna* fora encomendada para festejos nobiliários e destinava-se ao palco), é obra da velhice do compositor, obra cujo pulso ecoaria, quase trinta anos depois, o decantado lamento cênico de 1608.

Publicado no *Oitavo Livro* de madrigais, a descontinuidade vocal funda a modulação, constituindo-a. Lógica compositiva que permite coligir que a pena monteverdiana não renunciou, fosse qual fosse o contexto, a modelar o sentir historicamente fundante de seu tempo, dramático. No intento, pois, de roborar

CANTO EM CORPO E ALMA: *LAMENTO DI ARIANNA*   325

que este sentir não é dinâmica compositiva mais ou menos pontual, datada, mas atributo estético – algo, de um lado, que se escava das análises e argumentações tecidas ao longo deste estudo, bem como se o entrevê pela simples justaposição entre *Hor* e o *Lamento di Arianna*, porque obras concebidas com enorme hiato temporal –, tomam-se alguns passos deste canto elegíaco de uma ninfa atormentada. Tomadia, assim, que menos entende consubstanciar uma corroboração do que exemplificar com novas carnes e alma uma dada lógica, ou a lógica de uma alma. Movimento que ao concretar um fazer o amplia, nitidizando-o.

Como cabeçalho, numa indicação interpretativa cuja relevância intima à citação, Monteverdi orienta, de próprio punho:

> Modo de representar o presente canto: as três partes que cantam fora do pranto da ninfa[4] foram dispostas separadamente, pois são cantadas ao tempo da mão [a um pulso mais regular]. As outras três partes [o trio] que comiseram a ninfa em voz débil aparecem na partitura [do *lamento*] a fim de que lhe possam acompanhar, e a ninfa deve cantar *ao tempo do afeto da alma*, não no tempo da mão[5].

Ressalte-se: cantar ao "*tempo do afeto da alma*", isto é, a partir de uma *agógica* fundante, porque, simplesmente, *a alma é agógica*. E se assim o é, implicada está uma arte que entende sensificá-la, expressá-la. A consciência do artista acerca da mimese que praticava não perece ter sido menor, ecoe-se. Ora, plasmar a alma humana é *télos* compositivo porque *cantar* ao *tempo do afeto da alma* pressupõe que a música a positivou: ou, como e para que tomar os batimentos anímicos do canto, o tempo das paixões sentidas, dispondo-os como guia daquela que canta, se estas não estão lá na melodia, não se fizeram música? *Sensificação* que positiva um *mélos* esculpido na abrupção,

---

4   O *Lamento della Ninfa* é escrito para quatro vozes: dois tenores, baixo/barítono e voz feminina. O *lamento*, em si, que conforma a segunda seção, é antecedido pelo trio masculino, que entoa, sem a presença da Ninfa, *Non havea Febo ancora*. Simetricamente, findo o *pianto* – sempre acompanhado pelo trio masculino *comentador* –, um novo canto a três – *Si tra sdegnosi* – conclui a obra. De sorte que a menção a um canto ("partes") "fora do pranto" refere-se a estes dois trios, que contextualizam aquela que canta seu amor perdido. Trios estes, de fato, que foram escritos e editados em partitura separada da do *lamento* propriamente dito.

5   Monteverdi, *Lamento della Ninfa*, em Gian Francesco Malipiero (ed.), op. cit., v. VIII/2, p. 286 (grifo nosso).

nas interrupções, numa recorrente aposição de registros, que fundam esta voz *in* lamento. O exemplo sequente concreta este reconhecimento, onde o pulso da conturbação feminina contagia o trio, que se desmembra em imitações interjetivas (*ah*) que se desfazem ao fazerem-se fundo pesar (*miserella*):

Exemplo 42

E a esta passagem, na perspectiva de ao menos silhuetar a textura que a obra configura, se deve atar uma outra, longa, onde a melodia é incessível mutabilidade; dramática, quase orgânica convulsa: triste e atônita, em brandura e contundência, lírica e revolta a Ninfa está. Dramaticidade que teria de embeber a alma daquela que, possuidora de um universo anímico que a história expandiu, deplora as *impossibilidades do amor que se individua*, lastima *i suoi perduti amori*, chora *as traições que eivam relações humanas que se alargam, la fè ch'el traditor giurò*:

Exemplo 43

Em termos mais genéricos, com os quais se conclui este capítulo e aos quais a Parte Três entende dar concretude: posta uma vida cotidiana objetiva e subjetivamente forjada *in drama*, o mover-se da tristeza ao desespero, do contorcer-se em dor veemente ao abatimento da dor íntima, do mesto ao arroubo, do arrebato ao langor – movente sentir ativo cujos afetos sentidos se imbricam, atam e desatam –, teria de timbrar Arianna e a Ninfa. Teria, porque marca anímica do homem burguês nascediço, este, matéria cêntrica da arte monteverdiana, que se apascentou do humanamente vital de seu tempo. Mulheres, pois, de vozes colidentes, em abrupção intrínseca, jaez que a monodia, porquanto fluir solitário, explora em livre curso, liberdade que as vozes de um canto urdido pela trama polifônica não podem dispor no mesmo desembaraço. E, se no lamento que Orfeo entoa ao

CANTO EM CORPO E ALMA: *LAMENTO DI ARIANNA*   329

saber da morte de Euridice[6], diga-se ao final, a melodia surge em descontinuidade convizinha à de Arianna e da Ninfa, o reconhecimento de que sua música é *mímesis* talhada em verossimilhança se substancia uma vez mais. A proximidade que conecta estes personagens revela e significa que a pena monteverdiana os concebe a partir da vida vivida, que os radica. Não fosse assim, por que a avizinhação anímica entre aqueles que enfrentaram situações correlatas? Talvez por isso, pela verdade e justeza das paixões que escorrem do canto, por esta *verdade prospectiva d'alma*, que comove, sua música seja referencial. O *pianto* de Orfeo, aqui tomado apenas em suas notas finais, e as primeiras do coro trágico, onde a um sobressalto outro se ata, retestemunham a autenticidade crítica de uma arte que se guia e nutre pelo *tempo del'affetto del animo*. Afetos sentidos que fazem de Orfeo espírito que avança e reflui, que se impulsa e consterna, langue e se desespera, num sentir banhado em contradição, movente. Espírito que, posta a medrança anímica do tempo, não poderia surgir, tal qual o de Arianna ou o do homem-poético petrarquista-monteverdiano, senão em conflito, em perturbação real, porquanto a construção da *vida ativa*, positivada, encerrava sua própria negação: a negação do indivíduo. Na esteira de uma época humanamente ativa, a alma, que de uma forma mais ou menos efetiva a cada caso se expande, reage ao mundo em sentir dramático, ou para isto tende. Pois a mesma vida que apresenta, perspectiva e lhe projeta, impõe, tolhe, nega, *una man sola mi risana e punge, mille volta il dì moro, e mille nasco*. Destino que lançou o citaredo à escuridão e frieza do reino de Plutão, onde, porém, a esperança também pulsa. Luz e obscuridade, vigor e languir, desespero e recolhimento, crença e desesperança, tomaram os plurais espíritos tardo-renascentistas. Não apenas o de Orfeo, porque individuação é parto *in drama*, como as notas orféicas, memória vital da humanidade, atualizam, avocando a colidente intensidade anímica do tempo. Tempos de Otelo e Iago, de Mercutio e Romeo, de Monteverdi e Shakespeare; tempos de cantos dos afetos, de vozes sensíveis e tensas, suaves e amargas, graves e agudas, de vozes humanas, que sabem da alma, da alma:

6   Em *L'Orfeo*, estreada em 24 de fevereiro de 1607, no palácio ducal de Mântua. Cf. Monteverdi, *L'Orfeo*, em Gian Francesco Malipiero (ed.), op. cit., v. XI, p. 62-64.

CHORO

Exemplo 44

3. Conclusão: Algumas Considerações Categoriais

A pena que arremata esta Parte não retoma e resume a letra passada, sintetizada, em diferentes momentos, no fluxo argumentativo. Escava, sim, categorias não afloradas positivamente, passo, então, que destila reflexões e determinações anteriores, concretando-as. Movimento que significa, ato contínuo, ampliação do reconhecimento da lógica e dimensão da arte monteverdiana, cuja orgânica, esboçada no curso deste estudo, assume aqui seu contorno definitivo.

AFETOS: ALÉM DE SI MESMOS

Dito de pronto: o *sentir encerra em si caráter humano*: o sentimento sentido transpira *posturas*, *atitudes* frente à vida, iluminando, mediata ou imediatamente, o jaez da interioridade, a matéria que a compõem, sua plataforma e estatuto. Tome-se Arianna, pela qual a questão bem se descerra e consubstancia. A tristeza, languir e desespero sentidos por esta mulher exprimem não apenas dor, desalento e desesperação, na exata medida em que este seu sentir, dramático, de intensidade indesmentível, compreende e verte *profundez humana*, espiritual.

O sentir imo pelo abandono de Teseo, o sentimento, *vital*, irrompido por uma relação perdida, que a marca radicalmente, é atributo de um indivíduo que se ata à vida, ou ao menos a seu amante, em compromissividade. Assim não fosse, se inexistisse profundidade d'alma, comprometimento humano real, por que o aturdimento incessante, por que sentimentos tão viscerais? Por que a abrupção? Ou ainda, como este concreto sentir, dramático, que são entranhas doídas, não significa e manifesta vínculo positivo com a vida, como não é subjetividade compromissada? O universo afetivo de Arianna, assim, encerra e evoca não só sentimentos; de fato, este sentir e sensibilidade avocam um *inteiro* ser e ir-sendo internos: se seu sentir é o que é, configurado está, e se alcança entrever, uma clara compromissividade, isto é, silhueta-se uma *forma de ser*, um modo de se portar, pôr e agir. Significa que do sentir escorre a natureza do espírito, a fibra que o entece e constitui, pois *o que* e *como* se sente implica um modo de agir, ou ao menos fortes tendências espirituais. Um agir urdido em levidão é o *modus faciendi* verossímil daquele que sente levianamente, então possível e real tal reconhecimento e/ou projeção. Mas aquele que transfunde e interioriza a vida vivida em sentimentos que o possam universalizar positivamente, que metaboliza a objetividade experimentada em subjetividade *ad hominem*, de algum modo no interior deste universo tenderá a estacar ações e personalidade. De sorte que o canto – sentimentos sentidos em projetação cabal, *in essentia,* porque voz intervertida –, substantifica a interioridade numa completude à qual se deve atinar e atentar, tenham seus artífices musicais consciência ou não disto. Em longa letra própria, que se apõe, porque compendiadora:

Aquele que face a um determinado fato vivenciado se entristece, lamenta, sofre, ou, de modo inverso, faz-se enfurecido, desesperado ou mesmo indiferente, assume e reflete, imediatamente, uma postura, uma conduta – revela necessariamente um caráter, ao menos alguns de seus traços constitutivos. Isto é, da atitude e comportamento anímico-afetivos se colhem *disposições de alma* que indicam e repercutem um *modo de ser*, um específico *modus faciendi*. Assim, quando se assinala que o *mélos* não evoca apenas sentimentos, se está indicando justamente que o espaço humano-subjetivo das emoções explicita e reverbera, de

CANTO EM CORPO E ALMA: CONCLUSÃO

modo privilegiado, outros aspectos ou porções da vida subjetiva, que a melodia então, porquanto tipificada expressividade interior, tende naturalmente a manifestar. Um argumento exemplificante. O modo, a maneira como na vida alguém chora a perda de um amor autêntico, verdadeiro, revela *in limine* seus sentimentos; mas também, e na simultaneidade, ventila e desvela outras qualidades ou vocações da alma, pois existem choros profundos e rasos, patéticos e superficiais, lacrimantes ou simplesmente aquosos, espirituais ou descomprometidos, levianos, formas estas que manifestam qualidades subjetivas que transcendem a esfera dos sentimentos. Significa, concretamente, que quem chora *levianamente* a ruína deste amor profundo, íntimo, faz entrever tendências e inclinações subjetivas *opostas* àquelas de quem lamenta este mesmo amor em *tristeza dorida*. O primeiro demonstra uma reação anímico-afetiva que insinua uma conduta que beira um descompromisso humanamente desnaturante. O segundo, ao revés, em sintonia com a perda profunda, dá a conhecer um caráter que, ao menos tendencialmente, parece possuir substância mais autêntica, íntegra, compromissada. Neste contexto, e reconduzindo a questão para o terreno estético, aclara-se a determinação de que a melodia revela espaços do espírito não limitados à esfera dos sentimentos. O canto, enquanto *modo de dizer*, ao dispor em dominância o lado anímico, da subjetividade necessariamente alumiará outras de suas dimensões e atributos. Isto é, e mais rigorosamente: enquanto *aperfeiçoada forma de dizer – subjetivada maneira de falar* – o melódico destila inclinações e posições humano-subjetivas que a própria fala comum não pode evidenciar na imediatidade de seus sons, de sorte que o cantar se consubstancia em espelho privilegiado das tendências, inclinações e caminhos da alma. Então, por um lado, dado a forma pela qual a interioridade irrompe – se surge alegre ou triste frente a uma determinada situação vivida –, como também, por outro lado, em função da *natureza* desta alegria ou tristeza – se profunda ou mais superficial, intensa ou mais linear –, qualidades e perspectivas humanas serão mediatamente expressas. Pois se alguém canta seu amor perdido ou impossível na desesperação agônica de um pranteio, na tristeza sentida que verte dor, langor, este "ser vocal" fará ressoar as fibras de seu caráter, porquanto *sentir, vivenciar* desta forma é se enlaçar à vida com amarras humanas profundas, em entranhas comprometidas. Destarte, o canto não é apenas a substantificação das paixões, mas a partir daí faz retinir o calibre, a cor e profundidade do espírito, que ao exprimir seu estuar anímico torna soante a seiva humana que o marca e nutre. Em suma, na arte sonora os sentimentos predominam, dominância que implica um desnudar mais amplo da interioridade[1].

Afeto e Dever-ser

Posto que o sentir porta em si, como atributo inalienável, a interioridade, ou melhor, as inclinações espirituais de um indivíduo pulsam nos afetos sentidos, que estes expressam necessariamente, um canto efetivamente artístico entece, encerra e reverbera, por sua própria orgânica, uma projeção valorativa, hierárquica, axiológica. Ou seja, lhe é imanente a plasmação e existência de um *dever-ser*, categoria de toda arte mimética. Quando Monteverdi afirmava a Striggio, na citada carta de 1616, que "Arianna me conduz a um *justo* lamento, e Orfeo a uma *justa* súplica", entremostrava esta imanência, ainda que do problema não tivesse entendimento teórico positivo. Em letra que especifica. Não suplicasse Orfeo, não lamentasse Arianna, manifestariam, dado o quadro de perda vivenciado, distanciamento anímico em relação à situação humano-amorosa que protagonizaram, insensibilidade face à experiência sofrida, de perda e dor. Distanciamento, insensibilidade, que implicam um sentir, *então almas*, não enraizado em camadas mais fundas da vida, porque dramas vivenciados entre homens atados a outros homens em compromissividade *devem* inclinar a dilaceramentos, tristezas profundas, desfazimentos dramáticos, como os que as vozes de Orfeo e Arianna, cunhadas em intercadência, sensificam. Nesse sentido, e este é o ponto aqui relevante, se o canto não dispusesse a interioridade afetiva destes personagens na dramaticidade que os caracteriza, às obras faltaria uma *justeza* anímica, um *sentido humano autêntico*, uma *positividade* de espírito, um *dever-ser*. Em termos mais concretos, a situação experimentada pelos personagens empurra a pena compositiva a um *"justo (necessário)* lamento" e a uma *"justa* súplica" porque estes estados psicológicos são, *dentre outros que, totalmente distintos, poderiam verossimilmente ter assumido forma*, aqueles que substantificam, no quadro vivido,

---

1 Ibaney Chasin, *O Canto dos Afetos: Um Dizer Humanista*, p. 119-120.

CANTO EM CORPO E ALMA: CONCLUSÃO

dimensão humana positiva, justa condução e condição d'alma. Ao ouvirmos os sentimentos *in drama* de Arianna, de Orfeo, da Ninfa, ou do homem guerreiro petrarquiano, se ouvem e colhem *compromisso, perspectivas, disposições autênticas,* que pulsantes no interior da trama afetiva engendrada, fazem das obras não apenas revérbero intenso de uma afetividade, mas *sentir positivo* – que por isso pode nos mover, educar –, portanto, que *deve ser,* ou que é *justo que seja,* que se corporifique esteticamente, em detrimento de outros. Sentir que, transpondo o ouvinte a patamares humanos humanistas, ou melhor, ônticos, pode então, de algum modo, referenciá-lo na vida. Em determinação genérica, que evoca a conatural condição humanizadora da arte:

A catarse consiste precisamente em que o homem confirme o essencial de sua própria vida precisamente pelo fato de vê-la em um espelho que o comove, que o envergonha por sua grandeza, que mostra sua fragmentação, a insuficiência, a incapacidade de realização de sua própria existência. A catarse é a vivência da realidade intrínseca da vida humana, cuja comparação com a realidade cotidiana pelo efeito da obra produz uma purificação das paixões que se transforma em ética já no Depois da obra[2].

De modo que não se trata em música, nem poderia se tratar, de dar forma a qualquer pulso afetivo, a uma ou a outra pulsação, batimento ou tendência anímica, *mesmo que possível* em determinada situação, mas, sim, àquela que nos possa arrimar, constituir, positivar, isto é, a uma pulsação que, *necessária* ou *verossímil, deva* – *humanamente* – *ser.*

O fluxo dos afetos que o compositor concebe e cola à poesia subentende, então, *in limine,* uma *escolha,* uma *valoratividade,* uma *priorização,* pois os sentimentos sensificados, *porque sentimentos,* não têm, mesquinhamente, apenas fim em si mesmos, pois o estético é *mímesis.* Servirão ao homem, à substancialização anímica e formação daquele que ouve. A objetivação da arte se dá por seu consumo social, por sua vivência pelos indivíduos, suposto e finalidade da obra. Significa que na arte dos sons não se trata apenas de fazer o

2 G. Lukács, *Estetica,* v. 4, p. 76.

homem poético sentir, mas, posto seu fundamento mimético e, mediatamente, sua destinação humana, pedagógica, de
fazê-lo sentir em *substrato humanizador*, então educativo, humanamente elator. Isto quer dizer que o artisticamente mais
autêntico, próprio, consubstanciado, é uma objetivação que
em *verossimilhança* – porque de uma *mímesis* se trata – pulsa
e projeta o mais humano, o *humanamente constituinte possível*. Em proposição que sintetiza ao generalizar, *arte é verdade
prospectiva*, que por isso humana. Humana porquanto *projetação ad hominem* da porção ou esfera da vida da qual se parte.
De modo que obra e realidade não constituem, reciprocamente, uma identidade imediata. Mesmo porque, e fundamentalmente por isso, arte subentende *universalização, mediatidade*
entre vida e arte que faz desta – se *mediatidade* entalhada em
verosimilitude, *in re* –, orgânica imanentemente humanizadora, porquanto nos universaliza e por sua fruição nos dispõe,
ao menos tendencialmente, numa perspectiva *ad hominem*.
De fato, a dramaticidade do sentir de Arianna ou do homem
poético petrarquista talvez não tenha jamais prorrompido nos
mesmos termos e batimentos na vida dial, mas, necessário, verossímil sentir universalizado, é alma *in veritate, in dever-ser*;
então, arte real, *in essentia*. Pois se falta à obra ou lhe é inconsistente um futuro *ad hominem*, um vir a ser autêntico, se lhe
é ausente um *homem melhor*, mais humanamente pleno em
relação aos que se engendram caracteristicamente numa dada
vida posta, se inexiste a plasmação ou evocação que silhuete
horizontes, *imanentes*, de uma condição humana constitutiva – no que está embutido, de um modo ou de outro, tenha
o artista maior ou menor consciência, a *prevalência* historicamente possível, verossímil, *do indivíduo* –, falta está de um
atributo fundante. Canto: afetos sentidos *in* dever-ser, sentir
de Arianna e do homem-poético madrigalesco que comovem
e erudem não simplesmente porque são tristeza, desesperação, vitalidade, mas porque este sentir, multíplice, é sentir
dramático. Isto é, no contexto em que surge, e mesmo para
além dele, consubstancia-se enquanto positivo *sentir ativo*, que
constitui vida compromissada, *ad hominem*; verossimilhante exemplaridade humana. Exemplar, pois aquele que sente e
expressa esta dramaticidade monteverdianamente plasmada

CANTO EM CORPO E ALMA: CONCLUSÃO

urde a alma nos fios da autenticidade, alma assim tecida, por sua vez, que constrói, universaliza o indivíduo que com este sentir se defronta ao fruí-lo em música. E se Monteverdi assim procedeu, a dimensão humanista se faz categoria ingênita de seu canto, categoria que faz desta arte, e de todas, poderoso instrumento espiritual da infinita autoconstrução de nossa singularidade. Singularidade que, melodia, é sentir sentido que entende *mover, constituir,* traço e *télos* agarrados por Coppini, a partir do qual se arremata este espaço determinativo. Ao argumentar sobre o *modus faciendi* interpretativo nas obras do compositor incluídas numa coletânea que publicara (1609), recomendava a seu amigo Hendrik van der Putten, na carta anexa à publicação que então lhe enviava: as músicas de Monteverdi

pedem, durante a execução, maior respiro e compassos não propriamente regulares: ora se os deve abandonar em rallentamentos, ora acelerá-los. Tu mesmo estabelecerás o tempo. Nisso reside uma capacidade verdadeiramente admirável de mover os afetos[3].

Recomendação lúcida que avoca o substrato de sua orgânica compositiva, sublinhe-se, e que remete *in limine* a Mei e Doni: a finalidade da música é mover a alma de outrem, seus afetos, imediatamente. E se este é o fim, ecoe-se, significa que as notas são intrinsecamente imitativas, condição pela qual podem interferir na interioridade de quem a escuta, interferência, se de arte se trata, *in* dever-ser. Na letra de Aristóteles, retomada, à qual se ata a de Galilei, enlace tão legítimo quanto humano, tão humano quanto musical, tão musical quanto estético:

Nos ritmos e melodias, sobretudo, estão as mimeses mais próximas da natureza real da cólera, da doçura, e também da coragem e da temperança, e de todos os seus contrários, e de outras qualidades morais. Isto os fatos mostram claramente: ao ouvir tais mimeses, a alma muda de estado. E o hábito de se sentir dor ou alegria por tais similitudes está muito próximo daquilo que se sente em face da realidade[4]. [Em outros termos,] Todas as vezes que o músico (superados os impedimentos) não tiver a faculdade de flectir as almas

---

3 Coppini, apud P. Fabbri, *Monteverdi*, p. 153 (grifo nosso).
4 Aristote, *Politique*, VIII, 5, 1340 a.

338   MÚSICA SERVA D'ALMA

dos auditores onde bem entender, vazia e vã é de reputar sua ciência e saber, pois para nenhuma outra finalidade foi a música insti-
tuída e incluída entre as artes liberais[5].

Mas que cesse a argumentação! E que então o sentir da monodia em lamento e do madrigal guerreiro falem por si, movam
por si, pois isto é o que artisticamente importa: o que humanamente importa.

AD MÍMESIS

Como passo final desta Conclusão, um pontualizar breve e
modestíssimo, mas incontornável, da categoria da mimese,
cujo talante primário, ecoe-se, é substanciar, nitidizando, as
reflexões e determinações elaboradas sobre a lógica mimética do canto monteverdiano, movimento que faculta o aclaramento da natureza e dimensão da imitação positivada.

A monteverdiana *imitatione del parlare* subentende um
processo de generalização da voz, uma dupla tipificação – um
duplo movimento distensor. Canto, pois, que parido pelo ventre da generidade, necessariamente supera as formas vocais cotidianas, sensificando *in essentia* os pulsos afetivos que lhe são
imanentes. Significa que a voz desta mimese da voz se depura,
determina, de um lado, porque é canto (primeira tipificação),
de outro, porque os atributos da vocalidade são igualmente
tipificados (segunda). Dupla tipificação da voz – movimentos
de fundo mimético, ou geneticamente imitativos – que constitui, respectivamente, a *materialidade* e a *matéria* a partir das
quais esta arte se enseja e forja, aluda-se à delineamento anterior. Em termos que desdobram e concretam. A segunda tipificação, diferentemente da primeira, é ação mimética positiva,
conscientia mímesis: se realiza enquanto teleológico movimento
mimético, volitivo, que, no caso da *imitatione del parlare*, fun-
da-se na ação mimético-artística sobre a voz. Ação, portanto,
que pressupõe o reconhecimento das formas vocais, o reconhecimento da forma e lógica de seus registros e deslocamentos,

5   V. Galilei, *Dialogo della Musica Antica et della Moderna*, p. 90.

CANTO EM CORPO E ALMA: CONCLUSÃO 339

do *modus faciendi* da voz, enfim, sem o que o ato compositivo é fruto inascível, ou nascido cambo, pois de uma *mímesis della voce* se trata. Em palavra análoga, na arte da *voz* que se toma a si, compor, *strictu senso*, é dar forma artística à vocalidade. Por e no interior desta imitação engendra-se o canto, contexto que implica o manuseio da voz em seu ser e ir-sendo – "que os artistas observem os zanni".

Não obstante, e aqui se adentra no coração da questão mimética tratada, a *imitatione del parlare* alcança estatura estética efetiva, consubstancia-se enquanto tal, não simplesmente na medida em que a alma se faça expressiva pela melodia expressiva, vale dizer, não meramente porque tomou forma uma voz substantificada em sua própria generidade, porque pulsos anímicos se atualizaram em proporcionalidade ou verossimilhança, ou ainda, porquanto se plasmou *in essentia* o *modus faciendi* da voz, o que, *de per si*, resulta em verdade estético-afetiva abstrata. Diferentemente disto, a *mímesis della voce* atualiza sua potencialidade e dimensão positivas, faz-se orgânica artística concreta, arte, quando a alma que canta, e sente, se forja como *alma estendida*, como *singularidade estendida*. Em proposição análoga, é nesta objetivação – como *singularidade estendida* – que a voz tomada em imitação – voz que assim enforma uma determinada interioridade que sente –, se realiza enquanto *mímesis della voce* real, positiva.

E se assim o é, ao artista da *Seconda Pratica* impende, pontue-se, o reconhecimento concreto da porção da vida humana da qual parte e que alenta seu fazer. Não se trata, artisticamente, de lidar com o sentir humano *in mímesis* tomando e plasmando abstratamente os lampejos dos corações diais, isto é, consubstanciando-os numa espécie de mosaico de pulsos afetivos, cujo resultado artístico, então, seria uma pletora de sentimentos sentidos articulados ou justapostos pela *imitatione del parlare*. Nesta dinâmica, ou fenomenicamente realizados, irromperiam humanamente apoucados, porque desfibrados em seu pulso e verdade, inverídicos em sua dinâmica e lógica. Pois assim, por tal *modus* imitativo a vida anímica não surgiria *in drama*, sua condição de existência fundante, como na Parte Três se argumenta e tece. A *Seconda Pratica* monteverdiana, nesse sentido, não é – a análise musical *de per si* destila, e o espaço teórico sequente buscará afigurar categorialmente – a abstratizada substantificação de expandidos, universalizados afetos sentidos. A mimese elaborada não se esgota ou limita a este patamar, porque deste modo não se afirmaria como canto *in concreto*, que é voz que se imita parturindo assim um *universo anímico específico*, historicamente determinado. Se esta fenomênica abstratividade afetiva fosse mimese esteticamente efetiva, a *mímesis della voce* já se substantificaria enquanto tal apenas pelo ato modulador de uma melodia, apenas por se realizar enquanto segunda tipificação da voz, que necessariamente enforma pulsos afetivos, vale dizer, projeta uma mimese, abstrata.

Segunda tipificação que é, então, *a via da imitação* objetivada, *não a mimese em si*. Distinguindo-se, pela partitura, esta categoria estética complexa. Atente-se: Arianna é, precisamente, uma *singularidade estendida*, como Orfeo, a Ninfa ou o homem petrarquesco: a *extensão*, a dinâmica, a exaustão da vida afetiva que os constitui implica um *indivíduo animicamente expandido, que se universaliza*. Mas que o leitor não imbrique, inadvertidamente, campos dessemelhantes, imbricação que confundiria os argumentos que armam a Parte Três: uma coisa é o fato, histórico, de que a alma humana, no Renascimento, expandiu-se, então, Arianna e Orfeo não poderiam não assumir tal condição, como já pontuado. Outra, diversa desta, é determinar que o canto monteverdiano se realiza ao expandir a singularidade. Neste caso, e é isto que importa firmar e reter neste contexto determinativo, ocorre e se assinala que a arte estende esta expansão – *universaliza a singularidade*, isto é, expande uma concreta expansão humana posta, lógica, rigorosamente, que se traduz e reconhece por Arianna. Vejamos.

Esta amante abandonada, que se arrasta em sofrimento posta a vivência de uma particular experiência amorosa, é um personagem, isto é, um singular. Mas um singular cuja interioridade responde à situação vivida na distinção ou descolamento das formas anímicas cotidianas ou, mais concretamente, substantifica-se enquanto uma *singularidade animicamente radicalizada*, ou cujo sentir, extenso, amplo, multíplice, ingentemente dramático, estendido, tende e se arma para além das formas

CANTO EM CORPO E ALMA: CONCLUSÃO 341

dominantemente pulsantes nos corações diais, o que significa, *in limine*, generalização, expansão de si. Expansão, itere-se com tinta categórica, que se urde pelos fios da *necessidade* do objeto *in mímesis*, aqui, do sentir humano, como bem se atinará. Expansão, assim, que se positiva em necessária verossimilhança, aristotélica, não enquanto mera projetação subjetiva do artista, ou aquela que não é escavada no interior das possibilidades ou desdobramentos intrinsecamente latentes na porção da vida que se plasma. Desdobramentos estes que, no caso monteverdiano, como na *Seconda Pratica* em geral, envolveriam primariamente dramaticidade, porquanto a vida, objetiva e subjetivamente, pulsava *in drama*, drama que então ocuparia o centro da mimese porque vivência humana fundante do tempo histórico, contextura que a Parte Três examina e propõe estremar. De sorte que o sentir de Arianna, dramático, *indivíduo* que vive e pranteia o abandono *concreto* de um ser *concreto*, Ulisses, é tramado *in generidade histórica*, em *universalidade verossímil*, dinâmica que a faz *indivíduo expandido* ou, mais rigorosamente, *concreto indivíduo expandido in drama*.

Concreto, real, porquanto universalizar-se – haurir o gênero, atualizar a fundante condição genérica do indivíduo, positivar nas próprias carnes o mundo social que lhe possibilita e radica, consubstanciar a imanente generidade social do singular, transfundi-la em corpo e alma individuais –, é forma, movimento e *télos* que fundam vias e vida humanas. Vida onde o entalhe e conquista de si, da própria singularidade, é apropriação e consubstanciação, carnal e espiritual, do gênero. Indivíduo que tanto mais se singulariza quanto mais tingir seu próprio sangue com o vermelho de seu gênero, que tanto mais singulariza quanto mais a individualidade fizer de si gênero *in actu*. Indivíduo que assim se humana, porque se amplia, medra, desdobra no interior das possibilidades objetivas paridas pela história, movimento que verticaliza suas raízes na sociabilidade nutriz, que se individua. Na proposição aristotélica vital:

> Imitar é conatural aos homens, e se manifesta desde sua infância (o homem difere dos outros animais porque é muito apto à imitação, e é por meio dela que adquire seus primeiros conhecimentos)[6].

6 Aristote, *Poétique*, 4, 1448 b, p. 33 (grifo nosso).

342 MÚSICA SERVA D'ALMA

Arianna consubstancia em si, na alma, o sentir dramático próprio de seu tempo, que *nela se sintetiza*, síntese que, *possibilidade* e *télos* ontologicamente fundantes *da singularidade*, implica, *in limine*, a agudez, a extensão do sentir, notável em Arianna. Então, esta personagem sonora é, animicamente, um singular universalizado, *objetivo ser genérico*, indivíduo que, genérico *in potentia*, se faz *in actu*. Arte, desdobre-se, é *indivíduo estendido*, em alma, em atos, em alma e atos; arte – musical, pictórica, literária –, *actus* da imanente *potentia* humana genérica, universal: um *"poderia ser"* que universaliza, humana (ou desumana, se assume os caminhos de Iago, Macbeth, Ricardo III), objetivado em Antígona, Arianna, Creonte, Orfeo. Em nova concreção categorial aristotélica, eviterna porque ontológica, e que transcende o universo da arte trágica, como já se alcança coligir:

> Ora, está claro também, pelo que dissemos, que a obra do poeta não é narrar as coisas realmente acontecidas, mas narrar o que *poderia acontecer*. Os acontecimentos são possíveis segundo a verossimilhança ou a necessidade. Com efeito, o historiador e o poeta não diferem por fazerem as suas narrações um em verso outro em prosa (ainda que colocada em verso, a obra de Heródoto não seria menos história em verso do que em prosa), eles se distinguem, ao contrário, porque um narra os acontecimentos que ocorreram, e o outro os acontecimentos que *poderiam acontecer*. Assim, a poesia é mais filosófica e de caráter mais elevado que a história, pois *a poesia narra, antes, o geral*, a história, o particular. *O geral, isto é, que o homem de dada natureza diga ou faça, verossímil ou necessariamente, tais ou tais coisas; é a esta representação que visa a poesia, ainda que atribua nomes a seus personagens*[7].

Aristóteles: o personagem é um singular universalizado, vale dizer, um universal *que tem nome*. Universalidade esta que funda a arte porque um indivíduo genérico *in actu*, um indivíduo que, generosamente, é consubstanciado *in generi*, manifesta *de per si* sua orgânica, seu pulso imo, então, a lógica humano-social que o marca e possibilita. Na letra que alumia e reverbera, em desdobro histórico, a plataforma sobre a qual se arma o reconhecimento de Aristóteles, com o que se

7 Idem, 9, 1451 a, p. 41-42 (grifo nosso).

CANTO EM CORPO E ALMA: CONCLUSÃO

substancia a argumentação determinativa sobre o fundamento ou *modus faciendi* da arte:

A vida individual e a vida genérica do homem não são *diversas*, por mais que também – e isto necessariamente – o modo de existência da vida individual seja um modo mais *particular* ou mais *universal* da vida genérica, ou quanto mais a vida genérica seja uma vida individual mais *particular* ou *universal*. [...] O homem – por mais que seja, por isso, um indivíduo *particular*, e precisamente sua particularidade faz dele um indivíduo e uma coletividade efetivo-*individual* (wirkliches individuelles Gemeinwesen) – é, do mesmo modo, tanto a *totalidade*, a totalidade ideal, a existência subjetiva da sociedade pensada e sentida para si, assim como ele também é na efetividade, tanto como intuição e fruição efetiva da existência social, quanto como uma totalidade de externação humana de vida[8].

Em palavra que se individua, para especificar: o prazer que posso ter com a música só pode ser produzido pela *minha própria* audição, através da *minha singularidade* musical, que é, portanto, *imediatamente genérica*, porque a música, orgânica *fora de mim*, é *produzida pelo gênero*, positivada socialmente pela experiência social dos homens, que o compositor – que o indivíduo – coagula. Música que, esfera social, se objetiva *no e pelo* singular, isto é, pelo artista e na *minha* audição, na e por minha individualidade, que então se amplia, generaliza ao fruí-la, ou produzi-la (como compositor). Vale dizer, o indivíduo é universalidade imanente, e, de forma mais ou menos consubstanciada, em maior ou menor grau de universalização, a partir de "um modo mais *particular* ou mais *universal* da vida genérica", a atualiza, torna *actus* para si. Forma humano-social de ser que é singular enquanto ser social; indivíduo porque social, social como indivíduos. Numa exemplificação distinta, mas convizinha, que reafirma e manifesta a existência de uma mutuação imanente, que é indivíduo engendrado e efetivado no gênero, que se engendra e efetiva no indivíduo, social: mesmo quando

sou *cientificamente* ativo etc., uma atividade que raramente posso realizar em comunidade imediata com outros, então sou ativo *socialmente* porque [o sou] enquanto *homem*. Não apenas o material da minha

8 K. Marx, *Manuscritos Econômico-Filosóficos*, p. 107-108 (grifo nosso).

344 · MÚSICA SERVA D'ALMA

atividade – como a própria língua na qual o pensador é ativo – me é dado como produto social, a minha *própria* existência é atividade social; por isso, o que faço a partir de mim, faço a partir de mim para a sociedade, e com a consciência de mim como um ser social[9].

Tornando ao campo estético. A singularidade estendida funda o *modus faciendi* artístico porquanto universalizar-se – apropriar-se do formante gênero individualmente imanente, expandi-lo, fazê-lo realidade singular –, é descontínua, sinuosa e *humanizadora via cêntrica da história*, e arte é ôntica vida humana *in mímesis*. Se, na vida, conquista mais ou menos efetivada, porque forjada e objetivada nas adstringências e coersões postas pela lógica das sociabilidades, na arte, possibilidade mais plena, generosa, concreta, porque *mímesis*. E se assim o é – se na arte a universalização da vida, do indivíduo, a conquista de sua própria generidade, é efetivação plasmada em liberdade, mimética –, por seu corpo e alma a arte se consubstancia enquanto um realismo crítico. Recante-se, enquanto um *realismo*

9 Idem, p. 107. Consentâneo, posto o movimento determinativo, apor uma famosa, e não menos controversa, reflexão de Montaigne. Sem a pretensão, imprópria, de lhe extrair ou colar um sentido unívoco e irrefutável, mesmo porque a polêmica filosófica que a envolve obsta *in limine* esta ingenuidade, dela, entanto, se colige, em algum grau e batimento, a condição genérica do indivíduo. Cada um de nós, afirma, carrega em si formas e atributos que nos transcendem, que atravessam a todos. Conquanto, quiçá, Montaigne assente este atravessamento social nas formas da contingência, da transitoriedade, da "ebriedade natural", dominantes, que radicariam o homem numa "perene vacilação", numa acidentabilidade incoercível, de sua letra escorre e se escava, rigorosamente, imbricação, mutualidade, interseção fundante entre indivíduo e gênero, sua universalidade, intrínseca, "humana condição" esta, ecoe-se, que permitira a Aristóteles a determinação de que a arte poética é um *poderia ser*. Ao início do capítulo 2 do Livro III dos *Essais*, considera: "Descrevo uma vida baixa e sem brilho, é o mesmo. É possível tomar toda a filosofia moral tanto de uma vida popular e privada quanto de uma vida feita de mais rico estofo; cada homem porta a forma inteira da humana condição. Os autores se comunicam com o povo por uma qualidade particular e rara; eu, o primeiro, por meu ser universal, como Michel de Montaigne, não como gramático, ou poeta, ou jurisconsulto. Se o mundo se queixa que falo muito sobre mim, queixo-me que ele sequer pensa em si. Mas se justifica, sendo eu tão particular em costumes, que eu pretenda me tornar público em conhecimento? Igualmente, justifica-se que eu apresente ao mundo, onde a maneira e a arte têm tanto crédito e comando, efeitos crus e simples da minha natureza, de uma natureza, ademais, tão franzina? Não é construir muros sem pedras, ou coisa semelhante, edificar livros sem ciência e sem arte? As fantasias da música são conduzidas pela arte, as minhas pelo acaso". M. de Montaigne, *Essais*, Livre III, II, p.29.

CANTO EM CORPO E ALMA: CONCLUSÃO 345

crítico: *um para além das formas do cotidiano que se entece na imanência desta realidade.* Urdidura, pois, parida do ventre do verossímil, do necessário, pelo que pode afetar, comover, mover quem a defronta. Em desdobro sintetizador. Arte, esfera que das carnes e espírito da porção da vida *in mímesis* tece-se a si mesma, engendrando por eles os atributos – e meios – que plasmam sua orgânica; carnes e espírito, não obstante, consubstanciados *in poderia ser*. Consubstanciação, e ora se atem todas as pontas, que pressupõe e efetiva, ainda, o enraizamento, no coração mesmo da obra artística, de batimentos, movimentos, horizontes que, porquanto autênticos, constitutivos, humanam. Isto é, em seu interior, como predicado intrínseco que lhe embebe e determina, pulsa um *dever-ser*. Significa que, na arte, *aquilo que poderia ser se entrelaça intrinsecamente a um dever-ser*, realismo crítico que então se substantifica na exata medida em que uma obra se positiva como *expansão humana entranhada de perspectivas e movimentos humanos que se positivam ad hominem.* Mimese, crítica, em suma, que é amalgamação mutuada entre a *universalização constituída da vida tomada*, artisticamente fundante, e um ser ou futuro *ad hominem* silhuetado. Pela alma de Arianna, que torna a corporificar a reflexão. A extensão e jaez de seu sentir, como delineado, parturem um indivíduo ampliado em sua interioridade, sentir, por sua dimensão e fôlego, que é sentir universalizado, que a universaliza. Arianna distende, medra, substancia, liberta, *generaliza*, face às disposições naturais da individualidade cotidiana, suas forças afetivas, o sentir dramático sentido, que se positiva então, concretamente, *in poderia ser*. Anímica que pela exaustão de suas formas – exaustão, igualmente, que marca o homem petrarquesco-monteverdiano de *Hor ch'el ciel*, avoque-se –, prorrompe em sentir (dramático) expandido. Dramaticidade esta, rigorosamente, que encerra e ressumbra, outrossim, um dever-ser; este sentir *in drama*, remonte-se à reflexão anterior – reflexão que a Parte Dois consubstanciou em canto – é sentir visceral, alma em compromissividade, alma ativa, em justeza de ser e sentir porque em jogo está a vivência de um amor e sentimentos autênticos[10].

---

10 Disto se colige, mediatamente, que um fato humano, por sua lógica, porta em si, de forma mais ou menos concreta a cada caso, um *dever-ser*. Nesse sentido, a opção artística por um ou outro tema ou matéria deve levar em conta esta

De sorte que *poderia ser* e *dever-ser* – esferas que na arte não trilham caminho unívoco, ou mesmo convizinho, conquanto em Monteverdi uma homogenia se faça efetividade, o que *de per si* acusa o pulso crítico-realista de sua música, pois numa vida dramática sentir *in drama* é *dever-ser* –, se articulam em imbricação mutuada, engendrando por e nesta inter-relação o tecido artístico, seja em que campo ou modalidade estética for. Donde, no canto monteverdiano, ser o anímico, de um lado, anímica *universalizada*, ou melhor, *indivíduo animicamente universalizado*; de outro, *opção compositiva*, porquanto a dramaticidade pela qual Monteverdi parture Arianna é uma dentre outras naturezas subjetivas possíveis que a personagem poderia assumir, opção monteverdiana, e este é o ponto esteticamente decisivo, que é consubstanciação de uma vivência e perspectiva *ad hominem*. Lógica estético-composicional esta que faz do *Lamento* uma obra de arte – corpo *universalizado* e *axiológico*. Arte que procede e se realiza nesta tensão fundante e ordenadora, arrime-se por reiteração incontornável, porque suas raízes estão radicadas em terreno humano, na objetivação da vida, onde indivíduos se fazem concretos, individuais, individualidades, pela positivação do gênero, que portam *in potentia*, por sua atualização possível, que é sociabilidade haurida, individuada. Na proposição, vital, que sintetiza, "A história social dos homens é sempre a história de seu *desenvolvimento individual*, tenham ou não consciência disso"[11], ôntica condição humana que encerra e implica, *in potentia* e/ou *in actu*, o entecimento de um futuro *ad hominem*, que é individuação positiva, qualificação *ad hominem* do indivíduo no infinito fluxo histórico de sua dramática autoconstituição contraditória. Nesse sentido, livre das amarras do sensível social imediato, que, conquanto funde, interdiz o caminho do indivíduo a si, a arte, cujo ponto de partida e chegada é o mesmo, a vida humana, faz carne a potencial condição genérica dos indivíduos, no real cingida

condição do objeto que se toma em mimese, na medida em que um *dever-ser* é atributo constitutivo do fazer estético. Ao aludir que Orfeo e Arianna o *conduziram* a um canto de talhe dramático, a letra monteverdiana corporifica este reconhecimento.

11 K. Marx, Carta a Annenkov de 28 de dezembro de 1846, em *Correspondencia*, p. 15 (grifo nosso).

CANTO EM CORPO E ALMA: CONCLUSÃO

e inacabada em medrança antinômica. O faz porque assim o homem se atualiza, nos confrontando pela obra com a realidade, *estendida*, isto é, com sua lógica, com o *de-onde-para-onde* humano de espaço e tempo determinados. Ou ainda, a obra, orgânica mimético-crítica por seu próprio tecido constitutivo, ao aflorar os batimentos de nosso imanente poderia ser *in* dever-ser, move – ou pode mover – o indivíduo à consciência e autoconsciência. Numa palavra, arte, *indivíduo expandido em verdade prospectiva*, pedagógica, enfim, porque plasmação de indivíduos genéricos; de indivíduos, porquanto a vida social, estaque-se, é a história das *vidas individuais*, indivíduo que universalizado pela arte autoexplicita-se em seu ser e ir-sendo, desnudando, ato contínuo, a lógica da sociabilidade que o contém e radica.

Desta plataforma categorial, pois, colige-se o porquê do canto mimético, seja ele qual for, implicar sua materialidade forjada em tipicidade: a voz, mediação da alma, se não liberta, pela interversão da vocalidade, dos travamentos expressivos que timbram sua condição dial, é insuficiente à conformação do canto, interioridade em sentir expandido, universalizado. No caso específico da *mímesis della voce*, na inexistência de sua segunda tipificação, não podem tomar forma pulsos afetivos que se universalizam, concretam, porquanto a voz, em imitação de si, se inesculpida na generidade de seu *modus faciendi*, é som desequipado à projetação real dos pulsos afetivos, que, como arte, têm de se generalizar, pelo que se fazem concretos, expressivos. Voz que, ao superar as formas cotidianas que lhe aprisionam expressivamente, é universalização de si, dos sentimentos sentidos. A termo que a argumentação *ad mímesis* permite a cunhagem de um passo que entende aclarar categorialmente uma questão ainda não plenamente substantificada, pois ausente até aqui o suposto teorético para tal, ora assomado. Aclaramento que significa a resposta ao seguinte problema: no que se constitui, em última análise, a segunda tipificação monteverdiana? Ou melhor, qual é, estruturalmente, sua efetiva função musical? Ora, como a primeira, e eis o ponto que este contexto teórico permite reconhecer, a segunda se consubstancia também como *meio*: a voz que se toma em canto é a *via* da substantificação

da mimese que se enforma, a saber, indivíduo em (dramático) sentir expandido. Em proposição que concreta, a voz, em
Monteverdi, como insistentemente configurado, se atualiza,
sim, como *matéria*, como *objeto* mimético (segunda tipificação). Porém, refine-se a assertiva, como objeto *mediato* da
mimese, pois a *imitatione del parlare*, a monteverdiana imitação da voz, se positiva como mediação do *télos* e matéria
artísticos reais: *a plasmação de uma singularidade anímica
universalizada in dever-ser*. Em argumentação que especifica.
Monteverdi constitui uma voz *in mímesis* de si, que é sua matéria *compositiva imediata*. Não obstante, e simultaneamente,
esta voz *in mímesis* é matéria *artisticamente mediata*, na exata
medida em que substantificar a natureza da vida afetiva é o
fim conscientemente perseguido, que se realiza por meio desta voz que se imita. Significa que a *Seconda Pratica* se arma e
efetiva enquanto *mímesis della voce*, pela qual, entanto, toma
forma a consubstanciação mimética fundante deste canto: a
dação de forma do sentir de uma alma animicamente expandida. Então, a segunda tipificação é, antes de tudo, *instrumentum mímesis*, ou, itere-se, matéria a um só tempo *imediata*
e *mediata*. *Imitatione del parlare*, *mímesis della voce* que se
atualiza em Arianna: sentir genérico porque singular, *in poderia* e *deveria ser*. Arte, *indivíduo in veritate – indivíduo in
generi*. Arianna, *genus in actu*, posta por um canto *ad vocem*.
Humana Arianna, humano cantar, porque vida afetiva, não
um caleidoscópio de pulsos afetivos sentidos, um sentir abstrato, mas vida anímica de um singular que se universaliza
ad hominem, de um singular de tempos dramáticos. *Seconda
Pratica*: voz, serva d'alma.

O espaço teórico que se concentra sobre a alma da mimese
artística não poderia privar o leitor de algumas reflexões e as-
sertividades quixotescas. Isto, de um lado, em função da centralidade histórica da obra e de seu autor, consubstanciados,
assim, enquanto *referências estéticas*. De outro, e mais especificamente, dada a coetaneidade entre Cervantes e Monteverdi,
que no caso implica mutualidade artística categorial, com a
qual importa atinar porque esta tanto alumia a lógica mimética posta em movimento pelo canto monteverdiano como

CANTO EM CORPO E ALMA: CONCLUSÃO

cimenta as determinações ideais construídas nestas páginas "conclusivas". Reflexões e assertos estes, firme-se de pronto, que em letra tão clara quanto vital, tão vigorosa quanto humana, expressam o reconhecimento de que arte é matéria mimético-prospectiva. Vejamos, ainda que de passo.

O forjador do Cavaleiro da Triste Figura não tem dúvida quanto à constituição e lógica do ato estético: este enforma uma *imitação ad hominem*. Na assunção cabal – *ideal e prática* – da determinação aristotélica, então reposta em solo tardo-renascentista espanhol, sua pena artística é, *concretamente*, vida humana *in poderia ser*, *modus faciendi* que o consciente texto cervantino coagula, ainda, na voz reflexivo-filosófica de alguns personagens. Ora, na errância consumada, firme-se com o mesmo vigor cervantino, a demência quixotesca é sanidade de alma, a insânia, individuação autêntica possível, o incompossível, possibilidade que humaniza, o individual, busca e ação no mundo, expansão, gênero, orgânica estético-humana que não poderia, pois, não tropeçar e se nutrir na *Poética*, ecoando-a. Eco que, categorial, ata em laço imo Arianna e Ulisses, Monteverdi e Homero, Aristóteles e Cervantes. Num diálogo com Sancho, ao afirmar que o destino da façanha que se aproxima dependeria de sua diligência, o que inquieta o escudeiro, Quixote, a determinado momento, lhe diz:

Quando algum pintor quer sair famoso na sua arte, procura imitar os originais dos mais célebres pintores que conhece. Esta mesma regra se verifica em todos os mais ofícios e profissões de monta, que abrilhantam as repúblicas. Assim o há de fazer e faz quem quiser alcançar nome de prudente e resignado, imitando a Ulisses, em cuja pessoa e em cujos trabalhos nos pinta Homero um retrato vivo de prudência e de resignação, como também nos mostrou Virgílio, na pessoa de Eneias, o valor de um filho piedoso e a sagacidade de um valente e entendido capitão, *não* os pintando ou descobrindo *como foram*, mas como *deviam ser*, para que suas virtudes servissem de *exemplo aos homens vindouros*[12].

Afirmação teórico-estética que, inconteste em sua filiação, translúcida quanto ao ventre que lhe gera, é corroborada em novo

---

12 M. de Cervantes, *D. Quixote*, v. I, xxv, p. 354 (grifo nosso).

contexto. Com o que novamente tomam forma, em iniludível palavra filosófica que nem se incomoda em quase transcrever o passo grego que a radica, os supostos que, para Cervantes, sustentam e impulsam o fazer artístico, isto é, tomam forma, idealmente, o ser e ir-sendo de Quixote, suas carnes e alma, singulares em universalidade:

Assim é – concordou Sansão [Carrasco]. Mas uma coisa é escrever como poeta e outra como historiador. O poeta pode contar e cantar as coisas, não como foram, mas como deveriam ser; o historiador deve escrevê-las, não como deveriam ser, mas como foram, sem aditar nem tirar à verdade ponto algum[13].

E se a vida de Quixote é inconcusso *poderia ser* aristotélico, lógica que a pena cervantina manifesta e sintetiza em letra teorética, sublinhe-se, a de Sancho, igualmente, é por ela assim plasmada. Em termos concretos e simples, sua vivência quixotesca lhe amplia, expande: pela experiência vivida, pelo contato *ativo* com Quixote e com aquilo que ele lhe proporciona e descortina, sua relação com o mundo se alarga, ampliando-lhe reconhecimento, razão e sensibilidade, expansão que o faz Sancho, que o caracteriza. Se não cabe, de fato, apenas comento fugidio e abstrato sobre este personagem, porque sua figura e alma nos impõem um capítulo inteiro, e longo, que se tome um momento, ao menos, de sua ação e espírito já agudizados – *in poderia ser* – pelas provações sofridas. Momento que testemunha que a arte é, *lato sensu, singularidade expandida in dever--ser.* Não fosse, Sancho jamais existiria, indivíduo que não é engendrado por um isolado e utópico engenho imaginativo; Cervantes, realista-crítico, não o tirou de sua cartola literária mágica, que, se mágica, o é porque mágica aparenta ser, em alguns momentos, a vida humana. Vida que, universalizada, faz do camponês bruto, urdido em terra e rudeza, ser singular, expandido, expansão que é desabrochar de um homem mago de si mesmo. Na verossimilhante conversa com sua mulher, da qual se colhem suas passagens vitais, e pela qual esta Parte

---

13 Idem, v. II, III p. 292. Em tautologia fugaz, mas oportuna, quiçá verdadeira: a verdade artística de D. Quixote testemunha sobre a verdade estético-categorial da proposição aristotélica, da mesma forma que esta verdade teórica praticada significa arte em sua forma mais verdadeira.

CANTO EM CORPO E ALMA: CONCLUSÃO

chega a seu final, já não sem tempo –, *verossímil*, atine-se, porque Sancho se individua, humana –, à Teresa pondera *ad hominem*, e, no contraste das objeções por ela postas, sua alma, sensível, se avulta, notável; alma de quem medrou, de quem pôde cultivar a si no ato imanente da generidade, e que por isso se fez personagem, inesquecível:

[Teresa:] O melhor tempero do mundo é a fome, e como esta não falta aos pobres, sempre comem com gosto. Mas olhai, Sancho: se porventura vos virdes com algum governo, não vos esqueçais de mim e de vossos filhos. Lembrai-vos de que Sanchico tem já quinze anos completos e precisa de ir à escola, se é que seu tio abade o irá fazer entrar para a Igreja. Olhai também que Maria Sancha, vossa filha, não morrerá se a casarmos, pois já vou tendo pressentimentos de que deseja tanto ter marido como desejais ver-vos governador; e, por fim, melhor parece a filha mal casada que bem amancebada.

– Por minha fé – respondeu Sancho – que, se Deus me chega a dar algo de governo, hei de casar Maria Sancha tão altamente, mulher minha, que não a possam chamar senão por senhoria.

– Isso não, Sancho – discordou Teresa. – Casai-a com seu igual, que é mais acertado; pois, se dos tamancos a tirais a coturnos e da saia parda de burel a crinolinas e savoianas de seda, e de *Maricota* e *tu* a *dona fulana* e *senhoria*, já não saberá a menina quem é, e a cada passo há de cair em mil faltas, descobrindo o fio de seu pano grosso e grosseiro.

– Calai-vos, boba – disse Sancho. – Tudo está em usá-lo dois ou três anos; vir-lhe-ão depois o senhorio e a gravidade, como por medida, e se não vierem, que importa? Seja ela *senhoria* e venha o que vier.

– Limitai-vos, Sancho, a vosso estado – retrucou Teresa. – Não queirais alçar-vos a outros maiores e lembrai-vos do refrão que diz: cada macaco no seu galho. Seria por certo gentil coisa casar nossa Maria com um condaço ou com um cavaleirote que, quando assim lhe parecesse, a desfeiteasse, chamando-a de vilã, filha do destripa-torrões e do gira-rocas? Não em minha vida, marido! Para isso, por certo, não criei eu minha filha! Trazei vossos dinheiros, Sancho, e deixai a meu cargo o casá-la [...] Com este, que é nosso igual, estará bem casada [...] Não ma ireis casar nessas cortes e nesses grandes palácios, onde nem a ela entendam nem ela mesma se entenda.

– Vinde cá, animal e mulher de Barrabás – replicou Sancho. – Por que quereis agora, sem que nem para que, estorvar-me a casar minha filha com quem me dê netos a que se trate por *senhoria*? Olhai, Teresa: sempre ouvi dizer, a meus avós, que quem não sabe gozar da ventura, quando vem, não se deve queixar, se ela passa. Não ficaria bem que lhe fechássemos a porta, agora, que bate a ela. Deixemo-nos levar por este vento favorável, que nos sopra.

Por este modo de falar, e pelo que adiante diz Sancho, asseverou o tradutor desta história que tinha por apócrifo este capítulo.

– Não vos parece, alimária – prosseguiu Sancho – que será bom dar com meu corpo nalgum governo proveitoso, que nos tire o pé do lodo? Casa-se Maria Sancha com quem eu quiser e vereis como vos chamam *Dona* Teresa Pança, e vos sentais na igreja com alcatifas, almofadas e dosséis, apesar e a despeito das fidalgas do lugar! Não, quereis estar sempre na mesma, sem crescer nem minguar, como figura de tapeçaria? Nisto não falemos mais: Sanchica há de ser condessa, por mais que me disserdes.

[...]

– Olhai, Teresa – respondeu Sancho. Escutai o que agora quero dizer. Talvez nunca o tenhais ouvido em todos os dias de vossa vida e o que agora falo não é meu. Tudo quanto penso dizer são sentenças do padre pregador, que na semana passada pregou nesta aldeia, o qual, se mal não lembro, disse que todas as coisas presentes que os olhos estão contemplando se apresentam, estão e assistem em nossa memória muito melhor e com mais veemência que as coisas paradas.

Todas estas razões que aqui vai expondo Sancho são as segundas pelas quais diz o tradutor ter por apócrifo este capítulo, pois excedem a capacidade de Sancho, que prosseguiu dizendo:

– Donde vem que, quando vemos uma pessoa bem adereçada e com ricas vestes composta, e com pompa de criados, parece que por força nos move e convida a ter-lhe respeito, ainda que a memória naquele instante nos apresente alguma baixeza em que tal pessoa vimos? Essa ignomínia, seja de pobreza, agora, ou de linhagem, como já passou, já não é, e só é o que vemos presente. E se esse a quem a fortuna tirou do rascunho de sua baixeza (com estas mesmas razões o disse o padre) para a elevação de sua prosperidade, for bem-criado, liberal e cortês com todos, e não se quiser medir com aqueles por antiguidades nobres, tende por certo, Teresa, não haver quem se recorde do que foi, mas apenas reverenciarão o que é, à exceção dos invejosos, de que se não livra nenhuma próspera fortuna[14].

---

14 Idem, v. II, v, p. 307-310.

CANTO EM CORPO E ALMA: CONCLUSÃO

Sancho – indivíduo cuja universalização é a própria condição e via de se fazer personagem cervantino, isto é, de se fazer indivíduo –, de Teresa se descola porque do gênero se avizinha. No diálogo roborante, com o que arremata este percurso *ad mímesis*, que é vida *ad hominem*, que é arte cervantina, e monteverdiana, que é Sancho e Orfeo, Quixote e Arianna:

– Cada dia, Sancho – comentou Dom Quixote – vais ficando menos simples e mais discreto.

– Bem, algo me há de pegar da discrição de vosmecê – respondeu Sancho. – As terras que em si são estéreis, se as estercamos e cultivamos, acabam por dar bons frutos. Quero dizer que a conversação de vosmecê foi o esterco que caiu sobre a terra estéril de meu seco engenho; o cultivo, o tempo em que o tenho servido e tratado. Com isto, espero dar frutos que sejam de benção, tais que não desdigam nem deslizem dos canteiros de boa lavoura que vosmecê fez no meu árido entendimento[15] [que se expandiu!].

15 Idem, v. II, XII, p. 357.

Parte Três

O Homem da Renascença: Indivíduo que se Infinitiza

Cada dia, Sancho, vais ficando menos simples e mais discreto.

D. QUIXOTE

Considerações Iniciais

A terceira e última Parte deste estudo elabora sobre matéria mais abstrata. Se na Parte Um o estudo se armou a partir da investigação das letras teórica e testemunhal, e a Dois tomou em análise carnes e alma compositivas, a Três se ergue no exame de temática menos pontual e silhuetada. O que se persegue é o delineamento de um *espírito humano*, ou das tendências espirituais fundantes que marcaram o homem renascentista. O talante é escavar, e marque-se desde já, num patamar não mais do que genérico, os atributos e perspectivas que armaram e substantificaram a interioridade neste espaço de radicais transformações humano-sociais. Aquilo que se quer fazer teoricamente pulsar, em suma, é o sentido e direção que a vida anímica assumia, cujas mutações, históricas, foram notáveis, posto um mundo no qual o homem mais e mais se fazia entalhador do próprio destino.

Quando Garin faz referência, no prefácio de seu *L'uomo del Rinascimento*, ao célebre texto homônimo de Ágnes Heller, o elemento que dele destaca, que articula suas considerações, e sobre o qual faz convergir o comento que lhe dedica, é o fato da autora dispor que o Renascimento parture um homem *que transforma* e *se faz*. Efetivamente, a asserção gariniana agarra o núcleo categorial que ordena o texto da filósofa, asserto em que, num claro concertamento com a pensadora húngara, Garin manifesta que esta *nova* dimensão ou condição humana é o pulso próprio e peculiar do homem, do indivíduo do Renascimento, doravante forjador de si mesmo. Assim, através de Heller, e com ela, Garin descerra desta quadra da história uma categoria basilar, espelhante do que determinaria o estuar da vida humana em tempos renascentistas. Considera:

No seu maciço tratado, intitulado precisamente *O Homem do Renascimento*, publicado em Budapeste, em 1967, Ágnes Heller, aluna de Lukács, observou que o Renascimento foi "a idade das grandes biografias", aliás, a idade das biografias. E isto, acrescentava, porque muitas personalidades excepcionais se estavam formando numa sociedade que se construía, se transformava e se narrava. A um momento estático – continuava Heller – sucedeu um momento dinâmico. O homem novo, o homem moderno, era um homem que se vinha fazendo, que se construía, e que estava consciente deste seu fazer-se. Era, precisamente, "o homem do Renascimento"[1].

Indivíduo que, agente *dinâmico* na realidade que consubstancia, então se transfunde ao transfundi-la, transfunde-a ao se transfundir, com o que imprime no tecido histórico, e em si, porque sua história se individua, os feitos e marcas da singularidade. Em termos análogos:

Cerca de dois séculos e meio dura o Renascimento – seu lugar de nascimento, sobretudo algumas cidades-estado da Itália. Estas as coordenadas dentro das quais buscar e colocar, a partir de um caráter bem definido, o homem do Renascimento, isto é, uma série de figuras que nas suas atividades específicas realizam, de forma análoga, um novo caráter: o artista, que não é só artífice de obras de arte originais, mas que através de sua atividade transforma sua posição social, intervém na vida da cidade, caracteriza as suas relações com os outros; o humanista, o notário, o jurista, que se fazem magistrados, que com seus escritos pesam na vida política; o arquiteto que trata com o príncipe a construção "física" da cidade[2].

---

1 E. Garin (org.), *L'uomo del Rinascimento*, p. 5-6.
2 Idem, p. 3.

O HOMEM DA RENASCENÇA: CONSIDERAÇÕES INICIAIS 359

A escavação da vida subjetiva, o iluminamento categorial das tendências espirituais que timbraram o homem da Renascença, ainda que apenas mediatamente coligados à temática e ao objetivo deste estudo, de modo algum se positivam como movimento teórico inecessário, ou mesmo periférico. Com efeito, desempenham papel decisivo na determinação da lógica compositiva monteverdiana, porquanto reconhecer a trama constitutiva do pulso da subjetividade no Renascimento, especificar a fibra que urdia o tecido da interioridade, arrima, consolida, clareia e amplifica argumentos, análises e determinações construídas. Pois o canto que é *mímesis della voce*, indivíduo que sente, se estrutura, e não poderia ser diverso, a partir e no interior da vida anímica que lhe é coetânea. Em proposição distinta, as considerações determinativas que se entecerão expressam, em cores ônticas, o *porquê* da arte deste compositor nascido no último quartel do século XVI ter se objetivado como *imitatione del parlare*, ter engendrado uma histórica intensificação musical da expressividade, ter parido a *perfetione de la melodia*. Canto que, voz em autoplasmação, desregraria regramentos contrapontísticos, adensando dissonâncias. As razões de fundo, as humanas, que conduziram ao surgimento de um *mélos* expandido, polimorfo, pleno de energia e atividade, dramático, são aqui tangidas. Neste passo investigativo, em suma, a conexidade arte-vida surge em carnes mais concretas, porquanto argumentação que ara o terreno das raízes da arte, ação teorética que, ao transparentar, nas formas da veemência, que a música opera *in mímesis*, ilumina, ato contínuo, a gênese dos procedimentos composicionais examinados.

Disposta esta contextura, se deve de pronto assinalar que esta Parte não perspectiva delinear a plataforma social que arrimaria e alavancaria o desenvolvimento da vida subjetiva, que sustentaria e impulsionaria a patamares históricos mais generosos a interioridade, seus conteúdos e forma. Delineá-la, mesmo que pelas franjas, implicaria tarefa que superaria em muito seus objetivos, mais específicos e pontuais. De fato, ainda que intentada, a simples aproximação aos fundamentos sociais radicantes que catapultaram o homem à modernidade, posta a complexidade e abrangência da questão, não poderia ultrapassar aqui a palidez de algumas considerações gerais, o que a tornaria, de saída, intento infecundo. Mas, que desta inanidade não se escave um absurdo, a saber, que a vida interior seja fruto de si mesma, a consequência abstrata de desejos humano-sociais abstratos, ou melhor, consequência de uma subjetividade abstratamente regente. Da Parte Um se tomou e coligiu o oposto. De sorte que examinar a lógica da vida subjetiva implica *in limine* sua contextualização. Então, a argumentação que se inicia não pode ou entende evitar que a pena teórica se envolva com o arrimo objetivo da subjetividade, isto é, com a lógica da vinculação entre subjetividade e realidade societária, entre mundo objetivo e vida anímica. Não obstante, pelo referido, a reflexão sobre tal mutuação surgirá apenas em silhueta mediata, entremostrada, ou será mesmo ocasional, porquanto menos decisivo neste contexto analítico é traçar a raiz da vida subjetiva, as condições extrínsecas que a possibilitam e propulsam, do que a explicitar em sua natureza, em seu teor e caráter. Porque o vital, aqui, é projetar a conexão indestrinçável entre arte e vida, logo, entre música e alma humana, com o que mais substantivamente se poderá reconhecer e apreender a ancoragem, sentido e dinâmica do canto monteverdiano. Advertidos, *lato sensu*, fim e limites desta etapa, que a subjetividade de um tempo assuma formas ideais concretas.

1. Vida e Subjetividade

VIDA: CONSTRUÇÃO ATIVA

Esboçar, de forma a um só tempo sucinta e substantiva, a substrução humano-social daquilo que se denominou Renascimento é ação que não poderia evitar, de um modo mais ou menos imediato, uma iteração reflexiva. Este período da história foi tão copiosamente tomado, analisado a partir de aproximações teóricas tão diversas, que a cunhagem de algo que acresça a este vasto ideário algo novo – ou ao menos significativo – seria tarefa de uma vida, e longa. Entanto, é necessário estacar um ponto de partida que funde a argumentação determinativa que ora incoa. Ponto este que, sem a tola pretensão de estabelecer um sentido analítico original, entende apenas distinguir, genericamente, as colunas sociais que fundaram e orientaram a vida do homem renascentista. Distinção, esta, realizada com um intuito básico, firme-se: armar as vigas sustentantes para o reconhecimento do *porquê ontológico da natureza da subjetividade posta pela música monteverdiana*, do porquê fundante deste canto ser aquilo que é. O que significa tanger o fundamento humano primígeno da arte monteverdiana, assim, as razões de fundo da melodia do cremonense, do tecido compositivo, o substrato das motivações que o conduziram a compor do modo como o fez.

Disposto, então, nos termos de uma síntese, arrimadora: a Renascença se consubstanciou enquanto a aurora do mundo moderno, como o espaço inceptivo da vida burguesa, momento auroreal que é transmutação histórica que fecundaria a vida social em todas as esferas e reentrâncias, não apenas sua cultura e arte. Vale dizer, no transfazer o modo de produzir e viver, este transformante pulso vital nascediço, produto ele mesmo do ventre desta mutação social de alicerces, depôs sobre os ombros do indivíduo a construção de seu destino, agora cunhado por suas mãos, indivíduo que se põe e reconhece enquanto produtor de seu presente e futuro. Na assertiva de Heller, que na dimensão *ativa* do homem reconhece a categoria humano-social específica do Renascimento:

> A antiguidade tem um conceito estático do homem; a existência do indivíduo se realiza dentro de limites circunscritos, seja no plano individual, seja no social; o ideal não representa a projeção subjetiva de desejos e objetivos, mas um limite concreto[1]. A ideologia cristã do medievo rompe esta barreira. O aperfeiçoamento, de um lado, a depravação, de outro, podem se perpetuar ao infinito, ao menos se comparados aos confins das possibilidades humanas; não obstante, o início e o fim deste processo são determinados pela transcendência: pecado original e juízo universal. No Renascimento surge *a concepção dinâmica do homem*[2].

Isto é:

> Existe a história do desenvolvimento pessoal do indivíduo e existe, paralelamente, a história do desenvolvimento da sociedade. A identidade contraditória entre indivíduo e sociedade se evidencia agora em todas as suas categorias fundamentais. Situação e indivíduo entram numa relação fluida: presente, passado e futuro são criações da humanidade[3].

---

1 Sobre a questão do *limite* como categoria fundante da sociabilidade grega, cf. M. Chasin, *Política, Limite e Mediania em Aristóteles*.
2 Á. Heller, *L'uomo del Rinascimento*, p. 1 (grifo nosso).
3 Idem, ibidem.

O HOMEM DA RENASCENÇA: VIDA E SUBJETIVIDADE 363

Numa palavra, "Espaço e tempo se humanizam, enquanto *o infinito se torna uma realidade social*"[4]. Em necessário desdobro. Nas novas formas de produção e reprodução da vida – nas embrionárias formas capitalistas de produção, *télos* e atividade se forjam e constituem em ingênita dimensão *ativa*, em imanente pulso *dinâmico*. A Renascença, redisponha-se por expressão quase rude, é a consubstanciação histórica primal da sociabilidade burguesa, ou, mais rigorosamente, é sua síntese histórica fundante. Movimento, processo, que implicou a subversão cabal de carnes e alma humanas, porquanto a superação da orgânica e lógica feudais pôs em marcha mutações de fundo em todas as esferas da vida. Mutações que engendraram e significaram o surgimento de um homem singularmente descolado de suas formas históricas anteriores. Um *modus faciendi* social radicalmente novo alvorecia. *Modus* que, por sua intrínseca natureza, empurraria o indivíduo a um *fazer ativo*, a uma dinâmica de ser e ir-sendo indivíduo cujo pulso universalizador, conatural, expandiria, objetiva e subjetivamente, presente e futuro humanos. No tracejamento de Heller, marcante do batimento das bases da vida renascentista italiana, mais precisamente da florentina:

A riqueza como objetivo; a produção efetuada pela produção, isto é, a produção como *processo infinito*, que desordena e transforma continuadamente – desagregando assim as comunidades naturais – todos os *problemas postos aos homens pela nova situação*, promovendo a formação de novos tipos humanos e simultaneamente, como consequência, uma concepção de homem diversa tanto da antiga quanto da medieval: *o conceito de homem dinâmico*[5].

A letra helleriana, pois, afirma – e tome-se, posta a argumentação em curso, somente este elemento desta assertiva multíplice – que a nova situação humano-produtiva supôs e engendrou um *status quo* que é perene movimento e alteração. Desponta um mundo que, ampliação infinita das forças produtivas e das riquezas, gera uma orgânica social que, infinitizando-se, faz do homem, do indivíduo, ser dinâmico,

---

4 Idem, p. 1-2 (grifo nosso).
5 Idem, p. 12 (grifo nosso).

positivamente ativo, portanto intrinsecamente mutatório, crescente. Necessária e imanentemente infindo porque esculpido a partir e no interior de uma sociabilidade que incondicionalmente isto lhe demanda e para isto o arroja. Infinitude humana que significou, do ponto de vista objetivo, a medrança quantitativa e qualitativa da ação e horizontes do indivíduo no universo social que ele então constitui, *de per si*. Universo que assim se amplia, pluraliza, humana, o qual, em necessária ação recíproca, torna a ampliar e desdobrar o indivíduo em suas possibilidades humano-sociais expandidas. Infinitude, enquanto revérbero objetivo, que significou ainda o alargamento das relações e mutuações do homem com a natureza, que a ciência lhe vai apropriando em crescença, movimento que o universaliza porque vida objetiva que se faz subjetiva. E, do ponto de vista subjetivo, a seu turno, esta infinitude implicou a positivação da personalidade, da individuação, positivação que, alargamento subjetivo do homem em todos os campos da vida social, *universalização de sua interioridade*, é caminho humano escavado posta uma sociabilidade que propõe e impõe em escala crescente e em termos progressivamente mais complexos. Ao buscar a concreção conceitual da categoria *homem dinâmico*, Heller pontualiza que a vivência renascentista é, subjetivamente, *expansão qualitativa das possibilidades humanas*, vale dizer:

> O conceito de *homem dinâmico* é indefinível. Pode-se sintetizá-lo a partir do fato de que *todos* os conceitos relativos à natureza humana se tornam dinâmicos. Os conceitos de valor se reestruturam: o infinito (o caráter infinito do espaço, do tempo e do conhecimento), mais do que objeto de especulação, torna-se experiência, o elemento criativo da ação e da conduta; a perfeição não é mais uma norma absoluta: o conceito de processo implica de fato um aperfeiçoamento contínuo, no qual não existe, nem poderia existir perfeição absoluta[6].

Homem dinâmico: sociabilidade da eviterna e movente atividade expandida, cuja infinitude vital desfaz a improgressiva infinitude mediévica da transcendência, entalhadora das ações na eticidade estíptica do sagrado. Infinitude vital, imanente ação

---

6   Idem, ibidem (grifo nosso).

O HOMEM DA RENASCENÇA: VIDA E SUBJETIVIDADE

dinâmica que, forçando vitalmente as margens humanas, amplia e intensa inauditamente as relações do indivíduo com o mundo objetivo, social e natural, reordenação de fundo que no plano subjetivo o lança, pela dinâmica desta ampliação, à consciência de si, à agnição da natureza de sua atividade, à autoconsciência. Em termos análogos, um pulso social *ativo* funda ação, comportamento e perspectivas do homem, da sociabilidade. Atividade humanamente extensora, movente, que ao consubstanciar relações e objetivações talhadas em infinitude produz, pela multiplicação das riquezas, objetivas e subjetivas, tanto a infinitização das vias e possibilidades do mundo social, onde o indivíduo se põe e constitui, como, a partir daí, das da subjetividade, isto é, o indivíduo *se individua*. Em um mundo assim, urdido nas fibras da infinitude posta, de um dinamismo fundante, a perfectibilidade é momento sempre fugidio, ou aparente. Algo que, se de algum modo tangido, se dissolve no ar: dissolução que é fazer *in* expansibilidade, produção, material e ideal, que engendra sua reprodução ampliada; homem dinâmico – indivíduo que se universaliza, subjetividade que se infinitiza numa sociabilidade organicamente infinitizada, que produz a vida material – e espiritual – num movimento e curso que é expansão *ad infinitum* da vida social. Na ancoragem marxiana, que ao fundar o exposto ato contínuo alude ao pulso adstritivo da universalidade objetivada, individuadora: à sociabilidade regida pelo *valor*, que a tudo subordina, abstratizando relações e atributos humano-sociais, é imanente

a dupla base[7] do desenvolvimento tendencialmente e *dynamei* universal das forças produtivas – da riqueza em geral, e paralelamente da universalidade das trocas, então do mercado mundial. Base que cons-

---

7   Ao modo de produção capitalista, pontualiza Marx, é imanente uma contradição estrutural: em sua orgânica estuam as possibilidades de sua superação, posto precisamente seu atributo de fundo – a tendência ao desenvolvimento universal das forças produtivas. Expansão universalizadora que, conduzindo ao seu descolamento das formas desta sociabilidade que a engendra, e que engendra, se consubstanciaria ela mesma no pressuposto de uma nova comunidade humana. A "dupla base" da sociedade do capital, pois, está no fato de que sua fundante força constitutiva e propulsora – generalizante, humanizadora, e que a reproduz – prenha está do suposto de sua própria abolição, pois suas forças produtivas tendem a ultrapassar os limites humano-sociais imanentes à lógica social posta, que, ao universalizar, simultaneamente circunscreve e adstringe homem e humanidade.

titui a possibilidade do desenvolvimento universal do indivíduo, e o desenvolvimento real dos indivíduos sobre esta base como superação constante do obstáculo que ela constitui, obstáculo que é reconhecido como tal, e não tem valor de limite sagrado. A universalidade do indivíduo não como universalidade pensada ou imaginária, mas como universalidade de suas relações e ideais. Donde a compreensão de sua história como um processo, e o saber que a natureza (presente também como potência prática acima dele) é seu corpo real[8].

Em argumentação que consubstancia. Silhuetando de passo, e de chofre, uma questão que à frente se retoma: diferentemente do passado, o indivíduo do Renascimento forja a sorte que lhe cabe, elege e desenvolve os caminhos que trilha, plasma seu destino, individual. Efetivamente individual, próprio, porquanto irreplicável. Porque talhado não como o de Antígona – individualidade cujo destino é parido a partir de uma escolha humanamente adstrita, a saber, entre duas possibilidades *extrínsecas ao ser singular* –, mas pela ação que desconhece negações sociais simplesmente incompossíveis e incontornáveis, ou aquelas que não se consiga, em algum ponto ou grau, vergar *ad hominem*. A escolha nascida entre possibilidades abstratas à individualidade, que então se abstrai, timbra corpo e alma de Antígona, Creonte ou Ismene. A opção entre *"potências éticas"*, como a caracterizava Hegel, opção que funda o limitado ato individual em *Antígona*, implica e espelha a inexistência de uma individuação ativa, positiva, a qual, ao revés, é indivíduo autonômico, móvel, dada uma multiplicidade de vias *pessoais* possíveis a partir e no interior de uma sociabilidade que se universaliza. Individuação que se atualiza, pontualize-se desde já, no curso de interdições postas e repostas pela trama social, que radicada na mutuação dominantemente colidente entre indivíduo e gênero, dessangra no ato mesmo de sua efetivação a individualidade protoburguesa nascediça. Destinos que ao se individuarem sensificam uma infinitude de alternativas e caminhos humanos – objetivos e subjetivos. Possibilidade de consubstanciação de humanos destinos humanos que, se objetivando *in actu*, ou mesmo se apenas as-

8 K. Marx, *Grundrisse* (1857-1858), tome I, p. 34. Cf. nota 30.

O HOMEM DA RENASCENÇA: VIDA E SUBJETIVIDADE

somando-se na *potentia* socialmente negada de um *poderia ser*, revela, *in limine*, um homem intrinsecamente dinâmico: que interfere e intervém individualmente na vida, que vive e opta a partir de si. Significa, pois, que o fado que se faz multíplice, plural, singular, é forma de objetivação de uma sociabilidade que se ergueu a partir e no interior da *vida ativa*. Na letra que alicerça e sintetiza, o "dinamismo [renascentista] é característico do homem na sua relação com a sociedade. A escolha do destino, no sentido social, é sinônimo de *possibilidades infinitas*"[9]. Então, "O destino é visto cada vez mais em função 'daquilo que eu podia fazer e o que fiz de mim mesmo': torna-se agora a categoria da participação eficaz no dinamismo social"[10]. E, numa reflexão completiva de Heller, torna-se manifesto algo mais do que latente na argumentação expendida, a saber, o dinamismo pelo qual se entece o homem do Renascimento encerra e implica individuação. Em propositura convizinha: a individuação que se projeta é fruto de uma sociabilidade que se dinamiza, e que ao se individuar infinitiza este dinamismo irrompido. De sorte que se o homem passa a ser e se pôr a partir e no interior da *atividade que, individuando-o, o conscientiza sobre si*, a humanidade entrevê a história, reconhecendo-a, natural e necessariamente, enquanto movimento intrínseco às forças humanas. Vida humana que assim se humaniza, porque impulsa para níveis mais plenos, completos, ativos, vínculos, formas e relações sociais. Vida onde o indivíduo, nascediço *in* individualidade, se faz agente *per se*, porquanto dinâmica e categorias presentes ao longo dos séculos atualizaram-se em estado maturescente. No referido urdimento completivo helleriano:

Na medida em que o destino do homem se realiza no movimento *global da sociedade* [dinâmica], é aqui que toma forma *a sociedade enquanto tal, e a relação do indivíduo – como tal – com esta sociedade*. A solução do problema "como posso viver e me valorizar no interior do movimento de tal sociedade" se torna cada vez mais uma questão puramente *individual*: a sondagem das direções tendenciais deste movimento não pode se fundar sobre a

9 Á. Heller, op. cit., p. 12-13 (grifo nosso).
10 Idem, p. 13.

convenção, pois a própria sondagem é exatamente contrária à convenção, e a futura *routine* burguesa ainda está por vir. É precisamente isto que ocorre: o desenvolvimento de uma relação individual com a sociedade, a escolha do próprio destino, que tornam necessária a crescente individualização dos pontos de vista, dos juízos, dos modos de comportamento[11].

Em recondução determinativa, o indivíduo se individua: plasma, por sua singularidade socialmente irreplicável, vida e destino positivamente privados. Posta uma sociabilidade dinâmica, o indivíduo – reproduzindo e ampliando esta dinamização social no e pelo fluxo infindo de sua individuação parida de ventre social infinitizado – se universaliza, inscreve-se na comunidade como força social movente. Na Florença do século xv, exórdio do Renascimento, o processo de individuação se atualizaria nas bases de uma interação positiva entre indivíduo e sociedade. Interação que se a marcha da objetivação desta sociabilidade progressivamente dissolveria até transfundi-la em colisão dominante, em interação dramática, não obstante fundou o alvorecer do alvorecer da vida burguesa. Por isso – porque ação e *télos* individuais se imbricam com o coletivo, mutuando-se –, o indivíduo consegue divisar, em traços concretos, que suas próprias ações o forjam no mundo. Então, de posse desta consciência ôntica, vislumbra a história, reconhece no homem, no indivíduo, o arquiteto da vida humana. Em assertividade que enlaça tempos e espaços distintos: no Renascimento italiano, como

na antiguidade, sobretudo em Atenas, a discrepância entre o desenvolvimento individual e o progresso global vai se reduzindo. Esta situação histórica excepcional favorece a visão relativamente clara do próprio destino por parte do indivíduo, *que distingue com certa segurança os nexos entre as próprias intenções, ações, escolhas, e relativas consequências.* Estas correlações são particularmente evidentes nos tempos e nos lugares onde a cultura, a técnica e a democracia florescem: de modo particular, então, em Florença[12].

11 Idem, ibidem (grifo nosso).
12 Idem, p. 97 (grifo nosso).

A *fortuna*, tal como objetivada na Renascença, concreta o tecido teorético esboçado. Fortuna, aqui, entendida não imediatamente como sinônimo de destino, mas enquanto as condições pré-estabelecidas da existência, ou aquelas que ao indivíduo são dadas *a priori*, sem sua ação ou interferência: tais como características e predisposições físicas, mentais, descendência, situação socioeconômica. Fortuna, portanto, tomada na acepção aristotélica – como qualidades extrínsecas ao homem: como "conjunto de bens que são exteriores em relação à substância do homem, à moral que plasma o seu destino e à sua personalidade"[13]; fortuna, enfim, enquanto "matéria bruta que cabe ao homem utilizar"[14].

Ocorre que, se na teoria e práxis da Antiguidade a fortuna dos indivíduos não se entrelaça ou depende positivamente de sua própria ação, no Renascimento o quadro é inteiramente diverso. Posto de pronto, e como passo fundante: em terras gregas, a fortuna irrompe como inamovível fator condicionante. O indivíduo não a pode transmutar substantivamente, alterar efetivamente seu rumo, modificar concretamente suas tendências. Frente a uma fortuna inatamente derruída, ou mesmo àquela que se reverteu negativamente (a perda da riqueza ou da posição social, por exemplo), o homem da *pólis* "não pode mais do que se comportar com coragem ou se lamentar, pois sua fortuna não poderá jamais depender inteiramente dele próprio"[15]. "Na Antiguidade, mas também na Idade Média, a fortuna conserva este *caráter de condição da vida* e de condição da atividade"[16], de modo que a boa e a má fortuna determinavam, *in essentia*, a positividade ou a negatividade do destino humano, que, não individuado, não poderia não ser geral, e indominado. Em termos distintos, minha ação sobre mim e minha sorte, *de per si* diminuta em extensão e possibilidades, não poderia predominar, pondo-me nas mãos e braços de forças exteriores, necessariamente prevalentes.

No Renascimento a situação se transfigura. Transfiguração radicada na nova e específica disposição dinâmica do indivíduo,

13 Idem, p. 549.
14 Idem ibidem.
15 Idem, p. 549-550.
16 Idem, p. 550 (grifo nosso).

que a consubstancia. A fortuna, agora, objetiva-se e é reconhecida como um dado ou influxo que ao implicar a vida o faz despido de uma força e poder inexoráveis, unívocos, imediatamente condicionantes do indivíduo. A fortuna é "apenas" uma tendência, importante, mas não escolho incontornável. Quando venturosa, por outro lado, nada mais faz do que defrontar a individualidade com diferentes possibilidades humanas, a quem, em última instância, cumpre realizá-las, desenvolvê-las, ativá-las, ou não. Da iconografia se escava esta sua nova dimensão, dinâmica, norteadora apenas. Dimensão muito distinta da que a alegoria medieval expressava, onde a forma pictural a evocava como determinação insuperável. Insuperabilidade determinativa que, superada prática e idealmente pelas terras italianas quatrocentistas, agora se substantifica como condição humana transfigurável. Em palavra que substancia:

> Na Idade Média a Fortuna era representada por uma mulher com uma roda, roda que arrasta consigo o homem impotente. No primeiro Renascimento, ao revés, é uma mulher que empunha a vela de um navio, enquanto é um homem que segura o timão[17]. [Assim,] nos inícios da Renascença a Fortuna (a mulher-fortuna com o veleiro) oferece somente possibilidades: o homem que direciona o timão desfruta destas possibilidades[18].

Vale dizer, a fortuna renascentista, na representação porque na vida, não é fator meramente adstringente, ou imoto, ou impenetrável, embora possa também implicar, analogamente à Antiguidade, limitações aos homens. O que a tipifica é o fato *do indivíduo deter em suas mãos o comando da embarcação da vida*, e neste contexto a fortuna humana nada mais faz – ou pode – do que coadjuvar na singradura, "empunhando a vela": dispondo as condições apriorísticas de uma existência, ela apenas indica ou forja inclinações e caminhos abstratos que um homem pode aproveitar, rejeitar ou alterar. Condições que só se efetivam então – tanto na positividade como na negatividade de suas consequências – *em função da ação humana*, que agora pode predominar, isto

17 Idem ibidem.
18 Idem, p. 550-551.

O HOMEM DA RENASCENÇA: VIDA E SUBJETIVIDADE

é, ser individualmente determinante. Significa que a fortuna, não mais vivida e entendida como imperativa inamovibilidade, tomada como irremível força extrínseca, ou transcendente, ora se consubstancia a partir e no interior dos atos dos indivíduos. De atos que, diferentemente do passado, agora alcançam transfazê-la, pô-la em movimento, na medida em que estes indivíduos fundam e manejam as próprias vias da vida vivida, plasmando sua fortuna possível.

Distendendo esta cena determinativa sobre a *vita activa* a partir de duas breves considerações, que se imbricam.

Ao tomar a palavra de Alberti no intento de especificar a natureza da fortuna em solo proto-renascentista, Heller reafirma em letra categórica a condição movente da ação do homem da Renascença ao pontuar que, para este arquiteto-filósofo, notável, a fortuna é muito mais que uma simples objetivação de possibilidades preexistentes: de fato, na letra albertina, estas possibilidades, por uma instauração humana, são elas mesmas *frutos da ação, da atividade.* O homem, firma Alberti, constrói seus próprios atributos e características, desenha e redesenha as condições de seu ser e ação, de sorte que a fortuna que aguarda os nascidos é, por si mesma, quase irrelevante diante do que o indivíduo *pode* e *cria.* Nos termos da filósofa, que relampeiam os fundamentos teóricos e espirituais do arquiteto:

> Quando Leon Battista Alberti afirma que a Fortuna é muito mais débil e tola do que aqueles que contra ela se rebelam, faz uso de uma expressão alegórica para dizer que o homem não deve aceitar como fato as possibilidades herdadas no nascimento e aquelas que lhe caem no colo. *As possibilidades não apenas se podem ou devem desfrutar, mas podem ainda ser criadas – e neste caso o homem se torna dono da própria fortuna*[19].

Portanto – e por esta assertiva se distingue vitalmente a extensão daquilo que foi a *descoberta do homem*, de sua imanente força motriz –, para Alberti,

> a Fortuna não é senão *a valorização, coroada pelo sucesso, de nossas características pessoais.* As condições externas se tornam meras

---

19   Idem, p. 551 (grifo nosso).

ocasiões – e a ocasião, de fato, não faz a fortuna. Fortuna é só a ocasião realizada; a fortuna é a própria personalidade. *Não existe Fortuna independente do homem*: existem somente naturezas afortunadas e desafortunadas. Esta é a concepção de fortuna que exprime o exórdio no mundo do novo indivíduo burguês[20].

Concepção que denota e traduz a natureza *ativa* do homem renascentista ao estabelecer que a fortuna não é, ora, exterior atributo rígido, inflexível, determinado e determinante, mas, ao revés, atributo ou atributos essencialmente modelados pela mão humana, porquanto paridos de ventre individual, de movimentos e opções que são realizados por indivíduos que passam, então, a entecer, em batimentos individuados, seu *de--onde-para-onde*, singularizando-se: homem ativo, ser singular. Homem ativo – "*vida ativa*", indivíduo que, se ergue a própria fortuna, plasmando está, a partir de si, em função de si, a alma. Em frase albertiana, fundante, "não tem virtude a não ser aquele que a deseja"[21].

"Vida ativa." É com esta expressão, repercutente do ideário albertiano, que Eugenio Garin sintetiza, em *L'uomo del Rinascimento*, o espírito do filósofo da Renascença. Síntese que embora não contenha, imediatamente, uma propositura generalizante, acaba por avocar o espírito, a dinâmica, a mola impulsiva de toda a sociabilidade, não apenas de seus filósofos e filosofia. Com efeito, não se deve desatentar que este filósofo é, na maioria das vezes, também um artista, um médico, um matemático, ou tudo simultaneamente. De seus poros ideais e *modus vivendi*, assim, se colhem tendências humanas do tempo. Colige-se um pulsar humano que, mais amplo do que o seu próprio, necessariamente lhe transcende, porque contém universalidade – porque urdido *in* universalidade. De sorte que as categorias deste pulsar envolvem e manifestam carnes e alma que em muito superam as suas. Tomar o filósofo renascentista é tanger um ser multíplice, portanto uma subjetividade que evidencia supostos, inclinações e *télos* que não meramente específicos, restritos à esfera da personalidade filosófica e à

---

20   Idem, p. 551-552.
21   Leon Alberti, em R. Pandolfo, *Figuras e ideas de la filosofía del Renacimiento*, p. 171.

O HOMEM DA RENASCENÇA: VIDA E SUBJETIVIDADE 373

filosofia, são, ainda que mediatamente, os da comunidade, ou sobre ela informam, testemunham, denotam. Por outro lado, tal tomadia generalizadora da asserção gariniana se justifica, e talvez fundamentalmente por isso, posto que das entranhas da letra filosófica privilegiadamente escorre – então das formas da subjetividade daquele que a exercita, tendo-se em vista o suposto que "o homem *é o que faz* e *como faz*"[22] – a dinâmica humana de seu espaço e quadra. Isto na medida em que a filosofia tende a se positivar como síntese, síntese em ser e dever-ser de uma dada sociabilidade. Filosofia, pois, que parture em passo crítico, de modo mais ou menos concreto, em maior ou menor grau de aproximação, a lógica determinante da sociedade que a radica e nutre. Em outros termos, suas categorias ideais se apascentam das categorias concretas das formas da vida social, a elas estão ontologicamente atadas, de modo que de um ventre filosófico se escava ou infere a trama e lógica fundantes de uma sociabilidade, o batimento e as tendências gerais da vida, que de forma mais ou menos aproximada nele pulsam e se afiguram. Vida renascentista, firma Garin, onde filosofia e filósofo se abrem ao mundo, e neste processo de humanização reconhecem o substrato intrinsecamente secular que engendra a vida humana. Nas rigorosas – e *sentidas* – palavras do autor, que ao propor sobre a direção do fazer filosófico e de seu produtor ilumina, pois, o estuar dinâmico que fundou a atividade do homem do Renascimento:

> Enquanto a filosofia rompe duramente com o passado, não se reconhece em nenhum "livro" e em nenhum "autor", e descobre caminhos novos e novas alianças, o filósofo é também aquele que não conhece barreiras ou vias pré-determinadas: que se abre à vida

---

22 J. Chasin, Rota e Prospectiva de um Projeto Marxista, *Revista Ad Hominem I*, tomo I, p. 59 (grifo nosso). Cf. K. Marx, *A Ideologia Alemã*, p. 87, da qual se toma a seguinte reflexão, norteadora: "O modo pelo qual os homens produzem seus meios de vida depende, antes de tudo, da própria constituição dos meios de vida já encontrados e que eles têm de reproduzir. Este modo de produção não deve ser considerado meramente sob o aspecto de ser a reprodução da existência física dos indivíduos. Ele é, muito mais, uma forma determinada de sua atividade, uma forma determinada de exteriorizar sua vida, um determinado *modo de vida* desses indivíduos. Tal como os indivíduos exteriorizam sua vida, assim são eles. O que eles são coincide, pois, com sua produção, tanto com *o que* produzem como também com *o modo como* produzem".

ativa, que está fortemente interessado no mundo moral e político, no homem e na existência do homem. É no fundo ele, o filósofo, o homem universal do Renascimento, sobre o qual se gastou e se continua a gastar muita retórica. Estabelece um modo novo de pesquisar, de viver e de fazer cultura. À diferença do *philosophe* do século XVIII, com o qual todavia mantém algum parentesco sutil, não se reproduziu em muitos exemplares, pois se muitos são os filosofastros, os filósofos não são numerosos, mas introduzem uma categoria de homens entre os mais característicos de uma época: além de *maîtres à penser*, mestres de vida[23].

E se estes filósofos foram *mestres de vida* – é importante pontualizar o fato dada a argumentação em curso –, não o foram por mera opção subjetiva ou por propugnarem abstratos imperativos éticos regrantes: foram, sim, porque reconheceram que a vida se constrói, humana-se, pela *atividade*, o que implica e engendra um fazer e pensar sociais que desejam e se "abrem à vida ativa". E erigi-la, atinaram, significava não apenas a apropriação objetiva e subjetiva – que tendia à expansão infinita – do mundo real. Mas, a partir daí e no seu interior, tratava-se da elaboração da alma, do entalhamento autêntico do espírito, isto é, da consubstanciação de um indivíduo que se atualizasse nas e pelas experiências e vias que o medrassem, universalizassem. Então, por tal contextura universalizadora forjar-se-ia um ser e ir-sendo sociais pelo qual a expansão em curso da vida social se produziria em termos humanamente concretos, reais: pela e na afirmação positiva do indivíduo – por um indivíduo talhado a partir e em função de si, no e pelo curso de seus próprios interesses e formas. Mestres da vida, mestres que ensinam a modelar o espírito – mestres do humano: filósofos que vivenciando teórica e praticamente a *vida ativa* enxergaram que esta *ação ativa* que estava parindo uma nova sociabilidade se configurava como a condição *sine qua non* à cunhagem da personalidade individual que emergia. Teoria e práxis dinâmicas que ao torneá-los como mestres humanistas, revelam em cor tonante o caráter intrinsecamente ativo que a vida social, objetiva e subjetivamente, então avocava, propunha e constituía.

23 E. Garin (org.), op. cit., p. 170.

O HOMEM DA RENASCENÇA: VIDA E SUBJETIVIDADE   375

No intento necessário de substancializar ainda o reconhecimento e determinação desta categoria socialmente fundante – *vida ativa*, consentâneo assinalar como o "retorno" aos antigos significou, antes e acima de tudo, o compromisso com a realidade concreta vivida, a busca por uma adequada práxis humana. De sorte que a "italiana" retornança anelada e historicamente ecoada – por nenhum de seus poros conduta e movimento *in abstracto* –, consubstanciou-se como decorrência e no interior do pulso humano-social que fundou o homem do Renascimento – a construção *ativa* da vida.

Posto *in limine*: retomar os antigos na sua autenticidade histórica, como se propuseram e propugnaram os renascentistas, significou a escavação de *meios* objetivos ao erguimento do *próprio mundo*. Querer a autenticidade, a história – o ser-precisamente-assim da vida, pensamento e arte produzidos em Atenas, e Roma –, efetivou-se não como mera disquirição a serviço de um abstratizado campo ideal ou subjetivo, porém, concretamente, enquanto cimentação da sociabilidade. O apossamento do mundo antigo pela "Itália" renascentista positivou-se, rigorosamente, enquanto a formação de referências para um autoentalhe social que buscava enraizar-se em horizontes sócio-humanos *ad hominem*: de forma mais ou menos imediata, a Renascença ali entrevira e identificara tais referências humanas. A "volta" à lógica e valores sociais greco-romanos não se positivou, pois, enquanto movimento fundado em objetivos isolada ou superficialmente culturais, mas, sim, como consciente escavação de um ferramental humano a ser *socialmente atualizado* em função de perspectivas e necessidades humano-sociais concretas, ativas. Ferramental que, posto a serviço da edificação da vida, não poderia então ser pensado, tomado e utilizado pelo indivíduo da *res publica* como epidérmico atavio intelectual, como cangalha infecunda para almas abstratas. Em palavra frontal, "tal retorno não foi reexumação erudita de 'antigualhas', mas a busca de novos mestres e de uma concepção humana da vida"[24]. Isto é:

Precisamente nesta atitude se encontra o ponto de máxima originalidade do verdadeiro Renascimento, suficiente e corretamente

24 E. Garin, *La cultura del Rinascimento*, p. 25.

376 MÚSICA SERVA D'ALMA

indicado por seus artífices sete séculos depois da queda de Roma: no chamamento a reatar o fio da história rompido no século V, mas com a clara consciência daquilo que os "modernos" são em relação aos antigos. Os séculos de entremeio não ignoraram os clássicos; antes, os conheceram e usaram, mas adulterando-os: é necessário reencontrá-los *na sua autenticidade, em seu ensinamento real*[25].

Perscrutando a questão. A crítica renascentista ao ideário medieval se dá não pelo fato de que se pensasse que aqueles séculos não conhecessem e se relacionassem com os textos e com a cultura dos tempos de Aristóteles, Cícero, Sêneca ou Horácio. Com efeito, o pensamento da Renascença estava consciente de que estes autores tinham sido traduzidos, lidos, estudados. A crítica tem motivação distinta. A letra filosófica do Renascimento impugna pena e concepção mediévicas porque nelas não se encontra a Antiguidade investigada em sua *lógica imanente*. A reflexão, a filosofia, o conhecimento, nesta longa quadra, prescindem do movimento ao ser concreto, à realidade, não contextualizam a palavra do autor, examinada numa espécie de moto filológico, improlífero. De sorte que a letra dos antigos é absorvida na rigidez de um conceito que perdeu temporalidade, pulso, sentido, e que então se atualiza em abstrata categoria morta. Lê-se a palavra em si, afirma a razão renascentista, não a *palavra humana*. Ou, os livros escolásticos

transmitem as cristalizações extremas da cultura antiga para o ensino medieval; são estes os livros frente aos quais uma atitude reverente limita a obra do mestre a uma nota, a um comentário obsessivo e torturante, o qual deve apenas desvelar a verdade cerrada na página investida de caráter sacro, próprio da palavra escrita[26].

Significa que

aquilo que importa não é saber o que é historicamente verdadeiro, mas a única Verdade, de algum modo existente na raiz do escrito. Precisamente porque o texto escrito de quem tem a *autoridade* se põe ele mesmo como o único objeto do conhecimento, dispensando por isso a investigação direta, todo o esforço de aprofundamento se

25 Idem, p. 19 (grifo nosso).
26 Idem, *L'umanesimo italiano*, p. 20.

O HOMEM DA RENASCENÇA: VIDA E SUBJETIVIDADE   377

orienta a escavar a verdade no escrito, que não é mais um documento humano, mas um oráculo do qual se arrebata o sentido secreto[27].

Diante de tal horizonte e conduta teóricos, isto é o que importa aqui marcar, *a servência mais substantiva do saber se interdiz ou trunca*, entende o pensamento renascentista, logo, as linhas e procedimentos teoréticos do medievo não podem ser aceitos; de fato, devem ser impugnados e superados. Em proposição que desdobra, se interditos porque não revelam as coisas, ou aquilo que é "historicamente verdadeiro", então – eis o fundamento da crítica e rechaço – interditos porque inautênticos, isto é, porquanto *inúteis* à vida: à *constituição – infinita – da vida*. Se a teoria possui um valor real, este se traduz enquanto conhecimento *transformador, criador*, enquanto ferramenta promovedora do desenvolvimento humano: em termos mais concretos, os filósofos do Renascimento, com o que inauguravam um fazer filosófico inaudito, "queriam o conhecimento, *mas para a ação*"[28]. E se assim o é, o reconhecimento teorético esboçado se corrobora: a retomada dos exemplos grego e romano não se consubstanciou, e nem poderia, como estéril reprodução fenomênica de um paradigma estético, cultural, mas enquanto movimento que, referenciado nestes "modelos", a partir daí se objetivou em plena autonomia e particularidade criativas, pois radicado em pulso infinitizado, *ativo*, que fundava a orgânica social nascediça. Vale dizer,

contra o falso antigo dos bárbaros, o verdadeiro antigo deverá se impor, agora restaurado e "imitado" amorosamente, não tanto como modelo a ser copiado quanto estímulo a uma espécie de emulação. O retorno do antigo e a polêmica contra os modernos se transformarão numa emulação das antigas virtudes, numa retomada autônoma e autêntica das fecundas direções da civilização clássica. Daqui, um novo confronto com os antigos e um novo ideal de modernidade[29].

Tomar ou retomar a Antiguidade é *resgatar virtudes e perspectivas de ampla valência humana*, e isso com um claro objetivo teleológico – pôr-se em *"emulação"*: *construir-se*, em consonância

27 Idem, ibidem.
28 Idem (org.), *L'uomo del Rinascimento*, p. 200 (grifo nosso).
29 Idem, *La cultura del Rinascimento*, p. 20.

possível com este passado de pulso humanista. Na proposição de Garin, sintetizadora:

Exatamente a postura assumida frente à cultura do passado, ao passado, define claramente a essência do humanismo. E a particularidade de tal postura não se manifesta em função de um singular movimento de admiração ou de afeto, nem por uma consciência mais ampla, mas numa bem definida consciência histórica. Os "bárbaros" não o foram por terem ignorado os clássicos, mas por não lhes haver compreendido na verdade de sua situação histórica. Os humanistas descobriram os clássicos porque os destacam de si, tentando defini-los sem confundir com a sua própria a latinidade deles. Por isso o humanismo descobriu verdadeiramente os antigos, sejam eles Virgílio ou Aristóteles, ainda que notíssimos no medievo: porque restituiu Virgílio ao seu tempo e mundo, e buscou explicar Aristóteles no âmbito dos problemas e das experiências de Atenas do quarto século antes de Cristo. Daí que não se pode e nem se deve distinguir no humanismo a descoberta do mundo antigo e a descoberta do homem, pois foram uma só coisa; porque descobrir o antigo como tal foi medir-se a si mesmo, destacar-se e se pôr em relação com isso. Significou tempo e memória, e senso da criação humana, da obra terrena e da responsabilidade. Não por acaso um grande número dos maiores humanistas foram homens de Estado, homens ativos, empregados no livre operar da vida pública de seu tempo[30].

Ora, a proposição gariniana marca em notável reflexão que tornar aos gregos a partir de sua imanência – de sua autenticidade, por aquilo que concretamente foram – subentendeu e implicou, antes e acima de tudo, *tomar-se ou entender-se a si próprio como uma formação humano-social peculiar, diversa, específica*, lógica que testemunha que o "retorno" se consubstanciaria enquanto propositura e ato intrinsecamente dinâmicos, *autoconstrutores*. Em palavra medrada. Uma sociedade que se reconhece destacada, autoprodutora, sabe de sua imanente singularidade, e, de posse desta consciência histórica, ativa, universaliza esta ingênita condição da vida social, e como um véu ôntico a estende sobre a história, sobre outras épocas e lugares, *singulares* porque necessariamente produzidos *por si próprios*. A termo que a retomada dos antigos teria

---

30 Idem, *L'umanesimo italiano*, p. 21- 22. Cf. nota 8.

O HOMEM DA RENASCENÇA: VIDA E SUBJETIVIDADE

de se radicar sobre bases históricas – como tomadia de algo *per se*, de algo que, como o próprio momento vivido, se atina possuir vida própria, irreplicável. Logo, esta retornança se positivaria como *mediação à ação*, não enquanto arquétipo a ser artificialmente imitado, abstratamente revivido e vivido, movimento que, pontue-se, ainda que fosse possível – e não o é –, seria a própria negação de um tempo e alma sociais que se infinitizavam. Ação, então, que reerguendo sentidos e diretrizes humanas fecundas que a Antiguidade constituíra, os dispunha como tijolos da sabidamente específica construção humano-social que se empreendia. Busca-se a civilização grega em suas formas reais, deseja-se conhecer este mundo tal qual se objetivara no batimento de sua orgânica na medida em que esta intelecção é a condição da tomadia dos gregos como *efetivo instrumento ideal para a ação humana*: somente no interior da história a sociabilidade – dos antigos – surge em forma viva, real, categorialmente pulsante, isto é, se faz humanamente apropriável. É na sua imanência, é em seu ser e ir-sendo histórico-objetivo, que as categorias e atributos do ser podem ser apreendidos e avaliados em sua lógica concreta, efetiva; a partir disto, incorporados ou não, postas as possibilidades objetivas, ao tecido social que se urde. Sociabilidade esta, portanto, que encerra em si uma perspectiva e estrutura dinâmicas do homem. Homem que ao se descobrir em sua humanidade – enquanto ser que *se autopõe* –, pôde descobrir e dispor o homem grego em sua autenticidade, em seu pulsar próprio. Descobertas não apenas simultâneas, mas unívocas, interdependentes: só quando me reconheço como meu próprio produtor, quando distingo ser o homem produtor do homem, alcanço enxergar no outro este atributo humano fundante: "não se pode e nem se deve distinguir no humanismo a descoberta do mundo antigo e a descoberta do homem, pois foram uma só coisa". Descobertas, em suma, que significaram a conscientização – ainda que incoativa, germinal – de que a natureza mais específica do humano é o seu movimento de pôr e se autopôr; daí, a agnição de que a vida social implica contextualização: despegá-la de sua contextura, como a letra mediévica perfez, interdita a apropriação subjetiva e objetiva de sua orgânica. Então, se este é o quadro, ao vislumbrarem a história os renascentistas jamais teriam nos gregos um descarnado modelo de cópia: reconduzidos à sua dinâmica específica – ao menos dentro daquilo que se poderia então entender e propor – atualizavam-se como cena humana viva, como *emulação* à vida que se armava em espiral infinita. Espiral que significou vida ativa, a qual – e apenas ela – pôde repor e tomar os gregos nas bases de sua orgânica interna, porquanto possibilitou ao homem reconhecer-se como entalhador de suas próprias carnes sociais.

À materialização desta assertividade, um passo petrarquiano, em arremate.

O remonte aos gregos não se consubstanciou, de fato, como reprodução ou retomada mecânica e acrítica de uma orgânica social – enquanto *contrafactum* de esferas ou porções de um dado complexo cultural, humano, absurdidade jamais pensada, muito menos desejada. Tornar a um passado que se afigurava como referência humano-social significou o intento de reassunção crítica de categorias, procedimentos, valores, que interditos ou rarefatos pelo e no curso das épocas, não por isso envelheceram, perderam atualidade, valência humana, histórica. Tomando a música, a exemplo. Quando Mei, Galilei ou Doni aquilatavam o canto grego como a referencial arte dos sons, em nenhum momento entendiam que se deveria revivificar, *suis verbis*, um modelo do passado. O que propugnavam, e em reiterada veemência, era a vitalidade de algumas categorias desta arte sonora, as quais, insistiam, latentes continuavam a pulsar por sua necessidade estética, conquanto estivessem historicamente descentradas. De modo que, e isto afiançavam, deveriam ser reconduzidas, repostas em vigência artística. Nesse sentido, a teoria musical destes florentinos, que sustentava uma aproximação categorial greco-renascentista, bem como, por sua vez, a prática compositiva coeva que se pensava coligada aos gregos, aos antigos não se enastraram por um inidôneo movimento passivo, ou aquele que se urde por uma aderência imitativa fenomênica – musicalmente incogitada, aliás, porque imediatamente irrazoável. Vigore-se o argumento: a música da *pólis*, ou da *res publica* romana, jamais foram conhecidas, pois, inescritas, perdidas estavam para sempre na oralidade fugente. Com efeito, teóricos e compositores

O HOMEM DA RENASCENÇA: VIDA E SUBJETIVIDADE   381

(estes, de modo menos decidido, efetivo, e sim mediato, porque a partir de suas próprias necessidades compositivas,
predominantes)[31], aspiram "apenas" vitalizar categorias que por

31 Pontualize-se: a relação prático-compositiva dos artistas com a música grega, bem como a consciência de sua lógica – e são aqueles dominantemente
vinculados à monodia, ao nascediço teatro musical que querem atualizar esta
relação, pois este novo fazer, *solitária voz em recitação*, entende ter retomado
princípios musicais gregos, porquanto a época atina, de um lado, que a tragédia grega encerrava o canto, e, mais decisivo, estima que a arte sonora dos
antigos era *palavra cantada in monodia*, orgânica que alentava outrossim a
monodia coeva –, são não mais do que genéricas, e não poderia ter sido diverso. Dado os tempos, contudo, a pena destes – ao elaborar os proêmios de
suas obras, dilucidações tecno-compositivas prefaciais (o citado prefácio da
L´Euridice, de Peri, é exemplar), "comentários" musicais (casos oportunos a
aludir aqui são o de Gagliano, numa observação sobre *L´Arianna* – cf. Parte
Dois, nota 11, e o de Monteverdi, também a propósito de *L´Arianna*, na carta
a Doni, de 1633 – cf. Parte Um, nota 119) etc. –, sugere ou mesmo assinala, em regra, a existência de uma ligação musical entre modernos e antigos.
Vale dizer, os compositores ecoam o espírito artístico dominante, que entende como essencial enraizar a fazer coetâneo em solo grego e/ou romano.
Relação abstrata e epidérmica com uma práxis, e insciência de uma lógica
não devem, porém, ser confundidas com pura e simples ignoração e desinteresse por seu caráter e *télos*. Em verdade, um avizinhamento – conquanto erguido na seiva de uma abstratividade fundante, porque da música grega não
se conheceu a materialidade, pois arte sem remanências – é conscientemente
projetado. Pretenso avizinhamento que parece mesmo existir e despontar,
posto que uma analogia categorial efetivamente se corporifica. E isto porque
o canto nascido das entranhas do Renascimento italiano – seja a monodia
recitante, seja o madrigalismo – forjou-se em função e no interior da *voz in
mímesis de si*, rigorosamente como Mei, na carta a Galilei de 1572, indica
estruturar-se o da *pólis* (cf. *O Canto dos Afetos*, em especial p. 33-34).
Configurada tal contextura, refira-se em conclusão que, antes de ter origem
numa retomada categorial concretamente fundada e desejada, tal analogia,
genérica, ainda que mediatamente produto da escavação dos gregos, é fruto
primário, pondero, do fato de que em tempos positivamente dramáticos, de
uma dada universalização dos indivíduos (necessariamente distinta a cada
caso postas as possibilidades históricas, fundantes), o canto se constitui a partir e no interior das qualidades da voz, de seu *modus faciendi* que se toma em
mimese, como gregos e renascentistas consentem intuir. Isto, porque num
canto assim arquitetado a expressividade é naturalmente mais vital, concreta,
humana, como já esboçado. Expressividade vital que, implicada por quadras
históricas onde a vida social alavancou as relações entre os homens, isto é,
aproximou indivíduo e gênero, arrojaria o *mélos* às categorias da voz, a uma
mímesis della voce, a uma expressão radical d'alma, porque *tempos dramáticos*. Seja como for, enfim, uma avizinhação musical – mais ou menos efetiva, urdida, tencionada – nasce: não, pois, arrimada na tentativa, irrazoável e
inartística, de reproduzir formas e procedimentos presumidos, mas do ventre
de entrecruzamentos de objetivas lógicas sociais, que dispuseram categorialmente em mutualidade a música grega e a tardo-renascentista: *análogos cantos distintos em gênese e ser*.

sua positividade humana atemporal devem fundar, creem, a plasmação de uma – nova – música, efetivamente artística. Na breviloquente pena essencial de Garin, que, dispondo sobre a forma de relação entre *modernos* e *antigos*, permite atinar que Mei, Galilei e Doni, não substantificando uma perspectiva isolada, traduzem o cenário ideal que os radica: na Renascença, "a escola dos antigos é estímulo ao reconhecimento de si mesmos, a recuperar valores embaçados ou perdidos, a retomar um caminho que os acontecimentos da história pareceram a certo ponto barrar"[32]. Em palavra que sintetiza, à sociabilidade dos gregos é própria uma determinada universalidade, uma genuidade acrônica à qual se deve atentar, atenção e busca estas, enfim, que fundaram a autoproclamada volta a conteúdos e formas gregas: ora,

os antigos se tornam mestres não apenas de humanidade, mas de ciência e fé. Não ensinam apenas a pureza da língua, mas o método que torna possível o nascimento de obras-primas imortais. Ensinam o segredo da poesia instando a exprimir a pureza do homem nas suas paixões, o segredo das ciências porque mostram que Aristóteles construiu sua síntese não só dialogando e polemizando com Platão, mas voltando-se às coisas[33].

Ad Petrarca. Seja pelo modo como cria sua poesia, seja em função de como reflete teoricamente sobre este fazer, o poeta não deixa dúvidas, no campo da arte, quanto à *natureza seletiva* do intercurso entre os espaços da Antiguidade e do Renascimento. Neste proto-renascentista, atina e assinala Cesare Vasoli, a experiência poética é, antes e acima de tudo, experiência *criativa*. Isto é, experiência *ativa*, rigorosamente pelo que, e numa aparente contradição, a referência estética greco-romana lhe era fundamental e norteadora. Vale dizer, tal referencial exerce influxo efetivo em sua criação, que o absorve, mas este entrelaço com os antigos, com o *modus faciendi* de seus artífices, que efetivamente alentam e impulsam sua poesia, é laço em descontinuação fundante. Porque a poesia, avalia Petrarca, é reconhecimento da vida vivida, de

---

32   E. Garin, *La cultura del Rinascimento*, p. 46.
33   Idem, p. 46-47.

O HOMEM DA RENASCENÇA: VIDA E SUBJETIVIDADE 383

um batimento humano concreto, natureza de um fazer, pois, que vindica – e forja – ferramentas e procedimentos que se reordenam e renovam sempre e *ad extremum*. Assim, a relação vinculadora que se põe entre artes e artistas de tempos desatados implica intrínseco distanciamento estético-humano, como pontualizaria a própria pena teórica do poeta italiano. Então, a conexidade fundada em solo categorial universal que avizinha e imbrica quadras distintas é dessemelhança artística de conteúdo e forma, porquanto de poéticas em reciprocidade inomegênea se trata. Nos termos de Vasoli-Petrarca, metaforizantes:

Francesco Petrarca, numa belíssima página das *Familiares* (xx-xiii, 19), indicou a exata relação que une a invenção dos modernos aos modelos antigos, individuando-a na semelhança do pai com o filho: distintos em tudo, mas, mesmo assim, similares num certo ar e tom em função de uma parecença inefável e indefinível. O encontro com a antiga poesia era então para Petrarca uma verdadeira criação artística; e, num outro texto (*Familiares*, I, 7), ele insistiria sobre o seu conceito de "imitatio" original, que, segundo uma feliz imagem de Sêneca, é símile à obra da abelha, que nutrida por todos os sucos é ela, e apenas ela, a produtora do seu mel[34].

Na completação de Garin, que ao desdobrar o argumento se entreliga a Vasoli:

Petrarca já havia retomado o *tópos* do trabalho das abelhas: voando sobre as flores, delas extraem o pólen com o qual fazem o mel e a cera (*Familiares*, I, 8). Trata-se de tornar próprio o fruto do trabalho de outrem, e apresentá-lo em uma nova síntese original: "não o estilo deste ou daquele escritor, mas um estilo nosso, forjado pela reelaboração de muitos autores". Em Petrarca o processo de imitação é sutilmente indicado: ler não um, mas muitos autores (Virgílio, Horácio, Cícero e Boécio); não ler uma vez só, mas muitas; não ler, apenas, mas repensar, e deixar que a leitura se deposite na memória e fermente, tornando-se uma com nossa mente, mesmo que disso não sejamos conscientes. Assim, lançada no fundo da memória e quase esquecida, a leitura se torna estímulo para uma nova criação[35].

---

34 C. Vasoli, L'Estetica del'Umanesimo e del Rinascimento, em *Momenti e Problemi di Storia dell'Estetica*, v. I, p. 348.
35 E. Garin, *La cultura del Rinascimento*, p. 48.

Não se trata, pois, na seara poética petrarquiana, de atar-se *in* plágio à arte dos antigos, e nesta infecundidade arrimar a relação entre ambos, que se consubstanciaria em inartística mutuação formalista. A perspectiva divisada é, sem dúvida, alcançar e *ressubstantificar* as referenciais força e dimensão humanas próprias da poesia de Horácio, Cícero, Virgílio ou Boécio: isto, a partir e no interior de uma reordenação estética de fundo, ao que os tempos coevos incontornavelmente arrastam. Então, alcançando e objetivando, na obra concebida, este "mesmo" pulso vital humanizador dos antigos (não meramente o estilo de um poeta, ou as formas exteriores de um gênero poético), Petrarca torna coessencial, na imanente diversidade que a história implica e impõe, a lógica de obras de quadras distintas, que assim se entreligam. Como uma abelha, o poeta se alimenta daquilo que está alhures, fora de si; porém, uma vez sorvido os nutrientes que o referencial literário oferece, o artista os sintetiza, elabora, transforma, e assim o pólen estético dos gregos e romanos se faz ingênita e irreplicável experiência renascentista, que engendra o novo, que encerra o "velho". Transcendendo o espaço eminentemente petrarquista, Vasoli cunha uma determinação indicante de que a poesia da Renascença, como um todo, tem à sua frente o passado ao mesmo tempo que dele se afasta em autonomia fundante, tensão estética ordenadora, pontue-se em adendo determinativo, que fundaria toda a arte renascentista, a qual, e talvez essa seja uma das razões de sua grandeza, jamais se pensou e objetivou *in abstracto*, isto é, na perda do próprio mundo e do universal, que instruem e apascentam; assim considera:

Todas as vozes mais vivas do humanismo foram sempre cônsonas em reconhecer que o "modelo" dos clássicos é verdadeiramente vital e fecundo quando faz maturar obras novas, quando o contato com os *"magna exempla"*, devotamente vivido, move a replasmar e a criar, a gerar, com perfeito direito, criaturas particulares e legítimas, análogas ao exemplo do qual procedem *só por "dignidade"*, *"humanidade"* e *"decoro"*. A intimidade com os clássicos, o estudo das formas a partir das quais se realizou sua "invenção" poética deve ter como primeiro escopo conseguir despertar em cada um as próprias forças, ajudando-o, socraticamente, a exprimir-se a si mesmo. Imitar, enfim, não é copiar; nem se imita convenientemente

O HOMEM DA RENASCENÇA: VIDA E SUBJETIVIDADE

senão quando a "imitatio" nos ensina a evocar nossa natureza, a enuclear e resolver aquilo que nos constitui em nossa efetiva individualidade[36].

Ipso facto, o enlace perspectivado e/ou estabelecido entre as "duas" poéticas, como também, e primariamente, entre as duas formas de sociabilidade (Antiguidade-Modernidade), engendrar-se-iam enquanto uma *apropriação ativa*, jamais como irrazoável reprodução cega de conteúdos e formas. Trata-se, isto sim, de uma apropriação interessada, que não é ingênua ou humanamente descomprometida, que não visa copiar abstratamente resultados ou deificar procedimentos e experiências. Anela, sim, referências, a partir das quais propor e consumar caminhos sócio-humanos próprios, específicos. Esta é a finalidade real da "volta", finalidade que impõe *in limine* diferenças substantivas com o "paradigma", mesmo porque não existe um paradigma, no sentido de um modelo a ser rígida e mecanicamente transplantado *in imitatio*. Na pena do filósofo, que sintetiza e amarra a reflexão:

Avizinhando-se dos antigos com a comovida veneração de quem descobre, depois de séculos de esquecimento, os sinais de uma cultura que é ainda parte integrante do próprio espírito, o humanista *quer*, de fato, *tornar-se ele mesmo capaz de igual humanidade*; *visa conquistar sua íntima e mais veraz natureza* – para além de toda a preocupação religiosa, doutrinal – no confronto direto com o passado. Os poetas, os historiadores, os oradores [antigos] agora lhe falam na própria língua, a ele se revelam em seus efetivos caracteres históricos, tornando o humanista experto do mundo humano, das virtudes, das paixões e vícios sobre os quais se o constrói[37].

E encentrando-se sobre a esfera da poesia, conclui:

O valor da poesia não consiste somente nesta descoberta de uma humanidade genuína e veraz que estivera por muito tempo encoberta pelo exausto aparato doutrinal de uma civilização já em crise; em verdade, a poesia dos antigos se apresenta, antes, como o exemplo de um ato de uma nova "*paideia*", como chamamento

36 C. Vasoli, op. cit, p. 348 (grifo nosso).
37 Idem, p. 327 (grifo nosso).

eloquente à intimidade com os "*studia humanitatis*", que tornam verdadeiramente livre o homem, construindo o seu caráter e mente sobre modelos de absoluto valor histórico. Em suma: poesia significa, sobretudo, formação humana, aquela experiência que clareia profundamente nossa alma e nos ajuda a compreender em nós e nos outros a verdadeira essência do espírito[38].

Em palavra arrematante, em terras greco-romanas o homem renascentista *escavará procedimentos que o humanem*, porquanto celeiro destes, estimam. E, nesta interessada retornança autoconstrutora, a poesia e a cultura positivam-se enquanto mediação *para si* – para o homem, de sorte que a imbricação estética pretendida, radicada na relação ativa com os antigos, parture arte concreta, que não é fruto do ventre dessubstanciado de uma articulação estética aistórica, mas daquela crítico-categorial universal. Destarte, o legado se faz criação, ação de um homem que se reconhece, inauditamente, como entalhador concreto do próprio tempo, que à Antiguidade se enlaça, pois, historicamente, *in* autoconsciência. Mundo antigo que se toma *in anima*, não na abstrata concretude de uma integralidade copiada. Em notável palavra gariniana: retomar os gregos foi *tomar-se a si mesmo, descobrir-se enquanto homem*: *vida ativa*.

SUBJETIVIDADE:
A EXPANSÃO DA VIDA INTERIOR

A categoria *homem ativo* estila o substrato humano-social do Renascimento: a vida tornada infinita, que o confronta com sua substância social autoconstituidora, é o *modus faciendi* do indivíduo, dinâmico, que se individua. Quando Garin firma que Leonardo da Vinci

foi, sobretudo, expoente característico de uma época e de uma cidade de exceção [Florença], da inquietação de um mundo que mudava, mas nisto não fora mais excepcional do que muitos outros de seus contemporâneos, abertos a todo o interesse, *conscientes da*

---

38 Idem, p. 327-328.

O HOMEM DA RENASCENÇA: VIDA E SUBJETIVIDADE   387

centralidade do homem que com as próprias mãos construíam o pró-
prio mundo[39],

volta a iluminar, com fachos poderosos, que um dinamismo
intrínseco, movente, consubstancia-se como categoria arrimadora, típica, da sociabilidade burguesa. Do ponto de vista
de sua relação com o mundo objetivo, o "sujeito – o homem,
ou seja, a humanidade – encontra-se agora contraposto a uma
natureza regida por leis próprias, frente à qual o processo cog-
nitivo, por intensidade e extensão, revela-se infinito"[40]. Em
termos que desdobram, se esta é uma orgânica social que se
parture em parto infinito, conduzindo o indivíduo a uma ação
e positivação sobre um mundo que é objetivamente infindo –
mundo que ao se expandir, universalizar-se, torna *actus* a *potentia* categorial que lhe funda –, infinito o indivíduo se faz
pela lida, necessariamente ativa, com esta *mundaneidade* e sua
apropriação. Assim, no interior desta relação, se depara e atina
historicamente com sua própria substrução, com sua intrínseca força transformante: reconhece-se como ser que, imanentemente construtor, constrói-se também a si. Ou ainda, este
movimento de construção da vida a partir e no interior de
uma realidade dinâmica, de uma orgânica social que se fez
infinita, promoveu e implicou, do ponto de vista subjetivo, a
medrança, o alargamento da capacidade e horizontes humanos, a ampliação de seus conhecimentos e consciência sobre o
mundo natural e o universo social, então, e não menos, uma
expansão da alma. Ora, mais do que *"maîtres à penser"*, os filósofos [e também os artistas] foram "mestres de vida", criadores
e promotores de um espírito em cujo centro estava o compromisso com o homem, com a formação de uma individualidade *ad hominem*, talhada em dever-ser.

Em argumentação que funda, e a esta *alma expandida* se
imbrica. Pelas mãos do indivíduo, predominantemente, agora seriam entecidos seu rumo e destino. Porquanto torneador
positivo da própria existência, a quem a escolha dentre caminhos distintos que a realidade lhe antepunha ou sugeria estava

---

39   E. Garin, *Scienza e vita civile nel Rinascimento italiano*, p. 75-76 (grifo nos-
     so).
40   Á. Heller, op. cit., p. 17.

posta, este homem se engendrava – ao mesmo tempo em que por esta orgânica era parido – como indivíduo autônomo. Plasmava-se em singularidade, substantificava-se pela e na inclinação, movimento e pulso de seu ser singular, que assim se urde e constitui em individualidade. Humano urdimento que é individuação, singularidade regida pela singularidade, ôntica *potentia* humana tornada *actus*, na exata medida em que "A história social dos homens – ecoe-se – é sempre a história de seu desenvolvimento individual, tenham ou não consciência disso". Significa, sublinhe-se, que no interior das necessidades e aspirações do singular como singular se armavam e instituíam suas condições objetivas e subjetivas. Singular que em ato individual orienta e inscreve, na medida daquilo que o pulso social desenha e permite, a direção – então individuada – a ser vivida. De modo que a seguinte proposição determinativa pode ser cunhada, nitidizando reflexões anteriores: *ser ativo é ser que se individua, ser que se individua implica ação individual feita mundo*. Na palavra que explicita. Pela atividade singular, parida das entranhas de uma sociabilidade que *a acolhe*, *incorpora* e *induz*, como nunca antes na história, se tece e substantifica o indivíduo, assim feito individualidade, e o espírito, a sensibilidade, a interioridade que aí se modelam e efetivam, medram: assumindo a costura, infinita, da própria sorte que lhe pertence, o indivíduo se expande internamente, e não poderia ser diverso. A positivação da vida ativa – a *relação individual ativa* com o mundo – envolveu, pois, e este é seu atributo humano fundante, a refundação histórica da relação do indivíduo com as esferas natural e social, relação que o ampliando subjetivamente, fundou e sustentou seu movimento de individuação. Individuação que, gradativamente constituída, se atualizou em cabal reordenação da vida subjetiva, ou seja, consubstanciou-se como expansão de suas formas de existência, posto um mundo infinitizado, que individua. E se assim o é, um histórico salto qualitativo humano-subjetivo afigurou-se, que pode ser atinado, *in limine*, como liberação do indivíduo de amarras sociais que adstringiam, ou melhor, que desconheciam, abstratizavam, sua consubstanciação concreta, seu ingênito pulso social, *potentia* ora feito *actus*. Individualidade que nasce e pode se reconhecer enquanto tal – *isto é, indivíduo que se faz ativo* – porque a atividade dos indivíduos *se fez produção positiva da vida social*. Vale dizer, a sociabilidade fez-se forma e conteúdo de seu trabalho, fez-se encarnação dos indivíduos, feitos sociais, sociedade assim expandida, universalizada, que universalizou o indivíduo, individuando-o. Ação ativa dos indivíduos que ao engendrar um mundo infinito, universal, que se alarga incessante, significou o exercício da atividade transformadora do homem feito individualidade, que, força ativa real, *socialmente movente*, assim se descobre – no movimento mesmo da individuação – porque assim opera. De sorte que na base da individuação objetivada está o batimento social dinâmico, homem individuado que, a seu turno, repunha em tom multiplicado este dinamismo propulsor. Homem que ao se individuar expandira vigorosamente sua interioridade, seja porque a conquista – *ativa* – da realidade, então de si mesmo, suporiam e implicariam crescimento subjetivo, seja porque, no fluxo deste processo, sua vida emocional, anímico-afetiva, tornara-se necessariamente mais ampla, como também mais autêntica, humana. Nas tintas roborantes da pena marxiana, que remata este passo reflexivo que incoa:

"*Cette progression continuelle de savoir et d'experience*", diz Babbage, "*est notre grand force*"[41]. Esta progressão, este progresso social pertence ao capital, e por ele é explorada. Todas as formas anteriores de produção condenavam a maior parte da humanidade, os escravos, a ser meros instrumentos de trabalho. O desenvolvimento histórico, o desenvolvimento político, a arte, a ciência etc., se realizam numa esfera acima deles. O capital é o primeiro que aprisiona o progresso histórico a serviço da riqueza[42], [vale dizer, do homem, que então se individua.]

Traçada esta contextura, o movimento sequente, uma vez que se entendem cravadas as estacas para tanto, deve tornar efetiva a determinação de que a subjetividade renascentista substantificara-se nesta individuação vital, nesta histórica expansão apontada. Expansão que se consubstanciou também

---

41   Charles Babbage, *Traité sur l'économie des machines et des manufactures*, p. 485, citado por K. Marx.
42   K. Marx, *Grundrisse* (1857-1858), tome II, p. 80.

enquanto medrança do mundo afetivo, da vida anímica, medrança, aluda-se desde já, que plataforma do canto monteverdiano, foi a razão de ser da *Seconda Pratica*. Tomemos dois pontos, que principiam esta concreção, pausada.

Quando Ágnes Heller distingue que "A todos é noto que o Renascimento é a época das grandes personalidades, e precisamente das personalidades poliédricas"[43], e que "Nesta cavalgada de personalidades multicolores existe, porém, um traço comum que se repete sempre: trata-se da *abertura em direção ao mundo*"[44], a filósofa coliga-se a uma reflexão gariniana que, encentrada sobre um caso singular – o de da Vinci –, evidencia, como Heller a partir de uma proposição de talhe geral, a amplidão espiritual que marcava a vida renascentista. Sobre esta figura típica e atípica a um só tempo, considera: Leonardo

perseguiu por todos os lugares de cada horizonte possível a realidade, e, ao mesmo tempo, reuniu tudo em si como em um centro, esforçando-se por aferrar o senso da vida humana na trama do infinito distender-se das coisas, na unidade do mundo dentro do olho, dentro da mente, dentro do domínio das mãos do homem. De certo modo se poderia dizer que está aqui a raiz, e conjuntamente a resolução do enigma de Leonardo: no nexo entre aquela inestancável caça dos significados de todas as coisas, de todos os seres, e de todos os fenômenos, e a consciência que sua raiz secreta está numa razão que a mente humana acolhe em si mesma[45].

E sintetiza, "Estes são os dois termos continuamente recorrentes nas suas páginas: experiência, sempre renovada experiência, e razão"[46]. Com efeito, desta determinação – de onde se escava que a *ratio* leonardiana está fundada na observação dos fenômenos, que opera não como racionalidade *a priori*, descolada do sensível, a partir de um predomínio apriorista da subjetividade –, colige-se que o espírito humano consubstanciava-se, posta a relação ativa com o mundo, em concreto movimento de autouniversalização: o indivíduo está "reunindo" e depositando em si a "realidade", está tornando positivamente

---

43 Á. Heller, op. cit., p. 289.
44 Idem, ibidem.
45 E. Garin, *Scienza e vita civile nel Rinascimento italiano*, p. 87-88.
46 Idem, p. 88.

O HOMEM DA RENASCENÇA: VIDA E SUBJETIVIDADE 391

singular, subjetivo, o externo, então, o homem, o próprio gênero. Universalização que é, *in limine*, forjamento da vida espiritual, que assim se distende, amplia, talha-se em subjetividade *ad hominem* pela vitalidade de sua imbricação com os fenômenos, atributos, categorias da sociabilidade e da natureza. E quando, mais adiante, Garin refere que Leonardo toma a pintura "como síntese ativa de todo o esforço humano, como ciência e técnica, filosofia e poesia, conclusão de todo o problema relativo à realidade"[47], permite-nos entrever e firmar que para Da Vinci o pintor tende – ou deve tender – a uma subjetividade universal. Do que se apreende que a subjetividade posta é subjetividade que se substantifica na e por sua distensão, aguda, parida do ventre de uma reordenação da atividade humana que individua ao universalizar. No eloquente asserto leonardiano, que entende o pintor e sua *mímesis* como consciência do mundo vivido, a saber, "aquilo que está no universo por essência, frequência ou imaginação, o pintor o tem antes na mente e depois nas mãos"[48]. De sorte que a *personalidade poliedral aberta ao mundo*, que Heller reconhece como a alma do Renascimento, é, rigorosamente, o ser-precisamente-assim de Leonardo – e deve ser o do pintor –, que plasma nas próprias carnes e espírito a realidade multíplice sobre a qual, ativo, age: Leonardo da Vinci, *singular in dever-ser*.

Sem dúvida, nitidize-se, a amplitude de Leonardo – como a de Alberti ou Michelangelo – é historicamente excepcional, não espelhando um termo médio. Pontualizar que a Renascença fora timbrada pela universalidade ou alargamento humano-individual partindo do seu ideário e o tomando pessoalmente como exemplo poderia soar, portanto, como improcedência teorética. Não obstante, esta excepcionalidade é a manifestação tipificada, a corporificação mais plena e concreta de uma tendência que penetrara organicamente o tecido social. O artista, o filósofo, o cientista, os homens de letras poderiam não alcançar, e na maioria das vezes de fato não tornavam realidade individual a extensão espiritual leonardiana, mas esta singular expansibilidade era possibilidade genérica, socialmente

47 Idem, p. 89.
48 Leonardo da Vinci *apud* E. Garin, em *Scienza e vita civile nel Rinascimento italiano*, p. 89.

estendida. Isto é, a abrangência universal de Leonardo pôde se realizar neste fôlego e expressão singulares porquanto as formas da sociabilidade, a lógica da relação indivíduo-gênero supunham, demandavam e promoviam, elas mesmas, universalização humana. A interconexão entre arte, ciência e filosofia (como entender a pintura do tempo sem as conquistas da matemática, da perspectiva ou da anatomia, ou o ideário de Bruno sem as intuições e descobertas da física!?) é disto motor e testemunha. Interconexão que pariu figuras cujo traço unificador, precisamente, era o talhe multíplice. Multiplicidade e extensão que rompiam como orgânica humana mais ou menos desenvolvida a cada caso singular, como (específica) objetivação individual concreta, situação *de per si* indicante que a vida espiritual supunha e implicava uma universalidade que, não incomum, era a própria vocação do tempo. Vocação, certamente, que Leonardo levou a uma condição extremada, limite. Na concreção – probante – *dos indivíduos*:

> Filippo Brunelleschi, que entre 1420 e 1436 edificou aquele singular monumento que é a cúpula da *Santa Maria del Fiori*, em Florença, arquiteto e escultor, construtor de fortalezas e engenheiro hidráulico, perito em óptica e em teoria das proporções, "mesmo não tendo letras", quando estudava matemática e geometria com um dos maiores cientistas do tempo, Paolo Toscanelli, "lhe respondia com a naturalidade de uma experiência prática que muitas vezes o confundia". Amigo de ambos, Leon Battista Alberti, humanista, ditoso escritor em latim e italiano, era matemático, redigia tratados de várias artes (arquitetura, pintura, escultura), e fazia importantes experimentos de óptica. Paolo Toscanelli (1397-1480) [...] é astrônomo (são bem conhecidos os seus cálculos sobre os cometas), geógrafo, grande matemático e médico, e seu nome se liga ao de Cristóvão Colombo[49].

É elucidativo atentar, posto o intento argumentativo, para o fato de que a Renascença viu florescer, como seu gênero próprio e específico, a autobiografia. A isto Garin remetia na prefação de *L'uomo del Rinascimento* ao chamar à cena Ágnes Heller. Naquela avocação, marcava que a filósofa indicava ser o

---

49   E. Garin, *La cultura del Rinascimento*, p. 133.

O HOMEM DA RENASCENÇA: VIDA E SUBJETIVIDADE   393

Renascimento a própria "idade das biografias"[50]. Detenhamo-nos, por algumas reflexões, sobre o problema, roborante de que o indivíduo se expandia, vitalmente.

Heller, efetivamente, assinala que este gênero literário assumira no Renascimento função e orgânica que a história não havia conhecido: em verdade, aí se engendrara. Engendração ora forjada, dispõe, não por uma motivação secundária. A autobiografia se positiva enquanto manifestação cultural típica deste período, posta a dinâmica social instaurada, a lógica humana vivida, que parture individualidades, homens que se consubstanciam na autonomia e projetação de suas singularidades. A autobiografia surge porque nasce o indivíduo moderno, floresce enquanto gênero porque a individuação está em curso. Indivíduo que ao se individuar cria-se historicamente enquanto tal, e neste processo ativo atina com seu próprio batimento humano, processo em espiral que o arroja a um mundo que o reconduz ampliadamente a si. Na proposição que generaliza, "O *conhecimento de si não é uma esfera, por assim dizer, 'à parte': se realiza conjunta e contemporaneamente à conquista teórica ou prática da realidade*"[51], conhecimento, experiência, vida e destino individualizados que a pena renascentista concederá imortalidade histórica: às individualidades, arquitetas positivas do humano, a eviternidade da letra, que as inscreve para sempre no mundo que engendram.

Em frase que transparentada pelo exposto sintetiza: a autobiografia avalia e narra o forjamento e fluxo de caminhos pessoais que se constituíram e foram percorridos na reciprocação com a vida social, caminhos e vidas, pois, que se generalizaram, individuando-se. Autobiografar-se é tomar e aquilatar as impossibilidades vivenciadas, as perdas sentidas e os resultados alcançados no curso de uma vida individual genérica, vida que assim alcança ser matéria literária de si mesma. Ou ainda, a autobiografia é a narrativa das objetivações, interações e desencontros de uma individualidade, de suas relações com outras e com diferentes partes, esferas, porções da sociedade com as quais necessariamente se envolve: *é a história de uma individuação*. Orgânica literária, pois, que ata em vínculo

50 Cf. nota 1.
51 Á. Heller, p. 339-340 (grifo nosso).

inextricável indivíduo e gênero, subjetividade e mundo, seu fundamento impulsivo. Orgânica assim configurada porque nascida das entranhas renascentistas, testemunhando *per se* sobre a lógica humana de sua época, onde o singular se individua, se faz ativo, porque ativo num universo social que o faz social, *socialmente* ativo. Vale dizer, o indivíduo trilha o caminho da individuação na medida em que sua atividade não se limita ao âmbito e alcance de si ou de seu entorno comunal mais ou menos próximo e dependente: incorporado à vida humana como influente força concreta porque seu trabalho e a atividade se sociabilizaram, fez-se força do gênero, fez-se genérico, individual, ativo. Em determinação negativa, que descola a autobiografia de gêneros avizinhados:

> A pura *facticidade* que não se transforma em experiência pessoal pode, assim, participar das memórias, não da autobiografia. A pura subjetividade que não se objetivou pode, assim, participar do diário ou das confissões, não da autobiografia. Trata-se pois [no caso autobiográfico] do *espelho no qual se reflete a recíproca relação entre o mundo e a personalidade em questão*. As premissas para o valor, ou melhor, para a realização da autobiografia são então: *uma personalidade significativa e um mundo significativo*[52].

A autobiografia é resposta estética a um mundo ativo, texto da autoconsciência porque vida que se individua, na apropriação ativa do mundo, natural e social. Na palavra que concreta:

> Toda autobiografia é a *história da formação da personalidade*. Portanto é um romance educativo, e trata do modo pelo qual as experiências educam o homem e de como o homem plasma a si mesmo através destas experiências. O destino do homem é constelado por erros, mas estes erros – que geram outros erros – fazem *progredir* o homem em seu todo; a experiência é a lição tirada dos erros. O homem se *enriquece*; os sucessos são os sucessos da sua personalidade[53].

Autobiografia é a história da autoconstrução do indivíduo *in* individuação: ação no mundo, experiência, humanização,

---

52 Idem, p. 342 (grifo nosso).
53 Idem, p. 342-343 (grifo nosso).

O HOMEM DA RENASCENÇA: VIDA E SUBJETIVIDADE

consciência e autoconsciência, subjetividade *in actu* dinâmico. Então, a obra se urde pela *facticidade que da individualidade se embebe*: porquê individuação é indivíduo em concreção de sua sociabilidade imanente, de sua orgânica genérica[54], a autobiografia implica e enforma a ativa mutuação ôntica interioridade-exterioridade humano-social. Autobiografia, enfim, é "O nascimento dos indivíduos, de personalidades destacadas e versáteis, a maior autonomia, a perspectiva possível de uma vida rica e venturosa, a manifestação das formas analíticas da autoconsciência"[55], de sorte que o Renascimento não poderia ter deixado de ser "a *idade das grandes biografias*"[56]. E ser o tempo "das grandes biografias" é ser o espaço da subjetividade, que rompe em fôlego inaudito. Fôlego que é individuação, indivíduo expandido, que se distende, desenvolve, e se apropria de si ao fazer-se força concreta do universo social, que o humaniza ao lhe pesar dramaticamente os ombros com seu próprio fado individual, isto é, que se individuou.

Não por acaso, a anchura da subjetividade renascentista é cantada e recantada nos escritos de Garin, que assim a distingue, visto que na realidade se distingue. Num convindo passo exemplificante:

O homem universal do Renascimento é sobretudo aquele que baralhou os confins de vários campos do saber e do fazer, que numa pintura escreve um ensaio de pensamento político ou, como Rafael, ilustra Diógenes Laércio e a vida dos filósofos; que numa lírica compendia um ensaio de moral; que num tratado de arquitetura escreve um livro sobre o Estado; que numa obra sobre pintura condensa ora uma dissertação sobre filosofia, ora os princípios de um tratado de *perspectiva*[57].

Um tonante *contrafactum* filosófico desta asserção, sua contraprova em forma teorética, pode ser colhido no *Oratio*

---

54 Cf. Parte Dois, III. Corroborante e consentâneo, pois, o aforismo goethiano que entremostra, ou do qual se escava, a natureza genérica do singular, ao que importa aludir e pontuar: "*O que é o universal? O caso singular. O que é o particular? Milhões de casos*". Göethe, *Maximen und Reflexionen*, 489, em *Goethes Werk*, tomo 12, p. 433 (grifo nosso).

55 A. Heller, op. cit., p. 341.

56 Idem, ibidem (grifo nosso).

57 E. Garin (org.), *L'uomo del Rinascimento*, p. 182.

de hominis dignitate, texto escrito por Pico della Mirandola em 1486 como introdução a uma espécie de encontro filosófico internacional que o próprio filósofo, o rico Signore della Mirandola, organizaria e patrocinaria. Neste encontro, que seria sediado em Roma no ano seguinte, 1487, Pico poria em discussão sua série de teses sobre a "paz filosófica"[58]. Ao pontualizar a natureza do homem, a lógica de sua objetivação, seu ôntico *modus faciendi*, da *Oratio* se colige, numa intensidade notável posto o jaez da palavra filosófica, a categoria estrutural, o atributo fundante pelo qual o homem "italiano" se esculpia, a saber, seu dinamismo intrínseco. Vejamos, sucintamente.

Pico sustenta que a liberdade, a ação incondicionada, é aquilo que distingue o homem, o ser e ir-sendo de suas carnes e alma, camaleônicas. A vida humana é produto da ação humana. Ao homem, firma, impende fundar e projetar sua própria existência, no que está centralmente implicada, pois, do ponto de vista filosófico, a substantificação teorética da dimensão autocriadora da humanidade. Reconhecimento e asserção, por sua vez, que pressupõem, encerram e denotam, *in limine*, o alargamento das fronteiras humanas, o infinitizar-se, objetivo e subjetivo, que o Renascimento perspectivava e estava implicando. Em termos que desdobram e nitidizam o argumento. Para Pico della Mirandola, ser homem é ser livre, liberdade humana que significa a imanente condição e possibilidade da plasmação de si, da autoplasmação, de tal modo que em seu *ser*, *ir-sendo* e *dever-ser* o homem é produto de sua atividade, determinante categorial que o engendra intrinsecamente mutável, diverso, incondicionado, ilimitado. Ora, à cunhagem desta reflexão ontológica pressupostas estão tanto a vivência de Pico de uma determinada orgânica humano-social quanto sua captura teórica, a consciência de sua lógica humana, que, neste caso, é também positivação de autoconsciência. Isto é, a determinação piquiana de que o homem se autoconstitui pela ação que ele mesmo instaura só poderia ter sido forjada a partir e no interior do reconhecimento da *minha própria sociabilidade*,

---

58   O evento, entanto, não ocorreria. Em janeiro de 1487, eclode uma recusa explícita destas teses por parte dos membros convidados para o encontro; em março, uma comissão nomeada por Lorenzo VIII condena treze delas; em agosto, todo o conjunto é condenado. Pico decide tornar a Paris.

O HOMEM DA RENASCENÇA: VIDA E SUBJETIVIDADE

da lógica de meu próprio universo social, daquilo que ele é. Concretamente, a sociabilidade dinâmica fundaria a consciência de Pico sobre a genérica dimensão ativa do homem: só posso reconhecer o homem plasmador de si como um universal se, antes, sou e me reconheço enquanto tal. Duplo reconhecimento piquiano possível, e este é o ponto argumentativo nuclear, se a dimensão ativa do homem se fez efetivamente ativa – socialmente ativa. Somente nesta condição – atualizada *in concreto* – consubstancia-se em real positivação humana, social e individual, que talha sua visibilidade teórica. Reconhecimento de si, da própria condição – chave do tino filosófico sobre a imanência ativa do ser e ir-sendo humanos –, que significa, pois, *vida ativa*. E mais, chave à lucidez ôntica que Pico alcança na exata medida em que a autoconstrução, entendida pelo filósofo como o ser da humanidade, se consubstancia enquanto *movimento de individuação*, a saber: autoconstrução humana, eviterno curso da individuação, "contraditória, descontínua e infinita marcha constitutiva do indivíduo"[59]. Marcha humanamente constitutiva que na Renascença, como se entende mostrar, se fez historicamente inaudita em possibilidades, fôlego e vitalidade; assim, porquanto pulso humano feito socialmente central, positivo, fez emergir, despontar, vitais supostos categoriais do homem, de sua natureza e dinâmica. O homem, feito ação e alma sociais, distinguiu sua imanência ativa, que no Renascimento se fez vida ativa, mediatamente, consciência e autoconsciência. Na poética palavra do filósofo, a um só tempo mágica e imanente:

Mas como pode alguém julgar ou amar quem não conhece? Moisés amou Deus porque viu, e, juiz, ditou ao povo as leis que primeiro tinha visto no monte. Por isso, no meio, o Querubim com a sua luz nos prepara para o fogo seráfico e ao mesmo tempo nos ilumina para o juízo dos Tronos. Este é o âmago das mentes precípuas, a ordem paládica que preside a filosofia contemplativa; isto devemos, em primeiro lugar, emular e buscar e compreender até sermos arrebatados pelos fastígios do amor e descender, sábios e preparados, *para os exercícios da ação*[60].

---

59 Cf. J. Chasin, op. cit., p. 55-64.
60 P. della Mirandola, *Oratio de Hominis Dignitate*, p. 15 e 17 (grifo nosso).

Vale dizer, "Se [os homens], entregues à *vida ativa*, assumissem com justo juízo o cuidado das coisas inferiores, estaríamos seguros da solidez dos Tronos"[61]. Nos termos garinianos, sintetizadores, de onde se toma com clareza, sublinhe-se, que Pico encontra na atividade o fundamento do homem: ao fazer, se faz:

A tese piquiana é verdadeiramente notável: toda a realidade existente possui sua própria *natureza*, que condiciona sua atividade, pela qual o cão viverá caninamente, e leoninamente um leão. O homem, ao revés, não tem uma *natureza* que o constranja; não tem uma essência que o condicione. O homem se faz agindo; o homem é pai de si mesmo. O homem tem apenas uma condição: a ausência de condições, a liberdade. A sua constrição é a constrição de ser livre, de escolher a própria sorte, de construir com as suas mãos o altar da glória ou os grilhões da condenação[62].

E conclui:

Para Pico a condição humana é a de não ter condição, de ser verdadeiramente um *quis*, não um *quid*: uma causa, um ato livre. E o homem é tudo porque pode ser tudo, animal, planta, pedra, mas também anjo e "filho de Deus". E a imagem e semelhança de Deus está aqui: em ser causa, liberdade, ação; em ser resultado de um ato próprio[63].

Na tese da incondicionalidade humana – de que o homem tudo pode e tudo é, de que sua sorte lhe cabe cunhar –, estua, pois, uma subjetividade que se universalizou *in concreto*, fez-se sociabilidade, subjetividade que tornou *actus* e pensamento a então reconhecida *potentia* genérica dos homens, concreta universalização do indivíduo – *individuação* – pela qual se alcança e deslinda o coração do ideário de Pico. E sua letra, ao ser aquilo que é no *Oratio*, testemunha sobre uma humanidade que vislumbrou em Deus seu igual, letra que não poderia ter dito o que disse se o homem não estivesse desenhando "*uma posição homem-pessoa* entre pessoas e

---

61   Idem, p. 15 (grifo nosso).
62   E. Garin, *L'umanesimo italiano*, p. 123-124.
63   Idem, p. 124.

O HOMEM DA RENASCENÇA: VIDA E SUBJETIVIDADE   399

frente à Pessoa"[64]. Na pena de um homem ativo, pena tão eloquente quanto lúcida, tão imanente quanto humana, tão singular quanto universal:

Estabeleceu finalmente o sumo artífice que àquele a quem nada podia dar de próprio, fosse comum tudo aquilo que havia singularmente atribuído aos outros. Por isso conformou o homem como obra de natureza indefinida, e colocado no coração do mundo assim lhe falou: "Não ti dei, Adão, nenhum lugar determinado, nenhum aspecto próprio, nem qualquer prerrogativa tua, porque aqueles lugares, aquele aspecto, aquelas prerrogativas que tu desejares, obtenha e conserve segundo teu voto e opinião. A natureza limitada dos outros está contida dentro de leis por mim prescritas. Tu a determinarás para ti por nenhuma barreira constrito, segundo o teu arbítrio, à qual potestade te consignei. Coloquei a ti no meio do mundo porque dali tu melhor avistas tudo aquilo que está no mundo. Não te fiz nem celeste nem terreno, nem mortal nem imortal para que, de ti mesmo quase livre e soberano artífice, ti plasmasses e esculpisses na forma que tiveres pré-escolhido. Tu poderás degenerar nas coisas inferiores que são os brutos; tu poderás, segundo o teu querer, regenerar-se nas coisas superiores que são divinas.
[...]
Oh suprema liberalidade do Deus pai! Oh suprema e admirável felicidade do homem! A quem é concedido obter o que deseja, ser aquilo que quer. Os brutos, ao nascerem, trazem consigo do útero materno – como diz Lucilio – tudo aquilo que terão. Os espíritos supernos, desde o início, ou pouco depois, foram isto que são por séculos e séculos. No homem nascente o Pai repousou sementes de toda a espécie e germens de toda a vida. E segundo como cada um os cultive, crescerão e darão, nele, seus frutos. E se forem vegetais, será planta; se sensíveis, será bruto; se racionais, tornar-se-á animal celeste; se intelectuais, será anjo e filho de Deus. Mas se não contente com a sorte de nenhuma criatura, se recolherá no centro da sua unidade feito um só espírito com Deus; na solitária caligem do Pai, aquele que foi posto sobre todas as coisas estará sobre todas as coisas.
Quem não admirará este nosso camaleão? Antes, quem admirará algo mais?[65]

---

64 Idem, ibidem (grifo nosso).
65 Pico della Mirandola, op. cit., p. 7 e 9.

Consubstanciar o quadro piquiano afirmando que *a infinitude do mundo se faz infinitude do homem*, ou que *o homem
do Renascimento se infinitiza no mundo*, não parture qualquer
retoricismo. Consubstanciação que se confirma em sua justeza quando a palavra de Giordano Bruno, personagem filosófico central no século XVI, ressoa. Ao avocá-la, a infinitude
vivida, objetiva e subjetiva, surge nas formas da veemência.
Oportuno, pois, tomá-la, conquanto estas páginas não o façam senão de raspão e por um átimo.

Posto sem mais: um filósofo que "concebe o universo infinito, e infinitos os mundos"[66], assim como reconhece, em
aguda letra e voz honradas, insubmissas à fogueira inquisi-
torial, "que as novas hipóteses astronômicas implicavam não
uma correção particular no campo de uma ciência específica,
mas uma mutação na concepção do mundo"[67], está substantificando, de modo inconteste, que o homem engendrou uma
relação com o mundo de consequências transubstanciais, re-
volucionárias, que quebrantaram antigas práticas, teorias adstritas, conceituações ingenerosas. Distendendo a questão, mas
limitadamente, ou em função do que se analisa – a subjetividade expandida. O homem, colige-se do ideário de Bruno,
dilatou seu horizonte externo e interno: a tomadia teorética da infinitude do universo e dos mundos, infinitude que o
Renascimento escava e divisa, se faz infinitude interna na exata medida em que o infinito externo atinado é subjetivamente
movente – implica, para sua lida, capacidades humanas, que
então se expandem nas mediações criadas para operar seu reconhecimento, sua apropriação. Apropriação, expansão, que
é resposta subjetiva a uma infinitude objetiva. O homem se
multiplica pela natureza multiplicada, que se faz ciência, ferramenta, técnica – *carnes* e *consciência* humanas, como também, necessária e mediatamente, *espírito in respiro infinito*.
Infinitude do mundo buscada e atinada porque subjetividade
positivada por e numa dimensão infinita, ou que se infinitiza:
só um homem que se expande em caminho infinito poderia
pensar no infinito como realidade efetiva, nesse sentido, como
experiência humana possível, como campo a ser escavado pelo

---

66 E. Garin, *La cultura del Rinascimento*, p. 137.
67 Idem, ibidem.

O HOMEM DA RENASCENÇA: VIDA E SUBJETIVIDADE 401

homem. Subjetividade que ao catapultar o homem à natureza, ao universo infinito, o catapulta, ato contínuo, à própria universalização, reposta: "O infinito, o movimento, a finalidade, a evolução, a harmonia o exaltam [Bruno]. A infinidade do mundo exprime no mesmo átimo a infinidade das capacidades e das possibilidades cognitivas do homem, o dinamismo da natureza o dinamismo do homem, a finalidade da natureza a finalidade das atividades humanas"[68].

E quando, por outro lado, o terco pugnador ideal se atira em "polêmica inflamada contra quem quer restringir e falsificar o alcance de Copérnico [...], contra quem não percebe que uma nova idade do mundo começou"[69], por este obstinado incendimento humano-filosófico ressurge, numa consciência e tino peculiares, a qualidade do salto humano em curso: sua palavra colidente e postura humana espelham, em reflexo intenso, que se está frente a um mundo e homem visceralmente novos. Giordano quer se livrar do entulho da canga mediévica recalcitrante, que nega o curso da história, isto é, que nega o florescimento de um agir e saber livres, *autonômicos*, o irromper, pois, eis o ponto, de uma natureza e indivíduo infinitizados. Negação que Bruno sente nas próprias entranhas, desfeitas em grilhão e fogo, até hoje impunes. A pugna por Copérnico é a pugna pela realidade, pelo fato de que o universo, com suas leis próprias, é infinito, então é pugna que imediatamente se trava pelo homem – por suas ações e possibilidades infinitizadas –, homem para quem a liberdade de ser é a própria condição de ser, entende Bruno. Pugna intransigente, radical, irreversível, *de morte*, que se consubstancia – se é que se pode compendiar numa simples frase algo deste vulto – enquanto *consciência dinâmico-infinita* de uma sociabilidade que parture um homem *dinâmico-infinito*. Em palavra que especifica. Ao propor e sentir filosoficamente do modo como o fez, ao refletir sobre o ser e ir-sendo do mundo humano e natural nos termos em que dispôs, bem como ao ter sido o indivíduo que foi, Giordano se realiza a um só tempo como protagonista e fruto característico de sua época, ou "Nas ideias fundamentais de Bruno respira o espírito

68 Á. Heller, op. cit., p. 558.
69 E. Garin, *La cultura del Rinascimento*, p. 137.

do Renascimento italiano"[70]. De fato, tanto em ser quanto em pensar Bruno é homem do Renascimento. De um lado, desvela, arma, desenvolve, filosoficamente, os novos caminhos humanos universalizadores que as forças sociais estão abrindo ou na sociabilidade pulsam latentes; de outro, é a própria expressão concreta destes caminhos – como indivíduo, é corporificação da expansão subjetiva vivida. Ora, ter que pagar a sustentação de um ideário com a vida não significa, rigorosamente, a existência de uma expansão, que, de tão radical, é socialmente intolerável? Expansão subjetiva que arrojara o homem à infinitude do universo, ao mesmo tempo que esta infinitude feita subjetividade fora um de seus ventres. Infinitude cuja negação, brutal, não pôde ferir mortalmente a verdade objetiva do infinito, então, a medrança e ampliação subjetivas postas, subjetividade infinitizada. Num repúdio, lúcido, à diminuta visão e orgânica teológicas do universo, Bruno assinala que o indivíduo é intrinsecamente infinito: *cada um*, refere, *carrega em si o próprio universo*, que a tudo abarca e em tudo está. Assertiva que assim transpira, por cada poro filosófico, por cada reentrância ideal, e isto é o que se deseja aqui destacar e estacar, as carnes da expansibilidade humana posta, pois na argumentação pulsa, como suposto e substrato, o homem ativo que se descobre indivíduo genérico, infinito, universal, porquanto assim *está sendo*. Indivíduo que se faz deus de si, deus de um tempo que se expande, infinitiza, objetiva e subjetivamente, tempo que, se engendrou a individualidade, matou Giordano, mas não poderia adurir a história. Em *De l'infinito, universo e mondi* assim pondera ao incoar do Segundo Diálogo:

> Filoteo [...] Ademais, tal como nossa imaginação é capaz de progredir ao infinito, imaginando sempre uma dimensão além da outra, e um número além do outro, segundo certa sucessão, e em potência, como se diz, assim se deve entender que Deus, em ato, concebe dimensão infinita e número infinito. E deste entender segue a possibilidade, em conveniência e oportunidade, que colocamos: como a potência ativa é infinita, o sujeito de tal potência é, por necessária consequência, infinito; pois, como outras

---

70   W. Dilthey, *Hombre y mundo en los siglos XVI e XVII*, p. 311.

O HOMEM DA RENASCENÇA: VIDA E SUBJETIVIDADE   403

vezes demonstramos, o poder fazer põe o poder ser feito, o *dimensionador* põe o dimensível, o *dimensionante* o dimensionado. Ademais, como realmente se encontram corpos dimensionados finitos, assim o intelecto primeiro entende corpo e dimensão. Se o entende, não menos o entende infinito; se o entende infinito, e o corpo é entendido infinito, tal espécie inteligível necessariamente existe, a qual, por ser produzida por tal intelecto, como o divino, é realíssima; tão real que tem um ser mais necessário do que aquele que está, em ato, diante dos nossos olhos sensíveis. Logo, se bem considerado, resulta que, assim como há um indivíduo infinito simplíssimo, há um dimensível infinito amplíssimo, que está naquele, e no qual aquele está, pois está em tudo, e tudo está nele[71].

Numa palavra, infinitude – *potentia* humana infinita, reconhecimento que é consciência da expansão subjetiva atualizada. Na letra de Pandolfo, arrematante desta brevíssima tomadia de Bruno, que ao examinar uma assertiva do filósofo substancia a determinação bruniana da infinitude do indivíduo, e nossa argumentação: na medida em que o universo, infinito, é movido por uma causa infinita, por uma "alma universal":

"Então somos levados a descobrir o efeito infinito da causa infinita, o verdadeiro e vivo vestígio do vigor infinito, e nossa doutrina é não buscar a divindade fora de nós, pois a temos junto, ou melhor, dentro, mais do que estamos nós dentro de nós mesmos"(Bruno, *Cena de le ceneri*, I, 24).

A divindade que está dentro de nós, assim como dentro de qualquer outro ser, no nosso mundo e em todos os demais, infinitos, que constituem o universo infinito, é a alma universal, toda presente no todo e em qualquer parte dele (*tota in tot et in qualibet totius parte*). Por esta sua onipresença, cada coisa é espelho do universo e eco da voz que ressoa em toda parte. A antiga sentença de Anaxágoras ("em cada coisa estão todas", ou seja, *quodlibet in quolibet*) repete-se em Bruno, mas num sentido que antecipa Leibniz, referindo-se à presença da alma universal (não das partículas infinitesimais dos elementos infinitos, como em Anaxágoras), o que significa a presença do próprio universo em cada ser particular, microcosmos que reflete em si o macrocosmos. "Em qualquer coisa, por exígua e abcissa que seja, um mundo, ou ao menos seu si-

---

71   G. Bruno, *De l'infinito, universo e mondi*, Dialogo Secondo, em *Opere Ilaliane*, vol. I, p. 307-308.

mulacro, podes intuir" (Bruno, *Sigillus sigillorum*, II, 3), "em cada homem, em cada indivíduo, contempla-se um mundo, um universo" (Bruno, *Spaccio della bestia trionfante*, II, 12)[72].

No contorno das características e atributos que fundaram a personalidade e conduta dos filósofos, um passo gariniano, expressivo, torna a timbrar a extensão espiritual que então rompia e se espraiava. Homens que, repetidas vezes negados em suas práticas, ideais, crenças e proposições, sangravam nos confrontos dramáticos travados na vida social, ainda que a força que os movia, histórica, não pudesse ser simplesmente tragada pela foice outrossim segadora da sociabilidade proto-burguesa. Em palavra quase poética, pela qual se arma o passo que conclui este espaço analítico: os filósofos

se afadigaram para fundar, em bases seguras, ou pelo menos criticamente discutidas, a nova enciclopédia do saber, a nova ciência capaz de instaurar o reino do homem, liberando as vias da razão da insídia do oculto: a astronomia da astrologia divinatória, a física da magia cerimonial. Durante dois séculos foi este o esforço realizado por um número não expressivo de homens, constrangidos a combater em várias frentes sem ao menos uma caracterização precisa: sem saber bem o que fossem ou o que buscavam. A crise da enciclopédia medieval não só cancelara as barreiras, mas também as distinções antigas. O artista se fez cientista, o filólogo teólogo, o historiador moralista, o físico filósofo. Os "novos filósofos" foram inquietos e rebeldes, uma espécie de cavaleiros errantes do saber, que se moveram entre sonhos e magias, utopias e ilusões de paz universal e perpétua, entre reflexões críticas capazes de qualquer sondagem interior[73].

Indivíduos, pois, que se desvestindo de um obscurantismo mediévico, combativos e errantes porque *mestres de vida*, expandidos porque homens poliedrais, singravam uma orgânica social que ao projetar e impulsar a uma individuação positiva, ato contínuo a dessubstanciava, interdizia. Pois indivíduo e gênero, mais e mais dissociados no fluxo do pôr-se de uma sociabilidade que, contraditoriamente, arrojava à infinitu-

---

72 R. Pandolfo, op cit., p. 60.
73 E. Garin (org.), *L'uomo del Rinascimento*, p. 200-201.

O HOMEM DA RENASCENÇA: VIDA E SUBJETIVIDADE

de humano-social, atavam-se por caminhos crescentemente colidentes. Uma recíproca tensão genética, se menos presente, efetiva, determinada neste alvorecer da vida burguesa, faz-se gradativamente ato, ou o momento predominante de uma relação que maturaria em desumanizadora "unidade negativa". Unidade *in negatio* que denega o indivíduo ao lhe contrapor as incompossíveis necessidades dominantes da orgânica social, que o aliena do gênero, abstraindo-o de si. Truncamento social das ônticas inclinações autouniversalizadoras do indivíduo que, se inestancável dessangramento de suas forças, propulsava, porém, a alma: sabedora que podia ir além, muito além de onde estava – que podia pintar, com os pincéis *do cotidiano*, um mundo mais pleno, humano, como aquele cunhado pelas mãos de Michelangelo –, à anteposta interdição respondia vitalmente, ciente, pois, de que sua superação, possível nos limites das condições históricas concretas, dependia de ação humana, de passos que se escolhiam e se levavam a cabo. Entanto, no interior deste individuador pulso respondente, as cores da alma não resistiriam intactas, empalidecendo pelos batimentos de uma sociabilidade que vai produzindo a impossibilidade cabal de uma individuação autêntica, *ad hominem*, fundada *in persona*. Então, porque cônscio de suas possibilidades individuais imanentes, uma dor subjetiva seria intrínseca ao homem renascentista: sentida pelo fato e tino de que *o possível mais humano entrevisto* era, em realidade, quase inalcançável, irrealizável, ou mesmo inalcançável, dor, dramática, da individuação. Dor que a alma purgaria num canto de *multímoda afetividade in drama*, canto-lamento em nada casual ou abstrato: expressão concreta de sentimentos concretos. Mas que se apeie esta argumentação. O enfrentamento teorético da questão – o pulso dos sentimentos no século XVI e suas implicações anímico-musicais – é algo que se transfere para espaço analítico próprio. Assim, o movimento retroage: opera-se um corte expositivo, que articula à reflexão elaborada a obra de arte, a qual, vida humana *in mímesis*, plasma o indivíduo em seu ser e dever-ser, de modo que a letra teórica urdida se faz carne e alma humanas. Esta a trilha que a pena reflexiva toma e propõe.

Uma Digressão Shakespeariana:
a Subjetividade de Hamlet

A introdução, súbita, do príncipe dinamarquês na cena ideal que se desenrola tem por escopo corporificar a condição humana *ativa* denotada, que forja individualidades, concreção roborante de que o Renascimento é a *idade da subjetividade*, da medrança de seus espaços. Embrenhemo-nos, pois, nos labirínticos recantos de uma nobre alma nobre.

Se é possível traduzir o substrato que anima e move o espírito hamletiano sem muito perder de sua substância vital, talvez valha dizer: Hamlet é o homem que pode e toma nas mãos o próprio destino, cuja substantificação é a construção de si, portanto, de sua sorte. Ao referir que "a tragédia de Hamlet, em última análise, é a tragédia da personalidade"[74], Bloom divisa e aponta, em letra nem tão implícita, que a peça é o processo, trágico, de um indivíduo que responde a um problema – urdido pela vida – na centralidade de si, ou onde o movimento e orgânica do quadro trágico vivido se ordenam a partir e em função de sua força individual agente. Na palavra de Hamlet, assertiva: "Ter eu de consertar o que está errado"[75]. Problema, resposta, ou respostas, e situações consequentemente desencadeadas, que o conduzem à consciência mais plena da vida e à autoconsciência, caminho hamletianamente forjado cuja dramaticidade não é apenas latente ou circunstancial, mas atributo imanente, e não poderia ser diverso.

Se desde o início Hamlet se mostra um homem de interioridade singularmente larga – de um lado, um crítico denso, feroz e debochado, que marca sempre a imundície da vida de Elsinore, a desnaturação das relações humanas, de outro, um homem ciente da complexidade e infinitude do mundo[76] –, tal consciência e criticidade medram na medida em que sua saga

---

74   H. Bloom, *Shakespeare: A Invenção do Humano*, p. 534.

75   W. Shakespeare, *Hamlet,* em *William Shakespeare – Hamlet e Macbeth*, p. 59.

76   O dito "Há mais coisas, Horácio, em céus e terras,/Do que sonhou nossa filosofia" (final do primeiro ato), ainda que tornado quase vulgar pelo uso e referência, guarda um sentido e alcance que não devem ser descurados, dito no qual o espírito bruniano parece ecoar. O que não deve causar estranheza, pois Shakespeare e Bruno trabalharam, durante os anos ingleses do filósofo italiano, na mesma corte. Cf., ainda, a nota 83.

O HOMEM DA RENASCENÇA: VIDA E SUBJETIVIDADE

toma corpo, porque é neste processo, ou na condução dinâmica de si, que vemos Hamlet fazer de sua subjetividade concreto mundo humano, e do mundo humano seu efetivo espaço subjetivo. Ao se pôr assim, ativamente, se distende, multiplica-se: é *persona* do teatro, e assassino, lhano amigo de Horácio, mas cortesão dissimulado, homem das letras, e também espadachim, indivíduo do pensar – que sabe da grandeza e mazela do homem – e do agir. Em termos generalizantes, e que distinguem, ademais, o ponto de partida da mimese shakespeariana[77]: "esse homem feito de dúvidas, incertezas, indagações, porém cada vez mais obrigado a responder por seu destino, esse homem que finalmente, na Renascença, assumiu o livre-arbítrio que o cristianismo lhe impusera, é que será o protagonista perfeito para a tragédia elisabetana"[78]. Vale dizer,

a um homem é imposta uma tarefa que ele não buscou, mas da qual tem de se desincumbir, como a todos nós é dada a vida que temos de levar avante. O grande processo Hamlet, na verdade, é constituído exatamente por sua procura de um sentido, uma integração, uma validação, da tarefa que lhe foi proposta[79].

Tarefa, acresça-se, que ele poderia muito bem optar por não conduzir.

Este sobrinho de um fratricida, portanto, é o torneador predominante de sua sorte. Indivíduo autoposto que escolhe a partir da própria individualidade, e que por sua ação, determinante de si mesmo, de sua vida, implica, mais ou menos imediatamente, a daqueles que o circunfluem, interferindo determinantemente no contexto em que atua e plasma. E, neste confronto ativo com a contextura demandante, expande-se

---

77 *Mímesis*, pontualize-se oportunamente, que Shakespeare reconhecia ser categoria fundante de sua arte. Na conversa com um dos atores que acabava de chegar ao palácio, diz-lhe Hamlet: "qualquer coisa exagerada foge ao propósito de representar, cujo fim, tanto no princípio quanto agora, era e é oferecer um espelho à natureza: mostrar à virtude seus próprios traços, ao ridículo sua própria imagem, e à própria idade e ao corpo dos tempos, sua forma e aparência". E completa: vi atores que "pavoneavam-se e roncavam tanto, que eu tive a ideia de que tinham sido feitos por pobres operários da natureza, que não os souberam fazer, tão abominavelmente eles imitavam a humanidade". W. Shakespeare, op. cit., p. 94.

78 B. Heliodora, *Falando de Shakespeare*, p. 99.

79 Idem, p. 100.

na individuação exercida, ação transubstanciada em ser, consciência e autoconsciência. Numa palavra, que consubstancia estas considerações estruturais, viver, para o príncipe que em noite brunal afrentara o pai morto, é, doravante, agir – vingá-lo. Ação parida e conduzida em função e no interior das necessidades próprias do indivíduo, de uma singularidade autodeterminada, que incontornavelmente determina, sublinhe-se. Ação que se esparge sobre o mundo, que por esta individualidade é então entranhado, individualidade que lhe marca porque *move suas engrenagens, altera sua ordem*: o indivíduo se faz gênero, gênero, indivíduo. Vida que perspectivada em vingamento lhe custa conflito imo, porquanto esta intenção pessoal assumida, que se constrói e consuma passo a passo é, sob qualquer aspecto, objetiva e subjetivamente colidente. Mas Hamlet também se conflagra consigo porque o processo do autoconvencimento de que de fato cabe agir e vingar se positiva como engendração de uma energia que não está imediatamente presente em si, do que nasce um estado subjetivo em contradição permanente, intrinsecamente dramático. Em verdade, a decisão assumida significa a escolha do caminho mais difícil e amargo dentre os diferentes possíveis que poderia trilhar[80], verossímil situação multímoda que desencadeia dúvidas profundas, tensão e embates internos que estão radicados na própria alma, sentimentos estes sentidos e manifestos copiosa e enfaticamente por Hamlet. Embates objetivos e subjetivos dilacerantes que o herói trágico enfrenta, enfrentamento positivo que esculpe sua interioridade *in* dever-ser, que embebida na dor desesperante que enlouquece, expande-se infinitamente, pela tomadia do mundo feito indivíduo. Dor que parece ser o sentir recorrente que a vida planta no peito daquele que ora se individua.

---

80   A respeito reflete Bloom, indicando, ato contínuo, que o destino ora se tece nas escolhas que se individuam: "A gama de liberdades disponíveis a Hamlet é atordoante: poderia casar-se com Ofélia, suceder Cláudio no trono (se suportasse a espera), matar Cláudio a qualquer momento, partir para Wittenberg sem permissão, organizar um golpe político (sendo tão querido pelo povo), e até mesmo dedicar-se a reescrever textos teatrais [Bloom alude ao fato de que Hamlet adendara ao texto que os atores representaram em seu palácio um trecho de próprio punho]. Tanto quanto o pai Hamlet poderia dedicar-se ao adestramento militar, conforme o fez o jovem Fortimbrás, ou voltar a mente privilegiada, cada vez mais, para a especulação filosófica ou hermética". H. Bloom, op. cit., p. 519.

O HOMEM DA RENASCENÇA: VIDA E SUBJETIVIDADE

1.

A consciência de que o indivíduo, por ato seu, transfunde, aparece já ao princípio da tragédia, na conversa com o fantasma. Conquanto tarefa dorida, porque maldita, deforme, repor nos trilhos o eixo desnaturado das coisas é fardo que Hamlet põe sobre as costas. E o faz porque sabe que lhe cabe, *e só a ele*, mover as engrenagens apodrecidas. Ao se despedir do espectro, assim considera, e perturbado decide:

> Descansa, espírito agitado!
> Com todo o meu afeto eu me despeço:
> E tudo o que o meu pobre ser consiga
> Para exprimir estima e simpatia,
> Se Deus o permitir, não faltará,
> Entremos. E guardai esse segredo.
> O tempo é de terror. Maldito fado
> Ter eu de consertar o que é errado[81].

Diferentemente de um herói grego – cuja personalidade se distingue não por seu positivo descolamento em relação ao ser dos outros indivíduos, mas por ser urdida e em seu sangue correr, em singularizante pulso universalizado, os atributos e valores humanos de uma ou de outra instância da sociabilidade, o que significa que o indivíduo da *pólis* não se excele, ou se singulariza nas cores do limite –, a personalidade de Hamlet não se tece nos fios de tal generidade abstrativa, socialmente posta no mundo grego. Antes, se individua, singulariza, se especifica em inimitabilidade humana de ser e sentir. A força lírico-dramática do primeiro monólogo do terceiro ato tem por plataforma, por motivação mediata, de fundo, rigorosamente o fato de que se está livre para escolher dentre vias distintas, que, imediatamente pessoais, nos avizinham e se alcança plasmar. Em termos mais concretos, a opção que Hamlet sabe que deve assumir – opção que envolve perda, sacrifício, desfazimento, envolve morte, face ao que nos espantamos, acovardamos – poderia não ser trilhada, e outro caminho – diverso, não perigoso e vital –, ou mesmo a própria inação, poderiam realizar-se como a estrada pessoal frente ao

---

81 W. Shakespeare, op. cit., p. 59.

dilema posto, pensa e sente, atordoado e constrito, o dinamarquês. O tormento hamletiano é o tormento de uma consciência que, conquanto lhe esteja nas mãos não realizar, sabe o que tem de fazer, mas teme, hesita, e esta indecisão, sentida em ilegitimidade porque reconhecida como indevida, acerba e turva profundamente sua alma. Atormenta-se porque tem consciência que a situação vivida implica uma vastíssima dimensão de si, porquanto das escolhas a serem feitas diante desta escabrosa encruzilhada de um destino que arromba sua porta lhe portando uma vingança que deve ser levada a cabo, depende o sentido e possibilidades de toda a sua existência. Diferentemente de Antígona, remonte-se, que não tinha opções pessoais. A opção pelo irmão morto – que é opção abstrata por forças sociais abstratas ou, mais precisamente, por forças universais que são abstratas ao indivíduo como tal – trazia-lhe uma consequência individual que, embora vital, era necessariamente restrita, pontual, limitada, socialmente preestabelecida, universal, que não se fazia individual, da mesma forma que estreito, ou mesmo inexistente, era o alcance social possível desta opção, que não se universalizaria, que não se faria sociabilidade. Por outro lado, deixar insepulto o irmão morto, e ciente está das implicações para si funestas do ato de enterrá-lo, é algo que nem cogita, exatamente porque enterrar ou não Polinice é um problema apenas mediatamente individual. Vale dizer, Antígona é mulher de implacável determinação unívoca, pétrea, linear, não porque a pena sofocliana a tenha criado como um *tipo* estético, como um símbolo que se consubstancia enquanto a abstrata expressão de uma ética, dos valores da família, mas, sim, porque não é um ser individuado, ou o é na incompletude de ser, em incompletação fundante, na possibilidade grega de ser. Por não ser, então, não poderia portar características humanas que apenas a história ventura construiria, como o balançar subjetivo multifacetado entre realizar ou não realizar determinada ação, ou a hamletiana dúvida pessoal que subentende a pluralidade de si e a preocupação com seu destino, que não lhe pertence. Antígona, porque Sófocles assim a plasmou, *é um ser de carne e osso*, então, não individual. Ora, o drama de Hamlet, o *drama da escolha*, retome-se o argumento, é, distintamente, um drama singular, *di persona*: dele escorre toda sorte de implicações para sua vida, na exata medida em que a ação individual se fez sociabilidade *in actu*. Talvez a figura de Hamlet deva sua imensa fortuna artística e empatia ao fato de ser um homem essencialmente hesitante, indeciso, titubeante – um indivíduo cuja alma concerta, *lato sensu*, com nosso individuado pulso e sentir: pois como não ter uma alma incerta, em hesitação estrutural, nas terras movediças, moventes e mutantes da individuação, que regam a alma humana com as águas da vacilação, incontornável, porque precisamos optar e temos o que perder, porque nos individuamos? Antígona não era indecisa, contraditória – não poderia; daí seu ser e sentir imperturbáveis, sentir que não duvida porque não se individuou. O drama de Hamlet é e reflete a nova condição humana: o indivíduo porta sobre ombros *ativos* o peso da vida, conduzindo-se a si mesmo a partir de si. Em tal contextura, presente e futuro não estão mais imediatamente atados às forças sociais que, simetrizando os indivíduos, a eles são extrínsecas; passado, presente e futuro se dramatizaram, porque ora espaços ativos no indivíduo. Hamlet assim pensa, sofre, e se expressa a Ofélia, e a todos que o ouvem:

> Ser ou não ser, essa é que é a questão:
> Será mais nobre suportar na mente
> As flechadas da trágica fortuna
> Ou tomar armas contra um mar de escolhos
> E enfrentando-os, vencer? Morrer – Dormir:
> Nada mais; e dizer que pelo sono
> Findam as dores, como os mil abalos
> Inerentes à carne – é a conclusão
> Que devemos buscar. Morrer – Dormir.
> Dormir! Talvez sonhar – eis o problema,
> Pois os sonhos que vierem nesse sono
> De morte, uma vez livres deste invólucro
> Mortal, fazem cismar. Esse é o motivo
> Que prolonga a desdita desta vida.
> Quem suporta os golpes do destino,
> Os erros do opressor, o escárnio alheio,
> A ingratidão no amor, a lei tardia,
> O orgulho dos que mandam, o desprezo
> Que a paciência atura dos indignos,
> Quando podia procurar repouso
> Na ponta de um punhal? Quem carrega

412   MÚSICA SERVA D'ALMA

Suando o fardo da pesada vida
Se o medo do que depois da morte –
O país ignorado de onde nunca
Ninguém voltou – não nos turbasse a mente
E nos fizesse arcar c'o mal que temos
Em vez de voar para esse, que ignoramos?
Assim nossa consciência se acovarda
E o instinto que inspira as decisões
Desmaia no indeciso pensamento;
E as empresas supremas e oportunas
Desviam-se do fio da corrente
E não são mais ação. Silêncio agora!
A bela Ofélia! Ninfa, em tuas preces,
Recorda os meus pecados[82].

De "Ser ou não ser" se colige, então um comento breve se faz necessário, toda esta nova dinâmica humano-social que o Renascimento engendra. Em proposição que sintetiza, e da qual se parte, a saber, *ser ou não ser* se consubstancia, fundamentalmente, no seguinte problema: *o que eu devo fazer?* Significa que o mais ecoado verso shakespeariano se positiva na síntese ideal da lógica e dilema humanos que marcaram a Renascença, porque tempo da subjetividade, vale dizer, em *ser ou não ser* estua, como momento predominante, a dinâmica da individuação, aqui plasmada como *hesitação individuante*: *ser ou não ser*, isto é, *como deverei agir na vida? Que caminho tomar?* Na palavra artística, que concreta: *o que fazer*, questiona-se: "suportar na mente as flechadas da trágica fortuna ou tomar armas contra um mar de escolhos e enfrentando- -os, vencer?" Ora, a dramática, lírica, pungente e individuada problematicidade hamletiana é uma autointerrogação sobre a *própria* ação, sobre *o que* e *como escolher*, imediatamente então, sobre *o que* e *como ser*. E se esta autointerrogação toma forma – consubstanciando-se, marque-se, no núcleo dramático –, é precisamente porque a ação individual se fez força ativa, isto é, força, *de per si*, socialmente movente, que faz girar a manivela da vida. Nesse sentido, Hamlet sabe que "dormir", deslembrar, apenas "suportar" o destino não é a resposta. O "sono", pondera, encerra o "sonho" que faz "cismar", cisma que

82 Idem, p. 89-90.

latente em nossa alma a domina, dominação que imobiliza, "prolonga a desdita" pelo medo reposto da morte sonhada; então, medrosa, a consciência se acovarda, amolece, atalhando nossas decisões e atos, com o que sucumbimos, porquanto desmaiados inativos do pensar. A via humana, pois, é outra: temente ou não, a escolha deve avocar a minha ação, que, *per si*, move a vida, fazendo-a ser, e a mim. Significa que se tem de trilhar a redentora, malfadada e incontornável ação vingadora, porque esta reata o "fio da corrente", que é vida ativa. Trilhamento pelo qual Hamlet plasma corpo e alma, e que o faz indivíduo porque esta ação é *constituição* de um *tecido societário*, ou sua reconstituição, antes esgarçado por mão fratricida. A vingança hamletiana, assim, é manifestação iniludível de que o indivíduo se individua – ele se fez social: sua ação pode alterar a história, e Hamlet o sabe. Sabença que o lança à vingança, que o faz indivíduo, força social. *"Ser ou não ser"*, enfim, é a expressão cabal de que o homem que aí está tem consciência de que o ato pessoal move, reordena, constitui, homem que, se inação vingativa, é sabidamente para Hamlet *"não ser"*, na exata medida em que sua individualidade, nesta inação possível, não engendra sociabilidade. E se tal consciência existe, de um homem dinâmico, individuado, se trata. A substrução, no arremate: *tomar-me* o mundo ou *não tomar-me, esta é a questão, que pratico, reconheço e sinto*! Tomadia que se enteceria no sangue derramado da vingança individuante, que *deve ser*, não só porque agir é mais humano do que não agir, mas porque Hamlet, neste agir que plasma sua vida, plasma vida social, que tem de ser constituída.

2.

O universo subjetivo renascentista irrompe amplo, vigoroso: Hamlet é disto prova e testemunha. Efetivamente, é esta condição ampliada, que se fez autoconsciência, que o arroja à avizinhação declarada entre criador e criatura: o homem é tudo e tudo pode ser. Na ação e na razão, como um anjo e como um deus, é o centro de si na infinitude que produz, que lhe pertence e humana. Infinitude, posta e vivida, que Hamlet não apenas atesta, mas *sente*, posto seu tom interjetivo. Sentir, atine-se, que é a arras maior de que esta realidade se infinitizava, humanava:

> Que obra de arte é o homem! Como é nobre a razão! Como é infinito em faculdades! Na forma e no movimento como é expressivo e admirável! Na ação, é como um anjo! Em inteligência é como um Deus! A beleza do mundo![83]

No diálogo com Rosenkrantz (final da quarta cena do quarto ato), ao ponderar, com aflição, sobre sua vingança, a consciência da largueza espiritual posta ressurte em cores vitais. Largueza que na letra shakespeariana parida do ventre da práxis então se atualiza como *meio, meio de ser, de existir*, reconhecimento que Hamlet pode silhuetar porque o homem descobriu-se ativo, descobriu-se a si:

> Como as coisas se ligam contra mim
> E incitam minha tímida vingança!
> O que é um homem se o seu grande bem
> É dormir e comer? Um bruto, apenas!
> Aquele que nos fez em descortino,
> Com passado e futuro, certamente
> Não nos dotou dessa razão divina
> Para mofar sem uso[84].

E esta anchura subjetiva que Hamlet exprime com a força de um canto *ad hominem*, esta expansão da interioridade, que é sociabilidade feita alma, indivíduo feito indivíduo, modela ela mesma, ecoe-se, a alma do nobre dinamarquês. O julgamento breve, mas contundente, é de Ofélia, ao lhe descerrar o entristecimento que sentia ao vê-lo com o espírito tão convulso, quase ensandecido. A Hamlet diz, sofrente:

> Como está transtornado o nobre espírito!
> O olhar do nobre, do soldado a espada,
> Do letrado as palavras, a esperança,
> A flor deste país, o belo exemplo
> Da elegância, o modelo da etiqueta[85].

---

83 Idem, p. 76.
84 Idem, p. 128.
85 Idem, p. 92.

O HOMEM DA RENASCENÇA: VIDA E SUBJETIVIDADE

Hamlet sabe, porque o tempo, individuado, sabe: o homem, "a medida das coisas", pois "obra de natureza indefinida", "nem celeste nem terreno, nem mortal nem imortal", tudo. Em Elsinore, ou Florença, livre artífice na plasmação de si, tecendo-se pelos fios da ilimitabilidade imanente conquistada, autoconsciência. Nos termos sempre concretos da arte: afrontando a sorte que pressentia nefasta no confronto de espadas que travaria com Laertes, Hamlet, ainda assim, dá-se em combate; à ponderação ou dúvida de Horácio, reage com a convicção de quem vive uma vida onde o destino está por ser inscrito pelo próprio punho:

Horácio
Se o seu espírito rejeita alguma coisa, obedeça-lhe; eu evitarei que venham para cá, dizendo que não se sente disposto.

Hamlet
De modo algum; nós desafiamos o agouro[86].

Desafia-o pois entende que vergar a sorte, construí-la, porquanto feita pertença do indivíduo, é ação possível, necessária, libertadora, que humana porque me consubstancia como ser singular que sou. Antígona, diferentemente de Hamlet, não poderia afrontar ou transfundir seu destino individual, mesmo porque este não lhe existia enquanto tal. Ao tomar nas mãos o irmão morto, contrapondo-se a Creonte, conquanto corajoso e digno ato *in* dever-ser, antes avoca, aceita e torna ato uma "potência ética" inscrita na lógica da *pólis*, que pelas circunstâncias necessariamente lhe arrasta ao decesso como igualmente faria com qualquer outro em situação semelhante. Mas para Hamlet, ventura e desgraça não são uma desconhecida (ou conhecida) imposição unívoca da potestade, uma incontrolável, transcendente, abstrata força regrante. Dependem, sim, de cada um, e a cada um, nos limites possíveis de si e dos tempos, impende doravante a plasmação da vela da fortuna, que se singularizou. Na palavra hamletiana, que consubstancia e arremata, "*ser ou não ser, esta é a questão*".

86 Idem, p. 165.

3.

Quiçá um dos momentos mais explícitos e dramáticos desta condição humana autônoma do indivíduo esteja no diálogo entre Hamlet e Gertrudes, com o que se remata este breve digresso. Momento, sem dúvida, de pateticismo singular: um filho que confronta a mãe com a sânie da própria atitude – esta se casara com o cunhado assassino de seu marido imediatamente após sua morte – é algo que se urde *in phátos*. E se este diálogo-quase-monólogo tão bem transpira o sopro determinante que o indivíduo agora exerce sobre o próprio fado, e por isso se o transcreve aqui, encerra outrossim um sentido humano e vitalidade que por si mesmos conduzem à citação. Sentido e vitalidade positivados porquanto este rude diálogo fraterno é verdade humana atualizada. Verdade que emociona fundamente porque nos afrenta com as dores dramáticas que golpeiam a alma em talho visceral na cena incompossível da individuação vivida, que contrapõe indivíduos, sangra-lhes universalidade no ato mesmo de os universalizar. Dor pungente, que nos punge porque como todo grande artista Shakespeare faz desta dor a dor de *um indivíduo*, a dor de seres de carne e osso, sentir concreto de pessoas concretas. Pessoas cujos espíritos, no recíproco confronto incontornável – pois os caminhos da individuação postos são picadas solitárias abertas no estranhado universo humano que nos apascenta e nega –, se atassalham. Sobremodo se isto ocorre entre mãe e filho, porque aqui o mais imo do coração toma parte, e sangra doído. Enfim, esta cena dramática é o embate entre seres que, ábsonos, escolhem a partir de si, de seu ser e interioridade autonômicas. Escolhas que, pessoalmente determinadas, os levaram a direções e campos opositivos, que são frutos de seus ventres individuados; escolhas que lhes entalharam a personalidade, enformando-as na recíproca diversidade individuante que é a própria condição deste mundo social, que se multiplica em vias humanas. Multiplicidade individuada que é a condição de ser deste diálogo, que, filho legítimo da era da infinitude giordaniana, de suas entranhas parido, é testemunho e expressão de que o Renascimento é o tempo da subjetividade, da individuação. Individuação que é amargor infindo, crítica e autocrí-

O HOMEM DA RENASCENÇA: VIDA E SUBJETIVIDADE 417

tica, caminho pessoal por entre fachos de luz e escolhos, vida ativa, drama humano, intenso e contínuo drama da individuação, drama de Hamlet. No quarto da Rainha assim conversam, em dor que é, certamente, despedaçamento trocado:

Hamlet [à Rainha]
Não torça tanto as mãos, senta-te, acalma
E deixa que eu te torça o coração;
É isso o que farei, se ele for feito
De matéria sensível, penetrável,
Se o hábito do inferno não blindou-o
Em bronze e o fez infenso ao sentimento.

Rainha
Que fiz eu, para assim me censurares
Levianamente, num clamor tão rude?

Hamlet
Um ato que desfaz graça e pudor,
Que deturpa a virtude e corta a rosa
Da pura fronte do inocente amor.
E põe nela um estigma, e torna os votos
Nupciais em falsas juras de traidores,
Um ato que do próprio matrimônio
Arranca a alma; e da doce religião
Faz um arranjo de palavras; ato
Ante o qual se perturba o firmamento;
Sim, essa massa sólida e complexa
De rosto triste, como no crepúsculo,
Adoece a aflição.

Rainha
Qual é esse ato,
Que clama assim tão forte, e assim troveja?

Hamlet
Olha neste retrato e neste outro
A representação de dois irmãos.
Olha a graça que paira nesta fronte;
Como lembra a feição do próprio Zeus,
Olhos de Marte, forte no comando,
O gesto de Mercúrio, o núncio alado,
Sobre a colina, quase alçado ao céu;

Um aspecto e uma forma que realmente
Pareciam dos deuses ter a marca
Que afirma ao mundo que ali está um homem,
Este era o teu esposo. Agora, observa
O teu marido de hoje, espiga podre
Que contamina a safra: Não tens olhos?
Pudeste abandonar essas alturas
Para cevar-te num paul? Tens olhos?
Não me fales de amor; na tua idade,
O alvoroço no sangue é fraco e humilde,
E cede ao julgamento. Mas que escolha
Seria entre este e o outro? Certamente
Tens sentidos, mas 'stão paralisados,
Pois a própria loucura não faz erros
Assim; nem os sentidos são escravos
Que não conservem uma certa escolha,
Para servi-los nessa diferença.
Que diabo te logrou na cabra-cega?
Olhos sem sensos, sensações sem olhos,
Ouvidos sem as mãos e sem os olhos,
Olfato só, ou parte dos sentidos
Doente de um sincero sofrimento
Não poderiam transviar-se tanto.
Ó vergonha, onde estão os teus rubores?
Se o inferno exala assim uma matrona,
Seja de cera a própria castidade
Na juventude, e se derreta em fogo:
Clamando que não há nenhum opróbrio
Quando ataca o furor, visto que o gelo
Também pode queimar, e que a razão
É alcoviteira da vontade.

Rainha
Basta!
Voltas os olhos meus para minh'alma
E nela eu vejo tantos pontos negros
Que nunca sairão…

Hamlet
E isso somente
Para viver num leito conspurcado,
Em meio à corrupção. Fazendo o amor
Em vil pocilga.

O HOMEM DA RENASCENÇA: VIDA E SUBJETIVIDADE

Rainha
Não me fales mais.
Essas palavras entram como espada
Nos meus ouvidos. Para doce Hamlet!

Hamlet
Assassino e vilão, mísero escravo
Que não vale um vigésimo do dízimo
Do teu antigo esposo; um rei palhaço,
Usurpador do reino e do comando.
Que roubou um precioso diadema
E o pões no bolso!

Rainha
Não! Não fales mais![87]

O PULSO AFETIVO DO HOMEM: SENTIMENTOS E SENSIBILIDADE

Ao asserir, na *Estetica*, que o Renascimento gesta e vê surgir uma nova afetividade, Lukács nos permite divisar que a expansão da subjetividade não se consubstanciou "apenas" como ampliação do conhecimento do universo objetivo, natural e social; como nova ciência e filosofia; como consciência e autoconsciência; como busca de uma ação e formação *ad hominem*: filósofos, *mestres de vida*; como, enfim, a consequente positivação de uma intuição e percepção mais sensíveis da natureza e do homem. Posto o quadro humano em curso, onde o indivíduo se autonomiza, se individua, a esfera dos sentimentos, dos afetos, se expandiria também, e não poderia ser diferente.

A asserção lukácsiana toma fôlego e forma na esfera das artes plásticas, no interior da qual argumenta que sua orgânica e inspiração só podem ser compreendidas ao se atinar que um novo mundo da sensibilidade nascera. Considera: somente nos apropriamos do sentido das mudanças estruturais sofridas pela pintura no fluxo da Renascença (que envolve especialmente a do século XVI, notadamente a veneziana, refina),

---

87 Idem, p. 113-115.

quando "se entende adequadamente a novidade específica da interioridade que toma conta explosivamente da pintura. Referimo-nos ao novo mundo emocional, e, com ele, à nova expressividade que – de modo próprio em cada artista – aparece com Tintoretto, El Greco, Rembrant"[88].

Páginas à frente, tomando *Dom Quixote*, reitera, no mesmo pulso reflexivo, que a Renascença é tempo de expansão da interioridade – do forjamento de um novo batimento interno, de um novo universo anímico, que, por se ampliar, urde-se em novas vias e regiões, ou medra outras, que ora germinam. Ao argumentar sobre o substrato e a causa do impacto histórico da obra cervantina, pontualiza:

O novo desta novela, do ponto de vista da literatura universal, é que na obra se contrapõe, em autônoma hostilidade, e pela primeira vez, a interioridade humana ao mundo externo. Sem dúvida que antes da aparição de *Quixote* se dá, com relação à Antiguidade, um crescimento constante do poder e da importância da interioridade humana; assim ocorre desde Dante até Ariosto. Porém, até Cervantes o que aumentou foi apenas o peso específico da interioridade humana no seio de um contexto indesatável entre o homem e seu mundo circundante. A revolucionária novidade de Cervantes consiste em que seu personagem constrói em seu interior um "mundo" inteiro e o contrapõe combativamente ao mundo externo[89].

Com efeito, este confronto que a obra enforma, e que funda a ação quixotesca, é, *de per si*, marca da formação e existência de um mundo anímico (individual) "inteiro", concreto, ativo, de uma interioridade concreta, isto é, *singular – singularizada*, ou aquela que se responde a si mesma. Vale dizer, uma colisão só se objetiva se forças autônomas – distintas e/ou opositivas – estão constituídas, existem, atuam: no magro errante, suas posturas e sentimentos, como um universo autonômico, livre, conflitam efetiva e estruturalmente com a realidade, ativamente vivida. Quixote é um homem que possui uma individualidade vigorosa, uma anímica que se revela clara e absolutamente própria, singular. As convicções e sentimentos que o animam e impulsam são irreplicavelmente pessoais, e

88 G. Lukács, Estetica, v. 4, p. 53.
89 Idem, p. 55.

O HOMEM DA RENASCENÇA: VIDA E SUBJETIVIDADE

no menor detalhe. Sua vital e sã delusão movente – quixotesco *dever-ser* inapelavelmente vencido pela vida, que desta vitalidade em logração caçoa porque enxergada como simples louquice –, é disto inconteste evidência profunda. Quem, em sã consciência, poderia objetar que as ações por ele engenhadas não são o produto ou consequência de um indivíduo positivamente destacado do gênero, que se ordena a partir de uma determinante sensibilidade própria, de um "inteiro" mundo subjetivo? A saga de Quixote, pois, são os caminhos e descaminhos de uma alma individuada, dinâmica, larga, e que se amplia ainda no percurso autoposto, *pessoalmente* pensado e engendrado. Alma infinita em ser, sentir e saber, autonomia que a arroja para o confronto, subjetivo e objetivo, com a "sanidade" de uma vida que é humanamente insana. Alma cujos sentimentos a lançam e contrapõem ativamente ao mundo no qual, então, os indivíduos fazem aflorar a possibilidade de um sentir pessoal que toma forma, ou melhor, formas. Dessarte, se "o cavaleiro da triste figura", em suas carnes combalidas, cavalga a Mancha sobre Rocinante, Hamlet sente em *ser ou não ser*, e Michelangelo dá vida ao Juízo Final, pintor que marca, para Lukács, ecoando Garin, o "ponto de partida de toda a nova interioridade nas artes plásticas"[90], um específico pulso anímico esta quadra histórica está parturindo, sem dúvida. Pulso que se consubstanciou enquanto vida emocional ativa, ou a que se engendra no entalhe e vivência das próprias inclinações e desejos, das perspectivas e querenças individuais. Ou ainda, a possibilidade da cunhagem da interioridade a partir de si, ou aquela que poderia fazer viger, dentro do campo de possíveis, o respeito à sua dinâmica imanente, individual, tomou forma. Em termos concretos, Quixote, na irrealizabilidade de seus peculiares propósitos cotidianos destroncados, na colisão com uma realidade que impugna e combate, neste sofrido e dramático enfrentamento positivo, é individualidade em plena imanência – que quer, busca e efetiva a partir de suas necessidades, desejos e sentir. A individuação auroreal se fez expansão anímica, que é histórica individuação anímica. Conquanto, pontue-se desde já, a atualização destas novas

90 Idem, p. 53.

possibilidades emocionais e afetivas, a objetivação dos conteúdos e formas da interioridade, fossem mais ou menos interditas pela dinâmica de uma urdidura social que, ao projetar outrossim truncava o livre curso da personalidade; que livre para ser no mercado das trocas, por ele era sangrada numa individuação cunhada na contraposição com o solo social que a radicava, propulsava e tolhia. Numa exemplificante palavra aforismática, porque mais aqui não se pode: Quixote: seu momento predominante, quiçá o truncamento de si – de sua universalidade – que a vida lhe impõe; Sancho, indivíduo que se universaliza, expande-se *ad hominem*.

A existência, lógica e substrato deste novo estuar anímico-subjetivo, quixoteano, podem ser escavados no interior da dinâmica do amor, das relações amorosas, que desta expansão, talvez, sejam a face mais imediata e nítida, ou veemente. O movimento analítico, assim, examina em alguns traços esta porção da vida subjetiva, passo que conclui o capítulo em curso. Conclusão que entende esboçar a substantivação anímica ocorrida, onde o homem tornou mais humana – porque mais ampla, concreta, individual – a afetividade, o sentir, esboço este que é passo estrutural no reconhecimento das razões da música monteverdiana, como se verá.

Enquanto na Antiguidade o relacionamento entre os sexos não implicava opções positivamente pessoais, inclinações predominantemente subjetivas, e tampouco no medievo o amor se radicara e realizara a partir das relações individuais, a esfera amorosa, no Renascimento, assume contornos que a descolam essencialmente das épocas precedentes. Em pena de cotejamento, que ao imbricar distingue, movimento pelo qual a Renascença se silhueta como humanização das relações afetivas:

a relação afetiva entre homem e mulher, como fruto de uma livre escolha, era desconhecida pela antiguidade. A força do hábito (Filomene e Bauci) ou a atração dos sentidos (poetas líricos da antiga Roma) eram o cume máximo que o amor poderia atingir naqueles tempos[91].

---

91 Á. Heller, op. cit., p. 390.

O HOMEM DA RENASCENÇA: VIDA E SUBJETIVIDADE

À época feudal, a seu turno,

o amor individual se desenvolve, mas sobretudo no extrato cavalheiresco, e em forma de adultério (Tristão e Isolda). Nem os extratos cavalheirescos nem os camponeses conheciam o amor individual – tampouco, ou em medida mínima, a jovem burguesia. No amor (que contrariamente à amizade não é necessariamente uma relação entre iguais) as barreiras entre as castas não eram obstáculos prejudiciais; mas – e é isso que importa – seu afloramento representava sempre, e onde quer que fosse, uma *exceção*, e provocava admiração ou terror, como no caso de Abelardo e Heloísa. O matrimônio, ao revés – como se sabe – nada tinha em comum com o amor. Era regulado – como todas as relações sociais – pela convenção até seus mínimos pormenores[92].

Mas, no Renascimento, o quadro se desenha em formas radicalmente distintas:

As barreiras sociais que obstaculizam a amizade e o amor se rompem; estes sentimentos se tornam *universais*, caracterizantes da humanidade inteira. No alto e em baixo, na cidade e no campo, para ricos e pobres, a vida é igualmente dominada pela paixão e pelo ideal da amizade e do amor, que já por esta razão não podem ser constrangidos em formas preestabelecidas[93].

Em desdobro necessário. No Renascimento, onde o cenário humano-afetivo se reordena estruturalmente, o amor, e também a amizade, atualizam-se como vivência humana que embebe e transpassa todo o tecido social. Esta "universalização" do amor e da amizade significa, antes e acima de tudo, que as relações afetivas passam a ser regidas por um intercurso livre, ou entre singulares. No interior de uma sociabilidade que se individua, amor e amizade se fundam e orientam, agora, pelo talante de indivíduos em mutuação. Vale dizer, amor e amizade se realizam como escolha pessoal, nesse sentido, enquanto objetivação humano-espiritual mais autêntica, porque armada no interior da regência do sentimento enquanto tal, isto é, a partir do indivíduo, mutatório e infinito, enfim, porque

92 Idem, p. 391.
93 Idem, ibidem.

"*síntese máxima* das formas de sociabilidade"[94]. Desta feita, a possibilidade do indivíduo urdir seu tecido afetivo *in affectu* é a clara manifestação de uma subjetividade que se autonomiza psicologicamente, que se realiza e alarga animicamente porque se individua animicamente, porque se responde *ad hominem*. Em termos análogos, a afirmação pessoal das relações amorosas – aquela posta a despeito de compromissos, necessidades e comprometimentos sociais extrínsecos ao indivíduo (afirmação positivada na medida do socialmente permitido e possível e que se entece a partir e no interior das infinitas diferenças individuais, intensivas e extensivas, imanentes a este universo humano infinito) –, traduz a existência de um sentir cujo momento predominante é o próprio sentir. De modo que a livre opção no amor expressa a existência de um homem que medra os horizontes das vivências afetivas, porque afeto *di persona*. Isto é, afeto talhado *in concreto*, dinâmica que constitui animicamente a interioridade porque esta, assim, entretece-se a si, interioridade que então se desdobra, amplia, necessariamente. A livre opção, portanto, parida de ventre italiano, este é o ponto a ecoar e ressaltar, estende, pluraliza, intensifica o sentir: tende a gerar novos e mais amplos estados de alma, porquanto o indivíduo está construindo sua vida anímico-afetiva pela única via real – a partir de si mesmo, desvencilhado, pois, da tutela imediata do gênero, que a ordena em vivência abstrata. Se regida extrinsecamente, pulsará em adstringência incontornável, porque fundada na abstração de si, isto na exata medida em que *anímica é sempre a anímica de um indivíduo concreto*. Via humana esta, portanto, que não poderia deixar de engendrar uma reordenação cabal da sensibilidade, que se avigora e expande atualizada como objetivação individual. O que implicou uma humanização do sentir, que, positivamente individuado, fez-se atributo concreto de um homem que se concreta. Ora, alguns dos grandes indivíduos dramáticos plasmados por Shakespeare, corrobore-se a determinação filosófica pela singularidade – universalizada – dos personagens, se realizam e distinguem pelo respeito aos próprios sentimentos, à própria sensibilidade, pela busca de uma vivência ou

94   Cf. nota 59.

O HOMEM DA RENASCENÇA: VIDA E SUBJETIVIDADE

objetivação daquilo que são e sentem. Indivíduos historicamente inauditos cuja positividade, sentido e vigor lhes é imanente porque atendem ou fazem viger, contra ou à revelia da contextura, suas inclinações anímicas, sua interioridade, seu universo subjetivo, claramente autonômicos, isto é, *força que pode mover a realidade vivida* – subjetividade, portanto, que se fez efetividade social. Ao dispor alguns deles sobre um fundo feudal, Heller faz entrever, a partir e com Shakespeare, que a efetivação das próprias inclinações e paixões, do livre fluxo dos afetos nutridos, se constituem na plataforma de consubstanciação do personagem; shakespearianamente, vida anímica que se humana; pois, autorregida, move indivíduo e gênero, indivíduo que, positivação social de si pela força imanente da própria existência, dinâmica, é extensão das margens afetivas, homem ativo, que transfunde. Eis o argumento:

Segundo o ordenamento dos valores vigentes no feudalismo, seria óbvio que Julieta obedecesse a seus genitores, Ofélia a seu pai, Cordélia a Lear, Miranda a Próspero. Mas Julieta é desobediente – e exatamente nisto está a sua grandeza humana –, Ofélia é obediente – e é a expressão de sua fraqueza –, Cordélia desobedece e é, *por esta razão*, a única boa filha de seu pai, Miranda obedece ao homem que é seu pai, pois – justamente – o ama e respeita. A "fidelidade ao próprio sangue" não é mais um valor em si. O é somente no caso que o homem se decida, uma segunda vez [assim se dera no feudalismo], pelo vínculo natural. Nos confrontos do amor e da amizade, ao revés, a fidelidade é *em todos os casos* um valor em separado: estas relações, de fato, são *necessariamente* o fruto de uma livre escolha[95],

isto é, de um livre engendrar-se das paixões, que é interioridade *ad hominem*, expansão anímica, individuação. Ainda no interior do teatro shakespeariano. Uma das características da personalidade de Hamlet é que na ação por ele medrada sua anímica é esfera intrinsecamente partícipe. Presente e ativa, Hamlet reordena continuamente a interioridade no fluxo das circunstâncias dramáticas que a vida e que seus próprios movimentos lhe vão impondo. E, posta tal construção autorregida, onde a multiplicidade de afetos que se imbricam

95   Á. Heller, op. cit., p. 388.

em conflito é a lógica e pulso de seu sentir, dessemelhando-o estruturalmente de qualquer outro personagem da literatura precedente (de fato, só Quixote lhe rivaliza, como também, sem dúvida, o Orfeo e a Arianna de Monteverdi, todos estes personagens, note-se, nascidos praticamente no mesmo ano!), toma forma um universo anímico dramaticamente largo. Hamlet, estuar de uma inaudita sensibilidade implexa que é individuação, sentir ativo cuja força intrínseca *ordena e impulsa a ação dramática em sua totalidade*. Retomando e arrematando com Julieta: ao desobedecer aos pais no acato dos batimentos do próprio coração, ao negar o *modus vivendi* social na claríssima afirmação autonômica de si, de seu sentir, esta jovem se positiva como ser individuado, e *in* dever-ser; positivação que verte "grandeza" porque corajosa e desafiadora ação individuante, conquista e afirmação da alma, que, no fluxo de uma individuação, deseja e quer *de per si*, expandindo-se por novos espaços anímicos que irrompem e se consubstanciam. Espaços subjetivos novos – cuja objetivação não poderia não ser dramática –, que podem ser e são socialmente interditos, negados; sociabilidade que pode empurrar direta ou indiretamente à morte – por aquilo que individualmente acreditam, desencadeiam e efetivam – aqueles que insistem em vivenciá-los, em fazê-los vida anímica concreta; indivíduo cuja ação e alcance, pois, escave-se, se fizeram sociais. Vida e morte, assim, esta a categoria a estacar, que Julieta arma *in affectu*, nas carnes de uma alma expandida, ou cujo sentir individual se concreta, rompendo como hamletiana força real. Força que, se comparável à de Antígona, diferentemente desta pode alterar a vida posta, porque força individuada, isto é, socialmente ativa e estrutural. Antígona foi morta pela escolha abstrata de uma determinada força mítica; Julieta morreu por ter sido Julieta.

A determinação de que a interioridade se transubstancia, que uma expansão anímica funda a vida anímica no Renascimento, afiguram-se em curvas nitentes a partir da escavação de duas questões, com o que se retoma o fio argumentativo condutor: 1) o amor assume uma *multiplicidade de feições*; 2) a base que o sustenta e nutre implica expansibilidade do sentir. Primeiro ponto. Como inceptivamente referido, esta quadra

O HOMEM DA RENASCENÇA: VIDA E SUBJETIVIDADE 427

histórica assiste a uma universalização do amor. Na assertiva helleriana, da qual se colige a um só tempo que esta generalização significa individuação e que o amor se humaniza porque se individua: "A humanização geral, em si, do amor e da amizade, ocorre simultaneamente à individuação. O homem que busca individualmente a sua estrada, o homem que se libera dos vínculos feudais percorre individualmente também as vias do amor e da amizade"[96]. Deste modo, porquanto sentir que se distende, universaliza, humana, atravessando, em pulsação mais ou menos generosa, a vida de todos os indivíduos – fazendo-se, passo a passo, sentimento genérico, entranhando-se capilarmente na sociabilidade –, o amor, tornado social, assume formas diversificadas, vozes distintas, faces e conteúdos variados. Vale dizer, generalizada a prática amorosa, positivada como vivência possível em todas as diferentes porções sociais, necessariamente engendra-se uma farta tipologia amorosa. Tipologias que matizadas à exaustão – pois estas são substantificadas pelas experiências individuais, distintas reciprocamente à infinitude –, marcam a existência de uma pluralidade anímico-amorosa socialmente estrutural. Em generalização que contextua, numa sociabilidade onde expansão e individuação se fazem atributos categoriais, todo o seu tecido constitutivo se entece numa multiformidade intrínseca: as diferentes esferas e instâncias da vida se atualizam numa diversidade interna que é a marca de suas atualizações. Pense-se, por exemplo, e não é preciso ir além, quão multímoda se fazem, na Renascença, a ética e a preceituação moral. De fato, ao Renascimento é estranha uma valoração ética plasmada em univocidade, que se distenda universalmente sobre toda a sociedade; a hierarquia valorativa é organicamente plurilateral, como também sua interpretação ou sua objetivação prática, o que não poderia ser diverso se os tempos individuam. Na letra helleriana, que inserida no contexto traçado concreta: no Renascimento, um

pluralismo tipológico entra em cena também na amizade e no amor. Um é o amor dos antigos cavaleiros, diverso o amor dos comerciantes, diferente o dos camponeses, e assim por diante. O

96 Idem, p. 392.

amor se manifesta na *totalidade* [extensiva] de seus valores e de seus sentimentos, totalidade que varia de caso a caso. O amor se desenvolve, mostrando plenamente a grande variedade de seus aspectos, do majestoso ao ridículo, do convencional ao apaixonado, da fraternidade espiritual à atração pela sensualidade[97].

Ora, se a esta contextura, ôntica, articula-se o reconhecimento de que esta universalização e variedade são próprias de uma orgânica social em cujas veias, plurais, o indivíduo, mais ou menos livremente, circula pelos diferentes estratos da sociedade, se relaciona e ata, nas mais diversas formas e distintas intensidades, com as diferentes categorias ou camadas sociais, atina-se com a existência, em sua alma, de um imanente *entrecruzamento afetivo*, de um *trânsito de afetos*, de uma *pluralidade no sentir*, pois este homem que se individua naturalmente imbrica, justapõe, funde diferentes ou mesmo contraditórias tipologias amorosas, ou a isto tende. A individualidade que pode percorrer, e percorre, de cima a baixo, com relativa autonomia e liberdade, o tecido de uma sociedade que se universaliza, se conecta, integra-se à sua sociabilidade, apreende formas e conteúdos humanos diferentes daqueles que lhe fundam e timbram geneticamente, absorvendo-os de forma mais ou menos imediata e consciente. Significa que, posta uma fundante e crescente vivência multiforme, o espírito se dinamiza, pluraliza, desdobra, desdobro que se faz, outrossim, anímico, ou a ampliação das formas da afetividade por um processo de mutuação individual que se consubstancia na própria dinâmica de uma sociabilidade que se individualiza. Em palavra que robora, na vida social que se individua, e que então humana a sensibilidade, o amor, estendido como manto genérico, ao embeber de si o tecido social pluraliza-se, pluralização que, na imanência do livre curso ou relação dos indivíduos, os entranha e assim forja. Dinâmica que se positiva enquanto alargamento da interioridade, de sorte que um complexo sentir

---

97 Idem, ibidem. Materialização artística desta reflexão é o *Decameron*, obra que, pela riqueza e pluralidade de seus amores vários e vários amores, é singular sem paralelo precedente. Obra pela qual, ademais, o erotismo *moderno* – ou aquele que se realiza na relação entre indivíduos concretos, onde a sensualidade é sensualidade entre indivíduos – faz sua entrada estética; pela pena, pois, de um proto-renascentista.

O HOMEM DA RENASCENÇA: VIDA E SUBJETIVIDADE   429

expandido, fruto de uma síntese individual esculpida no talho da universalidade vivida, é realidade que, de forma historicamente gradual e mais ou menos atualizada a cada caso, se substantifica[98].

Segundo ponto. Conquanto a universalização do amor – que necessariamente se desdobra e positiva em tipologias amorosas, atualizadas na multiformidade modulada ao infinito pelas objetivações individuais – suponha, encerre e expresse, *per se*, o alargamento anímico que se processa, porque esta universalização renascentista é amor feito indivíduo, o que é síntese da vida (anímico-)social, marca vital desta expansibilidade está nos *fundamentos* ou *"conteúdos"* humanos que armaram e apascentaram este sentimento. Isto é, o que decisivamente denota e transpira este alargamento, porque este é o elemento fundante de sua engendração, é o fato do amor pulsante em corações renascentistas estar radicado em *relações autonômicas*. Vejamos, a partir de uma determinação negativa. Ainda que tenha sido o Renascimento a objetivar a multiplicação das formas e vivências do amor – movimento gradativo, parcial, que apenas o século XVI consubstanciaria, a saber, esta pluralidade ou universalidade só aí se faria *totalidade*, síntese orgânica, *universalidade humana real*, ou seja, somente nos anos quinhentos este universal pulso multíplice

---

98 Para a ancoragem teorética do problema apenas aludido, oportuna a menção deste passo reflexivo: "o amor moderno-individual é *irrevogável*; mas esta irrevogabilidade é válida somente para a humanidade, enquanto que para o indivíduo se trata somente de uma possibilidade. E ocorre limitar isto à Europa; todos sabem que muitos povos asiáticos e africanos não conhecem nem mesmo o amor individual. Mas mesmo situados na Europa, temos de repetir um lugar-comum afirmando e sublinhando que aquelas mesmas relações sociais burguesas que prometem a generalização e a *multilateralidade* do amor, o desmembram, obstaculizam e apoucam, na exata medida em que as relações *utilitarísticas* homogeneizaram as formas dos contatos sociais". E a isto Heller agrega: mas, "mesmo prescindindo do papel assumido pelas relações *utilitarísticas* na compreensão dos sentimentos, não podemos afirmar que o amor, uma vez tornado parte da autoconsciência da humanidade, sempre esteve no mesmo nível e manteve o mesmo grau de intensidade. Nem como pura possibilidade o amor se desenvolve no mesmo momento e com o mesmo conteúdo nos vários estratos sociais e nos diversos países". E assim conclui, pouco à frente, "O amor é um sentimento que envolve a personalidade inteira, e então não é independente da evolução da personalidade em geral; onde a personalidade tem menores possibilidades de se evolver, também o amor se atrofia". Á. Heller, op. cit., p. 405-406 (grifo nosso).

se atualizaria como vivência individual *unitária* –, é irreal afirmar que o medievo lhe desconhecesse sua imanente dinâmica e vivência plurais. Pois o amor podia, ali, estar enraizado no domínio do *erótico*; ou consubstanciar-se a partir e no interior da *perspectiva cavalheiresca*, moldando-se enquanto *amor abstrato*; ser dominantemente expressão da *sublimação da beleza*; ou ainda se atualizar como eventual *paixão-individual* etc. Efetivamente, a vida feudal compreendia uma diversidade de práticas amorosas, que se imbricavam e se interferiam, do que se colige, *in limine*, que a Renascença não engendrara mera e simplesmente, por uma espécie de incomplexa ação isolada, a diversidade amorosa que a singularizou, conquanto, sem dúvida, a tivesse ampliado e transmutado *in essentia*. Em reflexão que desdobra. Numa sociabilidade, feudal, cujas vivências afetivas eram as de indivíduos não individuados, onde a objetivação do amor não o realizava *in concreto* porque não gerado pelas necessidades dos indivíduos, tal pluralidade amorosa, ou as modalidades do amor, nasceriam marginalmente, como filhos inaturais, em conteúdo e forma tendencialmente adstringidos. Nesse sentido, necessariamente seriam alvos de uma moralidade que – parida do ventre de uma vida plasmada na imobilidade de entranhas sociais unívocas, segmentadas, onde os diferentes estratos se atavam em incomutabilidade – não entenderia incorporar a si a diversidade humana, carnal ou espiritual. Diversidade *de per si* maculadora da lógica de uma ética generalizante e abstrativa que orientava ser e dever-ser de um indivíduo não genérico *in actu*: como acolher o amor fundado no erotismo ou na paixão se o amor não diz respeito, *lato sensu*, aos indivíduos, ou é algo que lhes transcende? Indivíduo, não obstante, que na existência de uma dada pluralidade germinal vivida, se não transpõe o limiar do amor individual – pois inexiste socialmente a possibilidade de uma efetiva vivência *individual* desta pluralidade germinante, que então apenas se silhueta –, dá um passo concreto nessa direção. Passo que permite reconhecer "que a evolução do amor individual se inicia no medievo"[99]. Assim, embora a Renascença tenha visto o amor

99   Idem, p. 398.

O HOMEM DA RENASCENÇA: VIDA E SUBJETIVIDADE 431

se universalizar num movimento que é pluralização positiva de suas formas e conteúdos, não é este o fator mais específico ou imediatamente responsável pela nova anímica amorosa que irrompe, pela ampliação posta.

O que de forma mais substantiva e estrutural caracteriza e arma o "amor renascentista", determinando sua transubstanciação histórica ou expansão inaudita, que é sentir e sentimento dinâmicos, socialmente postos, influentes, ativos, é o *como* esta vivência se realiza: o amor, concrete-se assim argumentação delineada, é agora fruto de uma experiência que, em distinguibilidade radical na história, se processou *a partir e no interior dos desígnios pessoais, modus*, ao fim e ao cabo, respondente estrutural pela pluralidade amorosa irrompida. Em outros termos, que a estes se atam visceralmente, se

traçarmos o conteúdo das amizades e dos amores do Renascimento, não poderemos dizer nem mesmo de que se tratem de características típicas (falando daquelas significativas e geralmente plasmadas pela arte e pela vida). Podemos dizer apenas que eles exprimem *novos* conteúdos de valor, e que então assumem um papel sempre mais importante – como tendência – nos ideais renascentistas. São [estes novos conteúdos]: escolha voluntária, orientação no sentido do valor pessoal, totalidade dos aspectos, caráter recíproco, ausência de constrição[100].

Ora, o surgimento de uma relação amorosa que se enraíze numa "escolha voluntária", e se balize ou "oriente pelo valor pessoal", é afeto *entre indivíduos*, vale dizer, radicado nos indivíduos, sentimento que forjado *em imanência* reordena estruturalmente a sensibilidade do humano. Por outro lado, um amor que se perspective enquanto mutuação – que busque um "caráter recíproco", – encerra e consubstancia a existência de uma dinâmica afetiva onde o indivíduo é determinante: só é possível reciprocidade amorosa num mundo que se individua, pois esta mutualidade é relação cunhada entre indivíduos autônomos, seres que, universo afetivo talhado na "ausência de constrições", na livre escolha, se propõem e respondem. Quando a letra teórica refere que o "amor sem esperança desaparece do

100 Idem, p. 393.

universo sentimental do Renascimento"[101], e, com o que se arrima a determinação, que "Em toda a obra de Shakespeare não existe um único amor sem esperança!"[102], se está assinalando, em última instância, que o ato amoroso é ação determinada pelos indivíduos, porquanto esperança de correspondência, mutuação, é pulso humano nascido de uma relação fundada *in persona*. E reciprocidade é humanização anímica, porque é completude, busca de inteireza afetiva, isto é, afeto parido no e pelo desejo dos indivíduos, determinante. Amor renascentista é anelo de totalidade – *porque indivíduos concretos, inteiros, estão em jogo –*, e totalidade implica reciprocação: "um dos indivíduos deseja participar da vida inteira do outro, e as relações são de caráter *incondicionado*"[103]. Significa que o amor se enformara na e pela relação entre pessoas, que a partir de si entalharam a vida amorosa, *que enquanto tal é aqui historicamente parida*, pois fruto de *indivíduos in affectu*.

Então, se esta é a condição, forma e vivência do amor, o sentir, extensiva e intensivamente, se alargara *in essentia*. Rediga-se, se alargara, necessariamente, *in essentia*. Isto, na exata medida em que sentimento forjado em sentimento, *in persona*, é *vida anímica concreta*, concretude que expande a interioridade anímica porque esta é positivamente avocada à confecção de si, pois o indivíduo é positivamente lançado à objetivação de si mesmo. No pulso shakespeariano, e não apenas, uma vez mais. Julieta e Hamlet e Quixote e também Cordélia consubstanciam-se, pelas entranhas afetivas, em *almas ativas* – que se imprimem, ou seus atos, no tecido social. Plasmadores positivos da própria anímica, se entecem e determinam em vida e espírito, singulares. Espíritos que, individuados na escolha e ação – autonômicas – que exercitam, atualizam-se numa existência cujas paixões então vitais, intensas, porquanto imanentes, dinâmicas, porque nascidas da alma, procuram respostas, que cunhadas no todo ou em parte, realimentam e intensificam a individuação que entalham em ser e dever-ser. A partir de suas *intenções*, *sentir* e *perspectivas individuais*, cada um a seu modo se arroja à vida, construin-

---

101 Idem, p. 394.
102 Idem, p. 395.
103 Idem, p. 394.

O HOMEM DA RENASCENÇA: VIDA E SUBJETIVIDADE 433

do-a, e a si, construção onde as "potências éticas", ou mesmo uma estíptica transcendência medieval, dissolveram-se no indivíduo que se projeta em função de si, de suas convicções e universo anímico, concretando-se: Quixote crê e se empenha por uma Dulcineia e mundo impossíveis, e exatamente por eles se barafusta, e nesta aventura humana apaixonada – que não poderia ser, em ser e sentir, mais pessoal do que é – exercita suas próprias e infinitizadas possibilidades humanas, objetivas e subjetivas, que se infinitizam; Julieta, em conflito com a família e contra tudo o que negue a possibilidade de ser o que se é e deseja, luta e morre por Romeu, e neste processo se entretece individualmente, ou na consubstanciação de sua amplitude anímico-subjetiva, que é efetivação de si, que é realização anímica que tem por suposto e *télos* as próprias carnes e alma; Cordélia, oferecendo ao pai "apenas" a verdade de seus sentimentos, autonômicos, irreplicáveis, por isso se faz Cordélia, e por isso sucumbe, escolha da "verdade afetiva" que é testemunho de que sua interioridade, autêntica, se enteceu com as fibras das próprias entranhas, individuadas; e Hamlet, quase em colisão com o universo, ao mesmo tempo que vinga o pai morto não alcança efetivar o amor com Ofélia, eivando-se assim, de algum modo, da podridão do reino, do qual foi o mais inteiro oponente, e no interior desta saga sangrenta, que é *sua* e tão somente sua, e assim conduzida, subjetiva e objetivamente, *forja-se enquanto Hamlet*, ser que se infinitiza. Personagens de dinâmico mundo interior que, autopostos, se distinguem entre si tão acentuadamente não só por viverem situações, lugares e tempos diversos, mas fundamentalmente porque nestas situações, lugares e tempos irrompem ativos, porque interioridades ativas, condição que os faz, dentro das possibilidades sociais concretas, instauradores e donos do coração, da forma de seus espíritos, das cores e destinos dos seus afetos. *Modus* de constituir a vida interior que é marca de uma sensibilidade esculpida *in concreto, in affectu*, então, sensibilidade expandida e que se expande, porque autorregida.

Uma consideração final, que ao concluir a análise em curso, a amplia e esclarece porque explicita supostos implícitos.

Os sentimentos sentidos, as paixões da alma, as vivências afetivas ativam, solicitam, põem em movimento e fazem reverberar toda a subjetividade, toda a vida interior de um indivíduo, denotando-a, ou sua natureza[104]. No que concerne ao Renascimento, mas isto se pode também afirmar de todas as épocas históricas subsequentes, é o amor que transpira, com especial força e nitidez, as inclinações e índole de uma subjetividade. Ora, este sentir, feito relação entre indivíduos, toma, envolve e afeta *toda* a interioridade, mobilizando-a com peculiar energia e veemência. O amor, sentimento que se fez visceralmente dinâmico, catalisa todos os outros: quando vivenciado, em algum grau e momento os avoca e implica, de forma mais ou menos imediata e intensa os põe em movimento, aciona. Das almas dos personagens shakespearianos, roborantes: o avassalador e indobrável pulso interno de Julieta, seu embate contra a vida, não são paridos e movidos pelo amor? O amor de Hamlet por seu pai não é fator que o incita à vingança? E a desgraça perpetrada por Otelo, que força a sustenta senão a da paixão por Desdêmona? Ponha-se em itálico: *o amor penetra e põe em jogo toda a alma, revelando-a*. Para realizá-lo, ou incitado por ele, o indivíduo compromete e enreda todas as suas forças anímicas, todos os seus sentimentos, do que aflora, pois, em maior ou menor medida, o estado, os atributos, a sensibilidade, a *natureza* deste ser que ama. Ou ainda, em proposição análoga, o amor, porque implica cada reentrância do sentir, ecoa a interioridade de um homem em todos os seus espaços, manifesta as tendências e características espirituais dos amantes, que, portanto, desnudam suas almas no ato de amar, as manifestam *por aquilo que sentem* neste movimento animicamente visceral, humanamente revelador. Na letra que universaliza, "O amor é um sentimento que revolve a personalidade inteira, e então não é independente da evolução da personalidade em geral"[105]. Com efeito, é no interior dos acontecimentos e vivências amorosas que as fibras espirituais de Julieta, Romeu e Otelo se modelam e expõem essencialmente. No amor, enfim, está em jogo a personalidade porque todas as suas facetas são chamadas à vida, de modo que deste complexo sentimento ativo a inteira subje-

---

104 Em relação à *natureza dos sentimentos*, cf. Parte Dois, Afetos: Além de Si Mesmos.

105 A. Heller, op. cit., p. 405.

O HOMEM DA RENASCENÇA: VIDA E SUBJETIVIDADE 435

tividade desponta, em jaez, dimensão e limites. Ao firmar que o amor e a amizade em tempos renascentistas "representam a pedra de toque da *autonomia* humana, da vida autônoma"[106], Heller corrobora este reconhecimento: assinala, conquanto em tintas apenas alusivas, que o amor descerra, estila, confessa a natureza da vida subjetiva, rigorosamente o que o faz "pedra de toque" da individuação posta, mediação privilegiada à alma humana.

E se assim o é, se no amor pulsa a inteira dinâmica da subjetividade, seu de-onde-para-onde, distinguir, como feito, que o homem do Renascimento medrou sua anímica, é movimento teorético que se atualiza de fato em determinação real. Não se tratou de que apenas o amor se alargara humanamente: se ele se objetivou como "escolha voluntária", toda a anímica, todo o sentir se transmudara, expandira-se, individuara-se. Numa palavra, e que se deve sublinhar, o amor, sentimento animicamente *inteirado*, implicativo, desvela que a alma cunhou, sim, novos espaços para si, novas formas de existência: se Julieta pôde amar Romeu do modo como fez significa que toda a sua interioridade se alastrou, que toda a sua anímica se expandiu. Em reflexão negativa, que conclui este espaço temático tão artístico quanto filosófico, à qual mais não se adenda porque redundância evitada: não fosse animicamente expandida, forjadora e possuidora de um inteiro universo subjetivo, que é expansão intensiva e extensiva de ser e sentir, como Julieta poderia viver o amor que a matou? A história, entristecida, responde: não poderia.

Uma expansão anímica se positivou. Fincada esta determinação, ponto de chegada de um longo percurso argumentativo, a pena analítica inicia o deslocamento à face musical envolvida na questão, que só se alcança teoricamente tomar a partir e em função deste reconhecimento categorial posto, que contém em si consequências estético-musicais estruturais. Homem dinâmico; amor individual; interioridade expandida; *mímesis della voce*? Reiterando: esta nova condição expandida da interioridade determinaria, mediatamente, a arte dos sons, *anima in mímesis*. Determinação que significou uma

---

106 Idem, p. 389.

transfiguração não meramente epidérmica ou pontual, mas um reordenamento de fundo das entranhas da música. Em verdade, *a alma expandida teria de engendrar uma expansão do mélos*, o que a *Seconda Pratica* substantificaria. Se a vida anímica mudou, se o sentir transfundiu-se, o canto sofreria os impactos desta nova realidade ativa; mais do que isso, se faria outro. De modo que para capturar o substrato estético da música de Monteverdi, reconhecer a plataforma histórica de sua lógica compositiva, o porquê humano-ontológico de suas melodias, há que imbricar sua melodia com a alma do homem tardo-renascentista, que esta Parte delineou. A esta imbricação volta-se a letra analítica, último passo desta quase-epopeia monteverdiana.

2. Monteverdi:
Sons de uma Alma in Drama

DE UMA MELODIA EXPANDIDA

A individuação no Renascimento, que significou a cunhagem de uma subjetividade autonômica, regida a partir de si, não se consubstanciou como um movimento linear, livre de incompossibilidades, algo já aludido. Seu caminho e objetivação transcorrem no interior de descontinuidades e negações – a um só tempo avanço e retrocesso: expansão e perda do humanamente talhado, e de possibilidades, conquista e/ou alargamento de espaços individuais; interdição de outros. Do ventre da Renascença não foi parido, objetiva e subjetivamente, incomplexa positivação de práticas e valores humanistas, abstrato viver *ad hominem*. A plasmação da individualidade teve por plataforma colisões e desencontros de fundo entre o indivíduo e a sociabilidade radicante. Na orgânica humano-social posta, implicadas estavam, *in limine*, impeditividades – mais ou menos ativas – às perspectivas e possibilidades individuais vislumbradas e/ou parturidas. A irrealizabilidade do indivíduo eiva a individuação que se opera. Em breve determinação, que se antecipa: individuar-se implicou e significou o derruimento, ou o apoucamento estrutural, historicamente progressivo, das necessidades do indivíduo neste

438   MÚSICA SERVA D'ALMA

processo humanizador, posta uma sociabilidade que, em crescença histórica compassada mas indelével, empeceria sua autonomia, universalizadora, abstraindo-o assim de suas próprias entranhas e alma. Hamlet. O confronto entre o ser e o ir-sendo do mundo dos homens e sua própria interioridade e vias é o chão onde se estacam e são determinados todos os acontecimentos de sua tragédia. A colisão, radical, entre seus caminhos, forças e potencialidades, objetivas e subjetivas (indivíduo que, espírito de caráter, é um homem das letras, da cultura, do teatro, um príncipe humanista multíplice), e as formas da realidade social, que, os fundando, permitindo e impulsando, contraditoriamente os travam, descaminham, consomem e transgridem, apoucam e/ ou derruem, é sua condição da existência, a condição de ser de Hamlet, que desdenha a podridão, a incontornável dinâmica devastadora da vida, que perverte e asfixia os indivíduos. Do mesmo modo como reconhece a dimensão e possibilidades humanas nascidas desta sociedade ativa, como atina com sua infinitude imanente, que é individuação, que é Hamlet, que se sabe infinito, enxerga e expõe a torpeza de seu *modus faciendi* e relações constituídas, que adstringindo os espaços dos indivíduos, promove homens adstritos. Sociabilidade que os arma com a ferramenta de entalhe da própria corrupção, cuja alma, então, se individua na fundante improgressividade de si, que é individuação *in desindividuação*, porque não apropriação do gênero como *objetivação social de si*, isto é, nas formas sociais do indivíduo. Advertindo sobre a decomposição vivida, verberando, em última análise, a corrompedora sociedade de uma infinitude humana intrinsecamente limitada, que afirma e infirma o homem, aspreja:

Entra para um convento: porque desejarias conceber pecadores? Eu próprio sou passavelmente honesto; mas poderia ainda assim acusar-me a mim mesmo de tais coisas que seria melhor que minha mãe não me tivesse concebido: sou muito orgulhoso, vingativo, ambicioso; com mais erros ao meu alcance do que pensamentos para expressá-los, imaginação para dar-lhes forma ou tempo para cometê-los. O que podem fazer sujeitos como eu a arrastar-se entre o céu e a terra? Somos todos uns rematados velhacos; não acredito em nenhum de nós[1].

---

1   W. Shakespeare, *Hamlet*, em *William Shakespeare – Hamlet e Mcbeth*, p. 91.

O HOMEM DA RENASCENÇA: MONTEVERDI

Reconhecimento de uma lógica humana vigente, bolçada sobre Ofélia, na qual, latente, pulsa a abstratividade da atação indivíduo-gênero. Reconhecimento hamletiano, entanto, que não o salva desta abstratividade, estrutural, sobre a qual cospe, mas que, incontornável, o marca e vitima, e a todos. Em termos concretos, para este dinamarquês, o amor – vivência essencialmente humanizadora porque exercício potencialmente pleno da individuação – está interdito. Refém do ato espurco do tio, embebido, a partir daí, pelo asco e descrença que Gertrudes e tantos outros lhe provocam, Hamlet não é suscetível à doce integridade de Ofélia, não se deixa contaminar por sua beleza e caráter. E não se deixa conquanto apaixonado, estado que faz desta impossibilidade amorosa vivência ainda mais incompossível, clara manifestação de sua descomposição humana, inelidível e ingente. Abismado no nojo profundo que a vida lhe impusera, truncado, consumido no espírito, descultivado no sentir – pois está descaminhado de si mesmo na medida em que tem de dispor sua vida para o cumprimento de uma vingança, situação extrínseca imposta que o descola de naturais perspectivas e possibilidades autonômicas –, Hamlet é alma detida, reservada, apoucada em sentimentos de amor posta uma dissoluta realidade social obstativa a si, aos passos autonômicos dos indivíduos. Realidade, pois, que inevitável, corrói, emagra, amesquinha suas vias individuantes, desconstituindo sua individualidade, que se individua em incompossibilidade fundante. Daquele que – desdenhadora alma interdita – não consegue amar, "dois dizeres":

Hamlet (à Ofélia)
Se casares, dar-te-ei esta praga como dote: sejas casta como o gelo, pura como a neve, não escaparás à calúnia. Entra para um convento, vai: adeus. Ou, se tiveres mesmo que casar, casa-te com um tolo; pois os homens de juízo sabem muito bem que monstros vós fazeis deles. Entra para um convento; e vai depressa. Adeus!

Ofélia
(À parte) Oh, poderes celestiais, curai-o!

Hamlet
Tenho ouvido falar muito de como vos pintais; Deus vos deu uma face e vós vos fabricais outra; dançais, meneais, ciciais, arre-

440 MÚSICA SERVA D'ALMA

medando as criaturas de Deus, e mostrais vosso impudor como se
fosse inocência. Vamos, basta: foi isso o que me fez louco. Digo-te:
não haverá mais casamentos; daqueles que já estão casados, todos,
menos um, viverão; os restantes ficarão como estão. Para um convento, vai![2]

Ama tamquam osurus, oderis tamquam amaturus.

Ao circunscrever o decurso temporal do Renascimento,
em letra que não pretende mais do que o geral, Garin distingue alguns de seus atributos, com o que marca sua dramática
dimensão transformante:

Se termos como "renascer", "renascença" e símiles, unidos ao
conceito de um andamento cíclico da cultura, com períodos alternados de luz e sombra em analogia com os ritmos celestes,
compareçem frequentemente nas reflexões sobre o curso da história humana, a discussão específica sobre um momento muito preciso dos acontecimentos da civilização ocidental, posto na
Europa entre os séculos xiv e xvii, assumiu, com o tempo, valores bastante definidos. É exatamente o período que se costuma
chamar "Renascimento", retomando termos, imagens e símbolos
presentes e operantes ao longo do seu próprio desenvolvimento, ainda que nem sempre com valores homogêneos. Programa
e projeto de renovamento "espiritual", religioso e cultural, mas
também político, muito forte no século xiv; transformação profunda operada especialmente nas cidades italianas do século
xv, *entrelaçado complexo de muitas crises e transformações na
Europa do século xvi*: a "renascença" veio indicando cada vez
mais processos diversos, ainda que frequentemente vinculados
entre si[3].

A Renascença, firma o filósofo, foi o tempo de transformações, de renovação cabal do fazer humano, da cultura, do
espírito; foi tempo também da transmutação profunda das
cidades, especialmente das italianas, que se redimensionam,
inauditamente, no interior de disputas e colisões humano-
sociais de toda a ordem; bem como, especialmente no século
xvi, foi tempo de crises profundas, dentre as quais a "crise

2 Idem, p. 91-92.
3 E. Garin, *La cultura del Rinascimento*, p. 5 (Grifo nosso).

O HOMEM DA RENASCENÇA: MONTEVERDI   441

da individuação" será a mais extensa e ecoante humanamente, pois socialmente cêntrica, e insuperável. Posta uma sociabilidade que engendra e nega a individualidade, ou cujo
engendramento encerra adstrição, negação, impossibilidade
de um livre curso *ad hominem*, a objetivação do indivíduo
se consubstanciará sempre em criticidade, indelével. Então,
porque a arte monteverdiana, *indivíduo que sente em verdade
prospectiva*, nasce num momento de crise ou colisão aberta,
escavar a lógica dessa contradição social fundante – humanamente fundante porque a individuação é o humanamente
fundante no Renascimento – é passo teorético incontornável. De fato, sem sua escavação a inteligibilidade do *porquê*
histórico e compositivo do seu canto se interdita, não alcança
completude, o que significa dizer, pontue-se desde já, que esta
música se radica nesta contradição, entre a vida individual e
a vida genérica, tenha Monteverdi ou não consciência disto.
Assim, por este espaço humano o estudo avança, traçando
aproximações determinativas que não fazem mais do que
tornear o problema num contorno genérico.

Conquanto as incompossibilidades indivíduo-gênero fun-
dassem a vida renascentista, determinando a lógica das relações humanas, os anos quinhentos deflagram e são palco de
uma crise, neste terreno, de substância diversa; ainda que, e
em aparente contradição, este século tenha sido o cenário de
afirmações categoriais, da maturescência de grandes transfigu-
rações humanas que se vinham urdindo no leito destes tempos
auroreais, ou desde os finais do século XIV. Um exemplo de
maturação irrompida, que, como se verá, implicaria estruturalmente o *modus* compositivo monteverdiano e o de toda esta
quadra histórica: o amor renascentista em sua forma plena é
consubstanciação quinhentista. Vale dizer, o indivíduo *in affectu* é "uma história que abraça duzentos e cinquenta anos, a história da universalização do amor e da evolução de sua riqueza
de conteúdo"[4], história, pois, que se fez "passo a passo. Um
novo aspecto, uma nova experiência, uma nova referência – eis
como se constrói o edifício do amor moderno. Também nisto o

---

4   Á. Heller, *L'Uomo del Rinascimento*, p. 397.

século XVI carrega em si uma nova reviravolta: levará a termo, de fato, a síntese fecunda de todos estes aspectos"[5].

No desdobro da determinação. É no século XVI que o indivíduo se universaliza afetivamente – vive, em si, como síntese alcançada, a individuante multiformidade e riqueza amorosas que se vai engendrando, apenas agora, pois, atualizada como orgânica *di persona*, como "complexo emotivo unitário", efetivação positiva do "pluralismo tipológico", que individua porque generaliza, pluralismo então feito indivíduo, amor de indivíduo[6]. Ora, é isto – esta individuação do amor – que funda e explica, consentâneo aqui pontualizar, o fato de que nas tragédias shakespearianas – talvez a mais extensa e profunda mimese dramático-literária do homem renascentista – os grandes personagens surjam em campo amoroso como seres autônomos, designantes de seus destinos, entalhadores positivos dos sentimentos. Otelo e Desdêmona, Romeu e Julieta, homens do século XVI, alcançam escolher quem e como, determinam conteúdo e forma de suas vivências afetivas pessoais, esculpem a partir de si o espaço e pulso das relações, autônomas, porque o amor se fez concreto sentir do indivíduo: a riqueza de conteúdo que este sentimento assume na universalização social posta sintetizou-se, fez-se *persona*. Síntese a que se chega, enfim, porque a autonomia do indivíduo, ou melhor, sua condição autonômica, rompe na inteireza possível que um ventre renascentista poderia parir, amor assim talhado que é ser e dever-ser do tempo. Pulso anímico ativo muito diverso, de fato, daquele que da letra mimética petrarquista dimana, encetativa, *lato sensu*, da poética humanista. Em Petrarca, pontue-se no intento de nitidizar a argumentação, conquanto o novo humano esteja e estue e então tomem forma batimentos afetivos individuais, estes sintetizam o passo incoativo de um amor e alma renascentistas, não transpondo este limiar. Ainda que na sua lírica o amor se enforme a partir de uma determinada pluralidade de aspectos – e assim o poeta "marque [artisticamente] o início da descoberta da variedade sentimental do amor"[7], o início de um sentir que é concretamente

5   Idem, p. 398.
6   Cf. nota 96.
7   A. Heller, op. cit., p. 400.

O HOMEM DA RENASCENÇA: MONTEVERDI 443

individual –, este sentimento é ainda vivência abstrata, desindividualizada. Isto é, "a experiência amorosa é frequentemente apenas um pretexto para representar sentimentos genéricos"[8], onde o indivíduo silhuetado, com olhos e coração no passado medieval, não se autopõe na consubstanciação afetiva de si, não realiza um *modus faciendi* autonômico, dinâmica que se objetivará somente em tempos shakespearianos. Teatro, então, que não poderia deixar de plasmar seus personagens como artesãos do espírito, como figuras centradas na própria vontade amorosa, que busca mutuação. Quando Heller considera, de um lado, que "só em Shakespeare [o amor] assume a forma de uma paixão estritamente ligada ao homem, que arrasta consigo o indivíduo inteiro e tem por alvo o indivíduo, e que de fato não é excepcional, mas exemplar, que pode ser vivida por todos porque alcançada por todos"[9], e, de outro, que "Devemos a Shakespeare a conquista do amor individual-total para a autoconsciência da humanidade"[10], distingue em palavra imediata que o século XVI se positivou como o ponto de chegada do torneamento da vida anímica gestada no Renascimento. Ponto de chegada que é síntese, que é história que se concreta: que é indivíduo na plena consubstanciação autonômica renascentista de sua interioridade[11].

Tornando, posto o breve passo digressivo, à questão que se entende esboçar. A *condição dramática de existência* do homem renascentista se atualiza no curso dos anos quinhentos em seu pulso mais radical, rude: agora, sua face assume contorno mais

8 Idem, p. 399.
9 Idem, p. 404.
10 Idem, ibidem.
11 Esta maturação, pontualize-se, não se positiva apenas no terreno anímico. Os anos quinhentos operam uma sintetização maior, muito mais abrangente. Neste século, o Renascimento aflora em carnes tipificadas: concreta, objetiva e subjetivamente, vias e formas de existência anteriormente despontadas. Avocando-se algumas figuras e obras: é desta época o primeiro teórico do Estado absoluto, Maquiavel; é neste século que Bruno enxerga e propõe o universo infinito; que as artes expõem, veementes, as carnes dramáticas da vida auroreal: na plasticidade sanguínea de Michelangelo, na letra crua de Shakespeare, na sonoridade patética de Monteverdi; é entre os finais desse século e os inícios do seguinte, ainda, que Galilei funda as bases da ciência moderna. Significa que o século XVI, e também os momentos iniciais do XVII, perpetram renascentistas sínteses históricas, na filosofia, nas ciências e nas artes, aluda-se.

444   MÚSICA SERVA D'ALMA

definido, sua força, pungência singular. Não se alude, clarifi-
que-se, aos abalos e terremotos econômicos perenemente vi-
vidos pela Itália, às guerras, conflitos e embates sociais que,
mais ou menos agudos, sempre compuseram o cenário, convulso, do Renascimento, pois:

> Exatamente na Itália, onde antes do que em outros países e de
> modo mais evidente o Renascimento se desenvolveu, não se pode
> dizer que ao vigor cultural correspondesse um momento igual-
> mente feliz em campo econômico ou político. Enquanto florescem
> pintura, arquitetura, escultura; enquanto as produções literárias se
> fazem cada vez mais refinadas; enquanto se exprimem ideais edu-
> cativos de dimensão singular, toda a economia das cidades é sa-
> cudida, as indústrias, por sua vez, definham e parecem dar lugar
> a um retorno à agricultura de caráter quase feudal, as autonomias
> citadinas vacilam, as "liberdades" comunais desaparecem, a Igreja
> parece se corromper sempre mais intimamente[12].

Em termos distintos:

> A vida e a história eram, num século xv rico de documentos
> da grandeza do homem, verdadeiramente trágicos na Itália atra-
> vessada pela guerra, ensanguentada por conspirações, com os seus
> senhores que assassinavam ou eram assassinados, com seus chefes
> de mercenários que subiam aos tronos ou deles eram precipitados,
> com as suas foscas figuras de pontífices, com a sua diplomacia sem-
> pre mais sutil e astuta, a sua desconfortada inteligência, enquanto
> seus maiores centros viam esfacelar seus próprios impérios, enfra-
> quecer o próprio comércio, secar as próprias fontes de riqueza[13].

Com a expressão *existência dramática do homem*, não obstante a dramaticidade inerente a este quadro sombroso, se avoca
uma específica e já ecoada categoria social, fundante: a colisão
entre as formas da sociabilidade, do gênero, e as do indivíduo.
Colisão que geneticamente atada à sociabilidade renascentista, se veementiza, amadurece, transfunde-se em crise aberta,
sublinhe-se, no século xvi, tempo que entece um *segundo humanismo*, claramente distanciado das perspectivas ideais só-
cio-humanas desenhadas e inscritas pelos anos quatrocentos.

12   E. Garin, *op. cit.*, p. 10.
13   Idem, p. 11.

O HOMEM DA RENASCENÇA: MONTEVERDI

Tomemos o problema, a partir de uma argumentação que, breve, nada mais faz do que tracejá-lo.

1.

As reflexões dilemáticas que irrompem da letra de Leon Batista Alberti transudam, vitalmente, a existência de uma contraposição entre as vias e destinos da sociedade e as da individualidade nascediça. Contraposição que se não substantificada à sua época na forma e intensidade de tempos renascentistas venturos, ressumava, pois, desde a infância do Renascimento, porque seu atributo. Muito expressiva uma reflexão gariniana sobre Leon, de onde se escava um homem a cuja razão e alma não escaparam os fundamentos da transmutação humano-social ingente que se iniciava. Isto é, não lhe escapara que a singradura das próprias carnes e destino, possibilidade humana recém parida pela história, avançava a partir e no interior de constrições de fundo a seu livre curso, dramática condição do indivíduo. Do sensível pincel filosófico de Garin, o espírito claro-escuro de um protagonista de seu tempo, ativa individualidade do século xv:

Emerge em algumas de suas páginas italianas, e em muitas das latinas, uma visão desconsolada das coisas, nas quais a inspiração estoica se beta em cores singularmente escuras, como se estivesse consciente da profunda crise do tempo. Então, a uma concepção desencantada do mundo se une uma sensibilidade singular para as demandas do século, às quais se oferecem respostas não evasivas: o uso, observado com extraordinária precisão, das duas línguas, italiana e latina, e o diálogo que acolhe todos os contrastes evidenciam sua consciência. Buscou-se reduzir sua obra a uma unidade sob o signo da estética, da harmonia e da beleza, até mesmo da racionalidade matemática. Em verdade, tem-se mais a impressão de uma abertura a todas as contradições, *e de uma visão do filosofar como tomada de consciência da dramaticidade da condição humana*[14].

14 Idem, *L'uomo del Rinascimento*, p. 191 (grifo nosso).

446 MÚSICA SERVA D'ALMA

Em Alberti, desdobre-se a questão no intento de pontualizar a ação, *télos* e inclinações dominantes de seu momento histórico, o "projeto" social, o dever-ser humano, enformam-se como movimento de construção de um homem *inteiro*, multíplice em sua condição objetiva, positivado a partir e no interior do desenvolvimento de todas as suas capacidades. Não se trata, para este arquiteto-filósofo, individualidade complexa que bem estila a lógica e tendência humanas de seu período, de tornar o indivíduo simplesmente apto ao exercício de uma atividade específica, ainda que isto se deva lograr e seja ação e teleologia pretendidas. Trata-se, sim, de *formar um homem*; de realizá-lo, a partir das possibilidades objetivas, no interior de sua imanente multiformidade potencial, condição de universalidade que é humanização, porque movimento de individuação. E Alberti, distinga-se, não vivencia somente no campo ideal a perspectiva humana de que a vida deve talhar um homem inteiro: ser multíplice, é ele próprio fruto desta generalidade, indivíduo de um tempo que se projeta à sua universalidade possível. Na assertiva da *totalidade*, formante:

> Alberti escreve ainda no momento heroico da cultura renascentista: o homem deve se formar na sua integridade, e isto não só para ser idôneo a tudo, mas para ser, tanto quanto possível, tudo: para não renunciar a nenhuma das possibilidades; cidadão, mas também cientista, artista, técnico, homem do mundo. A educação humanista deve orientar-se no sentido desta totalidade[15].

No ideário albertiano, pois, se do humano se trata, do individual universalizado se trata. Horizonte teórico que pressupõe e expressa a existência de uma imbricação, de uma interseção entre os conteúdos, caminhos e perspectivas do indivíduo e os da sociabilidade, entre vias e *télos* individuais e os que moviam a vida social. Imbricação que é o solo nutriz do *actus* e/ou *potentia* da consubstanciação de uma individualidade autorregida, o ventre alentador de um homem genérico: genérico se o gênero lhe é socialmente possível.

Entanto – e não poderia ser diversa a consciência do humanista que se desdobra sobre o mundo, que busca e atualiza

---

15 Idem, *La cultura del Rinascimento*, p. 80-81.

a totalidade possível de si –, Alberti não desconhece que para os caminhos deste indivíduo que deve naturalmente tender ao gênero a urdidura social é, outrossim e simultaneamente, escolho, limite, adstringência. A necessária positivação genérica do indivíduo, sabe Alberti, se atualiza no interior das interdições postas e repostas por uma sociabilidade que, se o alavanca, promove, possibilita, ato contínuo o adversa, tolhe, desmedra. Individuação que se urde por esta colisão fundante porque a relação – portanto a imbricatividade – gênero-indivíduo se consubstanciam em contradição ingênita – às necessidades do indivíduo contrapõem-se, *lato sensu*, as da orgânica social, ordenadoras e prevalentes *in communitate*. Ao marcar, iteradamente, que a vida trunca, incompleta, corrompe, despossa o homem de si, a letra filosófica albertiana manifesta a consciência de que o tecido social que parture a individualidade em ser e dever-ser, que a instaura, impulsa, que entece as condições à plasmação de um ser genérico, em algum grau, medida e instância, aborta, desaponta, apouca este passo individuante, universalizador. A termo que o indivíduo, na tinta lúcida de seu ideário, ainda que conducente de sua sina, é ao mesmo tempo vítima das curvas incontroláveis da fortuna, que o apartam, de modo mais ou menos positivo a cada caso, de suas inclinações, vias, interioridade, pois estas curvas são também guiadas por forças – genérico-sociais – que o abstraem de si. Curvas que colidem de alguma forma e em algum momento com as possibilidades e objetivações, mais ou menos concretas, de um fluir individual autonômico, *ad hominem*, que marca, ecoe--se, os tempos albertianos. É denotador aludir, nesse sentido, que sua pena teórica aconselha que o envolvimento do homem com a vida pública jamais seja visceral ou total; isto, rigorosamente, porque reconhece que ela fere e corrompe, uma vez que a iniquidade, a dissimulação, a falsidade lhe são imanentes, atributos intrínsecos do cenário comunal. Imanência que dessubstancia o indivíduo porque interdita e/ou inibe o livre curso de sua personalidade, o abstrai de suas próprias necessidades, do desenvolvimento de suas capacidades mais autênticas. Uma distância, portanto, tem de ser cavada e mantida, o que significa, ao fim e ao cabo, a afirmação de que o público é infesto ao homem, porque este deve ser *persona in generi*.

MÚSICA SERVA D'ALMA

Negação da vida pública, ou melhor, das relações do indivíduo com o público, jamais entendida e postulada *in abstracto*, firme-se. Alberti não deixa de estacar a necessidade incontornável desta relação, ciente que é o universo social, contraditoriamente, que engendra e permite o homem ativo. *O lugar do homem é o mundo dos homens*, mundo que é sua possibilidade de forjamento, sublinha. Lúcida percepção que é a própria plataforma de sua crítica: este universo que permite, assevera o artista-filósofo, é o mesmo que jugula o indivíduo, antepondo-se a seu curso, desnaturando-o (numa dimensão, atente-se, que ainda não o curvou meramente ou subverteu sua individuação e perspectiva *ad hominem*, postas). Em palavra análoga, Alberti não "considera o 'grande teatro mundial' como um paraíso terrestre (para usar uma das alegorias preferidas da época). O mundo é louco; não existem nem justiça, nem coragem, nem fidelidade, nem honestidade; a própria fé – a consolação dos homens – é um produto dos homens, o fruto do medo"[16], então, o "homem deve tomar parte na vida pública, deve dar a esta o endereço justo e se educar no seu interior – mas não pode fundir-se completamente com ela. A sua conduta é *um conjunto* de *participação* e *distância*"[17]. Ao pontualizar que "Leon Batista Alberti insiste nas suas páginas sobre uma fortuna cega que insidia e despedaça a virtude dos homens e das famílias, e não hesita em invocar a morte para os recém-nascidos"[18], e, mais à frente, que aquele que o lê "sempre vê, além das páginas construídas com tanto estudo, o desconforto e a miséria dos exílios, a ruína das fortunas"[19], Garin reafirma, a partir e com Alberti, esta crise do homem, que funda e molda o Renascimento, plasmando-o *in crisis*. Crise, *in essentia*, que é o enfrentamento entre as individuadoras necessidades do indivíduo e as fundantes exigências sociais, prevalentes. Sociabilidade que o entalhando na intrínseca, insuperável e colidente subordinação ao gênero, o faz indivíduo *in drama*. Individuação que, a um só tempo subordinada e autonômica (autonomia que perde força e subordinação que

---

16   Á. Heller, op. cit., p. 166.
17   Idem, ibidem.
18   E. Garin, op. cit., p. 11.
19   Idem, p. 11-12.

ganha no curso da história), é individuação sempre esculpida na colisão com a orgânica social, com o gênero. Não há de se estranhar, portanto, que um batimento dilemático, posta uma sociabilidade que ao impulsar interdita o homem, subjaza a toda reflexão e propositura albertianas. De sorte que nesta colisão claramente identificada – mas ainda não historicamente afirmada em dominância, não consubstanciada na acerbidade que lhe caracterizará, pois tempo de vias individuais *cavadas in persona* –, a um só tempo confiante e desiludido se positiva e move Leon Batista Alberti. E move-se, não poderia ser diferente, em passos dinâmicos, pois Leon é filho de um autoconsciente tempo ativo. Autoconsciência que, dramática vida individuada – dramaticidade pulsante, não deflagrada –, é agir infinito, alma que se infinitiza. Vale dizer,

atuar bem é o mesmo que viver bem. Os homens ociosos se assemelham aos adormecidos, que não são nem vivos nem mortos totalmente [...] Não é vida, em nós mesmos, somente respirar esperando a noite, mas será vida, para nós, o agir continuado, e vida ótima o atuar em coisas ótimas[20].

Ou em outro dizer albertino, tão sintetizador quanto verdadeiro, tão expressivo quanto renascentista, ou de um Renascimento onde as vias da sociabilidade ainda preservam a integridade do humano, alentam as vias e categorias do indivíduo: "Este intelecto, este conhecimento e razão e memória, de onde me vieram assim, infinitos e imortais, se não de quem é infinito e imortal?"[21]

2.

Quando nos damos conta, de um lado, que *Il libro del Cortegiano*, publicado a princípios do século XVI, obtém acolhida europeia extraordinária e continuada, obra que é um manual de comportamento, uma prescrição "educativa" que orienta a conduta e

---

20 Leon Alberti, apud R. Pandolfo, *Figuras e Ideas de la Filosofía del Renacimiento*, p. 157.
21 Idem, ibidem.

450 MÚSICA SERVA D'ALMA

postura na vida palaciana; e, por outro, que *I libri della famiglia*, que propugna e discorre sobre a *formação* de um espírito universal, autorregido, texto de "educação" humana que editado em meados do século anterior passa, ao revés, quase desapercebido aos olhos e almas quinhentistas, aquilo que a argumentação em curso entende enformar – que a ingênita existência dramática do homem renascentista se faz crise no século XVI – se substancia, nitidizando-se. Ora, se *I libri della famiglia*, de Alberti, desconhece usança nos anos quinhentos – a obra não ganha espaço social, não se positiva socialmente, o que *de per si* discerne sobre sua desnecessidade humana, sobre a ausência de uma função que lhe impenda, ou, talvez, sobre sua impraticabilidade no século XVI –, mas, inversamente, *Il Cortegiano*, de Castiglione, logra forte divulgação e presença longa – ou seja, vem ao encontro de necessidades concretas e/ou perspectivas humano-sociais –, entremostra-se num contorno nada esbatido que o indivíduo dos anos quinhentos, diferentemente daquele do século XV, está se atualizando no interior de um desvio de sua substantificação autonômica, que não se está regendo de fato e *in essentia*. Em proposição análoga, aquilo que socialmente lhe apascenta o espírito é, dominantemente, a positivação de sua sintonia com os espaços externos. Isto é, a individualidade está se conduzindo a partir e no interior de seu ajustamento a batimentos humanos exteriores que se fizeram intensamente impositivos e prevalentes. Ajustamento que é individuação improgressiva, desconstituição do indivíduo, porque estes batimentos distanciam-lhe da própria alma, desapossam-lhe de si. Ou ainda, por esta abstração das próprias entranhas desnatura-se uma individuação real, autêntica, que, autonômica, o arrojaria à sua concretude genérica possível, que o individua, constitui, humana, porquanto o singulariza, o faz força social, ou socialmente interferente, ativa. Se assim o é, o universo societário está emagrecendo as vias individuais num grau e lógica desconhecidos aos tempos de Alberti – nestes, a vida estava engendrando a plasmação de um homem inteiro, acedida por uma determinada imbricatividade entre as perspectivas individuais e as da comunidade, ou porque a prevalência desta, conquanto individualmente obstruente, não tragava o pulso autonômico do indivíduo. Emagrecimento dos caminhos individuais, *dessubstanciação* do indivíduo, colisão

O HOMEM DA RENASCENÇA: MONTEVERDI

indivíduo-gênero feita pungente, *drama da individuação*, enfim, que se escava da letra gariniana, indicativa de que a atação quinhentista entre público e privado está implicando específico descarnar da individualidade. Individuação que se corporifica, sim; mas atualizada numa dinâmica onde a ação individual autorregida perde força de objetivação posta sua subsunção, agudizada, a determinantes extrínsecos, que desmedram e/ou corrompem o indivíduo porque este, em tal contextura, se *desinfinitiza*, perde universalidade. Em termos específicos, *Il libro del Cortegiano* é,

de um lado, um manual de ciência política, de outro, tratado de bons costumes, que preparam às carreiras de corte, nas suas múltiplas exigências: daquela de brilhar com as damas, àquela de se impor por garbo e habilidades diplomáticas nas embaixadas. Não por acaso o livro de Alberti, mesmo rico em méritos literários e em intuições pedagógico-morais, permanece inédito e mais ou menos desconhecido por séculos, enquanto a obra de Castiglione, traduzida para o espanhol, francês e inglês, teve singular difusão e fortuna no século XVI, conjuntamente a tantas outras produções menores do gênero, italianas e não italianas. Porém, transformada a arte do soberano numa ciência e numa técnica em si, a cultura do "cortesão" como cultura humanista não podia não se reduzir à formação de belas maneiras, de costumes honestos, de belo estilo, de polidas capacidades de secretário, de chanceler, de escritor de cartas de ofício ou de amor. A elegância, a medida, o requinte do gentil-homem tomam o lugar da "virtude" do homem: virtude que era moralidade, força, inteligência, capacidade real. "Le courtisan", "le parfait courtisan", "the courtier" representam o homem ideal do mundo, não tanto cidadão da república livre quanto homem de corte a serviço de um príncipe e seu colaborador, capaz de conversar e se portar bem, de agir e se impor em sociedade[22].

Então, este cortesão, este homem de sociedade, bem como todos os *protocitoyens* – porque a cultura e as ideias da esfera dominante amantam a sociedade, enraizando-se em predomínio no coração e mente dos homens – tendem ao desfibramento de suas almas, à destecedura da universalidade do espírito, porquanto adscritos em seu ser e ir-sendo indivíduos. Marcha que, se não autorregida, se não conduzida a partir e no interior

22   E. Garin, op. cit., p. 81-82.

MÚSICA SERVA D'ALMA

da própria individualidade, impropria-se, desvirtua-se, de um modo ou de outro, numa esfera ou noutra. Repercuta-se, a *interioridade é sempre a interioridade de um indivíduo concreto*: para ser individual tem de ser plasmada em função do indivíduo. Na reflexão de Garin, da desnaturação iterada:

A cultura é instrumento precioso para viver e brilhar nas novas cortes, para conquistar a benevolência das damas, para percorrer uma carreira política, para se cumprir encargos militares. Na vida de determinados grupos sociais as "letras" tendem sempre mais a transitarem de elemento substancial a instrumento formal a serviço de precisas exigências públicas. São, de um lado, uma profissão para os professores de escola que educam os senhores; tornam-se, de outro, menos um meio de formação humana do que um ornamento de costume[23].

A lógica da sociabilidade do século XVI desplanta o indivíduo de si, descentra-o do cultivo de energias autonômicas: *Il Cortegiano* é disto sintoma e testemunho mediato. Se no ideário albertino, na vida quatrocentista "italiana", a atação colidente entre o mundo social e o indivíduo se substantifica como mutuação dominantemente positiva, forma de relação que é a inexistência de uma contraposição substancializada na subordinação dominante das vias individuais – e assim se nos afigura claramente a dimensão ainda rarefata da colisão, isto é, "*toda a vida saboreada nas suas contradições, nas suas lutas e dificuldades é o verdadeiro prazer que o homem encontra em si mesmo*"[24], manifesta Alberti –, no século XVI, postas as contradições que enervam as relações indivíduo-sociedade, de outra ordem e grandeza, nasce *Il Cortegiano*. Objetivação, cultural, de uma consciente incompossibilidade social agravada, que, *desindividualizante*, apouca ser e dever-ser humano-sociais. Significa que as vias e ações da sociabilidade agora condizem menos, ou contrastam em maior grau com as necessidades e perspectivas dos indivíduos.

Sociabilidade que ao mesmo tempo, entanto, é campo das maturações ou sínteses renascentistas do processo de individuação que o século albertiano inaugurara; é, pois, cenário

23 Idem, p. 82.
24 Á. Heller, op. cit., p. 167.

O HOMEM DA RENASCENÇA: MONTEVERDI 453

possível do humano, do indivíduo. Mas, diferentemente do *primeiro humanismo* (século xv), que parture de suas entranhas *I libri della famiglia*, ou uma individuação autorregida – e para os fins deste momento determinativo pouco importa se esta individuação se fez mais ou menos concreta em sua intrínseca efetivação descontínua –, os anos quinhentos irrompem como uma quadra em que a relação indivíduo-gênero se atualiza dominantemente no travamento das vias individuais, na adstrição de um pulso positivamente autonômico, isto é, consubstancia-se em *aberta colisão dramática*. O que se atina *in limine* pelo fato que no fluxo do século xvi, tome-se o pulso testemunhal da palavra cita, a educação e a formação do cortesão são plasmadas enquanto *"refinamento formal"*. Em letra mais concreta, a cultura se fez, antes, mediação ao dissímulo; a interioridade do indivíduo, predominantemente, meio de sua adequação a uma exterioridade social, pois meio à objetivação desta exterioridade, que, necessariamente, lhe é humanamente abstrata, improgressiva, contraposta, ou cujas imanentes necessidades constitutivas, opositivas a si e tornadas inconstrastável dominância social, dessangram-lhe veias e espírito. Dinâmica do humano que implica o alheamento do indivíduo de suas intrínsecas forças moventes, individuantes, que assim se apoucam e/ou desvirtuam-se: a afirmação da individualidade, sua consubstanciação, se atualiza no interior de sua negação social ativa. Firme-se, alma e carnes do indivíduo são socialmente tomadas como mediação à constituição do tecido social, do tecido do gênero, o que lhe abstrai, lógica que o desindividualiza ao fazer de sua atividade, abstratizada, afirmação do externo (que o confronta), isto é, abstração ou denegação de si. Indivíduo, pois, que agora só se individua *ad hominem* se o humor uterino que o envolveu no ventre materno tiver sido composto, em altíssima dosagem, pela substância da recalcitração de jaez hamletiano, bruniano, quixotesco. Substância que, se a todos própria *in potentia*, poucos, pouquíssimos, alcançam torná-la vida. Em suma, se no século xv o espaço individual é mais generoso, no xvi a generosidade possível se retrai frente ao ser e ir-sendo das *desindividualizadoras* exigências da sociabilidade, que, sempre dominantes, ora se agravam historicamente. Agravação que – dramaticidade humana agravada, consubstanciada, descoloração da interioridade –, é o próprio ser e substrato do tecido humano-social do Renascimento quinhentista, onde a autonomia individual estreitada é individuação estreitada, incompossivelmente humanista.

Delineado este campo categorial, oportuno recordar que não se tem a pretensão irrazoável, porquanto infactível para este estudo, de enformar esta implexa questão, este central problema humano posto pelo Renascimento numa configuração mais concreta, algo, ademais, inecessário. Toda a argumentação desenvolvida mira o deslindamento do ser-assim do canto monteverdiano. De modo que o escopo deste espaço teórico não vai além de um tracejamento geral do fato de que a individualidade, em passo progressivo, sim, mas indelével, se separa de si, objetivação quinhentista que não poderia não influir, em termos decisivos, na arte deste século. Nesse sentido, porque elemento fortemente denotativo das formas anímicas do homem do século XVI, toma-se em análise um sentimento vivido. Sentimento que na esteira da argumentação tecida permite especificar a dimensão intrinsecamente dramática da subjetividade tardo-renascentista, drama da individuação que é forma humana de ser típica, objetiva e subjetiva, destes tempos de colisão humano-social exposta. Corrobore-se, então, o que a reflexão em curso entende evidenciar.

3.

É neste século, como já esboçado, que o amor-paixão se substantifica. Significa que uma individuação *ad hominem*, não obstante os descaminhos impostos, em alguns terrenos se enforma: o amor quinhentista é síntese de uma universalidade, universalidade que é, outrossim, livre escolha – consubstanciação individual, individuação[25]. Entanto, este sentimento que é expansão anímica, livre ser e sentir, a objetivação afetiva mais inteira, totalizante da personalidade, igualmente supôs e

---

25 Em proposição quase metafórica, que complementa, se Pico delineia e expressa idealmente a infinitude humana, é Bruno, homem do século XVI, que a consolida, concreta, com a consciência da infinitude do universo, e é Hamlet, bem como Bruno, que a fizeram alma, subjetividade, indivíduo.

O HOMEM DA RENASCENÇA: MONTEVERDI

implicou, por sua predominação subjetiva avassalante, e este
o problema aqui a focar, o próprio estreitamento da subjetividade. Vejamos, em argumento sucinto.

Posto de pronto: o peso, o pulso determinativo, a importância que o amor passa a ter na vida dos indivíduos é de tal
natureza, o espaço que passa a ocupar na interioridade é de
tamanha ordem, as demandas surgidas por sua experiência
implicam tal absorbilidade espiritual, que o homem que ama
a isto sagra a mais intensa de suas forças internas. Imo em-
penhamento d'alma que pressupõe e expressa, imediata e/ou
mediatamente, a existência de uma essencial constrição do
universo subjetivo: ora, o afeto é desejado e praticado nesta extensão, vivido nesta prevalência e centralidade, na exata
medida em que é na construção deste sentir que o indivíduo
alcança se atualizar no exercício de sua universalidade, condição humana esta – eis o ponto – que em outras esferas se
vai restringindo, inviabilizando, derruindo. Em aproximação análoga. Tão central, substantivo este sentimento se faz
na vida do homem quinhentista (a literatura e a música bem
o demonstram), tanta energia ele consome com os próprios
sentimentos amorosos, que esta centralidade e consumação –
e então a unilateralidade anímico-subjetiva daí nascida – são
a consequência – e causa, ato contínuo – de um apoucamento dos horizontes e perspectivas subjetivas dos homens, tendencial e mediatamente, pois, dos espaços da subjetividade.
Então, o indivíduo que está "vivendo para o amor" necessariamente se unilateraliza, porquanto cultivador hiperbólico da
vida afetiva, dinâmica que o abstratiza[26].

Em desdobro necessário. Não se impropria a reflexão
que distingue que o papel cêntrico, o significado fundamental

---

26 Vida amorosa, outrossim, que não passaria, ela mesma, incólume aos movimentos humano-sociais em curso, ilesa a uma individuação negativa – que
sangra sua autonomia. Isto é, a vida amorosa não poderia deixar de perder,
neste contexto, grandeza e compromissividade, atributos fundantes – porque
universalizadores, individuantes – do maturado amor individual. Atributos
estes, atente-se, que Shakespeare tão bem reconheceu e plasmou como característicos. Nesse sentido, no curso do século XVI, embora também positivado
como autêntica mutuação entre indivíduos, o amor tende, em temos crescen-
tes, a se fazer *moda*, a ser um *modus de alma* – a ser vivenciado como "artigo
espiritual", como *atitude de corte*, tal qual a cultura e o saber. Movimento que
o século XVIII conduziria à maturidade. Cf. Á. Heller, op. cit., p. 413-414.

assumido pelo amor na vida dimana do fato, em medida nada diminuta, de que o indivíduo não divisa ou está conseguindo forjar para si outras vivências e objetivações humanamente autênticas, autorregidas. Vale dizer, ao amor se volta com tanto vigor e unilateralidade porque não está alcançando se esculpir a partir e no interior de outras ações, e searas, objetivas e subjetivas. Posta uma vida subjetivamente mais ampla, integral, multíplice, na esfera anímica tomariam forma outros fins e experiências – objetivos e subjetivos – ao amor emulativos, ora ausentes, ou ao menos constritos, dessubstanciados. Se o amor, ou mais concretamente, se a busca de sua realização, da positivação deste sentir, sem dúvida humanizador, pode predominar em incontrastabilidade, tomando e orientando para si as forças subjetivas – que distantes da individuante universalidade albertiana se consubstanciam, unilateralmente, como *persona in affectu* –, o homem, então, contraiu seu campo subjetivo, extensiva e intensivamente. Em termos distintos, *il cortegiano*, "le parfait courtisan", "the courtier", o burguês nascente – seja ele comerciante, homem a serviço da *res publica*, ou qualquer indivíduo de algum modo cunhador e partícipe da vida ativa –, negados socialmente em suas vias individuais possíveis, negam-se a si mesmos – por seus atos e gestos, perspectivas e posturas – enquanto indivíduos potencialmente universais. Negamento, não secundariamente, que cunha os caminhos subjetivos para a dominância anímica do amor. Ou ainda, o cultivo da inteligência, do espírito, a formação pessoal, a lida com a cultura, com o conhecimento, não mais impulsam e tomam o homem *por inteiro*: não são – e isso num pulso que se estende e agrava no fluir do século XVI – demandas ou necessidades socialmente postas ao indivíduo numa dinâmica que o toma ou o exige predominantemente *ad hominem*; que o dispõe e move a partir e no interior de sua inteireza subjetiva; que o implica na universalização de suas capacidades, individuadoras. Positivada uma orgânica social que não põe em movimento a energia individual do homem para o *individualmente* importante, para a consubstanciação de sua *potentia* genérica, o universo subjetivo dessangra, encolhe não só pelo que está sendo, mas pela ausência de um dever-ser (objetivo e) subjetivo: sem horizonte entrevisto, perspectivas

O HOMEM DA RENASCENÇA: MONTEVERDI

subjetivas possíveis caem no vazio tragadas por uma desmobilização da interioridade, que assim realimenta sua perda de espaço, força e crença. Em tal contextura, objetiva, o amor tende a ecoar em isolada e dominante voz monódica não simplesmente porque força individual universalizadora, mas pela negação da totalidade do indivíduo. Estivesse a subjetividade embrenhada em espaços humanamente individuantes, vingasse a orientação social no sentido do forjamento de indivíduos, de homens inteiros, pudessem as energias e disponibilidades anímicas socialmente postas e requisitadas pôr em movimento um espaço objetivo e subjetivo mais generoso, a vida amorosa não irromperia como imã catalisador, como um verdadeiro ponto de fuga social, mas cederia terreno para outras necessidades e batimentos subjetivos então paridos. O que não significa afirmar que não permaneceria no centro da vida individual, porquanto energia singularmente individuadora. Num dizer quase poético, que ao marcar que a individualidade é apartada e se aparta do mundo que a engendra, refugiando-se, aponta ainda outras crises que entrelaçaram o século XVI:

> Durante os cataclismos do século XVI, quando as pessoas, de modo cada vez mais frequente, começam a perder o terreno julgado seguro sob os pés na medida em que a refeudalização e a contrarreforma de um lado, a guerra e a reforma de outro, e, enfim, o desenfreamento das relações *utilitaristas* tornam lábeis os pontos de apoio da comunidade, inseguras as bases da vida, inconstantes as normas éticas, e a traição se torna um fato cotidiano enquanto a consciência dos homens tateia no escuro, o papel do amor e da amizade conquista um significado muito mais importante na globalidade da vida. O amor e a amizade – particularmente o primeiro – são os últimos pontos de apoio à beira do precipício, a tábua de salvação no oceano em tempestade, a única certeza, boia, porto. O amor é o *redentor* do homem – é o redentor daqueles que não creem já num deus tradicional, mas que têm necessidade de um redentor –, o amor representa o único laço do homem com a vida num mundo tremente[27].

Numa contraprova estética, donde se colige, ademais, sua intrínseca dimensão mimética. Todos os grandes heróis da literatura destes tempos, ou quase todos, praticamente sucumbem,

27   Á. Heller, op. cit., p. 412.

ou ao menos se abalam vitalmente, na aluição do amor, ou da amizade: Romeu, ao entender Julieta morta, se suicida, ela, renascida, ao vê-lo sem vida, mata-se; Hamlet tem em Horácio seu grande amigo, e pelo rumo de sua sina nada inverossímil vaticinar que, perdido o companheiro ou por ele traído, sua existência se embeberia em desgosto indelével. E como viver sem Sancho, D. Quixote? Ou sem Dulcineia? Impossível!

A vida, se delidos o amor e a amizade, é escassa de caminhos e perspectivas que ao indivíduo respondam *ad hominem*. A afetividade é o último baluarte de um mundo que está sangrando o indivíduo, que se apouca, apoucando-se em espírito, mas que *sente vitalmente*, e apenas nesta esfera parece encontrar espaço de objetivação positiva. Porém, este sentir, enfim, também dessubstancia a alma. Não porque a toma e apascenta, porque mobiliza inteiramente e *in vehementia* a anímica do homem, humanando-o, individuante sentir vital; dessubstancia porque este sentimento se realiza em dominância unívoca, que, subjetividade abstratizada *in affectu*, é alma unilateral, sintoma, causa e efeito de improgressividade humana, que é individuação negativa, não dominantemente autorregida. Vivência do amor-paixão, portanto, que se consubstancia em contexto e batimento ingenitamente ambíguos, onde a infinitude sentida é, ato contínuo, alma que se contraiu. Do ventre de uma individuação incompossível, um sentir em intrínseco claro-escuro, sentir de uma alma dramática, porque forjada em contraposição aberta ao gênero, que lhe radica e nega. Numa palavra, artística, que testemunha e robora, em remate:

Aqueles personagens de Shakespeare que sofrem desilusões de um amigo ou no amor (ou creem sofrer) perdem sempre *todo o significado de suas vidas*. Basta pensar em Otelo, que está envolvido no conflito mais violento, pois possui *somente* o amor (e através disto possui *tudo*), mas se o perde não possui mais *nada*. Se Desdêmona é infiel, então "retorna o caos"[28];

então o mundo dos homens se faz completamente inumano – individuação possível que se aborta.

---

28 Idem, p. 413.

O HOMEM DA RENASCENÇA: MONTEVERDI

Delineado todo este quadro, é legítimo firmar que as carnes abstratas da assertiva que encetava este capítulo se substancializaram, pois o processo de individuação renascentista projetou seu substrato descontínuo, sua natureza contraditória, seu ser e ir-sendo incompossíveis. E se a vida ativa – gênero individuado, indivíduo *in generi* – é outrossim negação do homem, infortúnio, inautenticidade, conflito, acerbidade, drama tomam forma. *"Una man sola che risana e punge"*, ou se quisermos,

ainda que fosse a evolução da realidade a solicitar e, em parte, a realizar este desenvolvimento [do amor e da amizade], as relações utilitarísticas burguesas opõem simultaneamente um freio à sua valorização; *é a própria evolução que dá a possibilidade e que a tolhe* [...] Como em todos os campos da vida burguesa, *entram em colisão também aqui a evolução da humanidade e aquela dos indivíduos singulares*[29].

A Renascença não foi, em nenhuma esfera ou terreno, "paraíso na terra". Mesmo o amor e a amizade, bastiões derradeiros d'alma, emagreceriam em vigor, força, valor, postas as relações nascidas de um pulso *utilitarístico*, que se expande no fluir do século xvi. O homem que se individua é individualidade entalhada em negação. *Negatio* que, dramaticidade posta nos anos quinhentos, implica, incontornavelmente, autonegação: Hamlet se individua em individuação positiva, autoposta, esta é sua grande conquista; entanto, os conteúdos e formas desta objetivação autoconstrutiva, humanizadora, são, ao mesmo tempo, o punhal que lhe sacrifica. Sacrifica-lhe não só porque a secura d'alma que deliberadamente opõe à Ofélia se lhe a interdita, mas a via hamletiana de ser significou morte prematura na ponta de uma espada fortuita, destino que, inumano porquanto irrazoável, está inscrito numa sociabilidade que simultaneamente funda e denega o indivíduo, que se nega. Indivíduo, pois, que se generaliza e se desinteira. Que ama com todas as forças – a seu pai, porquanto "ele era um *homem*"; amor-voluntário que, se o humaniza e perspectiva também o desbota, porque a individuada alma amante se exaure na humana individuação vingadora que dilacera e desalma.

29   Idem, p 393.

Exaure-se porque as relações *utilitarísticas* se avultam. A dinâmica do mundo ativo, que sociabiliza a ação individual, igualmente subsume o homem. Uma sociabilidade que tem "a riqueza como objetivo, a produção efetuada pela produção, isto é, a produção como processo infinito", com o indivíduo se relaciona, geneticamente, em "unidade negativa", atação que o abstrai da comunidade e de si. Colisão que se no século xv não é relação social dominante – indivíduo e gênero aqui se imbricam pelos fios de uma relativa avizinhação teleológica que o autonomiza –, no xvi irrompe em dimensão ativa. Ou ainda, esta sociabilidade que absorve as energias do indivíduo tornando-as sociais, com o evolver do tempo histórico-social o universaliza na negação crescente de sua autonomia, universalização, assim, que progressivamente se estreita, perde, desmedra-se, desindividuando. Pois individuação fundada na produção e reprodução da riqueza privadamente apropriada, lógica que despossa o indivíduo – objetiva e subjetivamente – no interior da orgânica que o humana. Como, então, no coração do século xvi, não tomar, qual Hamlet, uma distância albertiana do público, posta a expansão, estaque-se, das relações *utilitarísticas*, que expandindo a colisão social genética assim perverte, corrompe, falseia, dissimula a vida, que nega ao indivíduo sua universalidade possível? Contextura, ecoe-se com vigor no fecho do argumento, onde a individuação autorregida, ainda que difícil, custosa, acerba, é, não obstante, passo possível e real, porquanto a colisão entre indivíduo e gênero ainda não o privou da possibilidade de si, da condição, mais ou menos generosa, do entalhe de caminhos em função da própria alma, ou aqueles cunhados *ad hominem*, universalizadores: Hamlet e Shakespeare, Romeu e Julieta, Otelo e Desdêmona, Quixote, Sancho e Cervantes disto são testemunha. Mas porque individuação socialmente negada, negamento ativo que entece os anos quinhentos, individuação esculpida dominantemente *in drama*, no interior de constrições ativas, que operam tanto objetiva como subjetivamente no indivíduo: Hamlet e Quixote, opostos que se atam porque *igualmente dramáticos*, universalizados seres dramáticos.

O século xvi, pois, é tempo humano esculpido *in drama*, o *drama consubstanciado da individuação*, contradição

O HOMEM DA RENASCENÇA: MONTEVERDI 461

viva, posta, ativa, entre *ser e não ser*. Então, *il cortegiano* ladeia Hamlet e Sancho, Bruno e Quixote, situação de incompossibilidade pulsante, a saber, os caminhos individuais se travam, minificando-se, mas, simultaneamente, existem e podem ser amplos, vale dizer, *são*, e *são menos*. Tempo de uma infinitude subjetiva tecida na interdição da alma, de um homem que se universaliza e no qual pulsa outrossim, para o bem e para o mal, uma unilateral *persona in affectu*. Indivíduo que no fluxo de uma individuação crescentemente negativa, não autonômica, é espírito que, se orientado à perspectiva de uma autopositivação possível, irrompe, então, em sentidas vísceras dramáticas, faz-se subjetividade que *sente in drama*. Em suma, no século xvi, a colisão indivíduo-gênero se atualiza *in vehementia*, em crise aberta, veemência de sua forma renascentista[30]. Século, pois, vivido numa extensa e intensa contradição objetiva, que radicaria o homem numa dramaticidade humano-social dominante, forjadora de almas em claro-escuro.

Almas, estas, que não apenas viveriam e sorveriam em subjetividade mais ou menos entranhada esta realidade dramática, mas – e isto tem implicações e consequências estruturais para a arte em geral e para a música em particular –, tenderiam, recante-se, a fazê-la anímica, isto é, tenderiam a

---

30 Pontualize-se: embora no século xvi esta colisão ecloda em pulso abertamente dramático, não é nesta quadra da história que se assiste à sua maturescência, à tipificação de suas formas. Quando se afirma que aos tempos de Maquiavel "a clivagem entre público e privado ainda se apresentava em forma bastante embrionária, tanto mais assim nos planos das configurações conscientes", determinando-se, na sequência, que "Tal cissura já se implantava e difundia pelas raízes dos andaimes objetivos da realidade, mas permanecia bem distante de seu contorno maduro" (cf. José Chasin, Futuro Ausente, *Revista Ad Hominem*, p. 231), esta imatureza é pontuada em tintas claras. Se a isto se ata o fato de que nos anos quinhentos o indivíduo encontra espaço de individuação autêntica, o que da argumentação tecida se escava, a imaturidade indicada se silhueta em contornos claros. Significa que a sociabilidade quinhentista não constrangera, em pura dominância, as vias individuais, conquanto sua dinâmica e necessidades mais e mais se contrapusessem a um desenvolvimento livre da personalidade. Interdição que no século xviii, ao revés, se afiguraria em contornos mais categóricos, como a arte de Goethe e Schiller, por exemplo, testemunham. Aludida esta condição maturescente, firme-se, com o que se entende evitar imprecisões determinativas, que no século xvi esta colisão dramática marca estruturalmente o indivíduo, fundando, e este é o ponto musicalmente decisivo, o batimento da alma. Alma que, eivada por este confronto que é interdição socialmente imposta, não poderia, posta sua autoconsciência, sendo *in drama* não sentir *in drama*.

462   MÚSICA SERVA D'ALMA

sentir in drama: *sabedoras da infinitude do homem, negada, conscientes de que o indivíduo se humana na experiência autorregida, que se trava*, sentiriam dramaticamente, pois vidas pessoais dramáticas. Do canto monteverdiano escorre um sentir intrinsecamente dramático, o que, *de per si*, elabora e testemunha a dramaticidade sentida – dramaticidade, pois, que se fez alma. Sentimento este que pressupõe autoconsciência. Pressupõe na exata medida em que, gerado e irrompido não como reação imediata ou espontânea do indivíduo a um determinado estímulo, fato, ocasião, é, necessariamente, parido por um *movimento subjetivo mediato*, que implica agnição, aquilatação do vivido, posse pensada da realidade (dramática) experienciada, que então se faz subjetividade *in* sentir dramático. *Sentir dramático é anímica mediata*, anímica que, vivido o concreto posto, elaborou conscientemente: sentir *in* drama, *humano sentir racional da autoconsciência*. Pense-se em Hamlet, em Otelo, em Quixote. Em proposição diversa, e fundamental, o Renascimento tardio é *conscientia dramatis*, isto é, *drama sentido, conscientia hominis* que é a plataforma para o surgimento de uma arte de jaez dramático. Social *conscientia dramatis* que alcançou substantificação porque na realidade dramaticamente posta pulsa, imanente, um *dever-ser*, um de-onde-para-onde, que, *contraste e emulação com o concreto experimentado*, possibilidade de comparação entre ser e dever-ser, arrojou o indivíduo à autoconsciência, a um sentir *in drama*, sem dúvida. Significa que este sentir, seja vida, seja arte, supõe não só uma dramaticidade socialmente maturada, consciente, mas, igualmente, que nesta realidade *um pulso humano prospectivo se positive*. Ora, o drama renascentista da alma, como se escava, ademais, das entranhas de sua arte, é *sentir de ventre humano dramático no qual estua um horizonte ad hominem*, que mediatamente é *conscientia dramatis*. De modo que é letra lúcida, intrinsecamente lúcida, aquela que assevera que o século XVI é palco de uma dramaticidade *in essentia*, fundante, estrutural e cêntrica: isto é, a dramaticidade posta *se fez vida anímica*, ou mais rigorosamente, se fez *sentimento sentido*.

Garin, ao afirmar que Michelangelo *pôde mais* que Rafael, ousou; de fato, mais que ousou. Na sensível assertiva gariniana

O HOMEM DA RENASCENÇA: MONTEVERDI

implicado está um desdobramento categorial de fundo, na medida em que a hierarquia artística estabelecida é estacada na *natureza* da obra de Michelangelo. Vale dizer, sua arte é incomparável, afirma, porque contém e expressa *dramaticidade*, a qual, diferentemente no caso do pintor, não lhe é própria ou funda sua obra. Assim, e este é o ponto categorialmente decursivo que neste contexto se quer e deve distinguir, a pena filosófica denota ou dela se escava, através de Michelangelo, a justa determinação de que a *condição humana no Renascimento fora essencialmente dramática*. Quando Garin refere que não obstante a "harmonia plenamente humanista de suas formas, [Rafael] está aquém do *sublime trágico* de Michelangelo"[31], e, adiante, que "O senso trágico da vida, uma experiência religiosa sempre muito escavada, dão às formas michelangescas uma grandeza e riqueza que Rafael não atinge nem mesmo nos momentos mais felizes das *estâncias*"[32], permite entrever que Michelangelo pôde mais exatamente porque sua obra urdiu o problema humano de fundo de seu tempo histórico: *a dramaticidade da individuação renascentista* – a dinâmica descontínua e conflitante do movimento de autoconstituição, que é indivíduo dramático. Imanentemente dramático, porquanto individuação significou "sublime tragédia": "ser ou não ser, esta é a questão", marca estética – porque humana – do homem do Renascimento, que *individuadamente*, isto é, *dramaticamente*, se substantificava e relacionava com o mundo e consigo. Dramaticidade que em Rafael está ausente não porque o artista simplesmente não a tivesse divisado ou considerado. Morto em 1520, não poderia ter enformado aquilo que se afigurava em pulso imaturo, de modo não predominante, que não se fizera humanamente central, *conscientia dramatis*; de fato, a colisão social fundante e seus efeitos humanos trágicos eram algo por vir. Deve-se, assim, enfatizar: o dramatismo michelangesco é o dramatismo da vida concreta, e o que o faz artisticamente maior, preeminente, é o fato de que sua obra, porque seu tempo disto podia estar cônscio, o plasma. Plasmação pela qual se corrobora, e ora com força michelangesca, que a realidade

31 E. Garin, *La cultura del Rinascimento*, p. 163 (grifo nosso).
32 Idem, p. 164.

do século XVI se urdira *in drama*. Em proposição sintética, um mundo dramático se traduz por uma arte dramática, que por isso pode mais. A termo que a letra gariniana cimenta a elucidação tecida ao longo destas páginas: o Renascimento, particularmente nos anos quinhentos, se afirma enquanto vivência de uma individuação problemática, de um problemático vir a ser homem. Distintamente posto, o que é ou poderia ser o dramatismo humanista da incomparável arte michelangesca se não indivíduo *in drama*? O indivíduo se expande, se faz sangue social, autonômica expansão civilizadora que ao se consubstanciar ato contínuo se apouca, corrompe, involui, então o individualmente entrevisto e possível não se positiva, ou se positiva menos, contraditoriamente, dramaticamente, numa autonomia *in negatio*. O homem pode mais do que as amarras da sociabilidade de fato acedem: pode mais filosoficamente, eis o trucidamento de Bruno; pode mais cientificamente, também Galilei é acoimado pela Inquisição; pode amar *de per si*, eis Romeu e Julieta, mortos; pode ser infinito, e o é, mas Hamlet expunge-se a si na ponta da espada inimiga; pode medrar como indivíduo, e avança, mas outrossim reflui, *in courtisan*. Então, tormento, tristeza, convulsão, recolhimento, *dramaticidade*, fundariam a arte maior do século XVI, século de *conscientia dramatis*. Autoconsciência que constituiu a plataforma à existência de uma arte mimeticamente tão potente: radicada no *coração exposto do de-onde-para-onde do homem renascentista*, na lógica desvelada do ser e ir-sendo indivíduo, é *conscientia dramatis* porque *conscientia hominis*. Em suma, Michelangelo foi maior que Rafael, primariamente, porque nascido de uma época que *sintetiza* as tendências humano-sociais da Renascença: *síntese que é afloramento, concreção de sentidos, princípios, inclinações, latências humano-sociais* – mediatamente, *autoconsciência*. Sua arte está para além, portanto, na medida em que – enraizada em terreno dramático substanciado, então intrinsecamente *expressivo* –, alcançou substantificar o atributo fundante da alma renascentista: sua dramaticidade. O que Rafael, por mais genial que fosse, não alcançaria enformar em substância michelangesca. Dramaticidade parida do ventre da individuação, cuja lógica, no século XVI, despontava em cores nítidas,

O HOMEM DA RENASCENÇA: MONTEVERDI 465

individuação a um só tempo sublime e dramática, como a arte de Michelangelo. Adjetivação que ao agarrar e pontualizar tão bem seu substrato artístico, com igual agudez consubstancia a dinâmica humana vivida: a autoconstrução posta é *sublimidade in drama*; simultaneamente, *sublime conquista e afirmação do homem na negação do homem*, do indivíduo, de sua universalidade, que é individuação. Michelangelo pôde mais que Rafael; Monteverdi, mais que Josquin.

Ad voce umanissima, enfim.

Estabelecida esta contextura, configurado o pulso da subjetividade renascentista em traços categoriais, em sua lógica histórica, em seu ser e ir-sendo específicos, a mimese monteverdiana se nitidiza: seu conteúdo e formas compositivas, o *porquê* e *sentido* de seus procedimentos, ora revelam a alma da alma do que são, projetam seu significado humano em vigor ôntico. Posto de chofre, se o mundo de Monteverdi é o mundo da vida ativa, da expansão subjetiva e anímica, medrança positivada a partir e no interior de uma contradição dramática que se fez aberta, o canto que compôs, *voce in drama*, poderia não ser *indivíduo (expandido em sentir) dramático*? Sua música, *dinâmica melodia dramática*, o que estaria plasmando, dado o contexto humano que a radica, se não a anímica de um homem *in drama*? Ou ainda, se a subjetividade renascentista dimana de um movimento de individuação que se engendra dramaticamente, e a arte monteverdiana é *mélos escavado na descontinuidade colidente do sentir*, não seria esta a *mímesis* de uma *alma em incompossibilidade* fundante? De fato, as rupturas musicais de Monteverdi, as transmutações melódico-contrapontísticas positivadas, alvos históricos de Artusi, nada mais foram do que a atualização de meios sonoros para a expressão do sentir de uma subjetividade expandida cuja dramaticidade intrínseca de seu ser e ir-sendo tomava-lhe por inteiro. Este canto, quando radicado em sua contextura histórica, traduz *de per si* que é a substantificação dos sentimentos sentidos de uma individualidade alargada e constrita, implexa e estruturalmente dramática, e que *assim sente*. Contornemos o problema, último movimento desta ação monteverdiana.

1.

Um dos atributos caracterizantes da melodia monteverdiana é, rigorosamente, sua *amplitude* e *variedade*: movendo-se *dinamicamente*, é vocalidade cunhada a partir e no interior de uma sempiterna alterabilidade de registros, que então justapostos se sucedem. Orgânica que é engendramento de um *mélos* estruturalmente vário, ou *que se expandiu*, e que assim se descola tanto da lógica e jaez da melodia de talhe zarliniano, como daquela do madrigalismo da primeira metade do século xvi. *Mélos* que, intrinsecamente *ativo*, se fez, pois, *voz multíplice*: recolhida, de súbito se move à desesperação; terminante, ato contínuo se verga em tristeza; languente, ascende em tormento. Melodia que por esta expansão, inaudita, por esta universalização, histórica, por sua contumácia parida do ventre tardo-renascentista, plasma, necessariamente, um sentir variegado, amplo, infinitizado[33]. Na palavra de Fabbri, que no comento do *Livro Quatro* avoca a imediata dimensão *física* desta ampliação melódica:

> Voltando sua poética decisivamente para o patético, como já no *Livro Três*, Monteverdi se distancia sempre mais da tradicional eufonia, das arquiteturas equilibradas, das exposições redondas. A rudeza do seu proceder está também na condução das partes, que utilizam às vezes curvas melódicas e intervalos de amplitude não comum: sétimas alcançadas em dois saltos sucessivos no final de "*A un giro sol de bell'occhi lucenti*" ("nacque *la morte...*"); num único salto, ainda sétimas, em "*Voi pur da me partite, anima dura*" (no baixo: "ani*ma du*ra", "e voi gioi*te, e* voi..."), vezos de um estilo de ornamentação patética – "suposições" –, e, em "*Anima dolorosa che vivendo*" (no baixo: "di questa morte *par vi*ta"), empino que confere vigor ao oximoro; assombrosos ascensos de sétima e nona, primeiro, undécima e sétima, depois, no canto e quinto de "*Luci serene e chiare*" às palavras "Oh miracol d'amore"[34].

---

33 Exemplo claro deste alargamento é a criação do *concitato*, para Monteverdi sentimento até então inexistente em terreno musical. Conquanto aqui não esteja envolvida uma dimensão melódica primária – a altura, mas imediatamente a rítmica –, o que importa ressaltar é o fato que a melodia está propondo ou instaurando um sentimento musicalmente novo. Vale dizer, este *mélos* está implicando uma extensa gama de afetos, *riqueza afetiva* que a Parte Dois entendeu especificar, extensivamente.

34 P. Fabbri, *Monteverdi*, p. 76-77.

O HOMEM DA RENASCENÇA: MONTEVERDI

E, ecoe-se, sobre *Si ch'io vorrei morire* ainda ressalta: neste madrigal,

toda a eroticíssima invocação [sobre *Ahi, car' e dolce lingua*] (que faz celeridade silábica a procrastinada interjeição inicial), se expande numa progressão que, pouco a pouco, se eleva a uma nona, dilatando aquela imploração extenuada com um efeito intensificador extraordinário e próximo ao delírio[35].

E se esta melodia é *sentir multíplice, modus* que singulariza a *Seconda Pratica*, esta sua vastidão ingênita, este seu ser é, *in limine*, dinamismo e intensidade, atributos, estes, que *marcam* e *singularizam* a melodia desta Prática Segunda, particularmente a monteverdiana. *Dinamismo* e *intensidade*, então, não só nascidos do fato de que esta melodia expandida é *imitatione della voce* – expressividade fundante, mas também consubstanciados porque o *mélos* se enforma a partir e no interior de uma dinâmica articulação de espaços sonoros animicamente opositivos e/ou distintos. Com o que toma forma um canto que é radical conexidade do diverso, complexa e nuançada textura mutável. Complexidade, nuance e mutabilidade parturidas desta amplidão que é multiplicidade no sentir. E se assim o é, se o canto monteverdiano é entecido pelos fios de uma pluralidade intensa – *Hor* e o *Lamento* disso são testemunhas incontestes –, o que seria este veemente *mélos* multiforme se não *afetividade expandida*, sentir *di persona*? Ou ainda, como uma melodia que tem esta lógica, e que é parida por um mundo subjetivamente expandido, não é a substantificação mimético-musical – anímica – desta subjetividade que, universalizada, pluralizada, infinitizada, sente intensa, ativamente? Por mutação ontológica: pela arte a vida humana substantifica-se *in concreto*, que dela se colige; pela vida humana se pode agarrar a natureza das carnes humanas da arte.

---

35 Idem, p. 78. Pontualize-se, em completação: em *Si ch'io vorrei morire* o distendimento melódico das vozes deve ser marcado; apenas um exemplo: por grau conjunto, canto e quinto (*Deh stringetemi fin ch'io venga meno*) descendem uma décima-primeira. Dilatação física do *mélos* que implica, sem dúvida, ampliação e/ou intensificação de possibilidades expressivas; melodia que se distende, expressividade expandida, que é resposta musical a uma interioridade alargada.

2.

Os engendramentos e mutações melódicos positivados pela *Seconda Pratica* monteverdiana, ao substantificarem uma melodia expandida, substantificaram um canto amplo, então afetivamente amplo. Amplitude anímica, complete-se então a determinação das categorias da melodia monteverdiana, que se objetiva, compositivamente, enquanto um *mélos descontínuo, fragmentário*, parido da relação entre campos humano-musicais distintos. Melodia esta, entalhada *in* fragmentação, que, rigorosamente, gera sua arte.

Seja em *Hor ch'el ciel*, seja no *Lamento di Arianna*, a melodia nasce da articulação de *segmentos* – mais ou menos – breves e autônomos. Trata-se de uma música, polifônica ou monódica, estruturalmente concebida e objetivada na conexidade de "nacos", como da Parte Dois se escava. Em pergunta respondedora, como toma forma (a convulsão de) Arianna ou o (drama do) homem monteverdi-petrarquiano se não pela e na unidade de *pedaços sonoros*, de *pedaços anímicos*, que no caso de *Hor* são, porque contraponto, distendidos, ecoados? Nesse sentido, e em digresso fugacíssimo, o que é o contraponto monteverdiano, *lato sensu*, se não a caixa de ressonância da esfera melódica, orgânica que a multiplica e amplifica, intensando os afetos sentidos a partir da imitação, justaposição, imbricação ou sobreposição de nacos sonoros? Contraponto: *affectus contra affectus*. Em proposição análoga, e que reata a argumentação, no que se constitui, ou como se engendra a monteverdiana "articulação de espaços sonoros animicamente opositivos" se não na relação entre segmentos melódicos? Sucessão e/ou sobreposição de fragmentos – *mélos* a pedaços – geradores, pois, de um fluxo de sentimentos (sentidos) distintos que se atam ou complementam em descontinuidade. Canto, dessarte, que é *mélos* plural e interrupto, ou que se faz interrupta pluralidade anímica. Então, e aqui se substantifica o atributo monteverdianamente vital, um *batimento anímico dramático, um ser e ir-sendo in drama é categoria primigênia da música de Monteverdi*: de um fluxo vocal segmentado, melodia *in* descontinuidade, rompe um sentir que, multiformidade contraposta, relação colidente

O HOMEM DA RENASCENÇA: MONTEVERDI 469

de paixões sentidas, *existe in drama*. Ora, dramaticidade que ganha forma artística não por uma motivação de raiz abstratamente musical. Se os tempos são os do indivíduo *in drama*, e se o homem se fez *conscientia dramatis*, estar ou sentir-se a um só tempo alegre e triste, esperançoso e recolhido, desesperado e languente, isto é, sentir em pluralidade dramática num mundo que, ativo, dramatiza o indivíduo, é realidade concreta. Realidade esta que por sua centralidade humana se consubstancia, se de uma arte crítico-realista se trata, em sua matéria precípua. Em termos distintos, a engendração mimética de uma *melodia expandida entalhada in drama* não tem como plataforma a subjetividade do artista, que, se abstrata plataforma criadora, perde-se a si mesma esteticamente. Se de uma *mímesis crítica* se trata, da vida humana se trata, vida que a subjetividade artística *universaliza in dever-ser*, como se recolhe deste estudo, ao fim e ao cabo. Aquilo que arroja Monteverdi ao forjamento de uma melodia de jaez hamletiano – onde a veemência renasce em languidez ou delicadeza, o mesto se transubstancia em tensão, a eutimia em tormento – agora se vislumbra pela raiz última: tenha a pena compositiva maior ou menor consciência disto, o que a faz dramática é a natureza do homem tardo renascentista, que sente *in drama* porque vive e reconhece uma individuação dramática. E como poderia estar a não ser assim – intrinsecamente conflitado – aquele que se projeta autonomicamente e ato contínuo vive na adstringência de si? A intensa dramaticidade da música monteverdiana é parida da intensidade dramática vivida: o indivíduo que sofre o tolhimento progressivo e indelével de sua autonomia historicamente feita *actus*, que vive o apoucamento de seu dever-ser divisado e em parte vivido, não sentiria, autoconsciente da dramaticidade posta, dramaticamente? Invertendo os termos da equação estética, com o que se robora aquilo que se deseja consubstanciar neste espaço teorético: como a arte crítico-realista de Monteverdi, nestes tempos de conquista e esvaziamento da individuação, de expansão e tolhimento da subjetividade, de uma dramaticidade madura e identificada, não seria um canto de talhe michelangesco? Em resposta, perguntante, de talhe técnico-musical: como sua melodia, *sendo o que é*, não é a substantificação da anímica da incompossível individuação vivida, da dramaticidade tonante daquele que se expande mas vê a medrança desta expansão, que com as pontas de seus dedos toca, emagrecer em pulso cortesão? Vejamos, em roboração determinativa.

As notas de seu canto, a orgânica de seu *mélos*, denotam sua própria lógica ou conteúdo, estaque-se categoricamente. A melodia monteverdiana se substantifica na e pela relação dramática de pulsos anímicos, posta a articulação colidente de segmentos sonoros. *Mélos*, pois, ingenitamente dinâmico, intenso; intensidade que, dinamismo melódico, é também fruto de uma melodia fisicamente distendida, alargada, que *pode mais*. E se assim o é – e o é, reconhece-se, a partir e no interior do tecido compositivo, da textura musical mesma, que seu *mélos* é *multímoda anímica conflitada*, que a melodia se consubstancia, rigorosamente, enquanto *dramática afetividade expandida*, melodia cujas carnes desvelam o substrato ôntico deste canto: *expandida alma dramática*. Numa palavra, canto monteverdiano, melodia larga e intercadente, dramática, porque o homem se dramatizou. Ou se estaria frente a uma simples coincidência? A melodia, por alguma razão imponderável, fez-se dramática em tempos de dramaticidade fundante!

Dramaticidade que em Monteverdi é ser, mas também dever-ser. Isto é, uma alma *in drama* é alma em perspectiva *ad hominem*, na exata medida em que assim se está urdindo em compromissividade humana, como Arianna ou Hamlet; é dever-ser porque este sentimento está implicando o reconhecimento da perda de si, da autonomia das próprias carnes, reconhecimento potencialmente humanizador porque autoconsciência; é dever-ser, enfim, porque é alma em *sentir ativo*, sentir que pode orientar ao entecimento de uma vida objetiva e subjetiva em verdade possível. Em suma, *Seconda Pratica*, sentir em incompossibilidade; melodia monteverdiana – fluxo colidente porque tempos de individuação problemática *in* autoconsciência, generante de um dever-ser dramático.

Tracejado este quadro categorial, a razão do empenho artístico monteverdiano por uma sonoridade de oposições, ou aquela que conectasse o animicamente contrário[36] – *modus*

---

36   Cf. Parte Um, nota 6.

O HOMEM DA RENASCENÇA: MONTEVERDI 471

faciendi que, se teoricamente assumido apenas no *Oitavo Livro*, é categoria compositiva basilar –, pode então ser efetivamente entendida, com o que uma abstração prefacial se concreta, concreção roborante, a partir da própria palavra de Monteverdi, da dimensão intrinsecamente dramática de sua música. Posto sem mais: ao referir que uma textura de oposição é a musicalmente mais adequada, o compositor imediatamente manifesta, e com vigor, o jaez dramático de seu canto. Significa que Monteverdi não engendra uma orgânica opositiva apenas porque contrários em relação podem mover de forma mais efetiva aquele que ouve. A partir da argumentação tecida se deve então firmar: a motivação, sentido e justificativa reais da busca desta textura de oposições estão no fato de que o artista – tivesse disto maior ou menor consciência – necessitava substantificar uma melodia dramática. Ora, monteverdianamente, *oposição afetiva é subjetividade dramática*, ou o próprio cerne de sua arte, seu conteúdo estético, não apenas mediação formal movente. Enlaçar contrários, do ponto de vista humano-musical monteverdiano, é descontinuar, contrapor, colidir, lógica compositiva que teria de fundar sua música, canto de uma dramática alma autoconsciente que *in guerra* sente *qualche pace*. Numa palavra, oposição em conexidade é indivíduo que sente *in drama* – canto monteverdiano, segmentada melodia expandida. Se nos move, portanto, antes e acima de tudo é porque sua dramaticidade é humanamente movente. Sem dúvida o é, ou pode ser.

3.

Pela Parte Três por fim se vislumbra, com o que este estudo chega a seu termo, o porquê ôntico da *Seconda Pratica* monteverdiana ter se cunhado a partir e no interior de uma *mímesis della voce*. Por esta forma cunhou-se posto que este *modus* ou lógica compositiva fora o *instrumento musical próprio, adequado, à substantificação da dramaticidade humana que se plasmava*. No desdobro derradeiro.

A Parte Um apresentou e determinou a categoria compositiva fundante do canto monteverdiano: esta arte é *voz in*

MÚSICA SERVA D'ALMA

mímesis de si. Orgânica que, como esboçado, vincula pela raiz melodia e pulso anímico, música e vida afetiva. Em letra análoga, a *imitatione propria del parlare*, porque canto parido da segunda tipificação da voz, é exteriorização forte e imediata, vigorosa e clara, veemente e intensa, singularmente expressiva dos sentimentos sentidos, da alma que sente. Logo, se um canto assim forjado é expressão anímica vital, *ativa*, pois melodia desentranhada da voz, atina-se que a *mímesis della voce* se positivou como mediação à plasmação monteverdiana porquanto *o homem renascentista do século XVI era o seu objeto*. Em palavra perguntante, como uma subjetividade que se infinitiza, que é expansão e dramaticidade aberta, não empurraria o canto para um *"generoso recitativo"*, para uma voz *in mímesis* de si, que é vocalidade *in vehementia*, voz radical, expressividade imediata, anímica *in natura*? Em proposição positiva, nasce o *parlar cantando* porque nesta condição o sentir da individualidade posta se consubstancia, sentir que, estado subjetivo intrinsecamente intenso, vital, porque ser individuado *in conscientia dramatis*, demanda o meio apto à sua expressão. *Mímesis della voce*, filha do ventre da individuação renascentista, individuação que musicalmente implicou *expressividade ativa*, vocalidade *in natura*, porque parture almas hamletianas. E, se o quadro humano-musical se efetiva neste intensíssimo batimento anímico, dramático, é natural e necessário que tanto se enteça um canto em silabação, ou melhor, declamativo, isto é, *plasmado in voce*, quanto se tenda a uma emancipação das dissonâncias, à sua utilização não subsumida aos abstratos regramentos contrapontísticos da *"Prima Pratica"*, que não absorvera a dramaticidade michelangesca socialmente posta. Se a mimese monteverdiana substantifica um homem que sente dramaticamente, um *segmentado mélos recitante em dissonância ativa* é suposto e *télos* de sua arte (em Arianna, atente-se, a dissonância se realiza seja pelos intervalos melódicos, seja na relação contínuo-voz). Ou ainda, uma *díssona melodia recitativa expandida entalhada a pedaços* – melodia dinâmica de um mundo dinâmico –, toma forma em Monteverdi porque, posta a vida anímica que se substantifica, é a justa via mimética. Mimese intrinsecamente expressiva porquanto voz que se toma a si, voz que nes-

O HOMEM DA RENASCENÇA: MONTEVERDI

ta autoimitação substantifica uma alma dramática. Imanente atação monteverdiana, ôntica relação *mímesis della voce-dramaticidade* – *onde uma se realiza ou atualiza na outra, ou uma da outra é suposto* – que faz da *Seconda Pratica alma in drama por uma voz que se autoplasma*. Canto que é voz feita melodia; voz feita melodia, humana melodia.

Voz que sensifica a alma; alma que, imo lirismo mudado em agudez conflitada, desesperação feito descendimento, tristeza transfundida em ira, é alma *in drama*, drama da interdição; então, alma triste em desespero; dramático desespero de quem tem consciência do vivido, *conscientia dramatis*, autoconsciência. Individuação que em mãos monteverdianas plasmou-se – e como ser diferente!? – em alma dramática, em *mímesis della voce*: voz dramática, serva d'alma, e do que mais!? Certamente, não dos ventos, nem da poesia. Servidão que sua pena e música testemunharam para a história, mesmo porque se de canto se trata, da alma humana se trata, e Monteverdi, artífice da voz, bem conhecia a lógica de sua arte; arte da subjetividade que sente, que em suas notas se fez voz em recitação – subjetividade ativa; fez-se alma humaníssima *in poderia ser, voce umanissima* que sabe das paixões sentidas, da ira e *lacrimae* daquele que poderia escrever sua autobiografia. Em dizer sucinto e final, porque mais é reflexão por vir, quiçá: *ad voce umanissima*, voz dramática de tempos dramáticos lúcidos, por isso canto *in voce*, canto cuja forma, aberta, é o conteúdo de uma alma concreta, canto que lhe é servo porque *vox in voce*: *"Três são as principais paixões ou afeições da alma. Assim considerei, bem como os melhores filósofos. São elas a ira, a temperança e a humildade ou súplica, como mostra, aliás, a própria natureza da nossa voz, que se faz alta, baixa e mediana"*. *Ad* Monteverdi: melodia multíplice de uma alma individuada; canto que teve por *télos* consciente e declarado a expressão, porque o homem, animicamente ativo, se fez expressividade veemente, sentir consciente, vital: como não ter por fim a expressão, e então plasmar um *mélos in expressione*, se o canto é *mímesis* da alma que *se individua*? Melodia monteverdiana – melodia de Arianna, de Julieta, do homem ativo, que, dramático, se infinitizou como Bruno, amou e matou como Otelo, ou morreu na espada fortuita de um destino inumano, que lhe humanaria em seu próprio tragamento. Então, se Marenzio tivesse dedicado seus madrigais de 1588 a Hamlet, a acolhida teria sido prontíssima, porque esta alma, "mesta gravidade", agravada tristeza, encontraria nos sons destas polifonias o espelho da sua. Alma que Monteverdi retratou, porque seu canto dramático, mesto e desesperado, recolhido e convulso, lamentou e lamentou a "sublime tragédia" de seu tempo.

Anexo

Uma Aproximação Interpretativa: Algumas Considerações

ver é dado a todos, sentir, a poucos.

MAQUIAVEL,
O Príncipe, XVIII

Posto, como passo inicial, o substrato teórico deste Anexo: a esfera que funda a interpretação de uma obra é *a própria obra*. A obra é ponto de partida, referência e mediação estrutural na formulação de uma execução, que deve se forjar em suas entranhas.

Com isto não se sinaliza, implicitamente, que o intérprete não deva atentar à tradição executiva, e, muito menos, que sua subjetividade não se configure como instância ativa, proponente no ato interpretativo. O que se assinala, muito distintamente, é a *predominância da obra* neste processo, que tem de radicar e conduzir a subjetividade. Subjetividade, pois, que só pode alcançar originalidade real quando *interpreta*. E como não ser assim se o fazer artístico, ventre mimético, parture uma *mímesis*? No universo da interpretação musical, movediço por sua própria natureza, não é difícil que obra e subjetividade se sinonimizem, que se interpenetrem em emaranhado incasto, situação cujo desvio deve ser marcado de saída.

Sem a intenção, desmedida, de cunhar um "caminho interpretativo" – porque este se entalha na partitura concreta, que, de outras diferindo, singularmente é e exige –, ou mesmo de traçar de forma mais sistemática as nervuras que nutririam a prática executiva monteverdiana, o desejado, aqui, se limita e encerra no esboço de alguns pontos de ancoragem. Que urdidos *a partir e no interior* do próprio fenômeno estético – a *mímesis della voce*, objetivam-se, assim se crê, enquanto norteamento real para sua execução. Execução que desta forma tende a se aproximar do original, que então se recria, *lato sensu*, *in* original, enquanto aquilo que historicamente é. Posto o *télos* deste Anexo, que a pena teorética consiga tracejar uma via interpretativa que alicerce e perspective a voz monteverdiana.

1.

O ponto de partida da interpretação, dada a orgânica deste canto, só pode ser um: a *dramaticidade*. Ora, a *imitatione propria del parlare* se plasma *in drama*. Dramatismo que é seu pulso vital, consubstanciado em expandida melodia a pedaços, que assim se entalha porque *mímesis* dramática, que é relação (sonora) colidida, opostos em imediatidade.

Se assim o é, do ponto de vista interpretativo implicado está, *in limine*, que a velocidade do fluxo musical, o seu *andamento – fator expressivo* fundante –, tem de permitir e alavancar a substantificação desta anímica *geneticamente tensiva*. Concretamente: o *mélos* monteverdiano supõe um *andamento dramático*, ou seja, um *pulso andado*. Que é a plataforma positiva para um canto *in drama*, a pulsação – a base – necessária a partir da qual este drama *in potentia* (*in potentia* no sentido de que sua realização depende da interpretação, que pode ou não engendrá-lo) encontra sua via de objetivação. Ou ainda, se uma música de jaez lírico demanda tempo mais compassado, o colidente batimento humano da mimese monteverdiana pede necessariamente pulsação mais dinâmica, intensa, pungente, mesmo porque, atente-se, a velocidade do dizer cotidiano, compositivamente compreendida em Monteverdi, implica, *de per si*, um fluir temporal mais movido. Em suma, posta a lógica da sonoridade engenhada, o tempo, plataforma de sua substantificação – como, aluda-se, plataforma interpretativa de qualquer obra musical – se aflige.

UMA APROXIMAÇÃO INTERPRETATIVA

Com isto não se supõe e afirma, porém, que este canto seja plano, que sua melodia seja organicamente linear, isto é, que evolua num batimento temporal unívoco. Ora, *sua alma é agógica*, mutável, na exata medida em que os distintos afetos sentidos possuem pulsações próprias, tempos distintos, ritmicidades humanas específicas. O que se pontualiza, sustenta e propõe, portanto, é a necessidade musical de um *fundamento temporal pulsante, ativo*, sem a qual o sentir dramático, que implica primariamente tensão, não se concreta. Fundamento pulsante a partir do qual agógica e mutabilidade se estabelecem em vigência plena e necessária. Significa que, se o homem está musicalmente *in drama*, a temporalidade sonora deve se dramatizar, ser tensiva; fluxo, outrossim, que tem de se atualizar *in agoge* se a interpretação entende respeitar o canto que executa e difunde – anima multíplice. Em expressão que sintetiza: andamento monteverdiano, *tenso fluir agógico*.

2.

Porque da *mímesis della voce* se trata, o *modus faciendi* da voz cotidiana funda e orienta o *modus faciendi* da voz estética; ou, a melodia de Monteverdi se arma a partir e no interior da lógica da voz: sua alma é a vocalidade. De modo que executá-la como melodia monteverdiana envolve, como passo fundante, o reconhecimento das formas da voz. Significa que esta *mímesis* projeta sua orgânica real, autêntica, artística, consubstancia-se monteverdianamente, na medida em que sua realização se radicar e orientar pelo ser e ir-sendo da voz, que então devem se materializar *in* canto.

Numa concreção determinativa: em Monteverdi, os *registros vocais devem fundar o movimento executivo*, porquanto por estes os afetos sentidos plasmados se atualizam. Desdobrando a questão. Porque o canto monteverdiano é uma *modulação* – voz em mimese de si, isto é, um fluir concebido em função dos registros –, o ato interpretativo tem de partir do seguinte reconhecimento, que lhe funda: a voz que está aguda, ou se agudiza, *expande*-se, projeta-se; é voz que está intensa, ou caminha nessa direção, vale dizer, é *voz dramática* ou *que se dramatiza*;

480   MÚSICA SERVA D'ALMA

diversamente, a que está grave ou descende, perde fôlego, potência, recolhe-se, interioriza-se, ou está mesta, atrista-se. Nesse
sentido, posto que esta interpretação é a interpretação de uma
modulação, de uma voz que se autoplasma, se o fluxo sonoro ascende, isto é, se o espírito se dramatiza, o cantor tem de objetivar,
realizar esta intensificação melódica *compositivamente efetivada* e
determinante, o que lhe implica e exige a exacerbação, a *dramati-
zação respondente da voz, da alma*. Então, se o *mélos* descende, se
a alma langue, a voz, sua expressão, deve languescer outrossim,
desagravar-se, liricizar-se, necessariamente. De modo que num
curso melódico ascendente, a voz que interpreta, porque fluindo
numa tensão gradual, precisa se tensionar, expandir, veementizar,
acelerar-se gradativamente; da mesma forma que, posto um movimento animicamente opositivo a este, as tendências vocais devem fazer-se reciprocamente contrárias. Desconhecer que a voz
veemente se agudiza, ou que agudizar é veementizar-se, e a que
se apouca, a que se entristece em recolhimento íntimo, decresce
à sua gravidade, é desentender, portanto, a lógica da vocalidade,
logo, a lógica monteverdiana, *espaço recitativo*, canto que implica
as categorias da voz[1]. De sorte que os cantores, para engendrarem
interpretativamente esta *mímesis* têm de se subordinar à lógica
dos registros, porque estes, enquanto categoria fundante da voz,
fundam a melodia monteverdiana. Se de um cantor que executa
Monteverdi se trata, de um *servo dos registros* se trata. É no seu
interior que a interpretação se arma estruturalmente; ou, como
num salto à agudez que se ata a um outro à gravidade a voz não
se fará, respectivamente, *sentir dramático e recolhimento d'alma*?
Na letra exemplificante de Fabbri, disposta em dois passos, que
concretam o dito:

A sostenuta eloquência de "*Se i languidi miei sguardi*" [de Monte-
verdi] solicita uma entonação prevalentemente declamatória [...].
Inicialmente, duas são, sobretudo, as notas de recitação, Si (no

---

1   Uma observação, oportuna: as tendências interpretativas da chamada *música
antiga*, que desumanizam a voz – fazem-na "branca", descolorida, linear em sua
sonoridade e movimento, que assim surge como plácida "*voz de anjo*" -, podem
até mesmo gerar uma voz abstratamente "bela". Voz, entanto, que não pode responder às demandas do canto monteverdiano, que requer uma *voz expressiva*,
ou aquela que inflicta, varie, multiplique-se, *module*, que seja verdadeiramente
humana, porquanto de uma *imitatione del parlare* se trata, voz humaníssima.

UMA APROXIMAÇÃO INTERPRETATIVA

exórdio) e Mi ("leggete in queste note...", "Qui sotto scorgerete...")
[...]. Na segunda, tomam avio, em dois casos progressivos, *alça-mentos do perfil melódico* que correspondem a outras tantas *intensificações* do discurso [ou melhor, a intensificações *da anímica* que Monteverdi cola ao discurso], que atingem sua culminância passo a passo ("il cor stillai", "foco mio") da qual descendem à cadência por uma dilatação vocalizada ou por salto[2].

Em argumento análogo, agora enraizado em terreno instrumental: no *Combattimento*, o

aplacamento da tensão furiosa (as violas [*da braccio*] replicam um motivo que se *extingue* progressivamente *descendendo, extenuado* por uma oitava, enquanto Testo e contínuo permanecem imóveis: "e stanco e anelante...") reporta a uma declamação mais pacata, especialmente nos compassos dos dois extenuados contendentes, com uma linha recitativa mais entrecortada só nas exclamações do Testo ("O nostra folle mente...")[3].

Por fim, nos termos de Artusi, roborantes, onde *acento, intensidade,* e *agudez,* se de música moderna se trata, atam-se intrinsecamente, e de fato não poderia ser diverso:

V. Não me recordo de ter lido em nenhum autor, e muitos e excelentes escreveram sobre música, que exista música acentuada; seria-me caro que me dissésseis o que ela é, segundo o fazer dos compositores modernos.
L. Dizem que os acentos nas composições provocam efeito admirável, e não se realizam a não ser quando a parte alcança a nota mais alta; por exemplo, se houvessem quatro notas que ascendessem por grau, o acento recairia sobre a última, não sobre as outras[4].

Numa palavra, a voz que modular a melodia monteverdiana tem de ser *dinâmica*, porque melodia de um homem que se infinitiza. Infinitude que é sentir dramático, dramaticidade que, amplo e contraditório sentir, se faz voz ativa, movente

---

2   P. Fabbri, *Monteverdi*, p. 226 (grifo nosso). A partitura citada está publicada no Livro vii de madrigais: Monteverdi, em Malipiero (ed.), *Tutte le opere di Claudio Monteverdi*. Em relação à análise de Fabbri, cf. da obra – *Se i languidi miei sguardi* – p. 160-161.
3   Idem, p. 251-252 (grifo nosso). Cf. Idem, Livro viii, a partir do compasso 198.
4   Artusi, apud Fabbri, op. cit., p. 51-52.

voz animicamente multiforme, pois voz daquele que *in guerra* sente *qualche pace.*

3.

No canto, a prosódia não funda a melodia. Mais especificamente, no canto – voz dial intervertida[5], ou esfera onde a *voz predomina sobre a palavra –, a prosódia não determina ou pode determinar a forma sonora da palavra, que se fez melódica.* No canto, pois, é a voz – a melodia – que *gera e ordena a sonoridade da palavra,* isto é, que substantifica a prosódia. E se esta é a lógica artística concreta, *a locução* – eis o problema interpretativo – *deve se armar a partir e em função da melodia,* que envolve e se apossa da palavra, e não o inverso, como universalmente se concebe e pratica. Em proposição distinta, e trazendo a argumentação para o terreno monteverdiano, na *imitatione del parlare a sonoridade dominante é a sonoridade dos afetos sentidos,* ou aquela parida pela melodia, pelos sons iletrados, *dominantes,* que *naturalmente* então *determinam* a língua – sua prosódia, que se transfunde no ato compositivo. Do que nasce uma prosódia específica, singular, que não é ou poderia ser a mesma que a da fala, conquanto não a recuse ou dela se descole simples e aleatoriamente. Significa que a interpretação desta *mímesis della voce* tem de enraizar e realizar a palavra na prosódia que *nasce da melodia.* Ação que assim materializa, ou melhor, tem de materializar esta outra prosódia, *nova.* Prosódia que, se de fato imbricada à da língua, decididamente *não é a mesma,* na exata medida em que a voz, por ter embebido a palavra de si, lhe prevalece, alterando-a ao fazê-la canto. Palavra, pois, que mudou de natureza, se transubstanciou física e funcionalmente: fez-se palavra *in voce,* positivou-se como plataforma do afeto. Afeto *musicalmente dominante* e que assim ordena – isto é, reordena – as formas do dizer.

Dessemelhança ou desconformidade prosódica recíproca que se projeta claramente quando atentamos para o simples fato, consabido, de que os ritmos com os quais Monteverdi modula a

---

5   Cf. Parte Um, Da Tipificação Da Voz – A Arte Do Canto.

UMA APROXIMAÇÃO INTERPRETATIVA 483

palavra cantada dissentem daqueles que armam a palavra dial. Dissenso, marque-se, que irrompe na comparação mais superficial entre uma e outra. E se assim o é, como aproximar, coligar, ou mesmo sinonimizar, seja do ponto de vista teórico, seja do executivo, prosódia da língua e do canto, ordenando este pela prosódia daquela? Em questionamento fundante: se o elemento predominante no canto é a voz, a melodia, por que pensar e/ou realizar a palavra pela prosódia da língua, *musicalmente não prevalente*? Com isto não se afirma, é preciso redizer, que estas duas prosódias sejam incomunicáveis, que inexistam laços, avizinhação. A melodia monteverdiana observa, de modo geral, a acentuação da palavra, bem como não poderia não absorver, abstratamente, formas da sonoridade da língua que emprega. A elisão, por exemplo, é prática efetiva, e se deve mencionar que certas maneiras de entoação da língua se fazem canto[6]. Não obstante, tomadia do acentual – e de alguns outros modos de ser da fala – não configura ou positiva a apropriação de uma prosódia enquanto tal, que incluindo em si a esfera da acentuação a isto não se limita. Nesse sentido, e redisposto, a modulação monteverdiana não se radica no solo prosódico da fala, visto que o canto forja e contém uma prosódia congênita, a qual, se haure a dinâmica acentual das palavras, e em algum grau o íctus frásico, uma genérica *cantabilidade* da língua, não reproduz mecanicamente a do dizer. A partitura, *de per si,* testemunha: tome-se a melodia, tanto ritmicamente quanto em suas alturas: não existe um compromisso imediato, um comprometimento cego com os batimentos prosódicos da língua falada, nem mesmo, marque-se bem, do ponto de vista da acentuação (seja em relação à palavra, seja no atinente à frase). Pontualizando a questão: quantos e quantos exemplos de uma *antiprosódia*, posta e reposta, se colhem em *Hor ch´el ciel* e no *Lamento di Arianna*, antiprosódia que é *prosódia do canto*? Basta aqui mencionar os *gritos tortos* do soneto petrarquiano, ou ainda sua primeira seção, onde uma rítmica arrastada, prosodicamente desnatural, desconforme, articula toda a primeira quadra[7].

---

6 Cf. Parte Um, notas 46, 47 e 48.

7 Um desdobramento ou completação determinativa, que remonta à *Parte Dois.* Notas iguais repetidas sobre as diferentes sílabas de uma palavra implicam, interpretativamente, uma voz que cante estas sílabas numa *mesma intensidade*

Este desdobramento determinativo consubstancia, pois, o que se esboçara na Parte Um: no canto monteverdiano – e, *mutatis mutandis*, em todo e qualquer canto –, a necessidade da palavra, e de sua consequente inteligibilidade e apreensão conceitual, não se esgotam em si mesmas. Na arte monteverdiana a palavra é ponto de partida e mediação, a termo que sua intelecção não é preocupação compositiva primária. Com o que não se sustenta, aluda-se, que Monteverdi não a deseje e disponha inteligível, ainda que o *modus faciendi* do contraponto necessariamente embarace esta nitidez[8]. Fosse a compreensibilidade da palavra *télos* composicional, esta deveria regrar prosodicamente a modulação, impondo-se naturalmente

ou *maneira – pois de uma mímesis da voz se trata*. Em outros termos, a palavra cujas sílabas tônica e átonas são moduladas com a mesma nota deve ser cantada, integralmente, numa mesma entonação. De forma geral, entanto, as interpretações dominantes, consagradas pela discografia, não optam por esta forma executiva: independentemente do fato de que uma palavra seja compositivamente plasmada por uma mesma nota, suas sílabas átonas são, via de regra, cantadas com menor intensidade de voz. Assim, e imediatamente, o que passa a reger o canto é a prosódia da língua, que *nega a lógica da melodia*, ou sua prosódia, isto é: se Monteverdi destina a uma palavra uma mesma nota que se repete, a intenção – posto ser a voz *a matéria de sua mímesis* – é *dramatizar*, *veementizar o dito* se esta repetição se realiza no agudo; e, inversamente, *entristecê-lo, liricizá-lo*, se a palavra é modulada em iteradas notas médio-graves ou graves. Ora, dissemelhar esta identidade sonoro-silábica monteverdianamente engenhada – dissemelhar interpretativo este que denota um desconhecer do *porquê* da melodia, que então é denegada, logo, desconstituída a dinâmica e sentido anímico-afetivos configurados –, é macular, ou mesmo perder, tanto a dramaticidade latente pretendida – que se rarefaz pela perda da intensidade, abrandada pela interpretação, abrandada por uma voz que varia silabicamente –, quanto macular o recolhimento da gravidade, perturbado ou desfeito, por sua vez, posta uma ênfase musical que, inexistente, penetra entanto por via prosódica. De sorte que a tomadia e seguimento da prosódia da língua, ato que restaura uma diferenciação musicalmente evitada entre sílabas acentuada e átonas – com o que, ademais, se estaria *retificando o presumido erro ou falha prosódica monteverdiana!* –, implica o desconhecimento da alma deste canto; canto onde a melodia, não a língua, funda a prosódia, determinando, porque *dominante*, a forma sonora da palavra. De fato, o mais simples recitativo escapa à prosódia da língua. Em suma, o *mélos* funda e norteia a locução, então, a verdade da palavra monteverdiana só pode nascer da *melodia verdadeiramente objetivada*, executada, que modulando o dito o atualiza, antes e acima de tudo, como expressão da subjetividade que sente.

8   Em Monteverdi, aluda-se, esta compreensibilidade é uma característica: como se trata de uma *mímesis della voce*, a palavra – porquanto a voz, matéria da mimese, se positiva na fala – substantifica-se necessariamente na preservação de atributos de sua forma dial. A dimensão silábica e acentual manifestam esta conservação, que se traduz, do ponto de vista do ouvinte, em inteligibilidade.

UMA APROXIMAÇÃO INTERPRETATIVA 485

sobre o tecido musical. Porém, vigente tal dinâmica, não mais se trataria de canto, e numa tal orgânica a polifonia, em última instância, seria uma aberração. Ora, o canto exige a palavra, a poesia, porque a substantificação concreta de uma anímica a pressupõe: o sentir do indivíduo é forjado e consubstanciado nas vivências consumadas em seu universo social, universo este que, do ponto de vista musical, o texto constitui, radicando, condicionando e impulsando os afetos sentidos plasmados, que têm na poesia sua plataforma. Vale dizer, voz sem palavra é sentir sem mundo, sentir que se abstratiza. Donde a assertiva, sem dúvida polêmica, a saber, o canto é a atualização mais concreta da música, a mais ôntica possível, porque os sentimentos se armam e fluem a partir e nas entranhas de um terreno objetivo, posta a relação voz-palavra: parido *in* palavra, o sentir d'alma desvela-se em sua inteireza[9]. Então, posta esta contextura que afirma a não centralidade compositiva da poesia, uma vez mais se atina que a prosódia musical determinante, a que vale e se deve executivamente fazer valer, é a engendrada pelo compositor, isto é, a *prosódia do canto*. Palavra que a composição remodela em suas carnes sonoras porque o que está em jogo é a expressividade, a interioridade, a melodia, que transmuta a prosódia para expressar vida anímica[10]. Assim, e tornando a Monteverdi, se o intérprete se depara com um deslocamento (musical) de acentuação, não o deve negar, evitando ou aplainando esta *natural* locução desnatural. De fato, e inversamente, esta "desnaturalidade" – como aliás toda e qualquer outra – tem de ser ressaltada, exposta, expressa, *interpretada*, porque prenha de expressão e sentimento, que à execução cumpre parir. O *télos* da interpretação não é simplesmente propor sons canoros mais ou menos expressivos, que então se abstratizam humana e artisti-

9 Cf. Parte Um, "Das mutações".
10 Firme-se: no canto, o predomínio da melodia sobre a palavra não implica apenas sua prevalência sonora; face ao conteúdo do texto, sua posição é igualmente dominante. Ao se atinar, por exemplo, que na audição de uma obra infinitamente menos atenção e importância se confere ao texto do que à sonoridade musical (no mais das vezes, aliás, os textos nem mesmo são compreendidos, porquanto estrangeiros), esta condição hierárquica de predomínio se silhueta. E não poderia ser diferente, pois o canto *não é mimese de um texto*, mas do sentir, o que inclui a palavra, mas como plataforma, não como *télos*.

camente, mas extrair da obra sua lógica humano-expressiva, consubstanciando-a. Expressão que é o que faz das notas, da melodia, aquilo que musicalmente são, expressão que é categoria imanente e basilar do canto porque este é vocalidade *intervertida*. No caso monteverdiano, de uma *mímesis della voce* se trata, expressividade *in natura*, onde o *télos* interpretativo, pois, é incontestável. Palavra, texto, melodia, se realizam, absolutamente, como vias à atualização da *alma*. Nesse sentido, se melodicamente irrompe uma mudança súbita de registro, súbita e contrastante deve se realizar a voz que canta, mesmo que tal subitaneidade vocal rompa ou desteça, por exemplo, a prosódia de uma palavra; ou, se uma sílaba átona se faz no canto mais aguda que a tônica, a voz-intérprete, desregrando o dizer, não recusa esta estranhez: antes, a acentua, isto é, acentua a sílaba atônica e se recolhe, apouca, na prosodicamente acentuada; e se um movimento melódico ascende ou descende gradativamente, a voz, em pulso gradual, tem de se veementizar ou desacerbar, respectivamente, o que encerra, *in potentia*, a negação da prosódia, negação que é a própria condição de ser e de expressar da melodia. Enfim, nesta arte do sentimento sensificado, a palavra, que é entranhada de voz, dominante, por esta é sonoramente posta e determinada. De modo que tomar mecanicamente a prosódia da língua como guia do canto é desfibrar ou mesmo perder a melodia, a expressividade, a lógica humano-anímica elaborada, melodia que possui suas formas e sonoridades específicas porque os sentimentos sentidos têm suas formas e sonoridades específicas[11].

---

11   Melodia, pontualize-se oportunamente, que não determina apenas a palavra, criando uma nova prosódia. No canto polifônico, posta a monteverdiana *predominância compositiva* do melódico, é esta a esfera que o ordena. Significa, concretamente, que são as vozes que *engendram a dinâmica* do plano vertical. Silhuetando a questão a partir da execução: se um tenor, por exemplo, a determinado passo, se faz solitariamente agudo no interior da textura, esta voz tem de ser efetivamente destacada, dramatizada; isto, na exata medida em que tal agudez tem por *télos* compositivo a substantificação de uma expressão dramática, a qual, então, descolada, independentizada do todo, "isolada" no tecido sonoro que a radica, *determina-o* – dramaticamente – *de per si*. Negar ou aplainar vocalmente sua força ingênita, porque rompedora do tecido contrapontístico – pois um agudo relativo deve prevalecer sobre o agudo absoluto –, é desconhecer a específica lógica monteverdiana, *fundada sobre os registros vocais*, sobre a "perfeita" melodia. Numa palavra, a relação vertical é determinada pela horizontalidade, pelas vozes. De sorte que esta polifonia

UMA APROXIMAÇÃO INTERPRETATIVA 487

Reitere-se, a reflexão tecida não deve ser entendida como negação ou mesmo diminuição do papel compositivo da palavra, cuja dimensão no canto é estrutural: a raiz do afeto sentido, seu solo generante – a poesia contextualiza a música. Referido em termos mais específicos, e que desdobram o argumento. A melodia se realiza e é percebida como a *mímesis* de um desespero da alma, ou, inversamente, de um arrebato; de uma dor íntima, ou de um sereno recolhimento lírico, ou de um entrelace de sentimentos, em função da palavra que a sustenta. Sustentação que implica e desvela sua natureza na exata medida em que a voz, abstrato som iletrado, se faz expressão concreta, sentir concreto, na fala, que, determinada em seu sentido, significado, conteúdo, determina o som vocal mimético-expressivo que a "acompanha". Mas, sublinhe-se, retomando em pena fugacíssima determinações constituídas na Parte Um, com o que se entende evitar imprecisões teoréticas: não é a palavra ou frase, na fala, ou a poesia ou prosa, na música, que ao som dial e artístico, respectivamente, conferem significado. Sim, o verbo define, distingue seu sentido, mas, isto, no interior do gradiente das possibilidades que *em si mesmo* o som contém e manifesta. Em letra concreta, que compendia: a agudez da voz *sempre* exteriorizará a desesperação, a dor pungente, a intensidade, a exaltação, a veemência do sentir, independentemente do texto que a fundamente, do mesmo modo que uma voz em gravidade, por seus tons não dramáticos, sensificará, a despeito do dizer sustentante, uma tristeza íntima, uma dor contida, uma tranquilidade e/ou um recolhimento d'alma. Abstrata universalidade ou pluralidade anímica da voz que se particulariza – indeterminação que se determina – pela palavra, a qual dá especificidade ao som, ao afeto sentido. A saber, se a agudez se faz desespero ou arrebato, e o grave, tristeza serena, simples recolhimento, ou sua mistura, é pelo dito que se colhe. Não obstante, e como copiosamente argumentado

é essencialmente descontínua, não linear, uma vez que vozes autonômicas enformam a textura, criando uma hierarquia contrapontística a partir e no interior dos registros, lógica esta que reordena a prática polifônica de talhe zarliniano, cuja homogeneidade da textura é rompida. Interpretativamente, pois, estas vozes devem ser evidenciadas, ou recolhidas, em função de seus movimentos, de seus registros, isto é, *em função de si mesmas*, posta sua autonomia, que as contrapõe e aproxima reciprocamente. Cf. Parte Dois.

no curso deste estudo, é a voz que cola à fala – dial ou musical – sua natureza anímica, *não o inverso*: voz, *sentir – sensificado – daquele que diz*. Ora, a letra doniana, que aqui se reconduz ampliadamente, indica que a voz – portanto o canto – não corporifica afetos em si, mas qualifica animicamente o dito – engendra, consubstancia, na e pela palavra, no e pelo dizer, pulsos afetivos sentidos. Palavra, por sua vez, que concreta este sentir, pois se a agudez modula um falar que encerra positividade, perspectiva, prazer, este som iletrado se realizará como arrebato; mas se as palavras forem de pesar, sofrimento, desgosto, desta mesma voz aguda escorrerá desesperação, dor aguda, uma constrição *in vehementia*. Então a melodia, que a palavra especifica – *mas apenas especifica* –, lhe inocula um sentimento, um pulso d'alma, por ela parido; reflete Doni[12]:

considere-se, na mesma pessoa, a variação de entoação. Pois um homem que fala em seu tom natural sem forçar a voz num tom agudo (que chamamos *quilio*), ou num grave (que não tem nome) demonstra uma postura pousada, calma, constante, um ânimo verdadeiramente estoico, que não se deixa comover por nenhuma paixão. Por isso, e prudentemente, é que os gregos destinaram a este tom (que nós chamamos de corista) o modo dórico, que possui algo de melancólico e grave. Precisamente por isso era natural, e mais estimado pelos dóricos do que por qualquer outra nação grega. Dóricos cuja nação era a mais numerosa, como a mais grave e de hábitos mais severos e incorruptos. De sorte que a este tom convém, dentre as três espécies de melodia [aguda, média, grave], aquela do meio, que chamavam de Hesychastica, isto é, instauradora de calma e tranquilidade. Mas, se este mesmo homem falar em um tom mais esforçado e intenso, demonstrará veemência de afeto tanto na tristeza quanto na alegria, com aquela diferença acima referida. Por isso é que tanto o modo frígio – destinado a exprimir o furor divino, o desdém, o ardor militar –, quanto o lídio – apropriado à alegria, ao júbilo, festas e bailes –, eram cantados pelos coristas num tom mais agudo e intenso. E por outro lado ainda, se a mesma pessoa usar de um tom de voz mais grave do que o seu natural, exprimirá certo cansaço, fraqueza, langor, e, entre os afetos, preguiça, temor, uma tristeza fria e dolente, mas não concitada e desesperada. Em tom quedo, porém, cantava-se o modo ou harmonia

---

12 Cf. Parte Um, e meu livro *O Canto dos Afetos*, especialmente 6. *A Pena Categorial de Giovanni Batista Doni*.

UMA APROXIMAÇÃO INTERPRETATIVA

hipolídia, criticada por Sócrates e depois por Platão (que a chamava de lídia, como de costume naquele tempo), pois não era usada senão para exprimir um comportamento languente vezeiro, ou um prazer exagerado, por inebriamento ou congêneres.

De sorte que se pode observar que a música *sistáltica* (a qual mostrei o que era ao tratar dos modos e gêneros [gregos]), e a *diastáltica*[13] (contrária àquela) não se adstringem ao grave ou ao agudo. Pois, para exprimir alguém que de tanto júbilo ou deleite quase languesça, convém um tom quedo, o hipolídio. Mas para denotar uma alegria viva, ardente, mais condiz um tom agudo e intenso, como o lídio, realmente. Pelo contrário, os afetos de tristeza e dor ou são ligados ao langor e à estupefação, à maneira da podagra fria, convindo-lhes o tom mais grave e calmo do corista, ou se atam à veemência da desesperação, ou a algo similar, referindo-se assim a um tom mais agudo e intenso, que não o corista.

Apenas a paixão da ira não se ata nunca a um tom quedo e grave, mas sempre com o agudo e intenso. Do que se colhe, por um lado, que com muita arte e observação da natureza os músicos antigos fabricaram suas regras para tornar as melodias eficazes e próprias; de outro, a grande confusão e casualidade com as quais as melodias foram manejadas pelos modernos até agora. E se pode colher ainda que um verdadeiro músico deveria ter alguns conhecimentos de filosofia moral, ao menos para bem discernir as diferenças de conduta e das paixões. Pois a esta arte pertence, não menos que à oratória e à poética, a etopeia e a *batopeia*[14], isto é, a arte que opera ou demonstra os costumes e afetos humanos. De modo que se vê que o grave e o agudo, por si mesmos, nada operam: um não é mais alegre ou melancólico que o outro. E que isto seja verdadeiro assim se comprova: se ouvimos de um instrumento soar todas as suas cordas tocadas de um mesmo modo, veremos que os tons alegre e mesto aparecerão tanto nas graves quanto nas agudas. Assim, pouco segura se faz a regra de Galilei [de que grave e agudo se contrariam reciprocamente], de sorte que é daqui que os músicos podem reconhecer o estilo que devem ter para bem exprimir as diferentes paixões[15].

13 À p. 79 do *Trattato della musica scenica*, onde Doni argumenta sobre o caráter afetivo – diverso – dos intervalos maiores e menores, dispõe-se a seguinte determinação: "esta diferença [de caráter] se conhece maiormente nas terças, as quais, verdadeiramente, parecem gerar toda a diversidade das duas espécies de melodias: a *diastáltica*, ou concitada, alegre e viril, e a *sistáltica*, isto é, aquela triste, lânguida e afeminada".

14 Bato: do grego *báthos* – profundo, profundidade. Doni, talvez, deve aqui aludir ao estudo ou descrição da interioridade humana, dos movimentos anímicos.

15 Doni, apud I. Chasin, em *O Canto dos Afetos*, p. 80-82.

Em suma, e isto é o que importa coligir da argumentação, se é a voz, por seus registros, que expressa a interioridade, o ato interpretativo de arte que é *mimesis della voce* tem de se orientar, indiscutivelmente, pela lógica ou *modus faciendi* da voz. Significa que interpretar, em terreno monteverdiano, implica, categorialmente, a projetação da *prosódia do canto*, interpretação que deve torná-la vivência auditiva concreta. Prosódia que, na avizinhação à da fala, porquanto *imitatione del parlare*, dela se descola. Descolamento que é canto, canto que é voz *in dominância*, que em Monteverdi se imita, efetivando-se, incontrastavelmente, como força ordenadora da palavra cantada, que se faz *imediatidade afetiva*.

4.

A argumentação configurada permite propor e suster que, se o intérprete realizasse Monteverdi buscando adequá-lo ao *modus* da fala – imprimindo sobre a melodia a lógica de sua sonoridade, descomporia a obra executada. Eis, então, o ovo de Colombo monteverdiano: a *Seconda Pratica* não é fala, ou nela se radica, não encerrando em si nem mesmo uma maneira retórica propriamente dita, a não ser *in abstracto*[16]. Maneira, pois, que não encontra ou pode encontrar papel musical compositivo, logo, interpretativo. Em termos tautológicos, mas claros, o canto de Monteverdi *é canto*, ou seja, a voz prevalece, voz que toma e plasma a palavra, do que nasce a melodia, isto é, palavra *cantada*. Palavra que, naturalmente se distanciando das formas do dizer, pois o canto tem suas próprias formas e *modus* de tratá-la, tende mais ao *legato* que ao *spiccato*. Ou ainda, não fundada sobre o som da palavra, a melodia monteverdiana – e isto deve soar como impertinência às tendências interpretativas dominantes – é movimento fluente, porquanto voz tipificada, de sorte que as formas da oratória, da

---

16 Talvez a histórica expressão *parlar cantando* tenha dado origem a gigantescos embaralhamentos teóricos e práticos, como também o fato da mimese monteverdiana pressupor a palavra silábica, recitada, do que se escavou, assim me parece, a dominante convicção, irrazoável, de que este canto se fundara mimeticamente na palavra, e dela se nutria, não da voz.

UMA APROXIMAÇÃO INTERPRETATIVA

simples recitação ou declamação, não a ordenam, conquanto lhe sejam, *lato sensu*, presentes. Em termos análogos, a *mímesis della voce* é canto, destarte, fluxo essencialmente *cantabile*, porque a voz funda sua orgânica. Por outro lado, mas neste mesmo sentido, em Monteverdi a voz imita-se a si, o que significa a substantificação de uma *melodia intrinsecamente vocal*, ou duplamente parida pela voz. Canto este que, movimento sonoro imanentemente regido pelas formas da vocalidade, implica uma interpretação *incontornavelmente radicada in voce*. Interpretação que a partir de seus fundamentos e lógica, *não dos da fala*, deve ser concebida e realizada.

Asseveração de uma dada incontornabilidade interpretativa na qual não estua, veladamente, a ideia da não relevância da individualidade no processo executivo, deixe-se claro. Afirmar que se deve *atender à lógica dos registros vocais*, bem como à *dramaticidade que funda este canto*, não implica o não reconhecimento do fato de que as forças e capacidades específicas do indivíduo desempenham papel central no ato interpretativo. Ato que só se pode efetivamente consubstanciar, firme-se categoricamente, se o intérprete estiver disponível e ativo a partir de toda a sua inteireza pessoal, de sua totalidade como homem e como artista[17]. Ora, possuir *ferramentas interpretativas objetivas* é passo essencial na construção de uma execução artisticamente positiva, verdadeiramente individual. Ferramentas objetivas, aqui, não confundidas nem com um punhado de regras abstratas formalmente colhidas de tratados históricos, nem com a posse de procedimentos de uma "tradição" executiva, discográfica, que se deseja pura e acriticamente contrafazer; mas, sim, e distintamente, entendidas como o *reconhecimento dos atributos e lógica* de uma arte, o que uma *interpretatio* necessariamente

---

17 Se um diretor artístico, aluda-se, opta e decide pelo grupo, isso não subentende ou deve gerar a anulação interpretativa dos indivíduos que o compõem; implicado está, sim, que as "duas forças" se articulem, sem o que inexistiria a unidade indispensável à recriação artística. Firme-se com o devido vigor: cada um dos que conforma um coletivo cumpre ou tem de cumprir papel *ativo*. A direção é tão somente indicação, perspectiva, *télos, não a realização em si*, que depende da ação individual. Ao diretor, em última instância, fundado sobre um saber estético-estilístico, cabe, no caso monteverdiano, fazer com que os cantores (e/ou instrumentistas) descubram e objetivem *a expressividade dramática*, sentido maior da interpretação porque atributo fundante da arte que se executa.

supõe e demanda. Interpretar o canto monteverdiano, ou qualquer outro, envolve primariamente, ou deveria, a consciência de sua orgânica, única via que ao músico enseja o entalhe positivo de sua visão e sentir – de sua própria singularidade – no ato executivo. Em palavra que funda, só há singular no e a partir de uma objetividade haurida. Significa que a formulação de uma interpretação supõe o apossamento do substrato daquilo que se interpreta, o que, mediatamente, é a condição de possibilidade da positivação genuína da singularidade artística que executa, de sua originalidade, necessária, desejada e sempre possível. Originalidade em Monteverdi, portanto, que só pode ser construída através da voz que, a partir e no interior da realização da lógica dos registros vocais, se fizer dramática, na exata medida em que a *mímesis della voce* parture um sentir *in drama*. Todo e qualquer intérprete só se singulariza por esta vocalidade, plataforma à individuação interpretativa real.

Intérprete que não se torna induvidosamente apto à *imitatione propria del parlare*, entanto, porque conquista um conhecimento histórico e estilístico e de algum modo consegue objetivá-lo no ato executivo. Esta conquista e execução não garantem o êxito, a *verdade* da interpretação, conquanto, passo interpretativo incoativo e estrutural, a radique. De fato, esta verdade possível se ata, e visceralmente – e não poderia ser diverso se do canto monteverdiano se trata, *melodia de uma alma expandida* –, à disponibilidade e qualidades *expressivas* do cantor. As quais, ainda que para se formarem e maturarem artisticamente pressuponham um processo – o que significa que uma tendência expressiva pode e deve ser desenvolvida –, não obstante são atributos, ou não, da alma; são, ou não, bagagem humana individual, que se tem imanentemente e cultiva, ou não. No testemunho de Marco da Gagliano, inscrito no prefácio da *Dafne*:

> Encontrou, agora, o senhor Jacopo Peri, aquela artificiosa maneira de recitar cantando, que toda Itália admira. Eu não me cansarei de louvá-la, ainda que não haja ninguém que não a louve infinitamente, e não há nenhum amante de música que não tenha sempre diante de si os cantos de Orfeo [da *Euridice*]: direi, ainda, que não pode inteiramente compreender a gentileza e a força das suas árias quem não as ouviu cantadas por ele mesmo [Peri]; ele lhes empresta tal graça, e de tal maneira imprime nas pessoas o

UMA APROXIMAÇÃO INTERPRETATIVA

afeto daquelas palavras, que é força chorar e alegrar-se segundo o que ele queira[18].

Testemunho que Fabbri-Artusi roboram em letra tão elucidativa quanto interpretativamente orientadora, tão humana quanto monteverdiana:

Nesta "pratica" [segunda] um importante papel tinham também as capacidades expressivas dos cantores, aos quais cumpria manifestar ("representar", diz Ottuso) os "afetos" postos em música: "e recordemos que sendo o cantor a alma da música, e aquilo que nos representa, em suma, o verdadeiro sentido do compositor, representação na qual, de acordo com a diversidade da matéria, a voz algumas vezes se acentua, outras se abranda, então se necessita ouvir semelhante maneira de composição espirituosa com cantores não comuns"[19].

Expressividade: atributo estrutural do cantor da *Seconda Pratica*, firmam Gagliano e Artusi, do cantor monteverdiano, pois. Atributo que se substantifica em arte, em expressividade humano-artística concreta, porém, na medida em que este cantor compreende a lógica e sentido miméticos da melodia, porque se seu natural pulso expressivo não se radica na obra, dilui-se em abstrata expressividade subjetiva. Reconhecimento, entendimento, *conscientia mímesis*, em suma, que é a porta precípua à interpretação. Se o intérprete desconhece que o canto de Monteverdi é *voz in drama*, escapa-lhe o real e imo desta arte, escapando-lhe, ato contínuo, a melodia, teórica e praticamente, pois o homem lhe escapou. Melodia, então, que executivamente reduzida a notas desumanadas, não expressa, ou atrofiadamente. E na ausência do humano, este canto *in dever-ser* pode até mesmo se fazer "belo", efetivamente belo, mas jamais mimético, artístico, verdadeiro, *monteverdiano*. No último dizer, que mais não se alcança: canta-se Monteverdi quando *a voz agógica se fizer multíplice sentir colidente*. Arte que entranhando de si quem a ouve pode *mover ad hominem*, porque uma vida e sentir dramáticos humanam, como Hamlet e Monteverdi, Orfeo, Arianna e Bruno,

18 Marco da Gagliano, apud P. Fabbri, op. cit., p. 101.
19 P. Fabbri, op. cit., p. 59.

Quixote e Cervantes, Shakespeare e Sancho fizeram, fazem e farão ver. Humanização que é vida ativa, autoconsciência e plasmação de si na dolorida história infinita da autoconstrução humana, que também é canto.

Então, cantai, cantai, mas…

Cantate vocibus, cantate cordibus, cantate oribus, cantate moribus[20]

(S. Agostinho)

---

20 Cantai com vossas vozes, com vossos corações, com vossas bocas, cantai com vossos costumes.

Bibliografia

ARISTOTE. *Organon*, De L'Interprétation, I. Tradução de J. Tricot. Paris: Libraire Philosophique, 1994.

_____. *Problèmes*. Tradução de Pierre Louis. Paris: Les Belles Lettres, 1991.

_____. *Politique*. Tradução de Jean Aubonnet. Paris: Les Belles Lettres, 1989.

_____. *Poétique*. Tradução de J. Hardy. 4. ed., Paris: Les Belles Lettres, 1965.

ARISTOTELE. *Retorica*. Tradução de Marco Dorati. Milano: Oscar Mandadori, 1996.

ARISTOTLE. History of Animals. In: _____. *The Works of Aristotle*. Tradução W. D. Ross. Encyclopædia Britanica, 1952, v. II.

ARNOLD, Denis. *Monteverdi and his teachers*. In: ARNOLD, Denis; FORTUNE, Nigel (orgs.), *The New Monteverdi Companion*. London: Faber & Faber, 1985.

BALZAC, Honoré de. Fisiologia do Casamento. In: _____. *A Comédia Humana*. São Paulo: Globo, v. XVII, 1993.

BIANCONI, Lorenzo. *Il Seicento*. Torino: Edizioni di Torino, 1991.

_____. Il Cinquecento e il Seicento. *Letteratura Italiana*; *Teatro, musica, tradizione dei classici*. Torino: Einaudi, v. 6, 1986.

BLOOM, Harold. *Shakespeare: A Invenção do Humano*. Rio de Janeiro: Objetiva, 2000.

BRUNO, Giordano. *De l'infinito, universo e mondi*, Dialogo Secondo. In: _____. *Opere Ilaliane*, v. I. Bari: Laterza, 1925.

CACCINI, Giulio. *Le Nuove Musiche; A I Lettori*. Fac-similar da edição florentina de 1602. Firenze: Studio Per Edizioni Scelte, 1983.

CARAPEZZA, Paolo Emilio. Tasso e la Seconda Pratica. *Quaderni della Rivista Italiana di Musicologia – Tasso, la musica, i musici*. Firenze, 1988.

CERVANTES, Miguel de. *D. Quixote*, v. I, XXV. Rio de Janeiro: Ediouro, 2002.

496   MÚSICA SERVA D'ALMA

CHASIN, Ibaney. *O Canto dos Afetos: Um Dizer Humanista.* São Paulo: Perspectiva, 2004.

CHASIN, José. Rota e Prospectiva de um Projeto Marxista. *Revista Ad Hominem I*, tomo I. São Paulo: Ad Hominem, 1999.

_____. Futuro Ausente. *Revista Ad Hominem*, tomo III. São Paulo: Ad Hominem, 1999.

CHASIN, Milney. *Política, Limite e Mediania em Aristóteles.* Tese defendida no programa de Pós-Graduação em História Social, Universidade de São Paulo, sob orientação de Jorge Grespan, 2007.

COMOTTI, Giovanni. *La musica nella cultura greca e romana.* Torino: Edizioni di Torino, 1991.

DE'PAOLI, Domenico. *Monteverdi.* Milano: Rusconi, 1979.

DILTHEY, Wilhelm. *Hombre y mundo en los siglos XVI e XVII.* México: Fondo de Cultura Económica, 1978.

DONI, Giovanni Batista. Lezione quinta sopra la Musica Scenica. In: *Lyra Barberina*, fac-similar da edição florentina de 1763. Bologna: Forni, 1974, v. II.

_____. *Trattato della musica scenica.* In: *Lyra Barberina*, fac-similar da edição florentina de 1763. Bologna: Forni, 1974, v. II.

EINSTEIN, Alfred. *The Italian Madrigal.* 2. ed. Princeton: Princeton University Press, 1971, 2 v.

FABBRI, Paolo. *Monteverdi.* Torino: Edizioni di Torino, 1985.

_____. La parola cantata. In: BESUTTI, Paola; GIALDRONI, Teresa M.; BARONCINI, Rodolfo (orgs.). *Claudio Monteverdi – Studi e Prospettive.* Atti del Convegno, n. 5 – Mantova, 1993, Firenze: Olschki, 1998.

FABBRI, Paolo; POMPILIO, Angelo (orgs.). *Il Corago – O vero alcune osservazioni per metter bene in scena le composizioni drammatiche.* Fac-similar do original do século XVII. Firenze: Olschki, 1983.

FREIRE, Antonio. *O Teatro Grego.* Braga: Publicações da Faculdade de Filosofia, 1985.

GALILEI, Vincenzo. *Dialogo della Musica Antica et della Moderna.* Fac-similar da edição florentina de 1581. New York: Broude Brothers, [s.d.].

GALLICO, Claudio. *Monteverdi; Poesia Musicale, Teatro e Musica Sacra.* Torino: Einaudi, 1979.

GARIN, Eugenio *Scienza e vita civile nel Rinascimento italiano.* Roma-Bari: Laterza, 1985.

_____. *La cultura del Rinascimento*, 2. ed. Milano: Saggiatore, 1990.

_____. *L'umanesimo italiano.* Roma-Bari: Laterza, 1990.

_____ (org.). *L'uomo del Rinascimento.* 6. ed., Roma-Bari: Laterza, 1993.

GIANNUARIO, Annibale (org.). Discorso di Vincenzo Galilei intorno all'uso delle dissonanze. *Rassegna di Studi Musicali.* Abano Terme, 1975.

_____. *L'Estetica di Monteverdi.* Sezze Romano: Fondazione Centro Studi Rinascimento Musicale, 1993.

GIUSTINIANI, Vincenzo. Discorso sopra la musica de' suoi tempi, 1628. In: SOLERTI, Angelo (org.). *Le Origini del Melodramma.* Reimpressão da edição de 1903. Torino: Forni, 1983.

GÖETHE. *Maximen und Reflexionen*, 489. In: _____. *Goethes Werk*, tomo 12. Hamburg: Verlag, 1960.

HEGEL, Georg Wilhelm Friedrich. *Esthétique.* France: Flammarion, 1979, v. 3.

_____. *Cursos de Estética.* São Paulo: Edusp, 2002, v. III.

BIBLIOGRAFIA

HELIODORA, Bárbara. *Falando de Shakespeare*. São Paulo: Perspectiva, 1998.

HELLER, Ágnes. *L'uomo del Rinascimento*. Firenze: La Nuova Italia, 1977.

LA VIA, Stefano. Origini del "Recitativo Corale" monteverdiano: gli ultimi madrigali di Cipriano de Rore. In: _____. *Atti dei Convegni Lincei – Monteverdi, Recitativo in Monodia e Polifonia*. Roma: Accademia Nazionale dei Lincei, 1996.

LUKÁCS, Georges. *Estetica*. Barcelona: Grijalbo, 1982, v. IV.

MARX, Karl. Carta a Annenkov de 28 de dezembro de 1846. In: _____. *Correspondencia*. Buenos Aires: Cartago, 1972.

_____. *Grundrisse* (1857-1858). Paris: Editions Sociele, tome I, 1980.

_____. *Manuscritos Econômico-Filosóficos*. Tradução Jesus Ranieri. São Paulo: Boitempo, 2004.

_____. *A Ideologia Alemã*. Tradução de Rubens Enderle. São Paulo: Boitempo, 2007.

MIRANDOLA, Pico della. *Oratio de Hominis Dignitate*. Pordenone: Studio Tesi, 1994.

MONTAIGNE, Michel de. *Essais*, Livre III, II. Paris: Les Belles Lettres. 2. ed., 1946.

MONTEVERDI, Claudio. Prefácio do Livro VIII. In: MALIPIERO, Gian Francesco (org.). *Tutte le opere di Claudio Monteverdi*, Livro VIII. Wien: Universal Edition, 1926-1942.

MULLER, Heloísa. *Le Nuove Musiche, História e Estilo no Canto de Giulio Caccini*. Tese de doutorado defendida no programa de Pós-Graduação em música da Universidade de São Paulo, sob orientação de Amilcar Zanni Neto, 2006.

PALISCA, Claude (org.). *Girolamo Mei (1519-1594): Letters on Ancient and Modern Music to Vincenzo Galilei and Giovanni Bardi*. 2. ed. [s.l.]: American Institute of Musicology, 1977.

PALISCA, Claude. *Humanism in Italian Renaissance Musical Thought*. New Haven: Yale University Press, 1985.

_____. The Artusi-Monteverdi Controversy. In: ARNOLD, Denis; FORTUNE, Nigel (orgs.). *The New Monteverdi Companion*. London: Faber & Faber, 1985.

PANDOLFO, Rodolfo. *Figuras e Ideas de la Filosofía del Renacimiento*. Barcelona: Icaria, 1980.

PERI, Jacopo. *Le musiche sopra L'Euridice*. Fac-similar da edição florentina de 1600. Biblioteca de Bolonha, 1965.

PETROBELLI, Pierluigi. Poesia e Musica. In: _____. *Letteratura Italiana; Teatro, musica, tradizione dei classici*. Torino: Einaudi, 1986, v. 6.

PIRROTTA, Nino. *Li Due Orfei: da Poliziano a Monteverdi*. Torino: Einaudi, 1981

_____. *Scelte poetiche di musicisti: Teatro, poesia e musica da Willaert a Malipiero*. Venezia: Marsilio, 1997.

ROUSSEAU, Jean-Jacques. *Ensaio sobre a Origem das Línguas*. São Paulo: Abril Cultural, 1978 (Os Pensadores).

SCHRADE, Leo. *Monteverdi*. Paris: Editions Lattès, 1981.

SHAKESPEARE, William. *William Shakespeare – Hamlet e Macbeth*. Tradução de Anna Amélia Carneiro de Mendonça e Barbara Heliodora. Rio de Janeiro: Nova Fronteira, 1995.

STEVENS, Denis (Trad. e introd.). *The Letters of Claudio Monteverdi*. Oxford: Clarendon Press, 1995.

VASOLI, Cesare. *L'Estetica del'Umanesimo e del Rinascimento*. In: _____. *Momenti e Problemi di Storia dell'Estetica*. Milano: Marzorati, v. I, 1987.

MÚSICA NA PERSPECTIVA

Balanço da Bossa e Outras Bossas
Augusto de Campos (D003)

A Música Hoje
Pierre Boulez (D055)

O Jazz, do Rag ao Rock
J. E. Berendt (D109)

Conversas com Igor Stravinski
Igor Stravinski e Robert Craft (D176)

A Música Hoje 2
Pierre Boulez (D217)

Jazz ao Vivo
Carlos Calado (D227)

O Jazz como Espetáculo
Carlos Calado (D236)

Artigos Musicais
Livio Tragtenberg (D239)

Caymmi: Uma Utopia de Lugar
Antonio Risério (D253)

Indústria Cultural: A Agonia de um Conceito
Paulo Puterman (D264)

Darius Milhaud: Em Pauta
Claude Rostand (D268)

A Paixão Segundo a Ópera
Jorge Coli (D289)

Óperas e Outros Cantares
Sergio Casoy (D305)

Filosofia da Nova Música
Theodor W. Adorno (E026)

O Canto dos Afetos: Um Dizer Humanista
Ibaney Chasin (E206)

Sinfonia Titã: Semântica e Retórica
Henrique Lian (E223)

Música Serva d'Alma
Claudio Monteverdi: Ad Voce Umanissima
Ibaney Chasin (E266)

Para Compreender as Músicas de Hoje
H. Barraud (SM01)

Beethoven - Proprietário de um Cérebro
Willy Corrêa de Oliveira (SM02)

Schoenberg
René Leibowitz (SM03)

Apontamentos de Aprendiz
Pierre Boulez (SM04)

Música de Invenção
Augusto de Campos (SM05)

Música de Cena
Livio Tragtenberg (SM06)

A Música Clássica da Índia
Alberto Marsicano (SM07)

Shostakóvitch: Vida, Música, Tempo
Lauro Machado Coelho (SM08)

O Pensamento Musical de Nietzsche
Fernando de Moraes Barros (SM09)

Walter Smetak: O Alquimista dos Sons
Marco Scarassatti (SM10)

A Ópera Barroca Italiana
Lauro Machado Coelho (HO)

A Ópera Romântica Italiana
Lauro Machado Coelho (HO)

A Ópera Italiana após 1870
Lauro Machado Coelho (HO)

A Ópera Alemã
Lauro Machado Coelho (HO)

A Ópera na França
Lauro Machado Coelho (HO)

A Ópera na Rússia
Lauro Machado Coelho (HO)

A Ópera Tcheca
Lauro Machado Coelho (HO)

A Ópera Clássica Italiana
Lauro Machado Coelho (HO)

A Ópera nos Estados Unidos
Lauro Machado Coelho (HO)

A Ópera Inglesa
Lauro Machado Coelho (HO)

As Óperas de Richard Strauss
Lauro Machado Coelho (HO)

Rítmica
José Eduardo Gramani (LSC)

Este livro foi impresso em São Paulo,
nas oficinas da Yangraf Gráfica e Editora, em junho de 2009,
para a Editora Perspectiva S.A.